叢書・ウニベルシタス　1009

中世の戦争と修道院文化の形成

キャサリン・アレン・スミス
井本晌二／山下陽子 訳

法政大学出版局

Katherine Allen Smith

War and the Making of Medieval Monastic Culture

師であり友でもあった
マリー・マーティン・マクローリン（一九一九〜二〇〇六）との
想い出に本書を献げる。

目次

謝辞

教師歴、最初の一〇年が終わるに当たり振り返ってみて、研究の各段階において私が何人もの優れた師に恵まれたのは何と幸運だったかと、感謝せずにいられない。共に職業は教師ではないが、両親ともに私の記憶にある限り以前から、過去に対する私の関心を育んでくれた。ベン・コールとカレン・ロバートソンは研究の喜びを私の中に芽生えさせ、大学での前期に中世研究者になる道を開いてくれた。大学院生として幸い、古文書学を研究し、畏敬するロバート・レイモにティーチング・アシスタントとして仕える機会に恵まれた。彼が本書の刊行を見ることなく亡くなったのは、残念でならない。親しい友人になったかつての師、ジル・クラスターのいつに変わらぬ励ましは、資格試験、学位論文、職探し、教育者となる挑戦など、いくつかのハードルを越える助けとなった。過去一〇年間、夫マイケルは中（期）英語を翻訳したり、概念的、技術的な問題を扱ったりする際の手助けとなり、何回もの一緒の旅でいつも、「もう一つでいいからあの教会を」という私の切なる願いに屈してくれた。

二人のメントール〔ギリシャ神話で、オデュッセウスがその子の教育を託した優れた教育者〕が共感的な耳をもって過去の声を聴くよう教えてくれた。この研究は学位論文として始めたものではないが、大学院でのアドヴァイザー、ペニー・ジョンソンのよき指導の恩恵を大いに受けている。その指導は私の研究と教育へのアプローチ形成に大きな影響を与えた。中世の女性修道士に関する学部卒業論文作成中にはじめて会った故マリー・マーティン・マクローリンとの一〇年に及ぶ友情は、どんな言葉でも表現できないほどの意味を持っている。彼女の愛すべき数冊の本は、本書を書いた過去三年間を通して、私の伴侶であり続けた。お礼に本書を彼女に献げることをお許しいただきたい。

多くの研究者が私の言葉にさまざまな反響を寄せてくれた。専門的な知識を提供してくれたが、しばしば研究時間を割いてまで、そうしてくれた。スーザン・ウェルズは原稿全体を読み、改善するための有益極まりない助言を寄せてくれた。スコット・ウェイドとの会話は修道士のアイデンティティーのさまざまな側面について、幅広く考えるきっかけになった。助言と励ましを提供してくれ、未刊行の仕事の内容まで共有させてくれた次の同僚に感謝したい。グリータ・オースティン、カレン・チーザム、マイケル・カーリー、デニズ・デプレ、サンディー・エヴァンズ、クリスタ・コスティス、マット・キュフラー、ジェニファー・シボドー、トニー・ペロン、ジェーン・ティベッツ・シューレンバーグ、デヴィッド・ティンズリー。名は記さないがボイデル・アンド・ブルーア社の編集者が詳細で洞察力に満ちた反応を寄せてくれた。本書に事実や判断の誤りが残っているとしたら、すべて筆者自身の責任である。

最後に、過去五年間の私の研究拠点、ピュージェット・サウンド大学の同僚と学生たちに感謝したい。歴史学科と大学全体にわたって支援を惜しまぬ気の合った同僚を得たことを、嬉しいことに、遠い過去が魅力的で研究に値するものであるとの私の考えに同調してくれたと思われる学生たちと共に幸運だったと思う。人文学系司書ペジー・バージは私をノースウェスト・コンソーシアムに紹介してくれた。そしてコリンズ公立図書館相互貸借部のスタッフは多くの埋もれた資料を探し出してくれた。メロン大学にはジュニア・サバティカル・フェローシップを授けてくれたことを感謝したい。グレイヴズ基金からの補助金と合わせて、お蔭でこの企画を完成させることができた。

第五章、最後の節の初出は、以下の通りである。再掲するに際して、同誌編集者の許可を得たことに感謝してここに記す。

'Saints in Shining Armor: Martial Asceticism and Masculine Models of Sanctity, ca 1050-1250' in *Speculum: A Journal of Medieval Studies* 83, no.3 (July 2008): 572-602.

略語一覧

AASS	*Acta sanctorum quotquot toto orbe coluntur.* Ed. J. Bollandus et al. 68 vols. Antwerp, 1643-1894
BHL	*Bibliotheca hagiographica latina antiquae et mediae aetatis.* 2 vols. Subsidia hagiographica 6. Brussels, 1898-1901. *Supplement,* Subsidia Hagiographica 70. Brussels, 1986
CCSL	Corpus christianorum, series latina. Turnhout, 1947-
CF	Cistercian Fathers Series. Kalamazoo, MI, 1970-
CS	Cistercian Studies Series. Kalamazoo, MI, 1969-
FC	Fathers of the Church Series. Washington, D.C., 1947-
Mansi	*Sacrorum conciliorum nova et amplissima collectio.* Ed. Giovanni Domenico Mansi and Philippe Labbé. 31 vols. Florence, 1759-98; repr. Graz: Akademische Druck- und Verlagsanstalt, 1960-1
MGH SS	*MGH Scriptores in folio et quarto.* Ed. G.H. Pertz et a1. Hanover and Leipzig, 1 826-
MGH SS（RerMerov）	*MGH Scriptorum Rerum Merovingicarum.* Ed. Bruno Krusch et al. 7 vols. Hanover, 1885-1920

PL	*Patrologia cursus completus: series latina.* Ed. J.-P. Migne. 221 vols. Paris, 1841-64
RB	*RB 1980: The Rule of Benedict in Latin and English with Notes.* Ed. and trans. Timothy Fry et al. Collegeville, MN, 1981
RHC Occ	*Recueil des Historiens des Croisades, Historiens occidentaux.* Ed. Académie des Inscriptions et Belles Lettres. 5 vols. Paris, 1841-1906
SBO	*Sancti Bernardi Opera.* Ed. Jean Leclercq, H.-M. Rochais, and C.H. Talbot. 8 vols. Rome, 1957-77
SC	Sources chrétiennes. Paris, 1943-

序章

ボージェンシー（ロワール州〔フランス〕）にあるロマネスク様式のノートル＝ダム教会、その彫刻された柱頭の中で、特に訪問者の注目を集めるのは、奇妙で派手な戦争シーンに描かれた、一対の人物像であろう。アカンサスの葉と葡萄の蔓を頂部につけた、人影の見られない支柱の森の真ん中に、身廊と聖歌隊席が出会うちょうどその箇所で、死への闘いが終わったばかりだ。勝者には見えない、武具も鎧も身に着けていない若い男が左側に立っている。投石具は右手からぶら下がったまま。今はもう必要なくなった石が一つ左手に握られている。反対側には、その巨大なサイズからして、たとえ奇蹟的に生き返ったとしても、柱頭内には直立できないであろう敵が、地面に倒れ落ちる姿勢で凍りついている。若者の投石具から放たれたたった一度の運命的な一撃で倒れたのだ。いうまでもなく、ダヴィデとゴリアテである。

この中世の彫刻家は聖書物語の中に見られる数多くのディテールを加味したのだが（「サムエル記上」一七章）、一方で、ゴリアテを騎士として表現するに当たって中世の習慣に従ったのだ。円錐形の兜、丈長の鎖帷子《くさりかたびら》、凧の形をした盾、つまり倒れた巨人は一二世紀末スタイルの戦闘装束なのだ(1)。図像的に見ても、柱頭の意味は、その根拠になった聖書テキストと柱頭制作者の精神世界両方に照らしてこそ解釈され得る。旧約聖書においては、ゴリアテに対するダヴィデの勝利から学ぶべき教えは若き英雄自身によって伝えられる。彼はこのペリシテ人を詰《なじ》る。「お前は剣や槍や投げ槍でわたしに向かって来るが、わたしはお前が挑戦したイスラエルの戦列の神、万軍の主の名によってお前に立ち向かう」。さらにこう続く。「主は救いを賜るのに剣や槍を必要とはされない」。「この戦いは主のものだ。主はお前たちを我々の手に渡される（「サムエル記上」一七章四五、四七節）」。中世、修道院の聖書解釈学者たちはこれらの節に、高慢の危険と謙遜の勧めについての時間を超えた警告を見た。しかし、教会は彼ら自身の時代における高慢で暴力的な敵に勝利するだろう、という約束も見たのだ。そう読むことで、ダヴィデの勝利は、悪徳に対する美徳の、肉体に対する精神の、悪魔に対する聖なる人たちの勝利になったのだ。ゴリアテが悪しき騎士であるなら、ダヴィデは良き修道士だった。

一一四〇年代、ボージェンシーのアウグスティノ会士に奉仕すべくこのノートル＝ダム教会が建設された時、ある小教区教会がボージェンシーの有力な代々の領主の大きな天守閣のすぐ近くにあった（今でもそうである）。その西正面は石壁の上に聳える要塞から、石を投げれば届く距離にあった(2)。彼らの共同体は城の（現存しない）幕壁に囲まれていたので、その地域の城主と良い関係を保つことが修道会士にとって至上命令だった(3)。この修道会は、以前のある修道院共同体に代わるものだった。その共同体は、領主ランスラン二世が了解を得ずに修道士の共同墓地の上部を建設して以降、そのメンバーが一〇七〇年代末、ボージェンシーの領主と争っていたという事実以外、実体についてはほとんど知られていない(4)。争いは一〇八一年までには解決したが、不審の念は尾を引いたらしい。メンバーはランスランの息子ラルフの煽動に遭って追い出されたのだ。その家をラルフが第一次十字軍遠征からの帰還直後、アウグスティノ会共同体として再建したのである(5)。アウグスティノ会士たちはラルフとその後継者たちから大いに優遇されていたが、文字通り、ボージェンシー城のすぐ近くで、その主人の庇護に頼って生きていた。――それこそが、ラルフが、共同体を守ってきた実績を明示すべく自分の剣帯を教会の祭壇に置いた時に強調した現実だった(6)。

こういう歴史的な背景が分かると、このダヴィデとゴリアテの柱頭の中に、地方の貴族と宗教的共同体という二勢力間の力関係の寓意を見る誘惑に駆られてしまう。聖職者も俗人参拝者も容易に見ることのできる聖歌隊席と一般席の境界に位置するこの彫刻像は、ノートル＝ダムの聖堂参事会とボージェンシー代々の領主間の正しい関係を示すメッセージを発しているのである。より広い意味で言えば、自分自身の強さに頼る者と、神の支持を信ずる者との関係である。実際、参事会がそういう柱頭の位置を選択した、そしてそれは一二世紀のゴリアテたちに説教するという目的を持った参事会の問題だった、と結論せざるを得ない。

しかし本研究の目的は、そのようなメッセージが修道院共同体の外にいる人たちにどのように受け取られたかを考察することではない。共同体内の人たちが彼ら自身の目的をどのように規定していたかについて、そのメッセージが何を明かしているかを認識することにある。ボージェンシーの中世のある聖堂参事会員は、ダヴィデとゴリアテの柱頭を自分自身の中で進行中の精神的な闘いの象徴と解したようだが、同時に、より広い世界で展開されている聖職者と騎士間の葛藤という観点からもそれを解釈したと思われる。中世盛期（九五〇～一二〇〇年頃）の修道院の思想家にとって、戦争は単に世俗の悪魔だっただけでなく自己認識への道だった。キリストに倣いて（イミタチオ・クリスティ〈*imitatio Christi*〉）の一方法でさえあった。修道院での生活を形作ったさまざまな文書や典礼書を紐解いてみると、そのたびに遭遇するのだが、戦争は修道士が瞑想するための道具を収めた武器庫の中で最も有益な道具の一つだった。その言語とシンボリズムは修道士のアイデンティティーの基本構造の中にごく身近な感じで織り込まれていた。一二世紀のゴリアテはまさに暴力的な俗人だっただけではなく、修道院に籠った人たちの魂の中で猛り狂っている悪徳であり、内なる戦士、ダヴィデによってしか征服され得ない恐るべき敵、戦いの準備が整った各修道士の敵であった。しかしダヴィデとゴリアテはレトリカルな冷徹さの警告に過ぎなかった。修道院の著者たちは修道士の精神的な発展の各段階を描写するために、そして、彼らが主にお互いに話したり書いたりする時に使った特殊化された軍事用語を生み出すために、広範な軍事的寓意を用いた。この時代、最も優秀で、最も熱心に研究した著者たちの作品を検証してみると、そういう言語を使わなかった人を見つけることこそ難しい。軍事的イメージが修道院文書にたびたび出現するにもかかわらず（または、たびたび出現するがゆえに）この要素は、それを形式的なものとして等閑視する、あるいはまったく無視する傾向のある現代の学者の注意をほとんど引かなかった。

このイメージはより詳細な研究に値する。プロの宗教家たちが彼ら自身をどう見ていたか、および、修道院外の世界との関係をどのように取り結んだかについて、我々に多くのことを語ってくれるからである。修道院の著者たちが自分たちの召命を表現するためにどのように軍事用語を用いたかを探求することは、長いあいだ中世ヨーロッパの学者が関心をもったいくつかの関係に新しい光を当てることになるだろう。中世のキリスト教徒と、聖書や教父の文書に書かれているような過去との関係。修道院と世俗の社会組織、特に戦士的貴族社会（この時代、宗教教団のほとんどのメンバーがそこから入会していた）との関係、戦争の道徳的尺度、および、キリスト教徒騎士階級の喫緊の役割を規定するに当たっての教会の役割、などである。そういう意味で本書は、世俗のものと聖なるものの間にあってしばしば起きる、驚異的とさえ言える相互作用についての研究である。アビゲイル・ウィートリーが断言したように、「現代の歴史的観点からははっきり見えてこない軍事的なものと精神的なものの間にある親密な繋がり」である(7)。

中世の宗教家といえども、世俗の世界やその関心事からまったく乖離して、聖なるものの領域内だけで生きていたわけではないし、実際に、そんな風に生きられるものではなかった、というのが本研究の基本的な前提である。最近の研究は確かに、組織としての教会が武器携帯者の精神性に影響を与えたことを明らかにしたが(8)、この関係の別の側面、つまり、外の世界が修道院の精神的な生活の中に浸透して行ったことは、これまであまり注目されてこなかった。もし武器携帯者の宗教組織との関係が、罪、悔悛、救済に関する彼らの個人的なコンセプトを形成したとするなら、そういう接触が修道院内で生きる人たちにも、その痕跡を残したのだ。宗教的共同体が平和の促進ともめ事の解決に深く関心を持っていた、という事実が確立した一方(9)、修道院文化の形成に当たって戦争は平和と同じくらい有力な動因であり得た。

ボージェンシーの聖堂参事会の例が示すように、中世の修道院共同体は剣で生きている人たちの気前よさと善意に頼っていた。従ってその共同体は、武器携帯者の精神的な関心に心を留めておく必要があった。しかし宗教施設のメンバーはさらに、俗人パトロンの軍事的関心にも、一般に認識されている以上に注意を払っていた。修道院の成り立ちが弁解の余地なくどこにあるか、修道士たちが城の建設（とその解体）に関心を持ち、軍事戦略の手引書を読み、当時の戦いを血なまぐさいディテールに至るまで年代記に記し、武器一般、鎧、攻城器具のごく最新の技術的発展から注意を逸らさなかったことからも明白である。特に戦争は、修道士的な理想とキリスト教徒のあり方をより一般的に、よりよく理解してもらうために使える概念的な道具をまさに埋蔵物のように提供してくれたのだ。修道院生活のために俗世を捨てた中世のキリスト教徒は、彼らの新しい生活が、より良い、精神的な意味での戦争ではあったが、戦争によって、あらゆる世俗の騎士の存在とも同じほどに深く特徴づけられていることに、すぐに気づいただろう。修道士が自分たちを単に戦士の対極と定義していたとの論は、私見によれば、修道院の精神性の中でも最も魅力的な面の一つを看過した過度の単純化である。修道士は戦士だったのだ。精神的な闘いにおける彼らの成功には、当時の騎士に要求された徳（たとえば、忠誠心、勇気、肉体的な耐久性）と同じものを多く獲得していることが求められた。しかし、悪徳を寄せつけないことも、騎士グループと連動していた——怒り、虚栄心、そして何より、高慢という悪徳である。

本書の研究範囲について、まだ説明が必要であろう。まず、ここで提示する例のいくつかは宗教的女性、あるいは女性の孤立者に関係しているが、本書は主として、男性によって、男性のために、男性について書かれたものについての研究である。つまり、修道士、正規の聖堂参事会員、隠者、もっと狭い範囲に限れば司教（その多くは修道院的な背景からの出身）たちに関するものである。このように男性を特に取り上げたからといって、それを、宗教的な女性は、概念的にもその他の点でも戦争に関心がなかったことを含意していると取らないでいただきたい。女性修道士、聖堂女性修道士、女性隠者の何人かが彼らの精神的な使命を軍事用語で記述したし、精神的な戦士としての同時代の男性が彼らのことに言及することもあった。しかし筆者は主として男性宗教家に焦点を当てる選択をした。中世盛期の戦争は、女性対応者、つまり女性修道士に向けられたものではなく、文字通り、男性修道士にとって切実なものだったからである。一一世紀以降、男性が宗教的共同体に入会するパターンが変化し、修道院に入る成人戦士が大規模、かつ未曾有の数になった。そしてそのことが修道院の男性に騎士と修道士のアイデンティティーについて、必ずしも両極化したわけではないが、新しいやり方で考えることを強いた(10)。

当時の女性修道士は必然的に俗人武器携帯者との関係を調整せねばならなかったが、彼らは共同体に入ってくるかつての戦士を調整する問題とは関わっていなかった。それにもちろん女性修道士は、かなりの数の男性修道士が一一〇〇年頃までは間違いなく持っていた軍事訓練と戦闘の個人的な経験を持ち得たはずもない。そういうわけでこれからの章で筆者は、軍事的な表現、軍事的な寓意が宗教的な男性にいかに強く訴えかけたかという問いに答えようとした。そして、将来の研究者が追究すべき、戦争が女性修道士の経験とアイデンティティーをいかにして形成したか、という同様に興味深く、かつ重要な問題は、そのほとんどを手つかずに残してしまった。

地理的に言えば、次からの章で検証する資料の大部分は北フランスおよびイングランドに由来するが、時に、イタリア、ラングドック〔南フランス〕、帝国〔神聖ローマ帝国〕へも寄り道する。教父時代とカロリング朝時代の著者たちが後世の著者に及ぼした強力な影響を考慮して、本書は、修道院文書にある戦争を広い観点から捉えている。しかしその主たる焦点は、一一、一二世紀、つまり、修道士と俗人兵士のアイデンティティーが絶え間なく変化していた時代に当てられている。その概念的な流動性はこの時代の主たる精神的、政治的な発展のいくつかと連動して考えられる。改革者や新教団設立者たちによる修道院的理想の変容、救済の摂理における戦士エリートの役目の再考、キリスト教世界内での戦争遂行を調整しようという教会指導者たちの試み、十字軍運動の勃興などである。「戦う人」と「祈る人」のアイデンティティーを厳格にさせる努力の中で改革者たちはうっかりと、修道士と騎士の間にグレイゾーンを設けてしまった。そこには両方のアイデンティティーに二股をかけたハイブリッドな人たちが住んでいたのだ。武装しての闘いが肉体的、「かつ」精神的な次元を持っていると解された俗人十字軍士や新しい軍事的教団のメンバー、聖人として崇拝された戦士から転じた修道士、悪魔やその部下と闘うために真の鎧を身に着けていた聖なる苦行者、などである。修道院の著者の中には、そういう「教団」間のグレイゾーンの住人を「モンスター的」と見る者もいたし、逆に、彼らを精神的な模範として修道士仲間に持ち上げる者もいた。特に、こういう新来者を世俗の精神的なヒエラルヒーの観点に組み込む努力をしつつ、修道士としての説教師や聖人伝作家は修道院制度をその後もずっと最高の形式の戦闘と考えることを再確認した。

本研究は、中世の修道院文書に見られる軍事的イメージの文書的、及び経験的な出所を検証することに二つの章を割いた。第一章は聖書、および紀元のはじめの千年間に聖書を巡って成長した複雑な聖書解釈学的、典礼的な伝統にある戦争の意味を探求する。古代の軍事戦の旧約聖書物語と精神的な戦士というパウロ的な概念は後の修道院の聖書解釈学者たちに特に強い影響を及ぼしたので、中世の修道士は自分たちを、古代イスラエルの戦士と、精神的な武器で悪魔の諸力と闘ったパウロ的な兵士の両方の後継者と見るようになった。第二章は、中世盛期において俗人武器携帯者の文化が、支援、改心、相互の軋轢を通して修道院の文化とどう交わったかを検証する。修道院への新人入会のパターンが変わって、一一世紀はじめに悔悛の意を示した多数の戦士が修道院に入ったこと、そういう人たちが参加した宗教的共同体にとって（そして、改心者たち自身にとって）その移動がもたらした実践的、概念的挑戦に特に注目する。以上まとめて、最初の二章は本書の主要テーマを前面に掲げる。つまり〔過去の〕聖なる文書を研究したことが〔中世の〕修道院の著者たちに聖書解釈学的な道具を提供したこと、それを使って彼らの周りの世界を「読む」こと、しかも、彼らと同時代の生きた経験としてさえ「読む」ことが〔彼らの〕修道院での文書作成に情報を提供することになった、というテーマである。

第三章は、古代末期から一二世紀全体までを通して、精神的な戦争の歴史と、それに関連した、キリスト教の伝統におけるキリストの戦士（*miles Christi*, "soldier of Christ"）の概念の歴史を探求する。キリストの軍隊（*militia Christi*, "soldiery of Christ"）(11) の構成員が中世初期において修道士的な自己規定でいかに中心的な役割を果たしたかを示し、精神的な軍隊が敬虔な騎士、十字軍士、軍事的教団のメンバー、特にテンプル騎士団を含めるまでにやがて拡大したことに注目する。精神的な戦争をその最初期の起源から初期十字軍時代を経るまでの流れとしてたどることで、殉教者、砂漠の苦行者、修道士、最終的に中世教会の聖戦における俗人参加者のアイデンティティーが形成される際のキリストの戦士の理想の重要性を明らかにし、そのグループを、単一の、千年に及ぶ精神的系譜の中に位置づける。

最後の二章では、一一、一二世紀のラテン語による説教、および聖人伝の豊かな伝統に見られる戦争と戦士という言葉のさまざまな使い方を探求する。修道院の著者がいかに軍事的なレトリックを使ったかが四章の主題であり、個々の闘い、会戦、攻城イメージを含めて、書簡と、修道院で使うために書かれた説教にあるさまざまな共通の寓意の真意を解明し、それらの寓意を、修道院の理想に関して今も継続中の議論へ、そして、修道士たちが熱烈な関心をもって追随した、当時の軍事的領域での発展に関連づける。この検証の結果は、主要な宗教教団すべての著者が、軍事用語を使って話したこと、そしてそれが、平和の人という彼らの公式なステイタスを偽りとし、永続的に精神的闘いを実践することで実践者の修道士的な美徳を培うべき明確な瞑想形式を確立した、という確信に基づいていたことを示している。

最後に第五章で、戦士は宗教的共同体のメンバーの精神的な模範として奉仕できた、ということを確認する。そうすることで彼らは、聖職者を誠実さという問題に関して俗人武器携帯者を指導する者と解した中世教会の伝統的な精神的ヒエラルヒーを逆転させたのだ。修道士たちが古代の軍事的な殉教者への崇拝を推し進めたのに対して、一一、一二世紀の間、二つのタイプの新しい戦士聖人が修道院の聖人伝の中でも突出するようになった。その第一は、世俗の軍務（十字軍を含む）を数年経た後、修道士の誓いを立てることでキリストの軍隊への参加の呼び掛けに心を留めた敬虔な武器携帯者であり、第二は、実際に鎧（自分のものであれ、騎士パトロンからのものであれ）を着けて精神的な戦争に従事した「鎧を着けた者」（*loricatus*）、〔それが「苦行者」の意になる経緯は第五章で示される〕であった。そういう聖なる戦士たちの「伝記（*vitae*）」は騎士の改心という新しい現実を、修道院文化を推し進める力として認識した。彼らが、古代の修道士が自分たちをキリストの戦士と主張したことを確認した時でもそうであった。

中世の修道院史についての現代の物語は一般に、戦争についての議論を排除してきた。その主題は主に軍事史家や俗人貴族の研究者に任された(12)。修道士のアイデンティティーは戦争及び戦士（現実とイメージの両方を含む）との永続的な対決を通して調整されたとする本研究の中心的主張は、史家たちが長いあいだ中世的過去を再構築するに当たって強調してきた中心的部分の一つを根底から覆すことで、学問の成長の一翼となっている。中心部分の一つとはすなわち、平和を愛する宗教的共同体を血に飢えた騎士から、いい換えれば「祈る人」を「戦う人」からイデオロギー的に分けることである。精神的な戦争を修道院文化の創造における主たる力として、また、教会と世俗の武器携帯者の関係を調整する重要な概念的道具として認識することは、修道院と俗世の関係、最終的には、宗教と暴力の関係を、キリスト教騎士階級の勃興、及び教会公認の新しい形の聖戦を目撃した時代において、よりよく理解する助けになることは間違いない。

原注（序章）

（1）次の例も参照。J.J.G. Alexander, 'Ideological Representation of Military Combat in Anglo-Norman Art,' *Anglo-Norman Studies* 15 (1992), 1-24.

（2）この天守閣は年輪年代学的に一一世紀三〇年代までのものとされた。このノートル＝ダム教会が建設された当時、城と宗教的共同体がこのようにきわめて近接しているのはごくふつうのことだった。次がそれを指摘している。Jane Martindale, 'Monasteries and Castles: The Priories of St-Florent de Saumur in England after 1066,' in *England in Eleventh Century: Proceedings of the 1990 Harlaxton Symposium,* ed. Carola Hicks (Stamford, 1992), 135-56.

（3）教会建設と、当時の特許状と領主の館の関係を論ずるために次を参照。Eliane Vergnolle, 'La collégiale Notre-Dam de Beaugency: les campagnes romanes,' *Bulletin monumental* 165 (2007), 71-90, 131-3.

（4）ここで問題になっている建築物はサン＝セプルクル教会で、ランスランがラ・トリニテ・ヴァンドームの有力なベネディクト会修道院にその維持を任せていたもの。この議論の詳細を伝えている一〇八〇年の特許状はラ・トリニテの特許状に見られる。*Cartulaire de l'abbaye cardinal de la Trinité de Vendôme,* 5 vols, ed. Charles Métais (Paris, 1893-1904), 2: 3-7 (no. 301).

（5）この改革におけるラルフの役割は次による特許状に照らして論じられる。G. Vignat, *Cartulaire de l'abbaye de Notre-Dam de Beaugency,* Mémoires de la Société archéologique et historique de l'Orléanais 16 (Orléans, 1887), xlviii-xlxix. The foundation chapter of the abbey is *ibid.,* 130-3 (no. 113).

（6）*Cartulaire de Beaugency,* ed. Vignat, 135 (no. 115).

（7）Abigail Wheatley, *The Idea of the Castle in Medieval England* (York, 2004), 89.

（8）最近の研究の多くは中世ヨーロッパで聖職者と俗人の精神性間で継続的な対話があったことを強調している。たとえば次を参照。Sarah Hamilton, *The Practice of Penance, 900-1050* (Woodbridge, 2001), and William J. Purkis, *Crusading Spirituality in the Holy Land and Iberia, c. 1095-c. 1187* (Woodbridge, 2008). 修道院的共同体との関係が武器携帯者の敬虔さを形成した、その広がりについてマーカス・ブルが特に説得力のある方法で示した。次を参照。*Knightly Piety and the Lay Response to the First Crusade: The Limousin and Gascony, c. 970-c. 1130* (Oxford, 1993).

（9）第二章で論ずるが、平和な聖職者と暴力的な俗人戦士という人物像は、この時代、教会的なレトリックの常識である。ただし実際には、戦士エリートの中には平和を支持し、促進する者もいたし、修道院的共同体もしばしば武装した勢力を含む暴力的な争いに巻き込まれた。この時代の戦争と平和のレトリックについて次を参照。Constance Britain Bouchard, *'Every Valley Shall Be Exalted': The Discourse of Opposites in Twelfth-Century Thought* (Ithaca, NY, 2005), chapter 4.

（10）これらの新人募集方法の変化について、第二章で詳しく論ずる。

（11）このフレーズは中世の著者たちがさまざまな方法で用いている。「キリストの戦争」の意味も含まれているのであろう。悪魔の諸力に抗するキリストの戦士（*miles Christi*）によって遂行される精神的な闘いである。

（12）中世修道院制度に関する予備的な研究は、宗教的な共同体が戦争に巻き込まれるのを考慮の外に置いたり、修道士的な精神性内でのキリストの戦士の重要性を看過する傾向があった。しかしそういうアプローチではあっても、クリストファー・ブルックの研究は優れている。*The Age of Cloister* (Mahwah, NJ, 2003); and Clifford H. Lawrence, *Medieval Monasticism: Forms of Religious Life in Western Europe in the Middle Ages* (New York, 1984). もちろん、より一般的に、暴力と中世教会の関係について多くの研究がある。そのほとんどが改革教皇派と、それが聖戦奨励に果たした役割に焦点を当てている。その基本的なものとして次がある。Carl Erdmann, *The Origin of the Idea of Crusade* (first pub. in 1935 as *Die Entstehung des Kreuzzugsgedankens*), trans. Marshall W. Baldwin and Walter Goffart (Princeton, 1977); P. Alphandéry, *La Chrétienté et l'idée de la croisade* (Paris, 1954); and Étienne Delaruelle, *L'Idée de la croisade au Moyen Age* (Turin, 1980). さらに最近の研究で重要なものとして次がある。H.E.J. Cowdrey, *The Crusades and Latin Monasticism, 11th-12th Centuries* (Aldershot, 1999) および次に収録されたもの。*The Peace of God: Social Violence and Religious Response in France Around 1000*, ed. Thomas F. Head and Richard Landes (Ithaca, NY, 1992).

第一章　聖書と典礼文に見る戦争との遭遇

修道士の日々の読誦、歌唱としての祈り、個人的な瞑想などの基礎となった新旧約両聖書を通して、「戦争」というイメージが修道院生活の中に浸透して行った。暴力的な世界から修道院という平和な一隅へ逃れようとしていた人々は常に戦闘イメージと向き合っていたのだ。なかでも聖書は軍事史、戦争イメージの宝庫だった。まさに聖書の言葉こそが、それを使う人に無敵の武器を装備させる、あるいは相手を呪う、時には相手を殺す潜在力さえ与え得たのだ(1)。キリスト教初期の数世紀に始まって、何世代にもわたる聖書解釈学者たちが、新旧約両聖書にある史的、寓意的なあらゆる戦争記述の上に、分厚な甲羅とも言える幾多の解釈を積み上げた。この解釈学的試みは、後に「教父」と呼ばれる神学者たちに始まって、中世初期の修道士たちに引き継がれたのだが、彼らは古代イスラエル人の行った史的戦争とも徹底的に取り組んだ。そして解釈学的な曲解を加えることでそれを、イエス・キリストと使徒たち、後には、殉教者や苦行者の精神的な戦いのさまざまな原型に変容させてしまったのだ。福音書とパウロの手紙は、キリスト教の著者たちに「キリストの戦士（*miles Christi*）」という概念を、さらには、戦争のまったく精神的な面を描写する象徴的な語彙をも提供した。中世盛期までには、パウロの精神的な戦いについての修道院的解釈は、キリストの戦士という理想を持った修道士という自己認識を促した豊富な解釈によって媒介されるようになっていた。次の章で考察される、現実の戦士と修道士間の相互作用と同様に、これら一連の聖書の、及び聖書解釈学的テキストは、精神的な戦いにおける明確に修道士的な理想を生み出す際の、最も重要な構成要素になった。

すべてのキリスト教徒が救済のための戦いに参加できる、という可能性を認める一方、教父時代以降の注釈者たちは特に、精神的な戦いを独身主義的禁欲主義、及び修道院共同体のメンバーに結びつけた。精神的なエリート戦士としての修道士の地位は、典礼のテキスト、及び中世の修道院体験の根幹に位置する儀式を通じて再強化された。日々の讃美歌斉唱において、何より、修道士としての儀式文編者は、輝かしい勝利と苦渋に満ちた敗北の激越なまでの描写に直面することになった。豊かな聖書解釈の伝統の後継者として、詩篇の寓意的、神秘的な意味を重視しつつ、彼らはこれらの祈りに際して、自分と同じようなキリストの戦士の教導のために意図された戦いにおけるさまざまな教訓を認識できた。修道院を精神的な戦争の伝統と同一視する考え方は聖務日課の儀式において日々再認識された。その時こそ宗教的共同体のメンバーは「神の武具（*arma Dei*）」（「エフェソの信徒への手紙」六章一一節）で武装し、自分自身と俗人のパトロンのために目に見えない悪霊との戦闘を遂行していたのだ。武器携行と実戦への参加は禁止されていたが、典礼という戦いにおける修道士の疑う余地のない腕前は、すべてのキリスト教徒を脅かし、同時に、キリスト教世界の防衛兵としての自己認識を強化することにもなった悪魔の諸力にまさる力を彼らに与えた。

旧約聖書における戦争理解

聖ベネディクトゥスの『会則（*Rule*）』は、修道士の就寝前の読書にふさわしい物として、カッシアヌスの『講義集（*Conferences*）』や、『師父伝（*Lives of the Fathers*）』、もしくは、その他、修道士に役に立つとされる書物を選択し推奨した。しかし〔旧約聖書の〕七書や「列王記」は、就寝前は理解力の低い者にはよくないから、別の時間に読むべしとされた(2)。早暁まで心の弱い兄弟たちを寝させないであろう、と尊き修道院長が恐れた聖書の中のこれらの書には、いったい何があったのか。一言で言えば戦争である。ヘブライ語聖書〔旧約聖書〕の史書に描かれた行動の多くは壮大な戦争や血で血を洗う征服戦であり、ベネディクトゥスがここで言及しているもののうち、七書の最後の二記（「ヨシュア記」と「士師記」）と列王記は特に戦闘行為に満ちあふれている(3)。それでもなおこれらの物語は、聖なる歴史に不可欠の部分であり、そういうものとして読まれ、熟慮の対象となった。教訓や隠喩も求められ、聖務日課で称えられた。

最初の至福千年の過程で聖書解釈学という伝統が発展を遂げたが、それは修道院の読者が正しい心でこれら古代の戦いにアプローチする助けとなった。ベネディクトゥスは決してその種の関心を示した最初の人物ではなかったが、二世紀という早い時期に、マルキオン教徒と呼ばれた一派が、旧約聖書を聖書の正典から除くよう要求した。（他にも理由があったが）そこに頻繁に現われる流血沙汰、復讐行為、残酷さを、ヘブライ人の「万軍の主〔エホバ〕」が尊いキリスト教の神とは根本的に異なることを示す証拠として挙げたのである(4)。マルキオン教徒による正典に対する攻撃は初期キリスト教の著者たちに、旧約聖書にある戦争についての見解を明らかにすることを強いた。神学者オリゲネス（二五四年没）がその先鞭をつけた。旧約聖書にある幾多の戦争を、文字によらず、「精神的」に解釈することを論じ、イスラエルの王たちの戦いはキリストと使徒たちがともに闘った精神的な戦争の原型ということになったのだ(5)。オリゲネスはこう書いた。「そういう肉体的な戦争が精神的な戦争を象徴していなかったなら、ユダヤ人の歴史についての書が、平和を教えるべく現われたキリストの弟子たちによって教会で読まれるべく、使徒たちによって翻訳されなかっただろう、と私は思う(6)」。ジェラール・カスパーリは次のように書いている。「オリゲネスは旧約聖書の戦争を拒否すると同時に強調もしている。一方で、キリスト教徒が道徳的にイスラエル人の征服戦争を非難するよう義務づけられていたと強調しながら、もう一方で彼は、キリストの顕現〔神であるイエスが人間としてこの世に現われたこと〕を、完全に精神的な面でのみ遂行されるであろう戦いの、新たな、そして前例のない時代における先駆けとみなした(7)」。アンリ・ド・リュバックが示したように、オリゲネスによる旧約聖書中の戦争解釈は中世全体を通して、修道院の聖書解釈に大きな影響を与え続けた(8)。古代後期の彼の教えの上に投げかけられた聖体布でさえあったのに〔オリゲネスは後に「異端」宣告され、多くの著書が失われた〕、オリゲネスの聖書注釈と説教のラテン語訳(ルフィヌスとヒエロニュムスによる訳、中には後者に帰するものもある)は修道院の図書室で広く入手可能であり続け、一二世紀ルネサンスの偉大な知識人たちに直接的な刺激を与えた(9)。

聖書に登場する戦争についてオリゲネスの読み方は、聖書が持つ四つの階層的な「意味」という彼の理解と軌を一にしていた。つまり歴史的(または文字的)、寓意的(または精神的)、教訓的(または道徳的)、神秘的(または予言的)な意味である。同様に後の修道院の読者も、意味には複数のレベルがあることを理解しようとした。そして、彼が聖書の「肉体的なイメージ」と呼んだもの——つまり聖書が語る世俗的経験についての歴史物語や挿話——の向こう側を、その中に隠された精神的な意味に至るまで見なさい、というアウグスティヌスの命令に従おうとした(10)。きわめて影響力のあった初期の修道院の著者たちがこの観点を採用し拡張した。聖書の一字一句まで究めつくし、十分に吟味するという読み方を発展させたのだ。カッシアヌスは最も敬虔な者の心さえも襲う「錯乱した考え」からの避難策として修道士たちに、聖書を精神的に読む訓練をするよう推奨した(11)。『ベネディクト会則』が「聖なる読書（*lectio divina*）」を修道士の日課に組み込んでいたのだ(12)。ベネディクトゥスはこの種の読み方の道徳的、及び精神的な価値に焦点を当て、聖書の一言一句を正しく（つまり精神的に）読むことこそが美徳涵養の助けとなろう、と強調した(13)。

このような聖書解釈学的伝統の原理に従って仕事をする中で、教父研究者たちは旧約聖書の予言者や王たちをキリスト教の美徳の模範に代えたが、その中世の後継者たちはさらに歩を進め、彼らを名誉あるキリストの戦士に祭り上げてしまった。俗人兵士を励ますべき高潔な典型を求めていた教会の著者たちにとって、モーセのような軍事的指導者、ヨシュア、ダヴィデはごく自然な選択であった。精神的な戦争として彼らは修道士にとっても受け入れ可能な模範になった。アンブロシウスが『職務について（*De Officiis*）』で聖職者の行動モデルとして戦士ダヴィデ、およびアブラハム、モーセ、エリシャ、ヨブを推薦したのはきわめて重要である(14)。アウグスティヌスは、モーセ、ヨシュア、その後継者たちの戦争は異教徒や当時の異端に対する〔キリスト〕教会の闘いの先取りであったと教えた。そして信仰の敵に囲まれた新しいキリスト教帝国で暮らすカロリング朝の著者も同様のレトリックを採用した(15)。しかしアウグスティヌスがローマのキリスト教徒が軍事的争いに参加するのを容認し、正当な権威の庇護のもと、正義の意図をもって遂行される戦争は愛による行動とさえ見なすことができると教えた一方、侵略と内戦の時代に生きた後世のカロリング朝の著者は俗人による暴力の弁明には消極的であった。九世紀の修道院長フラバヌス・マウルスの、当時の戦士というより、旧約聖書中の戦士の後継者としての聖職者戦士(clerical *milites*)という自己認識は聖職者感情の変化を示すものである(16)。

戦士王ダヴィデについで、ヨブは旧約聖書中の最も称えられた精神的な戦士であった(17)。この役割は、一部は、「ヨブ記」七章一節「この地上に生きる人間は兵役にあるようなもの」という宣言に示されており、修道士のモデルとしてヨブを受容することは、隠遁者的理想と、特に集団生活的理想の中心に戦士(*militia*)という概念があることを反映しているのであろう(18)。たとえば、『アントニウス伝』でアタナシウスはヨブの苦悩を聖なる人の精神的葛藤のモデルと捉えた(19)。大教皇グレゴリウスによる多大な影響力のあった『道徳論(ヨブ記講解〈*Moralia in Job*〉)』はヨブを悪魔と戦う精神的戦士と理解した。そして、正義の力がどのようにして武器としての忍耐という徳を用いるかの例として、ヨブの寛容さを提示した。グレゴリウスは同時代人の多くと同じように、聖職者、特に修道士はこの種の戦争の継承者なのだという考えに同意し、その『道徳論』は後の世代にこの考えを伝承する主要な書物になった(20)。後の聖書解釈学者はヨブの苦悩を、修道士や隠者に固有の「職分」であった誘惑に対する禁欲的闘いと同一視した。そして逆に、使徒書簡で記述された精神的な武器と甲冑でヨブを武装させた(21)。クリュニーのオド(九四二年没)が『道徳論(*Moralium in Job*)』で書いたように、「ヨブ記」七章一節の兵士(*militia*)は、選ばれた少数(*homines electi*)からなっている。つまり、それは、「世俗的な生き方という奴隷状態から自らを解放した」修道士である(22)。クレルヴォーのベルナルドゥスが『雅歌』についての八六の説教の冒頭で、ヨブ記七章一節の宣言は修道士という生活で実現された、と書いた時、彼は「肉体、俗世、悪魔から生ずる日々の試練と戦い」とのこの並行関係をいっそう厳密に表現したのだ(23)。

中世盛期、教会の思想家たちはイスラエル人を「精神的な戦士(*milites spirituales*)」、さらには「キリストの戦士」にまで変換させるプロセスを継続した。イスラエル人のアマレク人、カナン人などに対する神が認めた戦争を、教会の思想家たちは、キリスト教徒としての生活の精神的な闘いとだけでなく、正義の戦いという、より発達した概念とも結びつけたのだ(24)。紀元最初の千年紀末までにアングロ・サクソンの聖職者は彼らの為政者とスカンディナヴィアからの異教徒侵入者との戦いを、信仰心のない部族に対する古代イスラエルの戦争になぞらえるようになっていた(25)。一一世紀、一二世紀までの教会法学者や説教師による正義の戦争に関する議論も、旧約聖書にあまたある例を先例にした(26)。たとえば一〇八七年、キリスト教徒によるイスラム都市マジア（マーディア）への攻撃前日に、モデナ司教ベネディクトゥスはイスラエル人の立派な後継者としてのノルマン＝イタリア軍メンバーに向けて演説し、戦いに向けて進軍した時のヨシュア、ダヴィデ、ユダのマカベア家一族に後れを取るなと駆り立てた(27)。

聖書解釈的見地から考察すると、旧約聖書の戦争の精神性化は聖なる戦士としての武器携帯者という新解釈への道を拓いた。心の中で精神的な戦争に従事している間ですら、彼らは肉体的にも無信仰と闘っていたのだ。一二世紀、修道院による第一次十字軍年代記の中で、歴史と聖書解釈は統合され、エルサレム遠征は旧約聖書の預言の現実化となり、十字軍士は古代イスラエル戦士の子孫になった(28)。ノジャンのギベルトゥスの『フランク国に対する神の業（*Gesta Dei per Francos*）』によると、教皇ウルバヌス二世はクレルモンで十字軍志願者にこう語った。「もしマカベア家一族がその儀式と寺院のために戦ったがゆえに、かつて信仰による最高の栄誉に値したのなら、おお、キリストの戦士たる諸君もまた、祖国の自由を守るために武器を取ることで、同じ栄誉に値するのだ(29)」。シャルトルのフルシェの同演説の記録によると、ウルバヌスはさらに旧約聖書にある戦争を引用した。「我らの指導者、イエス・キリストの下、諸君のエルサレムのため、キリスト教徒の隊列を組み、最強無敵の戦線を成して戦うがよい。

老ヤコブの息子たちが勝ち取った以上の大勝利のために(30)」。ランスのロベールにとって十字軍士は今日でいうイスラエルの民であり、彼らの精神的リーダー、ローマ教皇特使ル・ピュイのアデマルは第二のモーセであり、一方、世にも恐ろしいトルコの戦士はゴリアテの生まれ変わりであった(31)。ちょうど神がイスラエルの民の真心を数々の勝利で報い、彼らの罪を敗北で罰したように、聖職者たちは神の仲裁を、十字軍によるアンティオキアとエルサレムの奪還と、一一〇一年、十字軍失敗後に被った苦境への両方の反応と見た(32)。聖職者としての年代記作者、及び第一次十字軍参加者アギレールのライムンドゥスによると、一〇九八年にアンティオキアで十字軍を勝利に導いたのはまぎれもなく、「強く雄々しい主、雄々しく闘われる主」(「詩篇」二三章八節)としてのイスラエル人の神であった(33)。しかし、ノジャンのギベルトゥスが説明するには、モーセとその子孫が「単に空腹を満たすために肉体的な戦争を遂行した」のに対して、十字軍士は、自分自身のためというより、栄えある神のために戦ったという意味で、より真実なる精神的な戦士だった。また、そうすることで、「歴史上決して類を見ない神の力を示し、現代という時を刻んだ」のだ(34)。

一一世紀から一二世紀にかけて、旧約聖書の戦士からキリストの戦士への聖書解釈的転換が続いた後、イスラエルの王と戦士は出現しつつあったキリスト教徒騎士階級の理想と緊密に結びつけられるようになった。ストゥルミ修道院長アンドレアスは『アリアルドゥス伝(*Vita Arialdi*)』(一〇七五年ころの著)で、次のように主張した。ミラノのパタリア運動〔聖職売買に反対し、清貧貞潔を主張した〕を率いた敬虔な騎士エルレンバルドゥスは、聖なる助祭アリアルドゥスから、「神と共にある利点は、騎士であり続け、教会のために戦い続けるなら、マッテヤ(マティア〈Mathathias〉)とその息子たちがかつてなした以上に、偉大なものになるだろう」と告げられるまでは、修道士生活へ改心することを考えていた(35)、というのである。修道院の年代記作者オルデリクス・ウィタリス（一一四二年没）は次のように報告した。チェスター伯ヒュー宮廷の礼拝堂付司祭アヴランシュのゲラルドゥスがヒュー家の男性たちに説教をし、その中で、旧約聖書から引用した信仰深い騎士の戦いの物語」を、遠い、もしくはそう遠くない過去のキリスト教徒戦士聖人の功績記録と結びつけた(36)。当時のキリストの戦士と古代イスラエルの戦士を組み合わせることは、武器携帯者の心の中で、ゲラルドゥスのような人たちの説教のお蔭、あるいは旧約聖書中の出来事をドラマ化した日常語での叙事的物語のお蔭で生まれたのかもしれない。そういう作品の一つ、一二世紀はじめに無名のドイツ人聖職者によってまとめられた『ミルシュタットの出エジプト記』で、イスラエルの民は敬虔なキリスト教徒十字軍士として登場し、彼らの敵エジプト人は、傲慢、虚栄、名誉欲、神の意志への無関心など、一二世紀の聖職者によって邪《よこしま》な騎士と結びつけられたありとあらゆる性質を表していた(37)。しかし、これらのテキストは何より、聖職者である著者が旧約聖書の史実としての戦争に魅せられていたこと、さらには、聖書解釈が過去の戦争をうまく理解させてくれるだけではなく、当時の戦争をめぐるさまざまな倫理的問題を解決する助けになるとの彼らの信念を証明している。

新約聖書における戦争理解

旧約聖書と比較して、新約聖書は一見、キリスト教徒が自分たちだけでなく敵とも一緒に暮らす平和な状態にもいる悪魔という敵をのぞいて、戦争にまったく注意を払っていないように思われる(38)。しかし、新約聖書には時に驚くほどに不和や流血沙汰への言及がある(39)。キリストはペトロに向けて「剣をさやに納めなさい。剣を取る者は皆、剣で滅びる（「マタイによる福音書」二六章五二節）」と警告したが、その前に同じ福音書でキリストは不思議にもこう宣言した。「私が来たのは地上に平和をもたらすためだ、とおもってはならない。平和ではなく、剣をもたらすために来たのだ（「マタイによる福音書」一〇章三四節）」。キリストはエルサレムの攻城と血生臭い征服を予言し（「ルカによる福音書」一九章四一〜四四節）、また恐ろしい出来事や暴力の横行という世界の終わりが近づいていると示唆した（「マタイによる福音書」二四章六節、四〇〜四一節）。ヨハネの黙示録は、子羊の追従者と獣の追従者の間で起きる情け容赦のない大戦争が最後の日々をもたらすだろう、と予言している。現代におけるその対応者と同様、中世のキリスト教徒はそういう暴力イメージを、福音書全体を包む平和のメッセージの光に照らしてどう解釈すべきか、悩んだ(40)。

福音伝道者たちは兵士を暴力的な敵対者と位置づけた。何しろ、ローマの兵士はキリストを捕え（「マタイによる福音書」二七章二七節、「ルカによる福音書」七章八節）、嘲笑い、拷問にかけた（「ルカによる福音書」二三章三六節、「ヨハネによる福音書」一九章一〜二節）のだ。しかし、彼らはまた、戦士の贖罪の可能性についてもほのめかした。たとえば洗礼者ヨハネが兵士に説教したり（「ルカによる福音書」三章一四節）、イエスが百人隊長の信仰を誉めたりした（「マタイによる福音書」八章、「ルカによる福音書」七章一〜一〇節）のがそれである。福音書と使徒言行録はイエスと使徒たちが行った暴力についても記述している。たとえば、それらの中には、イエスが神殿の境内で両替人を鞭打ち（「マルコによる福音書」一一章一五節、「ヨハネによる福音書」二章一四〜一五節）、ペトロが大祭司の手下に襲いかかった事（「ヨハネによる福音書」一八章一〇節）、ダマスコへの路上でサウロの目をつぶした事（「使徒言行録」九）が挙げられる。聖アウグスティヌスがこれらの出来事は親がわがままな子供を躾けるのと同様の、愛の行いであると注釈をつけた時に、聖書解釈学におけるある重要な慣例が定まった。この解釈を礎《いしずえ》に、後の十字軍活動の擁護者はムスリムに対する聖戦は同様に、非キリスト教徒という敵のせいではなく、むしろ東方のキリスト教徒仲間に対する愛によって繰り広げられたのだ、という議論まで展開した(41)。

教会の著者がキリストを勝利の戦士、天なる軍隊の司令官、死と悪魔を磔刑の「戦い」において撃退したヒーローとして描くにつれ、教父の時代にも勝利者キリスト（*Christus victor*）というモチーフの発展を見ることができる(42)。六世紀の司教ウェナンティウス・フォルトゥナトゥスの作詞で今も人気のある讃美歌「勝利をたたえて〔わが舌歌え〕」の冒頭の一節はこの前者の概念を的確に表現している。「犠牲になられたこの世のあがない主が勝利した聖なる闘い、十字架上の主の高貴な戦いの歌を歌おう〔勝利をたたえて、わが舌歌え。／主イエスは世のため　十字架を背負い、／救いのみ業を　なしとげられた〕(43)」。パスカシウス・ラドベルトゥスなどのカロリング朝期の聖書解釈学者の手記によると、キリストが荒れ野で受けた誘惑（「マタイによる福音書」四章一～一〇節）は悪魔との戦争的対峙となった(44)。研究者たちはかつて、そういう軍事的イメージは異教のゲルマン戦士の倫理観に、犠牲と救済というキリスト教の概念を備えさせようという布教者たちの試みを反映したものだという論を展開したが、この考えには次第に疑問が投げかけられるようになった(45)。勝利者キリストという表現は敵対するフランク族やザクセン族のエリートに対する訴求力はあったかもしれないが、とはいえ、それ（キリストの勝利）はローマ帝国の初期キリスト教文化に深い根源があった。旧約聖書の史実に基づく戦争を精神的闘争に転換させようとした古代後期の同じ聖書解釈学者たちはまた、キリスト、使徒、殉教者の精神的な苦闘を戦いとして寓意化した。オリゲネスは、『ヘーリアント（*Heliand*）』〔古低ドイツ語による救世主譚〕や『十字架の夢（*Dream of the Rood*）』のような後の勝利者キリスト的な詩でおなじみになる軍事用語を使って聖ペトロと聖パウロを描写した。『民数記講話（*Homilies on Numbers*）』でオリゲネスは使徒たちの布教努力を、モーセの後継者だった偉大なるヘブライ人戦士、ヨシュアの軍事的功績と結びつけたのだ。いずれもヨシュア、ペテロ、パウロのような偉大な戦士英雄だった。オリゲネスはこう書いた。

たび重なる戦《いくさ》を闘い、多くの野蛮民族を壊滅させた偉大な戦士英雄たちは多数の敵を切り倒し、豊富な戦利品とたくさんの勝利を得たが、その手は殺害した敵の血にまみれ、足も血で赤く染めて帰って来た。そして自分の手を罪びとたちの血の中で洗ったのである。なぜなら、彼らは朝にこの世のすべての罪びとを殺し、そのイメージを神の都から抹殺し、デーモンのさまざまな国家を破壊し抹消したのだから(46)。

どんなに少なくとも現代の読者はこれらの説教や改心についての記述はいささかおかしいと感じるであろう。しかし、その意味を解く鍵はオリゲネスの聖書解釈論の中にある。旧約聖書のヘブライ人戦士は予表論〔新約聖書に書かれている出来事はすべて旧約聖書に書かれていることの再現あるいは実現化とする論〕的解釈により使徒やキリスト自身、つまり新約聖書の英雄たちに結びつけられた。そしてヘブライ人戦士は寓意的ないしは精神的な用語においてのみ戦士として理解されることになったのだ。オリゲネスは別の方法では表現できないほどの英雄たちの精神的な強さ、悪の軍隊を圧倒するその力、不信仰と死に対するその勝利を伝えるために活き活きとした軍事的レトリックを使ったのである。『対話録』でパウロの殉教を語る中でグレゴリウス大教皇も同様のレトリカルな戦術を採用した。「恐れを知らぬ神の戦士はダマスコの市壁内に留め置かれるのを拒み、開かれた戦場を求めた(47)」。ここで、多くの殉教者の受難と同じく、他の方法でなら拷問や死に自らを差し出すという受動的な行為にしか見えないものをドラマチックな軍事的対決に変容させるために、戦争用語が使われているのである(48)。

キリスト教徒の著者にとってパウロを戦士に転換させるのは至極当然のことであった。なぜなら、精神的な戦いというシンボリックな語彙を彼らに提供したのは、まさしくパウロだったからである(49)。パウロにとって正しい生き方とは内なる弱さと外なる誘惑に対する終わりなき苦闘を必ず伴うものであり、その中で罪は避けられ、躱《かわ》され、打倒されるべきものであった。使徒書簡は執拗なまでに内なる戦いを肉体的な用語で描写する。軍事的な隠喩と闘技的な隠喩を別々に、あるいは組み合わせて用い(「テモテの信徒への手紙二」四章七節)、それらを肉体の禁欲的な苦行へと結びづけたのだ(「コリントの信徒への手紙一」九章二三〜二七節)。キリスト教徒はただ一人の勝利者しかあり得ない競技での競争相手である(「フィリピの信徒への手紙」二章一六節、三章一四節、「コリントの信徒への手紙一」九章二三〜二七節)。そこでは救済こそが勝ち取られるべき賞なのである。しかし何にもましてキリスト教徒は戦士であり、ウルガタ聖書でいうキリストの戦士(「テモテの信徒への手紙二」二章三節)であり、信仰の戦いを立派に戦い抜く(「テモテの信徒への手紙一」六章一二節)何物にも貫かれない鎧を身につけた戦士である。使徒書簡はキリストの戦士の武器と鎧について繰り返し暗示している。闇の行いを脱ぎ捨てて光の武具を身に着け(「ローマの信徒への手紙」一三章一二節)、私たちの戦いの武器は肉のものではなく、神に由来する力であって(「コリントの信徒への手紙二」一〇章四節)、そして、目的ではなくても、基本的な道具立ての点で当時のローマ兵の装備を真似なさい(「エフェソの信徒への手紙」六章一一〜一七節)。大隊メンバーのようにキリスト教徒は仲間の兵士を支援するよう指令され(「フィリピの信徒への手紙」二章二五節の戦友〈*commilitones*〉、「フィレモンへの手紙」二節)、彼らの唯一の忠誠心は司令官、キリストに向けられる(「テモテの信徒への手紙二」二章四節)。

現代の研究者は、使徒書簡の内なる葛藤の記述、およびそれらが覆い隠している軍事的、闘技的なイメージはストア哲学、特にセネカと(アレクサンドリアの)フィロンの著作、および旧約聖書に由来していることを示した(50)。しかし、それらは原始キリスト教の共同体、つまり、一世紀の地中海世界の価値観に根ざした共同体の特定の考えをも反映している。ライムンドゥス・ホッブスは使徒書簡における軍事的隠喩、および書簡が名誉、権威への服従、価値あることのためなら自己をも犠牲にする覚悟の重要性を強調しているのは、チャンピオン闘技者や忠実な兵士のようなローマのキリスト教徒から称賛された身近な英雄タイプを参考にした徳あるキリスト教徒のモデルを構築するために、入念に選択されたことだ、と論じた。そういうキリスト教徒とは肉体を完璧にコントロールし続けるという意味で闘技者であり、自分が選んだ事項や共同体との関わりは絶対的なものであるという意味で兵士である運命にあった。そういう男は、「ソレム・ヴァウ(solemn vow)」すなわち盛式誓願(軍人誓詞を表す伝統的なローマの用語を借用したバプティズムにおける秘蹟)をすることによって死に至るまでの忠誠心を示し、不動心の証明として戦傷痕を誇示した(51)。

初期キリスト教の聖人伝と同様、教父時代の使徒書簡解釈は、精神的な戦争というパウロの理論の上に発展し、中世ヨーロッパ西方におけるキリスト教徒(と、特に聖職者)のアイデンティティー形成においてその役割を確実なものとした(52)。精神的な戦争というテーマを扱った、最初期の聖書解釈書の一つ、オルゲネスによるエフェソの信徒への手紙解釈の書(それは続いて同テキストについてのヒエロニュムスの著書にも直接的な影響を与えた)には、「キリストの戦士」のモデルが形成されつつあるのが見て取れる(53)。ここでは、精神的な戦士の戦場は、現在の、この実世界であり、その主たる敵は悪魔である。キリストの兵士は戦闘の最前線に身を置き、神から彼への特別あつらえの胸当てを着け、そして敵の燃え盛る矢が打ちつけられる盾の後ろに屈みこむ、という風に、論考には実際の軍事的な多くのディテールが含まれているが、オリゲネスもヒエロニュムスも明らかに、読者にこの一節の寓意的意味を印象づけるべく心を砕いた(54)。パウロは精神的な戦士の武具一つひとつにシンボリックな価値を与える仕事を始めた。胸当ては正義に、腰帯は真実に、盾は誠実さに、剣は聖霊に結びつけられたのである。そしてオリゲネスもヒエロニュムスもキリスト教徒の美徳について、そういう枠組みの上にいっそう広がった議論を構築した。神の甲冑を与えられて、徳ある人は「福音の信仰に与《あずか》ることができ、迫害に陥らない状態」でなくてはならない。真実で陰部を引き締めて、キリストの戦士は万難を排して純潔を守り、真実の胸当てで助けられる己の営みをも守り、そうすることで「欲望や受難がらみでも倒れない」だろう(55)。「エフェソの信徒への手紙」六章にはないが、この精神的な戦いと純潔の関連づけは、使徒書簡全体を通してみられる肉欲に対する闘いという概念の上に構築されている。そのことが精神的戦争が教会内の独身主義エリートの特定の領域となるための道を拓いた。

アウグスティヌスは一度も使徒書簡に対する継続的な注釈書を書かなかったが、彼のパウロについての聖書解釈的文章は、エウギッピウス、ベーダ・ウェネラビリス、フラバヌス・マウルス、リヨンのフロールスらによって蓄積された、説教、小論文、そして手紙などからの引用を介して、後の中世の読者に伝えられた(56)。これらの「短編（*florilegia*）」にある精神的な戦争の題材の多くは、アウグスティヌスのきわめて影響力の大きかった『詩篇注解（*Enarrationes in Psalmos*）』からきている。その中で彼は詩篇に見られる神の戦争というイメージと、使徒書簡に見られるキリスト教徒の葛藤の間に明確な並行現象を見た(57)。しかしアウグスティヌスはまた、さまざまな説教や論文でこのテーマを検証した。たとえば『キリスト者の戦い（*De agone Christiano*）』は反ドナトゥス派の論文で、使徒書簡に見られる軍事的教訓が、アウグスティヌスが「正しく生きることの誠実さと戒律の掟」と呼んだものの基礎になった、とした(58)。独身主義エリート層に向けてではなく、一般の信者に向けて書かれたにもかかわらず、『キリスト者の戦い』は、後に精神的な戦争という明らかに聖職者的といえる理想の形成に寄与した多くの教訓を含んでいる。それは、正しいキリスト教徒は「世俗的なものへの過度の欲求」を克服し、肉体を自己の統制下に置き、そして「罪深い悦楽」を放棄せねばならない、という認識である(59)。教父時代の終わり頃までには、世俗的な富と、天国での恩恵を期待した地位を放棄した、理想的なまでに純潔を誓った完璧な自己制御ができる者、というキリストの戦士の明瞭なイメージが出現していた(60)。これらの資質はすべて使徒書簡に由来するものであるが、一方、古代後期のキリスト教というコンテキストでは、それらのモデルは二つのグループに厳密に分類された。四世紀中ごろまでに伝説に組み込まれた殉教者と、その精神的な後継者、つまり修道士である(61)。

パウロについての後の修道院の注釈者たちはオリゲネス、ヒエロニュムス、そしてアウグスティヌスの解釈に多大に依存していた(62)。一二世紀までの聖書解釈学について明確に修道院的といえるジャンルの範囲内で、ほとんど聖書のレベルにまでそれを高めたのは、教父たちのテキストに対する敬意によるものだといえる(63)。ジルベール・ダーンの示唆に富む隠喩を借りれば、修道院の多くの聖書解釈学者たちは自分の仕事を、ユニークで創造的な表現というより、長年にわたる多くの人の試みにいささか寄与するもの、師父たちによって始められながら、その時以来ずっと建築中の一つの偉大な建築物につけ加えられる数個の石、としか思っていなかった(64)。

カロリング朝時代の聖書解釈学的ルネッサンスのまっただ中で活動しつつ、九世紀の修道士にして大司教フラバヌス・マウルスはこの教父たちの伝統に統合され追加されたすべての使徒書簡について、継続的な注釈書を書いた(65)。フラバヌスはパウロの精神的な闘技者と兵士をただ一つの理想に統合させるという初期の聖書解釈学の潮流に従ったのだ(66)。コリントの信徒への手紙一、九章二五～二七節にある軍事的言語と闘技的言語の合体を注視しながら、彼は次のような記憶に残るイメージを提供した。パウロの語る競走はそれぞれのキリスト教徒の心というスタジアムで競われるべきものである。そこでは「ゲーム（*agonotheta*）の常任審判者にして指揮官である神がいつも我々の戦い（*pugna*）と競技（*cursus*）を心待ちにしている(67)」。彼自身、争いの絶えないカロリング朝時代の帝国臣下として、フラバヌスはキリストを統合された精神的軍隊の強力な帝王と述べた。「帝王が戦士（*milites*）に助けられて王国を統治するのとまったく同じに、救世主〔キリスト〕は唯一神の宣言と規律を守る(68)」。しかし、これらの精神的な戦いや争いについていかにも活き活きと述べつつ、フラバヌスはそういう戦いの寓意的な本質を主張し続けた。使徒が書いたこの精神的な戦争は、悪魔からの誘惑に対する永遠の警戒から成るものだった。一方、キリストの戦士であることは、「敬虔さについて黙想する際に厳しく困難なあらゆることを急ぎ実行することであった(69)」。

後の聖書解釈者にとって、理想のパウロの精神的な戦士は必ずしも修道士ではなく、教会の著者の心の中には、キリストの戦士と禁欲主義的美徳を教父的に融合したものが存続していた。「コリントの使徒への手紙一」にある競技のモチーフにコメントして、イタリアのヴェルチェッリ司教アットー（九六〇年没）はキリスト教の戦士競技者を男らしいヒーロー、肉欲に対して貞操を守った厳格な人と呼び、「彼らは、少年（*pueriliter*）のようには戦わない、少年は戦う時、単に空を切るのが習慣となっているから」と書いた。自分自身の肉体を最も恐るべき敵として認識しながら彼らは、重要な試合の前のレスラー（*luctator*）のように断食をし、その陰部を鉛板（*laminas plumbeas*）で締めつけることにより、戦いのための鍛錬をした。――おそらく、カッシアヌスの『規約（*Institutes*）』にある修道院の修道士に対する有名な助言に倣ったものであろう(70)。世俗の煩わしさを避けよ（「テモテへの手紙二」二章三～四節）というキリストの戦士への命令について語り、アットーはそれらの助言は、使徒の精神的戦争を真に引き継ぐ者としての特に聖職者に向けられていたと思われる、と示唆した(71)。

一一～一二世紀の聖書解釈学者はパウロのキリストの兵士に関する従来の解釈に新しいシンボリックなイメージの層を追加した。異端や改心に関する新たな関心は一〇五〇年頃以降、聖職者の書いたものに多く見られる。たとえば、精神的な戦争の聖書解釈学的読み物にある目録そのものである。シャルトルーズのブルーノ（一一〇一年没）は「コリントの信徒への手紙二」一〇章四節の「わたしたちの戦いの武器（*arma militia nostrae*）」に対して「最も頑強な異端や理屈だけの議論」を打ち破り、同時に信仰なき者をキリストの支配下に置く力を備えた武器である、との注釈をつけた(72)。サン＝ティエリのギヨームによる『ローマ人について（*Commentary on Romans*）』はその軍事的イメージのルーツを教父的な伝統だけでなく、当時のシトー会士著者たちの精神的な戦争についての記述にも持っているが、この著作も同様に罪を、「いつでも戦いの用意があり、美徳の牙城（*castra virtutum*）を包囲している(73)」異端の軍隊の支持を得て支配している邪《よこしま》な王として具象化した。別のベネディクト会士デオルのヘルヴェトゥス（一一五〇年没）は「コリントの信徒への手紙」一九章二四～二六節の競技を、ユダヤ人、異端者、キリスト教徒の精神的競技者間の、救済という賞を賭けた競争であると構想した(74)。

しかし、もしキリストの戦士の敵が時を経て変化しても、キリストの兵士という概念は伝統的な聖職者の、特に修道士の美徳と緊密に結びついたままであった。パウロの熱心な奨励は後の世代の修道院の著者の心に反響した。彼らは教父的聖書解釈者さえ超えて、精神的な戦士のエリート部隊の一員としてパウロの傍らで戦う自分たちを想像していたのだ。使徒自身の禁欲的生活は悪魔との偉大なる戦いとして、そして使徒の伝道活動は一連の栄光ある征服として注釈された。クリュニーのオドは使徒を「神の野営の兵士(75)」と記述した。ペトルス・ダミアヌス(一〇七二年没)にとって、パウロは愛されるべき「精神的な教練士」であり、一方、ラ・グランド・シャルトルーズ修道院の第五代院長パンのギー(一一三六年没)は、使徒を天なる巨大な武器庫から「見えない武器」を供給する者と言い換えた(76)。修道院の規律の下で暮らす者は皆、パウロ的禁欲主義を模倣する時だけではなく、聖典を基にして瞑想する時も、使徒書簡にはっきりと示されている戦争の記述を実行に移した。このことは、聖務日課の修道院のミサ祭事の際ほどに、他に明らかになる場所はなかった。そこで修道士たちは幾世代とも知れない過去からのキリストの戦士の数々の勝利を追体験するのだった。

戦争と聖務日課

修道院でのさまざまな儀式はしばしば、聖書物語と象徴的意味についての広範囲な瞑想の機会を提供した。なぜならば、聖書のテキストに包含された祈りや聖歌と同様に、聖書の言葉は福音の朗読と詩篇の形で、礼拝の間中、現われているからである。修道士のアイデンティティー表現としての儀式用の作曲と演奏について調査した音楽史家による最近の研究によると、日々の聖務日課というパフォーマンスが、キリストの戦士という役柄の自己認識を含めて、修道士としての自己規定を形成する助けになったのは、明らかだと思われる(77)。修道士としての演者が聖書中の戦争描写をいかに理解し得たか追体験するいかなる努力も、すべての宗教施設での儀式の源泉である詩篇から始めねばならない。『ベネディクト会則』に厳密に従う修道院では、四〇の詩篇が毎日歌われた、いくつかの修道院では百以上を組み込んだ伝統を発展させ、一一世紀までにはクリュニー会では、修道士は毎日一七〇の詩篇に時間を費やした(78)。数世紀前には、いくつかの修道会で、「昼夜の詩篇詠唱」が熱望された。修道士の時間をいくつかのシフトに分けることにより実行された(79)。そういう間断ない祈りが持つ肌で感じられる力は、聖人伝作家が、聖なる修道士や隠者が習慣的に詩篇を休みなく何度も唱えたと主張していることにも反映されている(80)。

『修道会則』の中で聖アウグスティヌスは、後年の著者にしばしば引用されるパッセージだが、「詩篇や賛美歌で神に祈る時、あなたが話す言葉はあなたの心の中で活きていなければならない」という理想を述べた(81)。アウグスティヌスの心情は、次のような風習を反映していた。新たに信仰告白した修道士は詩篇を暗記せねばならない。そうすることで言葉の一つひとつが、命じられもせずに心の中に浸みこみ、単に惰性のように唱えるのではなく、それぞれのフレーズが時に応じて複雑な連想を呼び起こし、精神と心を多様なレベルで働かせるようになる、というのである(82)。聖書と聖書解釈の伝統について各人がよく知れば知るほど、より多くの連想を呼び起こす事ができ、またより長く詩篇の朗読を行えば行うほど、詩篇の言葉に隠された神秘的な意味の解明にいっそう近づける。『講義集』でカッシアヌスは、修道士が詠唱を何回となく繰り返せば、「詩篇の考え方にいっそう深く入り込み、あたかも、詩篇が予言者によって作られたのではなく、深い良心の呵責の中で発せられた自分自身の祈りのように、自分が書いたかのようにそれを歌うことができるようになる」と説明した(83)。

詩篇を通して、神は選ばれた民の保護者、そういう民の敵を破滅させる者、という二重の役割を求められる。詩篇の中の多くのパッセージは七書に書かれているイスラエル人の戦争に立ち返り、神の力と神に選ばれし人々の奮闘を明らかに軍事的な用語で記述している。神は「軍隊の神(84)」であり、「戦いにおいて力強い(85)」。怒りにおいて不信心なる者を懲らしめ、民の敵を破滅させる、正義の審判者である。詩篇の神は間違いなく戦士である。剣、盾、弓で武装し、数えきれないくらいの軍勢に囲まれた戦車に乗り、戦いの大義名分を説き、敵に向かって恐れず戦いに突き進むよう、軍勢を鼓舞する(86)。選ばれし人々は闘いの場で、神の加護を期待できたが、自分自身の力ではなく神を信じる人のみが戦いでの勝利を期待できる(87)。

しかしながら、イスラエル人の戦いを記録した、これら一五〇の詩篇は史的というより、予言的なテキストと見なされていた。詩篇の本当の意味は、解釈学者たちが信じるところでは、旧約聖書の言葉の中に、キリスト教の真実の証《あかし》と特定の新約聖書の出来事の予言を見つけようとした類型学的読み方を通してのみ、明かされる、とされた(88)。六世紀末までには既に豊かな注釈の伝統が発達し、それが後に詩篇の寓意的な読み方を形成することになった(89)。初期の解釈学者の中で最も影響力のあったアウグスティヌスとカッシオドルス(彼はアウグスティヌスから多大な影響を受けた)(90)の両者は、史的意味を犠牲にして、祈ることの精神的な意味を強調することによって、詩篇をキリスト教化〔新約聖書化〕しようとし、ある程度、それを達成した。自分たちを新しく選ばれた民とみなした古代末期のキリスト教徒は、詩篇の好戦的な神から軍事的な装いを精神化した、あるいはまとめて剝ぎ取ってしまった。

アウグスティヌスは、他では「神の権威で認められたこの世の戦争(*bello deo auctore*)」という概念を定式化したが、『詩篇注解』の中で、旧約聖書の神の兵器庫にある一つひとつの武器に寓意的な読み方を生じさせた。「立ち帰らない者に向かっては、剣を鋭くし、弓を引き絞って構え」という暴力的なイメージである「詩篇」七章一三節について注釈し[91]、たとえばアウグスティヌスは、弓は聖書を表し、矢は使徒を表し、そして剣はキリストを表す、と結論づけた[92]。カッシオドルスの『詩篇講解（*Expositio Psalmorum*）』はアウグスティヌスの解釈学的基礎の上に築かれており、やはり、戦争や武器に関する詩篇作家たちによる多くの記述の、文字によらない、精神的な意味を強調している[93]。両著者とも、詩篇の軍事的なイメージをパウロの精神的な戦争という枠組みに合うように再構成している。たとえばアウグスティヌスは、神の盾と槍（「詩篇」三四章二節（共同訳では、三五章二～三節））は正義の人の魂に他ならない、と説明した。見返りに神から「無敵の、見えざる、壮麗な栄光の武器、ただし、自分たちが戦わねばならないのは目に見えない敵なのだから、もちろん精神的な、見えざる武器」で装備された正義の人の魂である[94]。敵に対するイスラエルの民の勝利が、キリストの戦いと、死と悪魔に対する勝利に映し出されているのとまったく同じに、各々の信者の精神的な戦争は神自身の戦いを映し出していた。キリスト教徒は精神の世界で祈りと善行によって戦い、自分自身の力に頼るのではなく、謙虚に自分の弱さを認め、神を信ずることによって、見えざる敵に勝利したのである[95]。

これらの教父たちの注釈が後の注釈者や修道会の精神性に与えた影響はどんなに評価しても過大評価にはならないであろう。アウグスティヌスの『詩篇注解』は九世紀から一〇世紀の間、修道院の写字室で最も書写された文書の一つであったし、時には、書写する人によって、『アウグスティヌスによる第二詩篇（*Psalterium secundum Augustinum*）』と称されたりして、そのようなタイトルは暗に、アウグスティヌスを注釈者のレベルから、オリジナルな著者にまで引き上げた[96]。カッシオドルスの『講解

（*Expositio*）』も同じように中世初期を通して、修道院の典礼学者や聖書注釈者たちに広く利用された(97)。アウグスティヌスとカッシオドルスによる詩篇注解は、全体、もしくは一部が、詩篇の写本中にしばしば書写挿入され、解釈学的テキストが聖書のテキストに散りばめられる、もしくは聖書のテキストの枠組みになったりした(98)。啓蒙詩篇はしばしば、その作者である芸術家が教父の注釈に精通していることを示すような「視覚的注釈」を提供している(99)。クリストファー・ド・ハーメルは、多くの修道士は詩篇そのものの言葉とほとんど同じくらいにアウグスティヌスの注釈の言葉も知っていただろう、そのような注釈のテキストを読むことは詩篇を読んだり唱えたりすることと同じで、それ自身、祈りと個人的な瞑想に満ちた精神的な営みであった、と我々に想起させている(100)。

アウグスティヌスとカッシオドルスの伝統による永続的な影響はカロリング朝時代に書かれた数多くの詩篇注解にも見られよう。フルダの偉大な修道院で書いたのだが、ベネディクト会士ヴァラフリドゥス・ストラボ（八四九年没）は、詩篇に描写されている戦争は悪魔に対する神の勝利として寓意的に、そして、顕現と最後の審判の予言として類型学的に解釈されるべし、という教父の見解を繰り返し述べた(101)。やや少し後の別のベネディクト会士オセールのレミギウス（九〇八年没）の『詩篇注解』では、詩篇の戦争はパウロの精神的な戦いと合流し、同じく、ヘブライ人の戦争を精神化した。多くの場合、レミギウスは詩篇の軍事的イメージを解釈するために使徒書簡の言葉を使った。「詩篇」六一章は、真のキリストの戦士を、神に全幅の信頼を置き、他の者へもそうするよう促す、そうすることによって、「彼らを競争に駆り立てる」人、と定義づけているとされている。そして詩篇作者による戦士としての神の描写は心の中に「エフェソの信徒への手紙」六章の精神的な鎧を想起させる(102)。ヘブライ人の数々の試練に注釈するにあたってレミギウスは、「テモテへの手紙二」二章五節（「また競技に参加するものは規則に従って競技をしないならば、栄冠を受ける事ができません」）を繰り返し引用し、意気地のない者が報われる時がそれでも将来あるかもしれないが、「迫害者が自分の勤めを怠ることはないであろうし、そうなれば意気地のない者も余儀なく戦わされることになる(103)」と述べた。レミギウスがパウロの言葉をこういう文脈でこんなにも無意識につかっていることは、一〇世紀の少し前までには、使徒書簡の精神的な戦いを旧約聖書に遡って、そこに重ねて読むという伝統が、説明の必要もないほどキリスト教の聖書解釈学的伝統に深く根づいていたことを示している。

カロリング朝時代の聖書解釈学がこのように花開いた後、一〇世紀と一一世紀初頭、オリジナルの聖書注釈はほとんど生みだされなかった。しかしもちろん、修道士は聖書とその注釈の伝統について研究を続けた(104)。一一世紀末と一二世紀の改革からエネルギーを引き出した解釈学が復活した間、修道院の注釈者たちは（教父という先駆者と同じように）新約聖書より、詩篇を含む旧約聖書のほうに注釈の焦点を当てた(105)。聖書の根本的な統一性に固執して、この新世代の注釈者たちは詩篇について教父たちの戦争解釈に従う傾向があった。たとえばシャルトルーズ修道会のブルーノの「戦いにおいて力ある主」（「詩篇」二八章三節、その他）と復活したキリスト、つまり死に対する勝利を結びつけることは、アウグスティヌスの同節の読み方に直接に基づいている(106)。しかし、ブルーノが行った他の関連づけ、たとえば、「詩篇」四四章四節の神の剣を、「エフェソの信徒への手紙」六章一七節の精神的な剣とする解釈は、後の、詩篇の史的戦争を使徒書簡での精神的戦いと解釈学的に同一化することに反映されている(107)。当時の詩篇の解釈で同様の関連づけをしたものは他にもある。たとえばアスティのブルーノによる解釈、ラヴァルダンのヒルデベルトゥス（一一三三年没）などの説教である(108)。

集団で日ごと詩篇のいくつかを選んで詠唱し、懺悔のため一人で詩篇を唱える修道士にとって、詩篇の言葉が自然に、自分の使命を表現し、その心情を吐露し、自分たちの経験を分析するために使う語彙の一部になったのは驚くに当たるまい(109)。七書にある軍事的な戦い、使徒書簡にある精神的な戦争と同様、詩篇の軍事的なイメージは容易に危機の時代の修道士たちの口の端に上った。それは、宗教的共同体が神や聖人に世俗の敵に対抗するための支援を求めた際の喧噪やそのための儀式の場に現われていることで明らかである。神の保護を求めて泣き叫ぶヘブライの詩人の言葉を使って、修道士たちは、地方の城主、司教、果ては、彼らが古代イスラエルの敵を装って石を投げつけた搾取的な宗教施設にまで天罰を下してほしいと神に求めた(110)。次の章で検証するように、〔一一世紀の新しい〕修道院の著者は自分たちを旧約聖書の精神的な戦士、特に、詩篇が依拠したダヴィデになぞらえた。その気持ちは、自分たちをパウロの言うキリストの戦士になぞらえ、日々の戦いにおいて人を説得する力のある武器としてパウロの祈りを使ったのと同じほどに強かった。

典礼的な戦争

軍事的イメージが聖務日課の聖書に基づくテキストに埋め込まれているとしたら、典礼行為は修道院共同体と戦争・戦士の関係を和らげ、精神的な戦争の特に効果的な形式としての典礼の祈りという認識が修道士の精神性を力強く形成したのだ(111)。最初期の教会の指導者たちは異教的古代から、祈りとそれに関連した儀式は戦争での勝利を確実なものにする助けになるという信念を受け継いだ。信仰厚い勝利者はかえって平和の浸透に尽力するという理解の下、教会と結びついたキリスト教徒の統治者の勝利のために聖職者が祈るという習慣が受け入れられるようになった(112)。典礼での祈りは、十分な訓練を受けた専門家によって執り行われれば、力強い武器であった。聖なる男女が発する呪いの言葉は、不吉な相手への即効的で具体的なインパクトを持つと信じられた。このことは、後の世代の修道士たちにも好んで読まれた聖グレゴリウスの『対話録』の話でも紹介されている。フローレンティウスという名のある隠者が、可愛がっていた熊に毒を与えた四人の修道士に、早まって呪いをかけてしまった。しかし四人がハンセン病にかかった時、フローレンティウスは罪の意識に苛《さいな》まれ、残りの人生ずっと、自分がしたことを悔み続けた、とグレゴリウスは述懐した。フローレンティウスの「悲しみがどんなに大きかろうと、彼が呪いの槍（*iaculum maledictionis*）をまた投げようと思い立たないよう」、神はこのような恐ろしい奇蹟を起こされたのだ、とグレゴリウスは説明した(113)。

この見方を共有する俗人のパトロンは、典礼での祈りという武器が、彼らの敵に対してではなく、彼ら自身のために使われる、という保証を得るためにはどんな苦労もいとわなかった。中世初期、修道士が教会のパトロンの戦場での勝利そのもののために祈りを捧げるということも、めずらしくなかった。ベーデはチェスターの戦い（六一六年頃）で、彼の考える意味での嘆願が出された、その真剣さを指摘している。つまりその戦いで、ノーサンブリアの支配者アゼルヴリス〔エセルフリス〕は、ウェールズ人で異教徒の敵が、自軍の壊滅を祈らせるべくバンゴール修道院から修道士を同道したと知ったのだ。王はその聖なる人たちを見て叫んだ。「もし彼らが我々に敵対して神に祈っているのならば、実際に彼らが武器を携行していないとしても我々と戦っていることになる。というのは、彼らは祈りによって、我々に敵対しているからだ」。そして、自軍の戦士たちに、ウェールズ軍を攻撃するより前に、修道士を倒すように命じた(114)。カロリング朝時代、支配者は、祈りは「信仰という強力な武器」である、それも、可能な限り多くの臣下によって同時に行われたときに最も効果的になる、という考えを持ち続けていた。そしてカール大帝は、いかなる修道院ももし帝室勝利のための祈りを拒否したなら、それはまさしく背信行為に他ならないと見なすと明言した(115)。戦争という典礼にとって一種の分水嶺と見なされてきたカール大帝の統治時代には、マイケル・マコーミックが「戦争に関連した儀式」と名づけたもの、つまり、戦意高揚と、皇帝威光の基となる勝利を確たるものにするための、戦闘前の入念に練られた典礼的な行進と祈りの進化が見られた(116)。詩篇の戦争関連から選んだものを、古代末期の資料から引用したものと結びつけた勝利の祈りは、フランク人の支配者を神によって選ばれた人々、つまりモーセ、ヨシュアとダヴィデの後継者のリーダーとして描き、反対に、エジプト人やアマレク人に擬せられた彼らの敵は、「神を信じない蛮人」として描かれた(117)。典礼の行事録につけられた注釈によると、カロリング朝フランク王国では、偉大な勝利は典礼としての儀式で祝われた。たとえば、シャルル二世(禿頭王)は、八五九年に義兄弟でライバルであるドイツ人ルートヴィヒを打破した一周年記念を祝ってもらうべく、サン゠ドニ修道院に財産を贈った(118)。

大規模な組織化された祈りのネットワークはカロリング朝時代しか続かなかったが、カール大帝のもとで発達した戦争の典礼は、カール大帝の死後に起こる大混乱の中でも簡単には消えなかった。むしろ比較的古い祈りや儀式は変動する政治的現実に適応されていった。勝利をもたらす祈りの受益者として、地方の領主や司教たちがカロリング朝の皇帝にとって代わり、そしてヴァイキングやムスリム、マジャール人といった新しい敵が、サクソン人やアヴァール人にとって代わった(119)。従来の戦いのための祈りと同様、これらの定式化した儀式は、過去と現在の勝利の神(*Deus vitcor*)の幾多の勝利を古代イスラエルの諸王にまで遡る聖なる征服者の長い系譜に結びつけ、中世の戦士をそこに位置づけることによって、旧約聖書からの戦争のイメージを包み込んだのだ(120)。戦士や聖職者たちは社会の罪悪が侵略の根本的原因だと考え、また、聖人たちの力を強力な防御のための武器と見なしたので、修道院共同体の行う神との仲立ちの祈りはしばしば、キリスト教徒の軍を異教徒による撲滅から守ると信じられていた(121)。

聖人伝作家たちは修道院の祈りの力と個々の聖人の守護能力を幾多の奇跡譚の中に誇りをもって描いた。戦勝を、神への仲介としての祈り、さらには聖人の参加によるとする考えは、後の十字軍年代記に共通する特徴であり、それらは九世紀から一〇世紀のたび重なる外的侵入に際して急増していった(122)。九世紀、フルリーのオルレアン修道院の奇跡譚によると、謙虚さの権化のようだと称賛されながら、ヌルシアのベネディクトゥスは戦場にも現われた。フルリーの修道士たちが修道院を襲ってきたヴァイキングから逃れたとき、ある地元の領主がベネディクトゥスの助けを借りて侵入「未遂」者を追い出した。ベネディクトゥスは、後に戦士が報告するには、「左手に私の馬の手綱をつかみ、右手にこん棒を持って多くの敵を死に追いやった」のだ(123)。同様に、サン゠ジェルマン゠デ゠プレ修道院がヴァイキングのパリ襲撃で略奪された後、その修道院のある修道士が、「兜と鎖帷子を身にまとい」、彼らの共同体を襲撃した冒瀆者たちと交戦した「戦場から帰ったばかりのように疲れ切った」聖なる司教ゲルマヌスを見たのだ(124)。

一〇、一一世紀、修道院は戦争の典礼で中心的な役割を演じ続けた。パトロンになることとパトロンを神に仲介することの強い絆が武器携帯者の家系を個々の修道院施設に結びつけることになったのだ。修道院の典礼学者たちが祈りの次第を発展させたが、それは同時に施設と、戦勝が当然のことながら主たる関心事だった俗人有力者の関心を増大させた。一〇〇〇年頃までには俗人のパトロンはますますしばしば、異教徒の侵入者よりむしろライバルのキリスト教徒に対する重要な戦いの前夜に修道院側からの支援を求めるようになった。闘いで神の支援を確実なものにすると同時に、仲間であるキリスト教徒を殺す罪を逃れることに関心が向けられたのだ。宗教施設側も異教徒の侵入者から身を守ることより、地域のキリスト教徒の軍指揮官の略奪行為に抗することに関心を持った。修道院の典礼学者たちは自分たちの神を崇め、俗人防衛者を守る力を強調した。敵を呪い、敵から聖なる防衛力を奪うことでそうしたのだ(125)。聖職者は、破門にも実にさまざまな種類があること、そして、彼らの権限によるさまざまな放逐様式を、俗人兵士が使える武器庫になぞらえた。そういう強力な武器で脅されたほとんどの俗人エリートはそれを深刻に受け止める傾向があった(126)。修道院共同体は教区に与えられた放逐権力は持っていなかったが、共同体はこの点で決して無力ではなかった。呪いや騒動で彼らは自分たちの権利や財産を侵すものに自分たちの聖人による天罰を向けさせることができたのだ(127)。

修道士は戦争の典礼を、聖職者による仲介の道具として、そして精神の戦士としての両方の意味で同時に執り行った。実際、キリストの戦士としての自覚がそういう儀式の経験を力強く形づくっていた。しかし聖務日課という日々の勤めさえ精神的な戦争の有力な形式だった。自己理解の系譜は教父たちだった。アウグスティヌスはよく知られているように、ローマ帝国のアフリカの支配者ボニファティウスに、修道院のために自分の地位を捨てないよう説得した。世俗の軍隊と修道院での精神的な軍務は両極に対立したものではなく、補完し合うもので、よく似た仕事なのだというのが理由だった。アウグスティヌスはこう書いている。

この年齢ですべてを捨て、完全な自制的純潔さで主に仕える人は確かに眼前に高い地位が待っている。しかし使徒の仰《おっしゃ》るには「各人が神からの正当な贈り物を持っている。ある者にはこの道、別の者にはあの道と（「コリントの信徒への手紙一」七章八節）」。つまり、他の人たちがあなたのために祈ることで目に見えない敵と闘っているのです（*orando pugnant*）。あなたは彼らのために、戦うことで目に見える蛮人に抗する仕事をしているのです（*pugnando*）(128)。

典礼的な戦争という概念は中世盛期において修道院的理想のいくつもの理解方法を生み出し続けた。ローヌ渓谷のアガウネ修道院、つまり聖マウリティウスとテーバイ軍団の兵士殉教者に捧げた共同体で、修道士たちは七つの典礼的スカドロン、つまり「小隊」に分けられた。それによってシフト制で祈る（つまり象徴的に戦う）のだ(129)。一二世紀、ペルセーニュのシトー会士トマスは後に、修道士は教会の祈りで戦争を遂行し（*bellum committere*）、総会で、そして手仕事を通して戦傷を癒す、と書いた(130)。一〇六六年、ウィリアム一世の侵略軍に直面した修道士の存在を説明するために、修道院の年代記作者オルデリクス・ウィタリスとノルマンの司祭、ポワティエのギヨーム（かつては騎士）の両者は、同じ表現を用いた。〔ノルマンディー〕公は彼らを同道して、ヘイスティングズの戦いの際、兵士の傍らで「祈りで戦かわせ」たのだ(131)。聖職者として十字軍に同行していた年代記作家アギレールのライムンドゥスはそれを保存した時、心の中でそういうイメージを持ったのだろう。そして、第一次十字軍のキリスト教徒戦線を二度、典礼の行列になぞらえた(132)。

典礼の軍事的寓意の中でも特に広まったもののいくつかが聖務日課の正しい次第とシンボリックな重要性を読者に教える意図を持った聖職者の論文に現われる(133)。カロリング朝時代の典礼学者メッスのアマラリウス（八五〇年頃没）は教会の終わることのない祈りの連鎖を、キリスト教徒が肉体と精神を罪から無縁にしておくことで訓練した戦いと表現した(134)。しかし、すべての信者が潜在的に祈りで闘うことができたら、戦いでの指導的役割は聖職者、特にミサの司祭たちに留保される。アマラリウスは彼らを、比較的弱い兵士に徳という武器と、秘蹟的な祝福という鎧を装備させるのを義務とする戦士（*agonothetae or pugnatores*）と描写した[135]。司祭戦士というこの人物像は一二から一三世紀はじめ、多くの聖職の典礼学者たちによってさらに完全に進化した。一一六二年ころ書かれたものだが、ジョン・ベレト（John Beleth〔または、ジョン・ピット〕）は司祭戦士（*pugiles*）の祭服を一揃いの精神的鎧になぞらえた。そのサンダルはすね当て（*ocreae*）、そのアミクッス〔司祭が首から肩にかける白い麻布〕は兜（*galea*）、そのアルバ〔長い祭服〕は胸当てまたは鎖帷子（*lorica*）、帯は弓（*arcus*）、下帯は矢筒（*pharetra*）であった。槍の代わりにストラ〔頸垂帯〕、盾の代わりにカズラ〔司祭の着る袖なしミサ服〕、剣の代わりに祈禱書を持っているのだ。そして司祭が福音を読む瞬間に、彼はその聖書の言葉という剣で悪魔を刺し貫く[136]。他の典礼学者、クレモナのイタリア人司教シカルドゥス（一二一五年没）が定式化したミサの聖書解釈学的な挙げ方はセレモニーに、複数のレベルを持った寓意的意味（*figurantes*）を課すことになった。第一にそれは、イスラエルが数々の敵から得た偉大な勝利を神の支援で呼び戻した。第二にそれは、すべてのキリスト教徒が「さまざまな原理や権力に抗して」遂行する戦い（エフェソの信徒への手紙六章一二節）の表現だった。司祭は、幾世代とも知れぬ長い期間の精神的な戦いを記念してきた秘蹟を演じつつ、それらの意味のレベルを「心に留め置く（*habere in mentem*）」よう忠告された[137]。

司祭で修道士のホノリウス・アウグストドゥネンシス（一一五一年頃没）は『霊魂の宝玉（*Gemma animae*）』で、この時代の典礼的な戦争の中でも最も精妙で象徴的な解釈と論じられたものを発展させた[138]。ホノリウスは戦闘態勢で教会に入る完全「武装」の典礼的行進を次のように描写した。

なぜなら、司祭、その他の聖職者、俗人の行列は、戦争に向かう為政者とその軍隊（*exercitus*）の行進のようなものなのだから。下にはアルバ、上にはコープ〔マント状の大外衣〕、あるいはその他の神聖なガーメント〔長い上着〕を着け、この人たちは、下に鎖帷子、上に盾を着け、戦闘態勢の整った騎士（*milites pugnaturi subtus loricis*）のよう。……我らが前に十字架と軍旗があれば、帝国の旗手が軍旗を掲げているよう。二つの部隊の後に合唱隊が続く。その間を指揮者と前唱者が歩く。彼らを戦場へ駆り立てる軍の司令官のよう。そして小修道院長たちは軍勢の世話をするキャプテンのよう(139)。

闘いを開始する合図は、彼らが祈りの詠唱を始めた時に出された。ただちに火を噴く悪魔が攻撃を仕掛けた。しかし信仰の盾、聖書の言葉、「エフェソの信徒への手紙」六章の精神的な武器で撃退されてしまう(140)。この乱闘の最中、司祭は悪魔との単独の戦い（*duellum*）に呼び出され、典礼の行為を通して、キリストの誘惑と、ダヴィデとゴリアテの対決を再現した(141)。ジョン・ベレトと同じく、ホノリウスは司祭兵士たちにパウロの武器と鎧を装備させた(142)。彼のミサは明確に使徒書簡の伝統的な聖書解釈学に基づいて執り行われた。使徒書簡は、すでに見てきたとおり、慣例上、使徒たちの精神的な戦いと、旧約聖書の歴史的な戦争の間で同時進行していたのだ。司祭と同じく修道士も典礼の勤めを軍事的な言葉で考察するよう条件づけられた。たとえばペトルス・ダミアヌスは、聖務日課の経験を記すのに当時の典礼学者が用いたのとよく似たレトリックを使った。彼は、ブザンソンのシトー会司教、フーゴを、修道士、聖職者たちに大聖堂でのミサと祈禱の際に坐ることを赦したとして叱った。次のような理由だった。

我々が祈り、悪徳という敵の急襲に抗して戦列（*acies*）をなして戦う時、敵は力なく我らに勝利を与えて屈するか、主のおぼしめしで倒れた我らを見て小躍りするか。敵は我々が疲れ果てて座り込み、我らの身体がぼんやりと消えていくのを見るとき、彼らはただちに、我らの魂が崩壊したから勝利を得たのだと確信する(143)。

祈りの姿勢はいかなる身体的な弱さにも屈しないという修道士の気持ちの現われだけでなく、自分も兵士として、武器携帯の兄弟に交じって祈りという武器で闘っているのだとのアイデンティティーを示唆していた。夜の聖務に向けた教会への修道士の行列はダミアヌスを、行進する軍隊にいる気持ちにさせた。動きが組織化され、完璧に統一されている、その規律が称賛されるのだ。仲間の修道院幹部宛に彼はこう書いている。

軍隊（*militia*）の登場はまことにもってなんと美しいことか。特に夜、兄弟たちが楔形になり〔装甲部隊の隊形〕、トランペットで湧き立てられたようになり、神の競技（*certamen*）の準備をせかされ、統一の取れた隊列（*acies*）となって進軍するかのように、一体となって出発する。少年の列が先頭を行き、若者がちょうど騎兵大隊の形でそれに続き、最後に、〔他の者の〕歩調を追うかのようにベテラン、つまり戦闘の強力部隊（*robur...belii*）がいる。後衛は、誰かが脱落しないよう、あるいは隠れた敵が襲撃をかけないよう、全軍の後尾を守る(144)。

修道院共同体が典礼の責務を正しく果たすには厳格な秩序と服従が要求されるが、ペトルスの考えでは、階級内の仲間意識も同じほどに重要だった。戦場と同様、練達のベテラン（修道院の先輩、年寄り〈*seniores*〉）が、特に敵の武器に対してまだ抵抗力の弱い新人（修道会献身者、あるいは新たに信仰告白した修道士）の訓練と激励を任された。

宗教的共同体を支援していた俗人の寄進者としては、修道士が精神的戦場で持っているより以上の豪胆さを持っていることを暗黙のうちに知っていたのである。バーバラ・ローゼンワインがこの時代のクリュニー会の典礼について書いた時、「仲介は悪魔と戦うための、神との大戦争で悪魔が増長するのを妨げるための、神が人間の魂への権利を獲得する助けとなるための、そういう武器だった(145)」。典礼としての祈りの軍事的な連想は、修道院は戦場では、あるいは戦争の記念碑となるべき一つの城の管轄内では、特に取り上げられる必要がないことを意味した(146)。精神的な戦争との結びつきという美徳によって「すべての」宗教施設は、キリスト教徒が祈りと悔悛という武器で罪に抗して遂行した永遠の戦闘の記念碑だった。第四章で見ることになるが、修道院の著者はしばしば修道院を、デーモンの諸力によって無間《むげん》に包囲される難攻不落の要塞として描いた。その塔は精神的な戦士の軍団によって守られていた。パトロンと修道士たちがともにそういう言葉で彼らの召命を見ていたことは、施設の特許状の軍事的な言語で証明される。九六六年、アングロ・サクソン王エドガーがウィンチェスターのニュー・ミンスターの修道士に出したものもそうである。

修道院長は精神的な武器を装備し、ひとしずくの天の恩寵を注がれた修道士軍団によって支持される。彼らはキリストの人員に合流し、悪魔の得体の知れない策略に抗して、魂の剣で戦う。彼らは目に見えぬ敵の猛襲から王と王士の聖職者を守る(147)。

ここにこそ修道士とパトロンの慣習的、社会的な役割が留保されている。新しい共同体を世俗の敵から守る約束というより、エドガー自身が、ウィンチェスターの修道士が、目に見えぬままに王国を脅《おびや》かすデーモンの諸力に抗して王を守るという確約を受けているのだ。特許状の論理において、修道士のこの機能こそが戦争を遂行することなのだ。精神的な戦場では王さえも脇役へと格下げになる。

もし王が国土の防衛を修道院の守備隊に任せることができたなら、貴族のパトロンたちは確かな資料に基づいて、自分たちの魂のために戦う修道士軍団を兵籍に留めたのだ。オルデリクス・ウィタリスは父である聖職者オデレリウスに捧げたスピーチでそのことを行った。オルデリクスによるとオデレリウスは貴族のパトロン、有力なシュルーズベリー伯ロジャー・モンゴメリーをせき立てて、パトロンの魂のために悪魔と戦ってくれるベネディクト会士の家を寄進させたのだ。

今こそ、神の奉仕の訓練を受けた人たちによる規則に従順な修道院で幾多の義務が実行されていることを思え。そこで毎日、測り知れないほどの利益が得られている。キリストの守備隊（*castrenses Christi*）が悪魔と雄々しく戦っているのだ。確かなことだが、精神的な戦士（*agonotheta*）の戦いが厳しければ厳しいほど、その勝利はいっそう輝かしいものになる。そして、天なる法廷での栄冠はいっそう貴重なものになる。……偉大にして高貴なる伯よ、私は心から勧める、君が住む土地に修道院を寄進するがよい。君が相続したものではなく、自身で獲得したものを、サタンに抗する神の砦（*monachile castrum*）として寄進せよ。そこではカウル〔フードつきの修道士服〕を着た戦士（*cucullati pugiles*）が君の魂のために「ベヘモット〔ヨブ記四〇章に登場する巨獣〕」に抗して果てしない戦いを続けてくれるのだ(148)。

ここで思い描かれた共同体はその通り、シュルーズベリー修道院として建設された。そしてオルデリックの弟のベネディクト、それにオデリウス自身も含めて、最終的に修道士戦士の列に加わった(149)。ロジャー・モンゴメリーの偉大な石城近くに一〇八〇年代に建設されたこの神の砦は、別のタイプの要塞のようには平和のための逃げ場にならなかった。あるものはノルマンの騎士によってではなく、ベネディクト会士によって守られた(150)。年代記作家の観点から見れば、ロジャー・モンゴメリーの罪は平和の増進を通してではなく、さらなる戦争行為、と言っても、よりよい、精神的な戦争行為によって償なわれるのがベストだった。オルデリックは間違いなく修道院の読者のために書いたのであり、オデレリウスのスピーチは修道院生活に対する当時なりの賛辞というお墨つきを与えているが(151)、それでもなおそれは、聖職者が俗人のパトロンに、修道士の仲介〔パトロンを神に仲介する、つまり「祈り」〕機能を、実際、修道士がしていた通り、軍事用語で考えるよう奨励したことを示唆している。

第一章の結論

中世修道院の平和運動の中で特に積極的だったもの——個人的な講読、聖書研究および聖書解釈学、典礼の祈り——の多くは戦争を修道院経験の前面に押し出した。神学的、解釈学的伝統が聖なるテキストにある戦争の受容方法を形成したが、旧約聖書の軍事史と精神的闘いという使徒書簡の理論が互いを補完し合うようになった。解釈的に言えば、イスラエルの幾多の戦いはキリストと使徒たちの精神的格闘の前兆であった。この予表論は、読者が旧約聖書の史書の部分に描かれた現実の暴力を中和させてしまうことを可能にした。というのも、修道院的な解釈学、精神的（または精神化された）戦争がキリスト教の史的、および寓意的物語の中核になったからだ。一二世紀、サン＝ヴィクトルの参事会員フーゴの言葉で言えば次のようになる。

人の姿をした言葉とは、この世の中に悪魔とともに戦争をもたらした我らの王である。その王の到来前に生きたすべての聖人は、王の前に出る以前からずっと兵士である。後から来たものもこれから来る者も、この世の終わりまで、彼らの王に従う兵士である(152)。

パウロの精神的な戦争とその教父たちによる入念な構成というレンズを通してみれば、古代、ヘブライ人の戦士は、その軍事的な豪胆さにもかかわらずではなく、そういうものを持っているがゆえに、修道士が見習うべき価値ある模範になった。キリストと使徒たちも、キリスト教的美徳を軍事主義的な型に鋳直すゲルマン的傾向のゆえではなく、幾世代にもわたる周到なローマの教父解釈者たちが明白にこの解釈を示唆していたがゆえにこそ、精神的な戦士として尊敬されたのだ。聖務日課の勤めの中で、つまり、中世盛期の共同生活で間違いなく決定的な意義をもつ行為において、修道院の勤行者たちは、目に見えない敵に抗して自分たち自身と仲間のキリスト教徒の魂のために戦ったものとして詩篇の「万軍の主」の援助を求めた。さらに言えば、中世の武器携帯者は、宗教的共同体を祈る人の砦と見るよう奨励された。そこで修道士の兵士が倦むことなく彼ら自身と彼らの世俗の防衛者の魂のために戦っているのだ。

最後に我々は、さまざまな戦い、包囲された諸都市、剣にかけられたすべての人々についての聖書による資料は、中世修道院の読者に対する「正義の物語」ではなかったことを忘れてはならない。ジャン・ルクレールの「聖書のイマジネーション」というコンセプトは、中世の宗教的共同体のメンバーが、「聖書テキストに示されているあらゆるディテールを心に思い描き、現在化し、見る」べくいかに訓練されていたかを理解するのに有益である。つまり、「物の色とサイズ、人々の衣装、態度、振る舞い、彼らが動き回る複雑な環境」などのディテールである(153)。個々の修道士が聖書にある過去の聖なる戦争を講読（lectio）や祈りの際に内なる目で「見た」時、彼らはそれらを当時の画家が描いたもので見るしかなかったのだ。つまり、当世風の武器、甲冑、攻城器具を装備したまさに当時の騎士たちの軍隊による戦いだった(154)。修道院の写本彩色師はしばしば詩篇を、世俗の戦士としても通る人物が行う精神的な戦いのシーンで飾った。そのテキストがデーモンや悪徳と戦うキリストの戦士を描いているとの教えを強化するためだった(155)。このようにして、修道院の聖書解釈学者たちは旧約聖書の英雄的過去と、現在の、いぜんとして好戦的な、彼ら自身の経験する世界の融合に関与した。宗教学者たちが「聖なる催しの再現実化」と名づけたものに類似した過程を通して、修道士は読むことによってのみこの時間を超越した英雄的時代へ踏みこんで行くことを学んだのだ。実際、修道院文化の中での聖書の優位さは、彼らがどう転んでもそういう優位性の中へ踏み込むしかないことを意味した(156)。この瞑想的空間の中で、魂の戦士として、修道士は古代の戦闘を追体験し、自分自身の弱さを新たな闘いに直面させた。しかし聖書の幾多の戦闘が聖書解釈や典礼儀式を通してよみがえるとしたら、我々は次の章で、修道士にとって当時の現実の戦士との遭遇が、聖書に書かれた戦争との絆を取り結ぶ際の助けとして、特に重要だったことを知るだろう。

原注（第1章）

（1） たとえば次を参照。Lester K. Little, *Benedictine Maledictions: Monastic Cursing Romanesque France* (Ithaca, NY, 1933), 86, 188-90.

（2） RB 42.3-4, p. 243. そのほぼ一世紀前、ゴート人司教ヴルフィラは、好戦的なゴート人へ好ましからざる影響力を持った王たちの暴力に関して、同様の関心を表明していた。次を参照。D.H. Green, *The Millstätter Exodus: A Crusading Epic* (Cambridge, 1966), 209.

（3） 有益な概観として次を参照。Susan Niditch, *War in the Hebrew Bible: A Study of the Ethics of Violence* (New York, 1993).

（4） Harry Y. Gamble, 'Marcion and the "Canon"', in *The Cambridge History of Christianity, Vol. 1: Origins to Constantine,* ed. Margaret M. Mitchell and Frances M. Young (Cambridge, 2006), 487-528. マルキオンの *Antitheses*（テルトゥリアヌスの体系的な反論を通してのみ史家の間に知られている）のより詳細について次を参照。Adolf Harnack, Marcion: *The Gospel of the Alien God,* trans. John E. Steely and Lyle D. Bierma (Durham, NC, 1990).

（5） Adolf Harnack, Militia Christi: *die christliche Religion und der Soldatenstand in de ersten drei Jahrhunderten* (Tübingen, 1905), 46-8.

（6） 'Nisi bella ista carnalia figuram bellorum spiritualium gererent, nunquam opinor, Iudaicarum historiarum libri discipulis Christi, qui venit pacem docere, legemdi in ecclesiis fuissent ab apostolis traditi .... ' Cited by Harnack, *Militia Christi,* 102.

（7） Gerard E. Caspary, *Politics and Exegesis: Origin and the Two Swords* (Berkeley, CA, 1979), 18f.

（8） Henri de Lubac, *Medieval Exegesis: The Four Senses of Scripture,* trans. Mark Sebanc (Grand Rapids, MI, 1998), 170 and 384n.; idem, *Histoire et esprit: l'intelligence de l'Écriture d'après Origène* (Paris, 1950), 186-90. アンブロシウス、アウグスティヌス、ヒエロニュムスによる聖書の三層、ないし四層の意味発言について次を参照。Robert E. McNally, *The Bible in the Early Middle Ages* (Westminster, MD, 1986), chapter 9.

（9） Jean Leclercq, 'Origène au XIIe siècle,' *Irénicon* 24 (1951), 425-39.

（10） こういう聖書解釈学的な原則への有益な入門として次を参照。Paul M. Blowers, 'Interpreting Scripture,' in *The Cambridge History of Christianity, Vol. 2: Constantine to c.600,* ed. Augustine Casiday and Frederick W. Norris (Cambridge, 2007), 618-36; Gillian R. Evans, *The Language and the Logic of the Bible: The Earlier Middle Ages* (Cambridge, 1984), 1-5; de Lubac, *Medieval Exegesis,* chapter 1; and Beryl Smalley, *The Study of the Bible in the Middle Ages* (Notre Dame, IN, 1964), 8-26.

(11) Cassian, Collationes, 1.18, ed. and trans. Eugène Pichery as *Conférences,* 3 vols, SC 42, 54, 64 (Paris, 1955-9), 1: 99; *Conferences,* trans. Colm Luibheid (New York, 1985), 52. ここにはグレゴリオス大教皇の解釈学的理論との強い近似性がある。しかしカッシアヌスの作品とのグレゴリオスの親密さの広がりについては未詳。次を参照。Gillian R. Evans, 'Exegesis,' in *The Thought of Gregory the Great* (Cambridge, 1986), 80-95.

(12) RB 48.10-14, pp.69-70.

(13) RB 73.2-6, p.95.

(14) Ambrose, *De officiis,* 1.25.117-42; 1.36.179-204; 1.43.219-30, ed. Ivor J. Davidson (Oxford, 2001), 184-200, 220-36, 242-50.

(15) Frederick H. Russell, *The Just War in the Middle Ages* (Cambridge, 1975), 16-26; Janet L. Nelson, 'Violence in the Carolingian World and the Ritualization of Ninth-Century Warfare,' in *Violence and Society in the Early Medieval West,* ed. Guy Halsall (Woodbridge, 1998), 90-107 (at 91-2).

(16) Russell, *Just War,* 30-1.

(17) 第四章で記述するが、ゴリアテとのダヴィデの戦いは誘惑と悪霊に対する修道士の戦闘モデルに大きな影響を及ぼした。

(18) (「ヨブ記」一〇章一七節、一四章一四節を参照。*militia* の重要性を強調したヨブの解釈史について次を参照。Réginald Grégoire, 'Esegesi biblica e *"militia Christi"*,' in *Militia Christi e crociata nei secoli XI-XIII: Atti della undecima Settimana internazionale di studio, Mendola, 28 agosto-1 settembre 1989* (Milan, 1992), 21-45 (esp. 28-31 and 36-9). *militia* が非軍事的な種類の「奉仕」を指し得るのに対して、グレゴワールは、中世の解釈学者がこのパッセージをヨブの精神的な戦争を指すものとして読んだことを明らかにしている。中世初期の修道会「会則」や聖人伝における *militia* 概念の議論について第三章参照。

(19) *Vita Antonii* にある精神的な戦争について第三章参照。デイヴィッド・ブラッケは次でアタナシウスの修道士模範としてのヨブの重要性を強調した。*Demons and the Making of the Monk: Spiritual Combat in Early Christianity* (Cambridge, MA, 2006), 30.

(20) *Moralia in Job,* 32.11.14, 33.14.28, ed. Marcus Adriaen, 3 vols, CCSL 143-143B (Turnhout, 1979-85), 3: 1639-40, 1697-8. この読み方について次を参照。Carole Straw, *Gregory the Great: Perfection in Imperfection* (Berkeley, CA, 1988), 61-3; and Claude Dagens, *Saint Grégoire le Grand: culture et expérience chrétienne* (Paris, 1977), 100, 107, 187f.

(21)　たとえば次を参照。The Carolingian abbot Paschasius Radbertus' *Expositio in evangelium Matthaei libri XII,* lib.3, CCCM 56, ed. Beda Paulus (Turnhout, 1984), 235-6; and the twelfth-century abbot and bishop Bruno of Asti's *Expositio in Job commentarius,* c.7, PL 164: 577.

(22)　Odo of Cluny, *Epitome Moralium in Job libri XXXV,* 16.25, PL 133: 311-12: 'Cui tamen militiae electorum hominum numerus jungitur, qui per sublime mentis desiderium a terrenae conversationis servitute liberantur, de quibus per Paulum dicitur: "Nemo militans Deo, implicat se negotiis saecularibus"（「テモテへの手紙二」二章四節）．聖書からの引用はないが（中世の読者にはただちにその前の章句が想起されただろう「キリスト・イエスの立派な兵士として、わたしと共に苦しみを忍びなさい」）、オドの言葉は修道院の理想を指していると思われる。

(23)　Bernard of Clairvaux, *Sermones super Cantica,* Sermon 1.9, in SBO 1: 6-7: 'Sed et in quotidianis exercitiis et bellis, quae nulla hora pie in Christo viventibus desunt a carne, a mundo, a diabolo, sicut militiam esse vitam hominis super terram incessanter experimini in vobismetipsis, quotidiana necesse est cantica pro assecutis victoriis innovari.' Trans. Kilian Walsh, *Bernard of Clairvaux on the Song of Songs 1, CF 4* (Kalamazoo, MI, 1971), 5-6. シトー会士の「ヨブ記」関連の精神的な戦争イメージとの関わりについて次を参照。Conrad Rudolph, *Violence and Daily Life Reading, Art, and Polemics in the Cîteaux Moralia in Job* (Princeton, 1997), chapter 4.

(24)　M.-D. Chenu, *Nature, Man and Society in the Twelfth Century: Essays on New Theological Perspectives in the Latin West,* ed. and trans. Jerome Taylor and Lester Little (Chicago, MI, 1968), 158.

(25)　*A Pre-Conquest English Prayer Book,* ed. B.J. Muir, Henry Bradshaw Society 103 (Woodbridge, 1988), 21 and 29-30 (nos. 6 and 11); Jean Flori の次の論による。*La guerre sainte: La formation de l'idée de croisade dans l'Occident chrétien* (Paris, 2001), 137.

(26)　Russell, *Just War,* 68-73.

(27)　H.E.J. Cowdrey, 'The Mahdia Campaign of 1087,' *English Historical Review* 92 (1977), 1-29 (at 25).

(28)　十字軍年代記の精神的な戦争に付加された幻想について第三章で論ずる。

(29)　*Gesta Dei per Francos,* 2.1, ed. R.B.C. Huygens, CCCM 127A (Turnhout, 1996), 112-13; trans. Robert Levine as *The Deeds of God through the Franks* (Woodbridge, 1997), 43.　十字軍士とマカベア一族の同様の比較について次を参照。the verse history of Gilo of Paris, *Historia vie Hierosolimitane,* ed. and trans. C.W. Grocock and J.E. Siberry (Oxford, 1997), 160-1; and Raymond of Aguilers, *Historia Francorum qui ceperunt Iherusalem,* c.6, RHC Occ. 3: 245; trans. John Hugh Hill and Laurita L. Hill (Philadelphia, PA, 1968),

35.

（30） *Fulcherius Carnotensis Historia Hierosolymitana,* 1.3.7, ed. Heinrich Hagenmeyer (Heidelberg, 1913), 136-7; trans. August C. Krey in *The First Crusade: The Accounts of Eye-Wittnesses and Participants* (Gloucester, MA, 1958), 35.

（31） Robert of Reims, *Historia Iherosolimitana,* 1.4 (Adhemar/Moses), 2.16 (Israelites), 4.8 (Israelites), 4.20 (Goliath), and 6.12 (Israelites), in RHC Occ. 3: 731, 747, 779, 786-7; trans. Carol Sweetenham as *Robert the Monk's History of the First Crusade* (Burlington, VT, 2005), 83, 98, 125, 133 and 155.

（32） Jonathan Riley-Smith, *The First Crusade and the Idea of Crusading* (Philadelphia, PA, 1991), 125 and 133.

（33） *Historia Francorum,* c.5, ed. and trans. Hill and Hill, 40.

（34） 次からの引用。Riley-Smith, *Idea of Crusading,* 141.

（35） Andreas of Strumi, *Vita S. Arialdi,* c.15, MGH SS 30/2: 1047-75. 聖書からの引用は「マカバイ記一」二章。

（36） Orderic Vitalis, *The Ecclesiastical History,* 6 vols, ed. and trans. Marjorie Chibnall (Oxford, 1968-80), 3: 216-17: 'et de ueteri testamento nouisque Christianorum gestis imitanda sanctorum militum tirocinia ubertim coaceruabat.' ゲラルドゥスの名は次のように続いて行く。Saints Demetrius, George, Theodore, Sebastian, Maurice, the Theban Legion, カロリング朝の人たちとともに戦士から修道士へ転じたジェロンヌのギヨーム。中世西方におけるこれらの、さらにその他の戦士聖人について第五章参照。

（37） Green, *Crusading* Epic, 97-9 and 104-5.

（38） 「マタイによる福音書」五章三九節、「マルコによる福音書」九章七節、「ヨハネによる福音書」一四章二七節でも同じである［「マタイ」のこの箇所は有名な「悪人に手向かってはならない。誰かがあなたの右の頬を打つなら、左の頬も向けなさい」に当たる］。新約聖書における戦争と平和というテーマをうまくまとめたもの、これからの議論でも利用するものとして次を参照。Raymond Hobbs, 'The Language of Warfare in the New Testament,' in *Modelling Early Christianity: Social-Scientific Studies of the New Testament in its Context,* ed. Philip F. Esler (London, and New York, 1995), 259-62; and Joseph F. Kelly, *The World of the Early Christians: Message of the Fathers of the Church* (Collegeville, MN, 1997), 160-2.

（39） 新約聖書における暴力的、軍事的イメージについて次を参照。John Helgeland, *Christians and the Military: The Early Experience* (Philadelphia, PA, 1985), 10-20.

（40） 福音書のこれら二つのパッセージ間にある矛盾と思われるものを解決しようとの、カロリング朝時代の聖書解釈学的試みについて次を参照。Mary Alberi, ‘“The Sword Which You Hold in Your Hand”: Alcuin’s Exegesis of the Two Swords and the Lay *Miles Christi*,’ in *The Study of the Bible in the Carolingian Era*, ed. Celia Chazelle and Burton Van Name Edwards, Medieval Church Studies 3 (Turnhout, 2003), 117-31.

（41） Jonathan Riley-Smith, ‘Crusading as an Act of Love,’ *History* 65 (1980), 177-92; repr. in *The Crusades: The Essential Readings*, ed. Thomas F. Madden (London, 2002), 32-50 (at 43-4). 正義の戦争に関する後の注に与えたアウグスティヌスの影響について、さらに最近の評価として次を参照。Robert L. Holmes, ‘St. Augustine and the Just War Theory,’ in *The Augustinian Tradition*, ed. Gareth B. Matthews (Berkeley, CA, 1999), 323-44.

（42） Jean Leclercq, ‘“Militare Deo” dans la tradition patristique et monastique,’ in *Militia Christi et crociata nei secoli XI-XII. Atti della undecima settimana internazionale di studio*, 3-18 (at 8).

（43） *Analecta Hymnica Medii Aevi*, 55 vols, ed. Clemens Blume and Guido Maria Dreves (Leipzig, 1886-1992), 50: 70 (no. 66): ‘Pange, lingua, gloriosi proelium certaminis / et super crucis trophaeo dic triumphum nobilem, / qualiter redemptor orbis immolatus vicerit.’

（44） Grégoire, ‘Esegesi biblica e “Militia Christi,”’ 35.

（45） 次にある文献一覧と簡潔な注を参照。Rachel Fulton, *From Judgment to Passion: Devotion to Christ and the Virgin Mary, 800-1200* (New York, 2002), 29-31.

（46） 引用と訳は、Horst Richter, ‘*Militia Dei*: A Central Concept for the Religious Ideas of the Early Crusades and the German *Rolandslied*,’ in *Journeys Toward God: Pilgrimage and Crusade*, ed. Barbara N. Sargent-Baur (Kalamazoo, MI, 1992), 107-126 (at 113-14). ラテン語テキストは次の通り。‘qui tamen pugnaverunt, tot gentes barbaras deleverunt, tot hostes prostaverunt, tamtan spolia, tot triumphos ceperunt, qui cruentis manibus de caede hostium redeunt, quorum pes tinctus est in sanguine et manus suas laverunt in sanguine peccatorum. Interfecerunt quippe in matutinis omnes peccatores terrae, et imaginem eorum exterminaverunt de civitate Domini. Vicerunt quippe et peremerunt diversas daemonum gentes...’ Origen, *Homiliae in Numeros*, in *Opera Omnia*, 25 vols, ed. C.H.E. Lommatzsch (Berlin, 1831-48), 10: 318-19.

（47） *Dialogues*, 2.3 3 vols, ed. Adelbert de Vogüé and trans. Paul Antin, SC 251, 260, 265 (Paris, 1978-79), 2: 148-9: ‘Fortis etenim praeliator Dei teneri intra claustra noluit, certaminis campum quaesiuit’: trans. Odo J. Zimmerman as *Gregory the Great: Dialogues*, FC 39 (Washington D.C., 1959), 65.

(48) 殉教者の受難における軍事的レトリックについて第三章参照。

(49) ヘルゲラン（*Christians and the Military*, 16）の見るところ、新約聖書の軍事的な隠喩のうちイエスに帰するものはない。

(50) Victor C. Pfitzner, *Paul and the Agon Motif: Traditional Athletic Imagery in the Pauline Literature* (Leiden, 1967), esp. chapters 7 and 8. 旧約聖書にある先行例は次のものを含む。「イザヤ書」五九章一七節、「マカバイ記一」三章三節、「知恵の書」五章一七〜二三節。聖書以外でパウロに言及したものについて次を参照。Hobbs, 'Language of Warfare,' 263-4.

(51) ホッブズ（'Language of Warfare,' 260-8）は、そういうレトリックはキリスト教徒にこそ向けられたものであろうと述べている。戦士の役割は（闘技者のそれと同様）キリスト教古代においては伝統的に男性のものだったのだから。

(52) 福音書の教父による解釈の有益な概説として次を参照。Alexander Souter, *The Earliest Latin Commentaries on the Epistles of St. Paul* (Oxford, 1927); and Maurice Wiles, *The Divine Apostle: The Interpretation of St. Paul's Epistles in the Early Church* (Cambridge, 1967).「使徒書簡」に関する中世初期の注釈の分かり易いリストとして次を参照。McNally, *Bible in the Early Middle Ages*, 109-16.

(53) オリゲネスの聖書解釈的著作の多くはヒエロニュムスを通してのみ知られるが、ヒエロニュムスがオリゲネスにどのように依拠していたかの議論について次を参照。the introduction to *The Commentaries of Origen and Jerome on St. Paul's Epistle to the Ephesians*, ed. and trans. Ronald E. Heine (Oxford, 2002); and Margaret A. Schatkin, 'The Influenceof Origen upon St. Jerome's Commentary on Galatians,' *Viligiae Christianae* 24 (1970), 49-58.

(54) 関連した一節が次にある。*Commentaries of Origen and Jerome*, ed. Heine, 261-8.

(55) *Commentaries of Origen and Jerome*, ed. Heine, 262-4.

(56) 次を参照。the introduction to Bede's *Excerpts from the Works of Saint Augustine on the Letters of the Blessed Apostle Paul*, trans. David Hurst, CS 183 (Kalamazoo, MI, 1999), 8-10; and P.-I. Fransen, 'D'Eugippius à Bède le Vénérable: à propos de leurs florilèges Augustiniens,' *Revue Bénédictine* 97 (1987), 187-94.

(57) たとえば次を参照。「詩篇」三〇、三四、七七章に関するアウグスティヌスの『講解』からのベーデによる抜粋資料、*Excerpts from the Works of Saint Augustine*, trans. Hurst, 249-50.

(58) *De agone Christiano* について次を参照。N. Joseph Torchia, '*De agone Christiano*,' in *Augustine Through the Ages: An Encyclopedia*, ed. Allan Fitzgerald and John C. Cavadini (Grand Rapids, MI, 1999), 15-16.

（59） *De agone Christiano,* c. 2 and 6, PL 40: 291-2, 294; trans. Robert P. Russell in *Saint Augustine: Christian Instruction...,* FC 2 (Washington D.C., 1947), 317 and 321-2.

（60） Leclercq, "'*Militare Deo*'."

（61） Edward E. Malone, *The Monk and the Martyr: The Monk as Successor of the Martyr* (Washington D.C., 1950).

（62） 後の聖書解釈学に対するこれらの著者の重要性について次を参照。 the introduction to William of Saint-Thierry, *Exposition on the Epistle to the Romans,* CF 27, ed. John D. Anderson and trans. John Baptist Hasbrouck (Kalamazoo, MI, 1980); and the introduction to *Expositiones Pauli Epistolarum ad Romanos, Galathas et Ephesios e codice Sancti Michaelis in periculo Maris* (*Avranches, Bibl. Mun.* 79), ed. Gérard de Martel (Turnhout, 1995).

（63） Christopher de Hamel, 'Commentaries on the Bible,' in his *The Book: A History of the Bible* (London, 2001), 92-113.

（64） ダーン（*L'Exégèse chrétienne de la Bible en Occident médiéval, XIIe-XIVe siècle,* 82）は修道院的な聖書解釈学を次のような特徴で定義づけた。初期の、特に教父たちの作品を「アンソロジー化」する傾向、修道院生活の価値と習慣に関連づけられた独特の比喩使用、中世の三科、特に文法と修辞〔レトリック〕との緊密な結びつき。

（65） カロリング朝時代の聖書解釈学紹介と当時の有名な解釈学作品一覧として次を参照。 Pierre Riché, 'Instruments de travail et méthodes de l'exégète a l'époque carolingienne,' in *Le Moyen Âge et la Bible,* ed. Pierre Riche and Guy Lobrichon, Bible de tous les temps 4 (Paris, 1984), 147-161.

（66） Hrabanus Maurus, *Enarrationum In Epistolas Beati Pauli,* PL 112: 9-834; たとえば次を参照。 the conflation of agon and certamen at col. 630（「テモテへの手紙一」六章一二節への注） and that of *miles* and *athleta* at col. 632（「テモテへの手紙二」二章五節への注）.

（67） Hrabanus Maurus, *Enarrationum,* PL 112: 86. 第三章 (at n.12) で論ずる聖アウグスティヌスの説教の一つの同様のイメージと比較していただきたい。

（68） Hrabanus Maurus, *Enarrationum,* PL 112: 216（「コリントの信徒への手紙二」一〇章四節への注）.

（69） Hrabanus Maurus, *Enarrationum,* PL 112: 466-7（「コリントの信徒への手紙二」一〇章三〜四節への注） and col. 642（「テモテへの手紙二」二章三節への注）: 'militem te Christi estimans omne quod durum est et laboriosum contemplatione pietatis ferre depropera....' 聖書解釈学者としてのフラバヌスについて次を参照。 Philippe Le Maître, 'Les méthodes exégétiques de Raban

Maur,' in *Haut Moyen-Age: culture, éducation et societé,* ed. Michel Sot (La Garenne Colombes, 1990), 343-52.

（70） Atto of Vercelii, *Expositio Epistolarum Beati Pauli,* PL 134: 372. カッシアヌスによる「鉛板」への言及は *Institutes,* 6.7.2, ed. and trans. Jean-Claude Guy as *Institutiones cénobitiques,* SC 109 (Paris, 1965), 270-2 に見られる。

（71） Atto of Vercelii, *Expositio,* PL 134: 690.

（72） Bruno of Chartreuse, *Expositio in Epistolas Sancti Pauli,* PL 153: 262.

（73） William of Saint-Thierry, *Expositio in Romanos,* 6.12, PL 180: 607; trans. Hasbrouck, *Commentary,* 119.

（74） Hervé of Déols, *Commentaria in Epistolas divi Pauli,* PL 181: 905.

（75） オードはパウロを *Collationum libri tres* 3.9, PL 133: 597 で *'miles castrorum Dei'*（おそらく「創世記」三二章二節の神の陣営〈*castra Dei*〉に関連する）と呼んだ。

（76） ペトルス・ダミアヌスがパウロを「聖なる軍事訓練士」と呼んだことについて次を参照。Letter 10, ed. Kurt Reindel in *Die Briefe des Petrus Damiani,* 4 vols (Munich, 1983-93), 1: 135. パンのギーのものとされる教皇インノケンティウス二世の手紙は、次に含まれる。*The Chronicle of the Abbey of Morigny, France, c. 1100-1150,* trans. Richard Cusimano (New York, 2003), 116-17.

（77） こういうアプローチの例として次を参照。Susan Boynton, *Shaping a Monastic Identity: Liturgy and History at the Imperial Abbey of Farfa, 1000-1125* (Ithaca, NY, 2006); eadem, 'Performative Exegesis in the Fleury *Interfectio puerorum,' Viator* 29 (1998), 39-64; and C. Clifford Flanigan, Kathleen Ashley and Pamela Sheingorn, 'Liturgy as Social Performance: Expanding the Definitions,' in *The Liturgy of Medieval Church,* ed. Thomas J. Heffernan and E. Ann Matter (Kalamazoo, MI, 2001), 674-714.

（78） Barbara H. Rosenwein, 'Feudal War and Monastic Peace: Cluniac Liturgy as Ritual Aggression,' *Viator* 2 (1971), 127-57 (at 132). より一般的に、儀式における詩篇について次を参照。John Harper, *The Forms and Orders of the Western Liturgy from the Tenth through the Eighteenth Century* (Oxford, 1991), 67-72.

（79） Barbara H. Rosenwein, 'Perennial Prayer at Agaune,' in *Monks and Nuns, Saint and Outcasts,* ed. Sharon Farmer and Barbara H. Rosenwein (Ithaca, NY, 2000), 37-56.

（80） Joseph Dyer, 'The Psalm in Monastic Prayer,' in *The Place of the Psalm in the Intellectual Culture of the Middle Ages,* ed. Nancy van Deusen (Albany, NY, 1999), 59-89 (at 59-60).

(81) ジョージ・ローレスによる次のテキストと翻訳参照。*Augustine of Hippo and His Monastic Rule* (Oxford, 1987), 84-5. ラテン語テキストは次の通り。'Psalmis et hymnis cum orates deum, hoc uersetur in corde quod profertur in uoce.' 詩篇への修道院的アプローチ史におけるそういう心情の位置について次を参照。Dyer, 'The Psalms in Monastic Prayer,' 62-3.

(82) 筆者がウェイン・ダイアーをパラフレーズしたもの ('Monastic Prayer,' 67)。次も参照。Jacques Dubois, 'Comment les moines du Moyen Âge chantaient et goutaient les Saintes Ecritures,' in *Le Moyen Âge et la Bible*, ed. Riché and Lobricon, 261-98; and Jean Leclercq, *The Love of Learning and Desire for God: A Study of Monastic Culture*, trans. Catharine Misrahi (New York, 1982), 75-7.

(83) Cassian, *Collationes* 10.11, ed. Pichery, 2: 92; trans. Luibheid, *Conferences*, 137.

(84) 次を参照。「詩篇」二三章一〇節、四五章八、一二節、七九章五、八、二〇節、八八章九節。

(85) 「詩篇」二三章八節。'quis est iste rex gloriae Dominus fortis et potens Dominus fortis in proelio ....'

(86) たとえば、「詩篇」七章一三節、一七章一五節、三四章二〜三節、四四章四〜六節、六七章一八節。

(87) 次を参照。「詩篇」一七章三三〜三五節、一九章八節、二六章三節、三四章一〜三節、三六章、四三章、四五章八〜一二節、八八章。

(88) Blowers, 'Interpreting Scripture,' 620-1; G. Lampe, 'The Exposition and Exegesis of Scripture, I: To Gregory the Great,' in *Cambridge History of the Bible*, 3 vols, ed. Peter R. Ackroyd et al. (Cambridge, 1963), 2: 155-83.

(89) 中世の注釈の伝統について次を参照。Dyer, 'Monastic Prayer,' 68-72, and Marie-Josèphe Rondeau, *Les commentaries patristique du Psautier (IIIe-Ve siècles)*, Orientalia Christiana Analecta 219 (Rome, 1982). 詩篇に関する中世初期の注について、簡潔なリストとして次を参照。McNally, *Bible in the Early Middle Ages*, 100-1. 個々の詩に関する個々の著者による解釈ガイドとして次を参照。Claude Jean-Nesmy, *La tradition médite le psautier chrétien*, 2 vols (Paris, 1973-4).

(90) テキストは次による。Augustine, *Enarrationes in Psalmos*, ed. E. Dekkers, CCSL 38-40 (Turnhout, 1956); and Cassiodorus, *Expositio Psalmorum*, in *Opera*, 3 vols, ed. M. Adriaen, CCSL 97-8 (Turnhout, 1958). 翻訳はすべて次による。Augustine, *Expositions of the Psalms*, 6 vols, trans. Maria Boulding (Pork NY, 2000-4); and Cassiodorus, *Explanation of the Psalms*, 3 vols, trans. P.G. Walsh (New York, 1990-1).

(91) 「詩篇」七章一三、一四節は次のように読める。「あなたが変わるのでなければ、主は剣を振るわれるであろう。主はもう弓を引き絞り、準備を整えられた。その中で主は死の道具を準備なさった。彼らを焼き尽くす矢の準備も整えられた」。

(92) *Enarrationes in Psalmos,* 7.13-14, ed. E. Dekkers, 1: 45-6, trans. Boulding, 1: 124-5. 鎧や武器のその他の寓意的な読み方について次を参照。*Enarrationes,* 34(1).1-2 and 44.4, ed. Dekkers, 1: 300-1, 496-7, trans. Boulding, 2: 46-7, 289-90.

(93) *Expositio Psalmorum,* 7.13-15, 34.3, 43.7, 44.6, M. Adriaen, 1: 85-6, 157, 305-6, 394, 406-7; trans. Walsh, 1: 106, 182, 337, 431, 444.

(94) *Enarrationes in Psalmos,* 34(1).1-2, ed. Dekkers, 1: 300-1, trans. Boulding, 2: 46-7.

(95) 次に関する両著者の注を参照。「詩篇」一四三章一節 ('Blessed be the Lord my God, who teaches my hands to fight, and my fingers to war'): Augustine, *Enarrationes,* 143.1-5, ed. Dekkers, 3: 2072-6; trans. Boulding, 6: 360-4; Cassiodorus, *Expositio,* 143, ed. M. Adriaen, 2: 1281-9; trans. Walsh, 3: 413-14.

(96) クリストファー・ド・アメル(*History of the Bible,* 98) の見るところ、『詩篇注解』をタイトルとした写字生にとって「詩篇を実際に書いたのはあたかもアウグスティヌスのようなのだ」。

(97) Margaret T. Gibson, 'Carolingian Glossed Psalters,' in *The Early Medieval Bible: Its Production, Decoration, and Use,* ed. Richard Gameson (Cambridge, 1994), 78-100 (at 96-7).

(98) Gibson, 'Carolingian Glossed Psalters,' 96-100.

(99) Koert van der Horst, 'The Utrecht Bible: Picturing the Psalms of David,' in *The Utrecht Psalter in Medieval Art,* ed. Koert van der Horst, William Noel and Wilhelmina C.M. Wüstefeld (Tuurdijk, 1996), 22-84 (at 55 and 71-2).

(100) de Hamel, *History of the Bible,* 103-4 (quoting 103).

(101) たとえば次を参照。Walafrid Strabo,「詩篇」七章七節、一三〜一四節、九章四〜七節への注解 *Expositio in viginti primos psalmos,* PL 114: 764-6 and 769.

(102) Remigius of Auxerre, *Enarrationum in psalmos liber unus,* PL 131: 453, 234, and 319.

(103) Remigius of Auxerre, *Enarrationum,* PL 131: 158, 334, and 447.

(104) Fulton, *Judgment to Passion,* 315-17.

(105) Jean Leclercq, 'Écrits monastiques sur la Bible aux XIe-XIIIe siècles,' *Medieval Studies* 15 (1953), 95-106 (at 95); and idem. 'The Exposition and Exegesis of Scripture: From Gregory the Great to Saint Bernard,' in *The Cambridge History of the Bible,* ed. Ackroyd, 2: 183-97 (esp. 190-2).

(106) Bruno of Chartreuse, *Expositio in Psalmos*, PL 152: 731; 次と比較していただきたい。 Augustine's *Enarrationes in Psalmos*, 23.8; trans. Boulding, 1: 247.

(107) Bruno of Chartreuse, *Expositio in Psalmos*, PL 152: 827. アスティのブルーノも *Expositio in Psalmos*, PL 164: 718 で「エフェソの信徒への手紙」六章一七節と同じ関連づけをしている。

(108) Bruno of Asti, *Expositio*, PL 164: 763 (on Ps. 20); 932 (on Ps. 64); 1024 (on Ps. 83); 1041 (on Ps. 88); 1058 (on Ps.91); 1079 (on Ps. 100); 1173 (on Ps. 123). ラヴァルダンのヒルデベルトの、説教形式で書かれた *militia christiana* はエフェソの信徒の精神的な武器を、詩篇の特定の章句に関連づけている。次を参照。 *Sermones de diversis*, c.27, PL 171: 867-71.

(109) 典礼の際の祈りの言葉に関するさらに一般的な関心について次を参照。 Éric Palazzo, *Litugie et société au moyen âge* (Paris, 2002), 29-35. ポール・F・ゲールも、詩篇を延々と繰り返すことが修道院スタイルの構成に大きく影響したと論じた。次を参照。 Paul F. Gehl, 'Mystic Language Models in Monastic Educational Psychology,' *Journal of Medieval and Renaissance Studies* 14 (1982), 219-43 (esp. 225-7).

(110) Lester K. Little, *Benedictine Maledictions*, 62-4.

(111) 戦争と典礼について次を参照。 Christopher H. Holdsworth, 'An Airier Aristocracy: The Saints at War,' *Transactions of the Royal Historical Society* 6th ser., 6 (1996), 103-22; Michael McCormick, 'The Liturgy of War in the Early Middle Ages: Crisis, Litanies, and the Carolingian Monarchy,' *Viator* 15 (1984), 1-23; idem, 'The Liturgy of War from Antiquity to the Crusades,' in *The Sword of the Lord: Military Chaplains from the First to the Twenty-First Century*, ed. Doris L. Bergen (Notre Dame, 2004), 45-67; and Rosenwein, 'Liturgy as Ritual Aggression.'

(112) Michael McCormick, *Eternal Victory: Triumphal Rulership in Late Antiquity, Byzantium, and the Early Medieval West* (Cambridge, 1986); Erdmann, *Idea of Crusade*, 28-9.

(113) Gregory the Great, *Dialogues*, 3.15, ed. and trans. De Vogüé, 2: 320-1. Cited by Little, *Benedictine Maledictions*, 89.

(114) *Ecclesiastical History of the English People*, 2.2, trans. Leo Sherly-Price and R.E. Lathman (Harmondsworth, 1990), 107.

(115) McCormick, 'Liturgy of War in the Early Middle Ages,' 4-5 (quoting a letter from Charlemagne to Pope Hadrian I). 次も参照。 David S. Bachrach, *Religion and the Conduct of War, c.300-1215* (Woodbridge, 2003), chapter 2; and Nelson, 'Ninth-Century Warfare.'

(116) Michael McCormick, 'Liturgy of War from Antiquity to the Crusades,' 49-51; idem, *Eternal Victory: Triumphal Rulership*, 369f.

(117) 原文にある本来の「ローマ人支配者」を「フランク人支配者」に代えてしまうアイロニーは、後者が祈りによって確実に打倒しようと意図した本来の敵の中にあったなら、中世初期の典礼学者の意識の中では失われてしまったと思われる。*'Romani regni'* を *'Francorum regni'* に代えてしまうアイロニーは、中世初期の典礼学者の間では失われてしまったと思われる。たとえば次を参照。McCormick, *Eternal Victory*, 344-9; and Pierre Riché, 'La Bible et la vie politique dans le haut Moyen Age,' in *Le Moyen Age et la Bible*, ed. Riché and Lobrichon, 385-400.

(118) McCormick, *Eternal Victory*, 361-2.

(119) Michael McCormick, 'Liturgie et guerre des Carolingiens à la première croisade,' in *Militia Christi et crociata*, 222-3; and idem, *Eternal Victory*, 349-50.

(120) McCormick, 'Liturgie et guerre,' 226-7.

(121) Bachrach, *Religion and the Conduct of War*, 61-5.

(122) 次を参照。Bernard S. Bachrach, 'The Combat Sculptures at Fulk Nerra's "Battle Abbey" (c.1005-1012),' *Haskins Society Journal* 3 (1991), 63-80 (here 74). バクラックは、九世紀、トゥレーヌの城（後にヌーイと呼ばれた）は、ここで北方人〔ヴァイキング〕の一派を打ち破った際の聖人の役割にちなんで、「聖マルティヌスの美しき城」として知られたと記している。クリストファー・ホールズワースは（'An Airier Aristocracy,' 117）、〔ヨーロッパ〕西方で、戦闘中に聖人が現れた最初のケースとして、ノラがゴート族に包囲された際、聖パウリヌスが出現したことを想起させている。

(123) 次からの引用と翻訳による。Thomas Head, *Hagiography and the Cult of Saints: The Diocese of Orléans, 800-1200*, Cambridge Studies in Medieval Life and Thought 4th set, 14 (Cambridge, 1990), 53. 修道士アデラリウスによるラテン語版について次を参照。*Les miracles de Saint Benoît écrits par les Adrevald, Aimon, André, Raoul Tortaire et Huguens de Sainte Marie, moines de Fleury*, 1.41, ed. Eugène de Certain (Paris, 1858), 83-9. 一〇四〇年代、修道士アンドリューが列挙したフルリー・コレクションからの後の物語（*ibid.*, 5.15, pp. 212-13）はベネディクトゥスを「戦闘指揮者（*certaminis primicerium*）」と記述している。

(124) *Translatio S. Germani Parisiensis anno 846*, c.29, ed. Carolus de Smedt, *Analecta Bollandiana* 2 (1883), 69-98 (at 90-1).

(125) Thomas Head, 'The Judgment of God: Andrew of Fleury's Account of the Peace League of Bourges,' in *The Peace of God*, ed. Head and Landes, 219-238 (and for further references 237, n.56). 修道士と地域の俗人領主の力関係は、典礼を含む幾多の儀式で劇的に表現された。宗教的共同体とその敵（その多くはかつて、あるいは未来の同盟者である）の間の攻撃の多くが逆に、

高度に儀式化された。次を参照。Barbara H. Rosenwein, *To Be the Neighbor of Saint Peter: The Social Meaning of Cluny's Property, 909-1049* (Ithaca, NY, 1989); and Barbara H. Rosenwein, Thomas Head and Sharon Farmer, 'Monks and Their Enemies: A Comparative Approach,' *Speculum* 66 (1991), 764-96.

(126) 次の議論を参照。Jeffrey Alan Bowman, *Shifting Landmarks: Property, Proof, and Dispute in Catalonia Around the Year 1000* (Ithaca, NY, 2004), 69-80; and Daniel F. Callahan, 'The Cult of the Saints in Aquitaine,' in *The Peace of God*, ed. Head and Landes, 165-83 (esp. 172-8). 第一回ラテラノ公会議（一一二三年開催）の Canon 20 は、それが、「教会の呪いの剣 (*gladio anathematis*)」を持った修道士あるいは聖職者を襲い、彼らから略奪しようとする者を脅すとき、通常の言い回しを使った。次を参照。*Conciliorum Oecumenicorum Decreta*, 3rd ed., ed. G. Alberigo ey al. (Bologna, 1973), 194.

(127) Patrick J. Geary, 'Humiliation of Saints,' in *Living with the Dead in the Middle Ages* (Ithaca, NY, 1994), 95-115 (here 96-7).

(128) Augustine, Letter 189.5, *Epistole*, PL 33: 855. 注について次を参照。Helgeland, *Christians and Military*, 77.

(129) Rosenwein, 'Perennial Prayer,' 52-4.

(130) Thomas of Perseigne, *Cantica canticorum*, PL 206: 254.

(131) 次の引用による。Bachrach, *Religion and the Conduct of War*, 84 and n.105-6; 次を参照。William of Poitiers, *Gesta Guillelmi*, ed. R.H.C. Davis and Marjorie Chibnall (Oxford, 1998), 124; and Orderic Vitalis, *Ecclesiastical History*, ed. Chibnall, 2: 172.

(132) Riley-Smith, *Idea of Crusading*, 84.

(133) 次の観察による。Michael Evans, 'An Illustrated Fragment of Peraldus' *Summa* of Vice: Harleian MS 3244, '*Journal of the Warburg and Courtauld Institutes* 45 (1982), 14-68 (at 17 and n.22); and Chenu, *Nature, Man, and Society*, 152 and n.14 はこれに関連した問題を論じている。

(134) Amalarius of Metz, *De ecclesiasticis officiis libri quatuor*, 1.1, 1.7 and 4.3, PL 105: 996, 1003 and 1171.

(135) Amalarius of Metz, *De ecclesiasticis officiis*, 3.37, PL 105: 1156-7: 'Sacerdos noster, ut prudens agonotheta et pugnator, quantum in majore periculo videt milites fore, tantum munit eos amplius sua benediction. Arma nostra contra diabolum, sunt humilitas et caeterae virtutes. Vult sacerdos noster , ut nostris armis vestiti simus: propterea jubet er ministrum ut humiliemus capita nostra Deo, et ita tandem infundit super milites protectionem benedictionis suae.'

(136) John Beleth, *Summa de ecclesiasticis officiis*, c.32-3, ed. Herbert Douteil, CCCM 41A (Turnhout, 1976), 61-4. c.33 でジョンは、司祭

の方が世俗の軍隊より悪霊と戦っている状況について、「エフェソの信徒への手紙」六章一二節を明快に引用している。鎖帷子、サンダル（'foot-coverings'「エフェソの信徒への手紙」六章一五節）、盾、兜はすべてパウロの七つ道具である。

(137) Sicard of Cremona, *Mitrale, seu officiis ecclesiasticis summa*, PL 213: 144; cf. cols. 60 and 263.

(138) Honorius Augustodunensis, *Gemma animae*, c.72-82, PL 172: 566-70.

(139) Honorius Augustodunensis, *Gemma animae*, c.72, PL 172: 566: 'Pontificis namque et cleri, populique proccesio, est quasi imperatoris, et cujusdam exercitus ad bello progressio. Hi cum subtus albis, et desuper cappis, vel aliis solemnibus vestibus induuntur, quasi milites pugnaturi subtus loricis, desuper clypeis muniuntur... Quasi imperiale signum et vexilla a signiferis antegerunter, cum ante nos crux et vexilla geruntur. Quasi duo exercitus sequuntur, dum hinc inde ordinatim cantantes gradiuntur. Inter quos vadunt magistri et praecentores, quasi cohortium ductores ac belli incitatores. Sequuntur priores, quasi exercitus duces atque agminum ordinatores.'

(140) Honorius Augustodunensis, *Gemma animae*, c.75, PL 172: 567.

(141) Honorius Augustodunensis, *Gemma animae*, c.78-80, PL 172: 568-9.

(142) 少なくとも一〇年前に書いた Honorius Augustodunensis (*Gemma animae*, c.82, PL 172: 570) がおそらく、ベレトが列挙した精神的な武器の情報源であったと思われる。

(143) Peter Damian, Letter 111, ed. Reindel, *Briefe*, 3: 251-2: 'et cum oramus, tunc velut in acie contra malignorum hostium temptamenta confligimus, ut nobis omnino necesse sit aut superantibus enerviter cedere, aut corruentibus in Domino plausibiliter insultare. Qui cum corpora nostra marcida sessione contemplantur ebescere, de ruina quoque interioris hominis ilico sperant se victoriam optinere.' Trans. Blum, *Letters*, 4: 251.

(144) Peter Damian, Letter 153, ed. Reindel, *Briefe*, 4: 49: 'Et re vera quam pulchra militiae species, praecipue nocturnes horis, cum fratres quasi tubarum clangoribus excitati cuneum faciunt, et tanquam directa acie properantes, attoniti ad procinctum divini certaminis concorditer gradiuntur. Cum videlicet puerorum ala precedit, iuvenum vero tanquam manipulorum turma subsequitur, postrema autem legentes vestigia senes, belli scilicet robur, ne subsidat aliquis, ne vel hostis furtivus immergat, totius exercitus terga custodiunt.' Trans. Blum and Irven M. Resnick, *Letters*, 6: 52.

(145) Rosenwein, 'Feudal War and Monastic Peace,' 145.

(146) そういう施設の例として第二章参照。

(147) 次による引用。R.W. Southern, *Western Society and the Church in the Middle Ages* (Harmondsworth, 1970), 224-5. サザンは独特の感覚で、エドガーのような俗人パトロンが、「自分たちの当面の、そして永遠の幸福が等しく修道士たちの戦争に依拠していると信じた」がゆえに修道院施設に進んで土地を寄進したのだ、との思いを書いている。

(148) Orderic Vitalis, *Ecclesiastical History,* ed. Chibnall, 3: 144-7.

(149) 次の記述を参照。Orderic, *Ecclesiastical History,* 5.14, ed. Chibnall, 3: 148-9.

(150) シュールズベリとその修道院建設に関わる征服後の歴史の背景について次を参照。Marjorie Chibnall, *The World of Orderic Vitalis: Norman Monks and Norman Knights* (Oxford, 1984), 4-13.

(151) 次の観察による。Chibnall, ed., *Ecclesiastical History,* 3: 143n.

(152) Hugh of Saint-Victor, *De sacramentis de christianae fidei,* Prologue, c.2, PL 176: 183; trans. Roy J. Deferrari as *On the Sacraments of the Christian Faith* (Cambridge, MA, 1951), 3-4.

(153) Leclercq, *Love of Learning,* 75.

(154) C. Griffith Mann, 'Picturing the Bible in the Thirteenth Century,' in *The Book of Kings: Art, War, and the Morgan Library's Medieval Picture Bible,* ed. William Noel and Daniel Weiss (London, 2002), 39-59; 当時の *milites* としての精神的兵士のイメージについて次を参照。Alexander, 'Ideological Representation of Military Combat'; and Rudolph, *Violence and Daily Life,* chapter 4.

(155) 修道院的精神性との関係におけるこのイメージについて次を参照。Kathleen M. Openshow, 'Weapons in the Daily Battle: Images of the Conquest of Evil in the Early Medieval Psalter,' *Art Bulletin* 75 (1993), 18-38.

(156) 宗教的儀式、祭典との関連における再構築の議論について次を参照。Mircea Eliade, *The Sacred and the Profane,* trans. Willard Trask (New York, 1969), 106-7.

第二章　修道士と戦士　その境界をめぐって

一二世紀、アルヴァンの聖堂参事会員フィリップはこう書いた。「人は自分が設立した教団を知るのはいいことだ。そして、その限界や境界をあえて越えようとしたり、あるいは気弱になってそれを避けたりしない限り、そういう境界を知るのはいいことだ(1)」。フィリップの心情は教団（*ordines*）の定義に対する深い関心を反映している。それはまた、一一、一二世紀の聖職者が書いたものの多くに一貫して流れる、両者間の境界を補強〔援軍〕することへの関心でもあった。その関心は「祈る人、戦う人、働く人」という現実の、あるいは想像上の三分割をいつも反映しているのではなかった。この時代を通して、職業、出自、性別、宗教、婚姻状態を含むさまざまな判断基準に基づいて、社会を二つから七つのグループに分割するいくつかの図式が存在した(2)。しかしすべての理論家が基本的なものと認識していた一つの分割こそが聖職者と俗人間のそれだった。各々の精神的な才能、社会的機能、法的権利で区別されたのだ。多くの著者はさらに、修道士教団の存在に固執した。それはいつも修道院外の聖職者より上位にあるものと判断され、男性女性の修道士はその禁域性、貧困、定住の誓願、衣服、食事によって特別扱いされた(3)。もちろん現実に、中世盛期に、均質な修道士「教団」があったわけではない。新しい宗教教団の群立、正確な地位は不明なままの教会内でのいくつかのハイブリッドなグループの出現を見た時代なのだ。伝統的な意味での修道士教団のいかなるメンバーも、間違いなく俗人も、軍事的教団メンバー、俗人の兄弟姉妹、放浪する隠者、みな誰もカテゴリー化に反対しなかった。聖職の理論家が驚くほどに(4)。

修道士のアイデンティティーの伝統的なパラメーターがこの時代、もし流動的だったなら、俗人の武器携帯者の社会的役割と精神的な位置についての理解も流動的だったろう。一〇世紀末から一二世紀末までの間、戦争で生活を立てていた人たちは、明確な階級(闘士〈*bellatores*〉、戦士〈*pugnatores*〉)として認識された。それは実際に、土地を持たない歩兵(*pedites*)から高度の訓練を受けた騎馬戦士または騎士(騎兵〈*equites*〉、またはより一般的に戦士〈*milites*〉)、地域を支配する城主(*castellans*)、権力的に王のライバルになり得る伯爵、公爵に至るまでの多くの下位グループのメンバーを包括していた。一〇〇〇年頃、戦士の上層部メンバーのみが「高貴(noble)」と見なされた。しかし一二〇〇年後、騎士、城主、地域の領主が貴族(nobiles)という唯一の社会的グループへと合流した。彼らは管理、儀式用の独自のコードを持ち、聖職および非貴族の従者メンバーおよび貴族仲間に対するさまざまな義務を承認した(5)。戦士の価値と、幅広いキリスト教文化の枠内で発達した、個人的レベルでの管理コードは、正規、修道院外の聖職者との直接的な接触の中で形成された。聖職者は、生まれつつあるキリスト教徒騎士階級の理想に必須の義務をその管理コードで印象づけようとしていたのだ。聖職者はこうして、戦士の新しい教団を理論的に定義する際、重要な役割を果たした(6)。しかし一〇、一一世紀の教会改革はまた、「改革派」高位聖職者との保護被保護の関係を広げ、修道院共同体を設立し、幾多の新しい教団と同盟した戦士貴族に大幅に頼っていた(7)。修道士の教団と勃興する戦士階級はこのようにして、相互依存、相互補完、対立という複雑な関係で結びつけられていった。

戦争とそれに関連した活動が、一〇世紀以降、修道士と戦士の教団両方の理論化に重要な役割を果たした。武器を携帯した人とそれを放棄した人たちの間の社会的、精神的な区別がしだいに重要なものと感じられるようになった。教会改革の史家たちによってただちに記録されたその過程の中で、聖職者は、コード化された特殊な行動を、教会の権力と潔白さを汚し傷つけるものとして放棄することで、俗人から切り離された。これらの放棄の中で最高のものがセックス（そして、司祭にとって結婚）だった。そして独身主義の誓いに対する厳格なまでの固執が「改革派」聖職者の金科玉条になった。キリストからの「遺産」が売買されることを恐れて改革者たちもシモニア（聖職売買）を攻撃し、富そのものが道徳的に穢れてしまうことに警告を発した[8]。聖職者の独身主義とシモニアが大いに研究者の関心を呼んできたのに対して、武器携帯と流血沙汰という、この時代の教会会議の主催者や改革派が広く関心を持っていた他の問題は、しばしば無視されてきた。リチャード・ケウパーの言葉で言えば、一一世紀の改革派は「騎士階級の武装力を方向づける補完勢力として聖職者を武装解除させる努力を押し進めた[9]」。新しいキリスト教徒騎士階級という聖職者の誕生、つまりキリスト教防衛のために武器携帯を独占した教団は逆に、聖職者の責任とアイデンティティーの再考を促した。

本章では、聖職者、特に修道士教団のメンバーが、一〇世紀末から一二世紀を通して、自分たちを武器携帯者から離れたところに（そして、武器携帯者の上に）位置づけようとしたいくつかの方法を検証してみよう。信仰告白した修道士が自分たちをいかに俗人兵士と正反対に定義づけようと必死だったかということより、これからの議論では二つのタイプの転換に焦点を当てる。つまり、個々の戦士の修道士生活への転換と、戦場の修道院的植民地化の二つである。戦場が二つのグループ間に偽りの境界線をいくつも出現させたのだ。前章で示したように、新旧約の両聖書、聖書解釈的伝統、典礼的パフォーマンスが修道院の著者たちに精神的な戦争の理論と語彙を提供したが、俗人戦士――敵であれ、支援者であれ、同族であれ、改心者であれ――との出会いが世俗の戦争についての修道士側の理解を形成した。聖職者はしばしば世俗の軍務の「邪悪さ」を罵倒した（そこから、中世ラテン語でおなじみのダジャレが生まれた。*'militia, id est, malitia'* つまり、軍務〈*militia*〉はすなわち悪意〈*malitia*〉なり）。しかし彼らは他方で、戦闘員（*bellatores*）の世界に、さまざまな隠喩のための宝庫を見出した。そういう隠喩が、俗人武器携帯者との関係を通して考えるだけでなく、自分たち自身についての基本的な真実を表現するのにも有益だと分かったのだ。

戦争の人と平和の人

教会の防衛者としての俗人兵士の新しい役割を促進した一〇、一一世紀の聖職改革派は皆、彼ら自身の教団のメンバーは武器携帯と流血沙汰は世俗の「本職」に任せるべしと等しく主張した。このことは、神と聖人たちが社会を秩序立てるという理想の強力な支持者と解されたのと同様、神の命令そのものに他ならなかった(10)。この観点は一一世紀の年代記作家ラルフ・グラーバーによっていっそう強化された。彼はエルヴェから聞いた驚くべき話、トゥールの聖マルティヌスの宝物について語った。その修道院の修道士たちより何世代も前の人たちが関与した軍事的な罪についてその聖なるパトロンから警告を受けていたのだ。エルヴェがその修道士の教会で祈っていたある日のこと、マルティヌスが彼の許へ現われ、「厳かな調子」で次のようなメッセージを伝えた。

この教会で主に対して熱心に奉仕する人たちのために、私は特に主との間を取り持つ。諸君はそう確信してよい。[しかし]、その中のある者たちが、この世の正規の仕事以外のものに関わってしまった。戦争の軍務 (*armis ... militaribus famulantes*) に奉仕するうち、戦闘における武具の犠牲になったのだ (*trucidati in prelio deciderunt*)。諸君に隠すつもりはない。私がキリストの仁慈によって勝利を得たのは、大変な困難あってのことだった。私は神の僕から神の庇護を掠め取ってしまったのだ。彼らは明るくさわやかな場所に住むべきだ(11)。

エルヴェはこういうヴィジョンの受け手としてぴったりの人物だった。年代記作家が語るところによると、彼自身貴族の出身で、「当時の最も狂暴な者たちの何人かと血縁関係にあった(12)」。貴族、修道士、平和の人としてエルヴェは聖人のメッセージのための理想的なスポークスマンだった。武器を帯びて戦い、聖なる誓いをものともせぬ者は、自分の命だけでなく、その救済をも危険にさらしていた。中世のキリスト教徒にとっておそらく他のいかなる聖人よりもよく知られていたマルティヌス自身の物語も、彼を適切なメッセンジャーにした。ローマの軍団司令官の息子だったマルティヌスは若い頃軍務についていたが、職業と信仰間の葛藤で良心の呵責に悩まされた。スルピキウス・セウェルスが報告したマルティヌスの有名な解決、つまり「私はキリストの兵士である。私は戦うことを許されていない」は、一一世紀の修道士を古代末期の兵士に当てはめるのにまさに適した言葉であった(13)。しかしラルフ・グラーバーが著作した時代までには、マルティヌスは修道士をキリストの戦士としてだけでなく、勃興しつつあるキリスト教徒騎士階級の理想として説明されるようになっていた。そのようにしてマルティヌスは精神的と世俗両方の戦争の優秀な仲介者になった(14)。

マルティヌスのメッセージは一一世紀初期にはすでに目新しくなかった。修道士（および司祭）の武器携帯禁止、キリスト教史の初期数世紀にまで遡る戦争参加の禁止(15)。実際に、修道士は伝統的に、純潔を守り、私有財産を放棄し、流血沙汰を避けることが期待されていたから、何人かの研究者は、中世盛期の改革運動の中に、聖職者を全体として「修道士化」しようとする意志を見た。しかしモーリン・ミラーその他による最近の研究は、改革派は、修道士としての聖職者と修道院外の聖職者間の区別を消すことより、聖職の男性と俗人間の区別を強調することに関心があった、と仮定した。俗世で権威を発揮する世俗のエリートとの競争に勝つために、教会の指導者たちは「改革された」聖職者の新しいモデルを規定した。そのモデルとは、ミラーが「俗人の雄々しさの中で最も顕著な外見」と定義しているものを、女性、武器、財産管理といった形を取って進んで拒否する人だった(16)。

エルヴェの時代、この過程はまだその初期段階にあり、そういう禁止を伴う切迫感はかなり新しいものだった。一〇、一一世紀、修道院改革派のたび重なる不満は、聖職者の行動が俗人のそれと区別がつかなくなったということだった。修道士と司祭（後者はしばしば妻帯）は不貞で非難され、トンスラを怠ったり、俗人と区別がつかなくなるような服装で責められた。防衛、スポーツ、戦争のためのいずれであれ、多くの聖職者が武器を携帯したということは、もう一つの、よく聞く不満であった(17)。実際、多くの宗教施設に武器があったということ（さらに言えば、男性たちがある程度それを使い慣れていたこと）は、修道院改革という仕事をはなはだ危険なものにした。クリュニーの聖なる修道院長オドとその支援者たちが九三〇年代にフルリー修道院の改革に着手した時、そこの修道士は自分たちの独立を脅かしかねないと考えたものには暴力で抵抗した。サレルノのジョヴァンニは『聖オド伝（*Vita Sancti Odonis*）』で改革派的アプローチの観点からそれを伝えている。

何人かの修道士は剣で武装し、建物の屋根に上って行った。空から敵の頭上に石などの飛び道具が降ってくるかのようだった。他の者は修道院の入り口を守ろうとして盾と剣を取り、敵に侵入を許してしまう前に死ぬか、さもなくば他の共同体の修道院長を受け入れる、と叫んだ(18)。

一世紀たらず後、フルリーの新改革修道院の最高責任者の院長が、ラ・レオル小修道院での揉め事を仲裁しているさなかに、槍を振るう修道士に殺された。そこは精神的な放縦さで悪名高い下位の施設だった。改革が原因で死んだ後、伝記作家ハイモは、修道院長は殉教者だった、彼の聖性は墓の周りにただちに急増した奇蹟によって明確に示された、と宣言した(19)。

不貞な、暴力的な聖職者を改革派がでっち上げたクズだと見る傾向があるにせよ、教会的なレトリックの範囲内でのこのようなアンチ・モデルの概念的な重要性は否定できない。一〇世紀はじめ、教会の指導者たちは修道士を含むすべての聖職者を世俗の戦争とその物質的な虚飾から遠ざけようとの努力に踏み込んだ。アミー・G・リーメンスナイダーは、俗人の暴力を阻止することのみに関心を持つのではなく、一〇世紀末から一一世紀にかけて開かれた和平会議の主催者たちは、血なまぐさいこと、武器類、および異性との肉体的接触を禁ずることで、聖職者の肉体の厳守すべき純潔さを維持しようとした。結婚した、あるいは聖職売買に関わった仲間と同様、武器を携帯した聖職者は、教会の理想的な平和な状態の不純な破壊者として破門された。キリスト教徒騎士階級概念の当時の見直しが、俗人兵士の流血沙汰を容認し、状況によっては称賛さえしたのに対して、「戦士のように（*ut miles*）」武装した修道士や司祭たちは、教会財産を守るためにさえ、自分たちを、儀式の道具に触る、あるいは秘蹟を執行するには不適なままにしておいた(20)。

ここで、和平会議の言語が興味深い。資料には頻繁に、「丸腰の暴れ者（*inermis vulgus*）」の群れになる小作人とか田舎者といった言い方が現れる(21)。こういう集団は、やはり武装解除を期待された聖職の和平運動推進者のごく自然な同盟者だった。司教や修道院長は時に武装し、地域の好戦的な領主に対抗してにわか作りの暴徒軍を率いることもあった。神とその聖人を信頼する代わりに、武器携帯者のように行動することで、改革派の同僚から悪口を浴びせられる危険を冒してさえそうした。「世俗の武器（*arma saecularia*）」を携帯した聖職者は、教会法が精神的な武器を信頼する非武装の仲間の範囲に及ぶ保護を否定された(22)。一一世紀末までに成立していた理想的な教団内では、聖職者は他の「寄る辺なき」社会グループ、つまり戦士による保護を受ける権利を主張した小作人、田舎者、あらゆるクラスの女性と一緒に、そして、聖人たちの徳（*virtus*）に触れられるという彼らだけの特権を持つがゆえに最も強力な人たちと一緒にクラス分けされた。

そういう法的措置の主たるターゲットは修道院長や司教といった高位聖職者、つまり、ふつう貴族出身の子弟で、しばしば俗人領主とあまり変わらない生活をし、王や帝国の軍隊に奉仕し、俗人の有力者（*potentes*）、時には仲間の高位聖職者とさえ個人的な戦闘に関わる人たちだった(23)。カロリング帝国で法令は、高位聖職者は帝国の戦争に個人的に参加すると定めていた。その義務に異議を唱える者は、道徳的見地から、ほとんどいなかった。フリードリヒ・プリンツの計算によると、八八六年から九〇八年までの戦闘だけで、少なくとも一〇人の司教が殺されている(24)。続く二世紀にわたる改革運動の間、「戦う司教」は中世社会の様相であり続けた。神聖ローマ帝国皇帝ハインリヒ四世（在位一〇五〇〜一一〇六年）による国内戦争で疲弊した統治期間を通して、高位聖職者たちは帝国、あるいは教皇の側に立って戦った。そして後者のグループの聖職者は、戦いでの傷は殉教の一形式を構成すると自慢した(25)。

帝国の司教たちの「血に飢えた」うわさは一二二〇年代までには一種のジョークになっていた。ハイスターバッハのカエサリウスが、次のように主張したとパリのある聖職者に報告したのだ。「私はたいていのことは信じられる。しかし、どうしても信じられないことが一つだけある。それは、帝国の司教は誰も助けてもらえない、ということだ(26)」。フランスとイングランドの為政者たちは教会系の家臣団から成る軍隊にはあまり信頼を置いていなかった。両地域には戦う高位聖職者はいなかった、とまでは言わないが(27)。かといって、司教が戦争に参加したことが必ずしも、彼らが「改革されていない」証拠でもなかった。和平運動の公式、非公式の支援者として高位聖職者は軍事力を雇い入れるために召集されるのだ。田舎と都市の両方の関連で非武装者の代表という役割を当てにしてのことであり、あるいは略奪目的の貴族の攻撃を阻止して教会財産を守るためでもあった(28)。聖職の年代記作家は、教皇特使にしてル・ピュイ司教、第一次十字軍の精神的軍事的、両方のリーダーとしてモンテイユ司教アデマールの演じた役割を称賛した(29)。

しかし下位の聖職者、司祭、修道士、聖堂参事会員は、武器携帯、狩り、何より、古代末期以降、戦争参加を控えるよう期待された。五世紀はじめ、教会会議は下級聖職者の軍務免除を是認していた。このルールは中世盛期を通して教会参事会員が引用した(30)。従軍司祭および聖遺物携帯者として軍隊に同行した司祭という例外はあったが、カロリング朝時代の参事会は下級聖職者の戦争参加について、以前の禁止を繰り返し、いかなる理由であれ彼らの武器携帯を禁じた(31)。そういう禁止が何度も繰り返されたにもかかわらず、武器携帯や流血沙汰の罪を問われた司祭、修道士、俗人兄弟、さらには女性修道士の例はその後も何世紀にわたってごく普通であり続けた(32)。たとえば非常に多くの修道士がヘイスティングズの戦い〔一〇六六年〔北フランスにいたノルマンがイングランドに向かい、そこを征服するきっかけになった戦い」）に参加したし、戦場における彼らの存在は一〇〇年以上の後に、ジソール〔ノルマンディー地方〕で記録された（一一九八年）(33)。一〇、一一世紀の教会会議にはいつも、武器携帯と戦争への直接参加を禁じられた修道士、女性修道士、および司祭たちも参加した(34)。シャルー教会会議の際、「武器携帯、すなわち盾、剣、鎧、兜を携帯した司祭、助祭、その他の聖職者メンバーに対する破門宣言の異常さが並大抵でないことからして、一〇世紀末まで、改革派を支配していた武具との身体的接触についての不安の程度が高かったことが想像される(35)。教会会議の招集者はコンクのジモンのような当時の男のことを考えていたのかもしれない。戦士転じて修道士、コンクのサン・フォア修道院に入ったが、「猛々しく雄々しい心」も、胸当て、兜、槍、剣、その他あらゆる種類の武具を含む軍事的装備一切も放棄しなかったのだ(36)。

改革派はジモンのような信念を持った男たちを罵った。修道院の神聖さを侵し、兄弟たちを暴力的傾向に染めさせるからだ。一一世紀、ペトルス・ダミアヌスはこう嘆いた。修道院長というのは、「甲冑を身に着けた男たちが押し合いへし合いする中に散らばっているカウル〔修道士が着るコートについたフード〕付の頭が見える、そんな軍事的野営の中にこそ、平和をもたらすべき姿」で見られるべきものなのに、と。さらに悪いことに、そういう男たちは自分たちの騎士としての装備を収める倉庫として使うことで、その修道院の神聖さを汚している。「他方で、聖なる祭壇に奉仕する際に使われる司祭服はしばしば虫食いになっている(37)」。多くの改革派と同様、ペトルスは、野蛮な強さや残忍さに報いる世界を、平和を愛する人なら保護を得られる修道院や隠者庵と対比させたのだ(38)。この聖域が俗人戦士によって、あるいはもっと悪いことに、修道士が戦士の役割を演ずることで侵略された時、修道院の年代記作家たちは声高に弾劾した。イングランドの市民間での流血抗争、グラストンベリー修道院（一〇八三年）とセーン修道院（一一四五年）でのそれらは、あまりに残酷に法秩序を踏みにじるものだったので、当時の人々に特に大きな衝撃を与えた(39)。特に悪名高い抗争の一つが一一二〇年代、クリュニーで起きた「大分裂（schism）」だった。前修道院長ポンスが「聖なる金で雇われた騎士と歩兵」の群れとともに修道院に侵入し、ライバルのペトルス・ウェネラビリスをその支持者たちとともに追放したのが原因だった(40)。数年後のペトルスの回想によると、ポンスは「いかなる種類の戦闘も、財産の窃盗も、殺戮さえも辞さなかった(41)」。彼の言によるとペトルスは暴力に暴力で応えることを拒否し、後にクレルヴォーのベルナルドゥス宛の手紙でこう回顧した。「数えきれないほどの男たちが乗り込んできて、修道士教団（*ordine monastico*）でかつて聞いたことのない罪を犯した時、彼らは私の剣も、その鋭い切っ先も、私の槍も感じ取らず、私の口から出た激しい言葉も聞きさえしなかった(42)」。ペトルスにとって修道士であることとは、精神的な言葉、つまり神の言葉（「エフェソの信徒への手紙」六章一七節）のみを振りかざす平和の人であることだった(43)。ペトルスの同時代人ホノリウス・アウグストドゥネンシスが宣言したように、武器を携帯した者は当然、修道士とは呼ばれ得なかった(44)。同様の心情は、十字軍士になることで教皇の命令に逆らった修道士たちの批判でも表明された。こうして、服従と定住の誓い、および戦士の風を装うことで教団からの「離反」そのものを侮辱したのだ(45)。修道士ベルナルドゥス・グロッススは数年後、こう回想した。教皇ウルバヌス二世が一〇九五年にクレルモンで第一次十字軍を呼びかけて以降、「修道院長や修道士だけでなく隠者までが修道院を廃墟にしてエルサレムへ行ってしまった(46)」。プロの聖職者に対する十字軍への呼びかけは五〇年間、明らかに衰えることがなかった。クレルヴォーのベルナルドゥスが自分の教団の修道士や俗人兄弟たちが第二次十字軍に加わるべく飛び出して行ってしまった、と嘆いた通りである(47)。東方遠征を個人的に指揮する可能性に言及して、修道院の理想は精神的な戦争と同義語と考えていたベルナルドゥスは恐怖にひるんだ。「戦う教団で軍隊を整え、武装した人たちをリードする私とは、いったい誰なのか。私には、我が召命からいっそう離れることになるとしか考えられない(48)」。

戦争が世俗の権力と精神的な権威の間の、そして剣の人と神の人の間のますます重要な境界マーカーになるにつれ、正義の戦争と教会リーダーの定義でふらつく議論は、キリスト教徒による戦争は、どんな時にどんな相手に遂行され得るかのルールづけでますます先鋭化した(49)。和平を推進する者としてのどんなに行動的な聖職者でさえ、どんな戦争の終結唱道にも成功しなかった。彼らがそこで見たのは、戦争とは神によって定められたもの（少なくとも神に許されたもの）であり、争いは天国、この世いずれの社会でもごく自然な特徴だった(50)。というのも、聖書はサタンと叛乱天使の没落を、大天使ミカエルとその仲間による軍事的な撲滅と記したし（「ヨハネの黙示録」一二章七～九節）、近づく世の終わりを告げるために、獣の従者が奇怪な騎馬戦士の軍勢で現れるだろう、と予言した（「ヨハネの黙示録」九章七～一〇節）。死後のヴィジョンはしばしば、死んだキリスト教徒の魂のために戦う天使とデーモンの記述を含んでいた(51)。平和運動の絶頂期、シャルトルのフルベール（一〇二八年没）は、すべての戦争は終わり、すべての槍と剣は打ち直されて鎌と鋤になるだろう（「イザヤ書」二章四節の予言の実現）という希望を述べたが、戦闘に向けて突き進み、よく戦いたいと望む戦士が祈るであろう特別の祈りについても書いた(52)。フルベールの展望は武器携帯者への教会側からのアプローチに独特のものだった。リチャード・ケウパーの言葉で言えばそこには、「教会が生きられる社会と、教会が機能できる武力を生み出すべく、常に称賛と告発が入り混じって」いた。逆に、戦士には一つの選択肢が与えられた。神とその代理人に敬虔に仕え、軍務（*militia*）に身を捧げるか、悪意（*malitia*）に、悪魔の所業に自分の衝動のはけ口を与えて呪われるか、である(53)。

第一章で見た通り、中世初期の教会はキリスト教徒の王たちの戦争を時には祝福していたが、フルベールの時代、多くの聖職者は世俗の戦争が軍務以外の何物かであり得るか、疑い続けていた。キリスト教最初期の数世紀間、ほとんどの神学者は平和と愛という福音のメッセージを、キリスト教徒が軍務に就くことを禁ずるものと解釈していた。そして、精神的な戦争について活き活きと書き記した教父的著者は、厳密に言えば、平和主義者だった(54)。教会のリーダーシップが戦士を歓迎することに甘んじ、正義の戦争の理論を確立する第一歩が踏み込まれた後でさえ、中世初期のほとんどの聖職者は兵士を悪魔の行為者と見なし、戦争を、それに関与した者を、流血沙汰だけでなく、さらに悪いことに、「罪」で汚す、非難されるべき行為として弾劾し続けた。個々の紛争、戦闘で他のキリスト教徒を殺すことは、状況のいかんにかかわらず、教会法における重大な償いに値し、異教徒を殺した戦士でさえ、略奪目的の殺戮だったら、精神的なペナルティーの対象になった(55)。ノルマンディーのウィリアム〔ギョーム〕は一〇六六年のイングランド侵入の際、教皇の承認を確保していたが、彼らが殺した、あるいは傷つけた人の数に応じて、ヘイスティングズで彼と共に戦った全員（修道士、聖職者を含む）に罰が課せられた(56)。一一世紀までの主要聖職者の姿勢は、ある無名の悔悟者の言葉で言えば、戦士は、「ある種の悪魔的行為なしには成し遂げられない」と呼ばれるものに従うことだった(57)。キリスト教徒騎士階級モデルの兆候はすでに一〇世紀から一一世紀初頭に見られた。つまり、戦争参加を含めて、さまざまな「罪」の判断における恣意性がいっそう明確になった時であった。しかし、戦争と戦士に対する教会の姿勢が変化した分水嶺は一一世紀後半にあった(58)。

すでに一〇〇〇年頃までには、貧者、弱者、教会利益の保護者としての正義のキリスト教徒戦士というモデルが出現していた。ほとんどの聖職者が軍事的生活の暴力をキリスト教的美徳とは根本的に相容れないと見ていたのに対して、新しい理想を定義しようとする者もいた。つまり、貧者、弱者を守るためだけに戦い、教会の利害を防衛するために正当な力を行使した世俗の勢力（*potens*）である。すでに一〇世紀、フルリー修道院長は、神の聖なる教会の敵と最も賢明な闘い方をする正義の俗人戦士（*agonistae*）という理想を表明していた(59)。次の一一世紀、改革志向の教皇たちは戦士の新しい役割を描き出した。まず、教皇職の諸々の敵に対抗する守護者として、後にはキリスト教の境界を広げるための聖なる戦士として。そういう人たちは軍務（*militia*）の執行者ではなく、キリストの軍隊の信仰深いメンバーであり、正規に祝福された武器と聖人たちの聖なる軍旗を携帯し、〔死後には〕天国に自分の場所が確保された、と確信して戦場に向かったのだ(60)。当時の修道士が実感したこういう新しい役割が生まれたことは武器携帯者に、救済の問題で、かつてなかったほどの自律性を与えた。特に重要なことは、教会が定めた戦争のルールに従ってさえいれば、キリスト教徒としての、聖なる生活を送るために、もはや平和の人（つまり修道士）になる必要がなくなったということだ。ベネディクト会の修道院長ノジャンのギベルトゥス（一一二四年没）が初期の十字軍運動について書いたことがよく知られている。

神は我らの時代の戦争をお定めになった。昔の異教徒モデルのように互いに殺戮に従事する騎士教団（*ordo equestris*）と過ちを犯しがちな大衆（*vulgus oberrans*）が新しい救済獲得方法を見つけるためだ。そうすることで（今までの習慣のように）修道士生活を選ぶことなく、いかなる宗教的関与をすることもなく、現世を放棄することを強いられた。それでもなお、従来の目的を持ち続けるのも自由。彼らは彼ら自身の努力でいくばくかの神の恩寵に与ったのだ(61)。

キリスト教徒騎士階級の成立しつつある理想像が、戦争という職業を放棄したがらない人のための新しい救済方法を切り拓いていた時でさえ、多くの戦士は、天国は修道院で求めるのが最善だという伝統的な信仰に固執し続けた。前章で見たように、修道士は、修道院を信仰の砦と見るよう俗人に積極的に働きかけた。そこでこそ世俗の戦士の血塗られた魂も浄化力のある精神的な戦いを通して純化され得るというのだ。一〇〇〇年頃以降、ますます増加する、宗教的生活に入ろうとする悔悛戦士の数を調整することは、宗教施設にとって実践的、および思想的な挑戦を意味した。抽象的に言えば、騎士改心者の存在は修道士に、俗人戦士（*miles saecularis*）とキリストの戦士の理論的な関係について厳しく考えさせることになったが、このことは第四章と第五章で取り上げることにする。もっと実践的に見れば、戦争を仕事にしていたこれまでの多くの人にとって、修道士生活に移るのは難しく、彼らの新しい兄弟たちを、彼らがもともといた好戦的な世界と緊密に接触させないようにするのは、不可能になった。

修道士生活への戦士の改心

戦争と修道院文化を結びつける最強のものの一つが、宗教的生活に入る以前、武人（*bellatores*）として生きてきた人たちが、多くの共同体に存在することによって、文字通り現実のものになった(62)。戦士はまさにさまざまな状況の下で修道院に入る。彼らは流血沙汰への嫌悪感をただちに培うだろう（あるいはずっと密かに抱いていた）。彼らは神に身を捧げるべく、戦場の誓いを立てるだろう。または、彼らの軍事的社会的義務を果たすのを不可能にする傷を負うことになるだろう。彼らはかつての戦争体験を別の光の下で見るようになったかもしれないが、それを完全に忘れることはあり得なかったろう。しだいに修道士的に考え、行動することを学んだかもしれないが、まだ俗世にいる友人や親族と必ずしも絶縁したわけではなかった。子供の奉献という習慣を拒否しつつも、いぜんとしてメンバーのほとんどを戦士エリートの家系から取り続けていたカルトゥジオ会、プレモントレ会、シトー会のような新教団の群立とともに、そういう成人による改心者は一一世紀以降、修道院人口の中の重要で、ますます増加する構成要員になった(63)。子供の奉献という習慣は、紀元一〇〇〇年以前、修道院に入る人の多数を占め、修道院で子供時代から行われる祈りは、より純粋でより神に喜ばれるとの信仰に基づいていたが、新教団の群立はそういう習慣からの過激な離脱を意味した(64)。しかし、一一、一二世紀、奉献の凋落とともに、若い時を戦う訓練に費やしてきた人たちは、宗教的生活への移行にうまく成功できるようになっただけでなく、その共同体内での影響力の点でもさまざまな地位に上るようになり、聖性という点でさまざまな名声さえ得た。彼らがそのようにできたということは、彼らの好戦的な過去にもかかわらずであり、好戦的な過去なるがゆえにでもあった(65)。

戦士が修道院生活に入る状況には、彼らの物語を記した特許状、年代記で実証される通り、幅広い違いがあった。しかし、そういう改心シナリオの多くにいつも共通するもの、その一つが戦争だった。ナヴァラのフェリーペが一三世紀に宣言したように、「王やその他の戦士が戦時で、危険の中へ踏み込む時、彼らはいつも以上に主を恐れ、地元で宴会を開き、平和に暮らしている時よりはるかに多く死を恐れている(66)」。特許状、年代記、伝記（*vitae*）は戦士から転じた修道士の物語に満ちており、そのことはフェリーペの観察を証明しているように思われる。初期に特に恐ろしい戦争を経験した若者は、修道士信仰告白という手段で過去のものになった戦いの年月から逃れたいと思うかもしれない。それが帝国の若き貴族エヴェラルドゥスのケースだった。数百人が殺されたまれに見る血なまぐさい戦闘の後、騎馬で帰郷中に、モリモンのシトー会に入る決心を形あるものにしたベルク伯の弟である(67)。この段階で得られる精神的な利益はどんなに功利的な改心でも失われることはなかったのだが、実際の配慮は修道院生活への何人かの戦士の改心の背後にあった。そうすることは、不名誉な、あるいは犯罪的行為で裁判にかけられるのを避けたい貴族にとっての最後の手段なのかもしれない(68)。修道士のなかには、うまく戦いの日々を終わらせてくれた深刻な傷を得た後、修道院という避難所を求めざるを得なかった者もいた(69)。ノルマンの貴族ギヨーム・ジロワは自身の領主によって盲目にされ、去勢された後、ベックのベネディクト会に加わったが、修道士になる以外の選択肢はないと感じたのであろう(70)。

またある者は信仰告白を十字軍に参加する代わりと考えた。どちらの選択肢も何がしか同じ犠牲を伴ったからであり、おそらく、(特にある種の俗人にとって)比較的精神的な利益を与えてくれると信じられたからである。最近の研究者は、第一次十字軍の年代記に記された十字軍遠征の擬似修道士的性格を強調してきた。ウィリアム・パーキスは確信をもって、当時の人々は十字軍遠征を新形式のイミタチオ・クリスティ、直接に修道士モデルに挑戦した形式、と見ていたと論じた(71)。俗人の武器携帯者は十字軍遠征と修道士的改心をいずれも単独の精神的な連続性のどこかと見ていた。われわれは、一一〇一年の十字軍で、貴族のリーダーだった一人ヌヴェール伯ギヨームが第二次十字軍に参加するよりカルトゥジオ会に入る決心をしたことを知っている(72)。かつてのブールジュ子爵オド・アルピヌスも一一〇一年遠征の際のベテランだったが、帰路、戦争を否定した。オドは教皇パスカリス二世の勧めで俗世を捨て、クリュニー会修道院に入った。教皇は彼にこう助言した。彼が俗世の生活という「泥まみれの道」に戻るなら、東方の苦しみで得た精神的な利得を失う危険を冒しているのだ、そこでやがてまた罪にまみれるだろう、というのである(73)。ある種の俗人が東方遠征と宗教的生活に入ることの間で心が揺れるのを理解して修道院の著者たちは、後者を選択することの精神的な優位を強調するのに痛みを感じた(74)。たとえばハイスターバッハのカエサリウスは、リエージュのある聖堂参事会員の例を物語った。第二次十字軍について聖ベルナルドゥスが説教したこと、つまり、十字架をつけるよう、しかし海を超えた遠征の徴ではなく、教団の徴としての十字架を着けよとの説教に心動かされ、しばしの間、衣服の上に短かった人生の徴を縫いつけるより、魂の健康が心の中に永遠に耐え抜く十字架を刻み込む方が良いと判断した参事会員である(75)。

もし十字軍からの多くの帰還者が修道士になったのなら彼らは、修道院へとリタイアする以前に十字架を着けなかったことを後悔するようになっていたのだ。ペトルス・ウェネラビリスに捧げられ、一二、一三世紀に広く閲覧された「グンテルムのヴィジョン」で、大柄なイングランドの若者戦士は多くの罪を負っており、十字軍に参加する決心をした。「その知られた剛力でキリストの敵を蹴散らすことで神の赦しを得る」ためだったが、そうではなく、シトー会に加わるよう善意の修道院長に説得された。院長の説明によると、修道院生活は十字軍も含めて俗世のいかなる努力よりはるかに優れている。「もしエルサレム訪問が彼にとっての喜びであるなら、（天なるエルサレムに）近づくべきだ、そこでは（地上の）市民にはならない、そういう生活では地上のエルサレムのヴィジョンは救済の助けにはならないであろう(76)」。新改心者としてグンテルムが十字架を着ける夢を見続けつつ、ついに修道院を去る決心をした時、あるデーモンが僧坊にいる彼を攻撃し、死の近くで彼を置き去りにした。グンテルムの魂はつづいて聖ベネディクトゥスと大天使ラファエルによって地獄と天国を案内された。彼らは、グンテルムの魂をその体に戻す前に、宗教的生活に耐えることによってのみ救済を達成できる、と彼に確認させた。このヴィジョン（*visio*）は騎士だけでなく修道士に対しても行われた十字軍運動への強力なアピールを反映している。認識されるべきほんの萌芽のようなアピールである(77)。

変節に対するペナルティーは重大だった。還元できない宗教的誓いに積極的でない俗人はその代わりに、特殊な家の修道会（*societas*〔共同体〕）または友愛会（*confraternitas*）を選ぶ。これは公式な儀式の一つになり得た。新しい同胞（*confrater*）が寄付を提供し、修道士が資格を確定するのである。それによって共同体での祈りへの参加、共同墓地で将来の埋葬の権利が与えられた。武器携帯者はしばしば主たる戦争の直前に、そういう団体との絆を強めた(78)。戦闘で殺された戦士の身内が、死後ではあるが彼のためにそういう擬似修道士的な地位を求めようとすることがある。ジェフリ・フェストゥカムの親族のしたことがそれであり、彼らは一〇九五年、ジェフリを大聖堂に埋葬する、そしてその名を殉教録に加えるという了解の下、死者の土地の一画をアンジェ聖堂参事会に寄付したのだ(79)。しかしもし友愛会が俗人に精神的な利益を提供すれば、そういう関係は、明確に世俗的な交渉で修道院共同体を混乱させかねなかった。一一世紀、モンティエ・アン・デール修道院の例がそれを証明している。そこの修道士たちが、戦いで負傷し、捕虜になっているフーゴという名の戦士（*miles*）兼同胞（*confrater*）から緊急の訴えを受け取った。フーゴは「友愛会から」彼を身請けするよう修道士たちに懇願して成功し、モンティエ・アン・デールで修道士になることになった(80)。

男性女性の修道士とその家族間の関係で行われるべき多くの仕事が残っているにもかかわらず、親族の絆が特定の共同体に入るという改心者の決断に影響を与えたこと、そして、そういう絆は信仰告白の瞬間にはっきり断たれたわけではないと考えるに十分な証拠がある。貴族の家系が何十年にわたってある一つの修道院のパトロンになり、そのメンバーに財産を提供し、子供たちを修道会献身者として紹介し、成人として改心する、あるいはあらゆる世代で、救済の一助として（*ad succurrendum*）施設に入るのもごく普通のことだった(81)。驚くには当たらないが、そういう家系は彼らが支援している共同体で親族を影響力のあるポストに就けることも求めた(82)。若い男性はしばしば修道会献身者として、兄弟、伯父叔父、男性の従兄弟がすでに居住している共同体に送られた。同じことは、宗教的生活に入る女性についても言えた(83)。一方、コンスタンス・ブリテン・ブシャールが「王家的自殺」と呼んだ例以上のことも行われた。いくつかの氏族全体が祈りのために現世を放棄するか、生存している息子をすべて修道院に送り、家は直接の後継者のないままに放置したのである(84)。フィオナ・グリフィスは、次のような多くの家族例を発見した。修道院生活に入って後も互いに緊密さを保ち、しばしば同じ屋根の下、あるいは隣接する共同体の下で生活していたのである。さらには、司祭のケアで修道院で暮らす女性親族を扶養する男性聖職者の例もあった(85)。

修道士の誓いを立てることは理論的に、親族も含めてすべての世俗の結びつきを放棄することが要求されたが、特定の宗教施設の研究から、そういう習慣を受け入れて後も長いあいだ、家族的なことに積極的に関わり続けた個人の多くの例が明るみに出た。カルトゥジオ会士に関する研究でアミー・リヴィングストンは、修道士になった貴族が、特許状に署名する時は自分を第三名〔苗字〕で表した、時には、家の財産をまだそれが自分たちのものであるかのように言及したことを発見した。自分たちを家族関係から断ちきることは、過去何十年にもわたって夫、父、家長として過ごしてきた修道士にとってきわめて難しかったことの証であろう、と彼女は想像している(86)。修道士への転換はウディクールのリチャードのような未婚の戦士にとってはいくらか容易だったろう。彼は自分の領主の、そのまた領主の助言でサンテヴルールで修道士になった。リチャードは槍で負傷した後、修道院へ運ばれ、死んだものとされ、理想的な修道士となって生き続けた。彼の傷は完全には癒えていなかったが（そのため傷痍者

〈*Vulneratus*〉といういささか気味の悪いニックネームを蒙ることになった）、新しい共同体への寄付について彼が示した熱意と気前よさが修道院長に大いに好意を持たせた。彼はリチャードに新しい修道院教会建設の監督を任せたのだ[87]。一一世紀のもう一人の戦士の例を紹介したペネロープ・ジョンソンの指摘によると、モンコントゥールのロベールはラ・トリニテのヴァンドーム修道院の修道士として、彼がその修道院に寄進した、まさにその財産の監督を任命されたのだ。「こういう人たちを権威と責任のある地位に就けるのは、まさに理にかなったことであった。彼らの俗世での生活が彼らに測り知れないほどの管理能力を与えていたのだから[88]」。第五章で見ることになるように、修道院の聖人伝作家たちはしばしば、武器携帯者を俗世で成功に導いていたもの、つまり、忠誠心、不屈の精神、さらには肉体的な強さ、豪胆ささえもが、彼らを改心に続いて理想的な修道士にした、と主張した。そういう聖人伝的な主張は、改心に成功した騎士の事例研究から生み出されたと思われる。

弁舌家（*oratores*）として修道士生活に入っていた貴族はパトロンと、俗世で暮らし続けている親族、および死者の仲介者になった。多くの修道士は血族の名を、彼らが代わって祈りをささげている寄進者名簿に見つけたことだろう[89]。修道会献身者も成人改心者も家族メンバーの精神的な安寧に心配ってもらえるよう、そして引き続き保護に心掛けてもらえるよう期待された。多くの修道士は、俗世の兵士であることに固執している親族のための心配りを表明し、そして、俗世を捨てるに当たって自分たちの指導に従うよう、ことばと例示で懇願した。若い頃に数人の兄弟叔父とともにシトー会に入ったクレルヴォーのベルナルドゥスこそ間違いなく最もよく知られた例である[90]。父ロベルトによって修道会献身者にされた貴族にして修道会改革者ヴォルピアーノのグリエルモは両親に、軍事的な職業を捨てて、修道院に加わらせてくれるようせかす手紙を書いた。グリエルモはまた三人兄弟のうちの二人に、一〇〇三年にフルットゥアリアに新しい修道院を建設するに当たって協働することを納得させた。それは家族の土地に建てられ、二人を修道士のオリジナル・グループに含めた(91)。

弁舌家としての新しい生活でこの人たちにとって、家族的な義務の本質は修道院生活に入ることで間違いなく変化した、もはや武器で世襲財産を防衛することは許されなかったわけだが、単に家族的な義務を放棄したのではなかった。エリートの改心者は修道士と同じく、祈りという精神的な武器で一族の魂のために戦ったのだ。次章で見るように、このことは、修道士たちが自分の召命をいかに新しい観点で見るか、(おそらく親族からさえ)教えられていたかを示すものであり、修道士をキリストの兵士と同一視することが武器携帯者をスムースに宗教的生活に移行させる助けとなっただろう。エリート修道会献身者と騎士改心者による修道院へのコンスタントな流れはまた、教会改革者がどんなに修道士とその対極としての俗人の武器携帯者を定義したとしても、両グループのメンバーともに、こういう社会観を受け入れるのは難しかった、ということを確認することにしかつながらなかった。結局、改革派が「平和の人」として描いた人の大部分は、血筋的に、世俗の「戦争の人」の兄弟であった。つまり、いつの日か、修道院の精神的な戦いのために流血沙汰を放棄する世俗の「戦争の人」の兄弟であった。

修道士になること

さまざまな物語に、リーダーシップ的な役割を担う、場合によっては神聖さという香りの中で死さえ受け入れるような、修道院共同体の重要なメンバーになった貴族改心者が多数現われるが、戦士がよい修道士になり得るかどうかという疑問は当時の多くの人たちの心の中に生き続けた。六世紀という早い時期、グレゴリウス大教皇は、いかなる戦士もその決意が三年間試されるまでは修道士の誓いを立てることは許されるべきではない、と忠告した。（それは中世的基準による長い修練期間だったが）一一世紀の彼の後継者で同名のグレゴリウス七世はクリュニー大修道院長フーゴ宛の手紙でこの高説の一片を引き合いにした(92)。シャルトルの教会法学者イーヴォ（一一一六年没）はこの心情を反映して、戦士はしばしば、世俗の義務の放棄に真摯に取り組むことなくあまりに早くにこの習慣を受け入れていると忠告した(93)。成人の改心者がその信念を変え、世俗に戻ってしまうという恐れから、多くの新教団は、一一、一二世紀の、救済の一助として（*ad succurrendum*）、高齢の、あるいは死期の近いパトロンを受け入れるという伝統的なベネディクト会的実践を捨てるようになった。実際、貴族は最後の誓いを立てた後で、時に修道院を去ることがあった。彼らがかつてイメージしたほどに死の近くにいないことが分かったからだ(94)。修道院の著者たちの中には、改心した戦士のことで、彼らはその身とともに世俗的な攻撃性と競争心を修道院に持ち込んだと、不満を書いた者もいる。そういう性質が彼らをして、禁欲主義を過度なまでに、そしてこれ見よがしに誇示させがちにしたのだ。ジル・コンスタブルは、そういう人たちは、かつて俗世で敵に対して遂行してきた肉体的な戦いを、自分自身の身体に対して続けていたのだ、と仮定した(95)。

一一世紀に書かれたものでカンタベリーのアンセルムスは子供時代から修道院で育て上げてきた修道士たちを天使に譬えた。そして、成人して誓いを立てた人たちを聖人に譬えた。「しかし」、彼はこう続けた。「聖人たちは何かにつけて誘惑に圧倒されたことがあるからという理由で、天使（養育されたもの〈*nutriti*〉）に聖人（改心した者〈*conversi*〉）を軽蔑するのを許してはならない。同じく、天使は誘惑に煩わされたことがまったくないからという理由で、聖人に天使を軽蔑するのを許してはならない(96)」。聖人の改心者の方がより大きな成熟度と決意を持っているかもしれない。しかし彼らは修道院に「浮世の垢」を持ち込んだ。そして、子供のころから罪から保護されてきた人たちを汚しかねなかった。ヨーロッパ西方、最初期の修道会「会則」は修道会献身者のことを考慮していた。中世初期修道院の居住者のほとんどとは言わないまでも多くは子供の時から宗教的生活に入っていた。成長期から、成人修道士として機能できるような文書、技能、徳に関する訓練を受けたのだ(97)。クリュニー会のような、典礼が修道院の一日のはるかに多くを費やし、聖ベネディクトゥスの日よりかなり多くの訓練を要求される家では、成人の改心者は修道士の聖歌隊に参加するに十分な専門技術を獲得することはないであろう(98)。しかし一二世紀までには修道会献身者の割合は実質的に減少していた。多くの教団は適性を欠く成人修道士を生み出す傾向があるとして、このやり方を放棄するようになった(99)。

修道会献身者を受け入れなかった教団に加わった人たちにとってさえ、俗世から修道院への転換が、中世の聖人伝作家が我々に信じ込ませているほどに早く、あるいはスムースに進むことはまれだった。初期キリスト教共同体の研究でマーサ・ニューマンはこれらの家に入った人々が直面した二つの課題を規定した。修道院生活を成り立たせる典礼の祈りとさまざまな儀式を習得することと、修道士のように考えるのを学ぶことである(100)。改革教団に加わった人の多くは司祭や聖堂参事会員だった。彼らは元は戦士家系の出身だったかもしれないが、典礼を執り行うに必要な技術はすでに持っていた。しかし典礼の訓練も、おそらく一片のラテン語の知識もなかった武器携帯者にとって、転換のこの部分は、はるかに困難なものだった(101)。俗人（*laicus*）と無学（*illiteratus*）〔文盲〕は聖職用語としては同義語だったが、現代の研究者はもはや、俗人エリートの大多数がラテン語に無知だったとは認めていない。一一、一二世紀、教会でキャリアを積むと決まっていなかった多くの若い貴族は、しかしながら、聖職者のチューターから、あるいは大聖堂学校でラテン語の文法を学び、いくらかの知識を得ていたのだ。それでも、修道院生活に入った成人戦士の大多数でなくとも、その多くは追加の訓練を受けて後にはじめて、修道院水準での教養人（*litterati*）と見なされただろう(102)。詩篇を暗記すること、いや、その入門書を学ぶことでさえ格闘した成人の物語は、聖人伝作家がその対象者の修業と謙虚さを表現するために語ったものだが、それはまた、成人改心者たちが直面した文字通りの難しさも反映しているのだ(103)。戦士たちは一一、一二世紀の新教団に引きつけられたのかもしれないが、その理由の一部は、そういう教団が典礼を執り行うことにあまり重きを置かなかったからであり、かつての武器携帯者たちに、手仕事を強調することで彼らの肉体的エネルギーに対して大いなるはけ口を提供したからであった(104)。

修道士的思考様式に適合すること、謙虚さ、服従、定住性を培うことは攻撃的であることや誇り高いことを称賛されてきた人たちにとってはかなりの挑戦にさえなり得た。特に、彼らが俗世で重要な地位を占めて来たなら、なおさらであった。オルデリクス・ウィタリスはそういう改心者としてグランメスニルのロベールを記述した。若い時にサン＝エヴルーのオルデリクスの家に入り、小修道院長になり、さらには大修道院長にまで昇った貴族である。ロベールは、父を死なせ、若者に「世俗の戦争の恐ろしさ」への嫌悪感を植えつけた血の争いがもとで俗世を離れていた。彼が当初人気があったのは、少なからず、彼が新しい家に土地、高価な本、装飾品を持ち込んだからだったが、小修道院長としてロベールが取った振る舞いは、彼が修道院的な価値に完全にはふさわしくないことを示すものだった。

なぜならこのロベールは、私が説明した通り［とオルデリクスが書いている］、非常に高貴な生まれだった。グランメスニルのフーゴの兄弟だったのだ。彼は途方もないエネルギーと世俗の野心は持っていたが、まだ浅薄な所があった。……というのも、彼は何かを良いとか悪いとか、あるいは好ましいと考えると、それをすぐに顔に出した。何か面白くないものを見たり聞いたりすると、いきなり激怒した。人の後ろを行くより人の前を行くことを、人に従うより命ずることを好んだ。与えるにも受け取るにも実にオープンだったが、怒りをぶちまけるに当たっては躊躇なく暴言を吐いた(105)。

オルデリクスがロベールについて「野心的、高慢、威張る、怒りっぽい」と記述していること、そのほとんどが彼を典型的な貴族にしている。逆にこれらすべての性質が、当時の聖職者によるパワフルな俗人批判にいつも見られる。皮肉なことだが、この時代の貴族文化について我々が知っていることは、そういう行動様式でロベールは、彼と彼の槍が、俗人エリートが生得権として要求する待遇として是認したものだけを行ったに過ぎない、ということを暗示している(106)。

他の修道院の著者たちも、高貴な生まれの改心者の真摯さや節操を疑っている。ハイスターバッハのカエサリウスがある若い貴族のことを語っているが、この男、「何の考えもなく、心の鬱屈と混乱の中で」、ギャンブルでの借金から逃れる方策としてシトー会に加わった。ところが日ならずして友人たちに説得され、俗世に還った(107)。多くの人は、修道士として死んだら救済が確保されるという前提で、「救済の一助として」修道院生活に入った戦士がそもそも悪かったのだと考えた(108)。先に論じたグンテルムのヴィジョンでシトー会の新参者は、地獄で苦しむ大勢の中に、死の床で改心することによって略奪や強姦の罪を消そうと考えていた、偽善的な「騎士から転じた修道士」を見た。しかし改心者は「悔悛の恩寵で心動かされた訳ではなく」、生き返ったら誓いを捨てようと、密かに計画していたので、修道士の習慣で死ぬことは彼にとって何の役にも立たなかった。その代わり彼は、責め苦の形式としての騎士の衣装を再び身に着けるよう強制された。「炎を上げる馬に跨り、首に火のついた盾を吊るし、馬の首にはヤギ〔好色漢、嘲り、罪びと、士官などの寓意〕を括りつけ、修道士の習慣を引きずって、自分の後ろは馬の尻尾に結びつけられている〔逃げようとして逃げられないことの寓意〕」。それは、彼がいかに誓いを破ったかの徴であった[109]。グンテルムのヴィジョンの修道院の著者が明らかにしたように、戦士は単に衣装を変えただけでは本当の修道士になれなかったのだ[110]。

成人の改心者が修道院生活に入ったことを徴す儀式は、まさにこの点を強調したのだ[111]。しかし、この儀式が新しい修道士の内なる転換に重点を置いていたのに対して、その転換は身体的な表現の変化によって象徴され、増幅された。そして身分と世俗的絆の放棄は象徴性の込められた身振りによって表現された。髭を剃り、髪をトンスラにすれば人は修道士のように見えたし、そういう容貌の変化は人が修道士に「なる」助けにもなった。クリュニーのオードがクリュニー会に加わったアデグランという名の戦士について書いたように、「彼は、頭髪と世俗の戦争訓練を脇へ置いた時、ただちにキリストの兵士（*Christi ... agonista*）になった[112]」。同じほど力を込めた放棄の行為で、成人として誓いを立てたある者は、修道士総会で厳かに剣帯（*miliciae cingulum*）を置くか、修道院教会の大祭壇にそうした。そうすることで、もう二度と武器を手にしない、少なくとも、この世のいかなる領主に仕えようと、手にしないと宣言したのである[113]。早くも九世紀、コルビーのヒルデマルの『ベネディクト会則』への注解は、志願者は二箇月の見習い期間後、武器を放棄すべし、その期間中にトンスラを受け、修練士としてのやり方を身に着けることになろう、と詳細に記した[114]。ルドンのブルトン修道院、一一世紀のある修道士総会はこういう転換が実際に行われたことを暗示している。資料によると、貴族出身の真の戦士

(*quidam miles*) マルヴァンが共同体に入りたいと誓願し、滞りなく兄弟たちに受け入れられた。武装して（おそらく世俗の服装で）教会に入り、マルヴァンは「聖なる祭壇に近づき、騎士の武具（*arma milicie*）をはずし、古い人を脇に置き、新しい人を身に着けた（エフェソの信徒への手紙」四章二二〜二四節参照）(115)」。マルヴァンが修道士として再生した正確な瞬間は、彼が修道院的なやり方を受け入れたことも（「エフェソの信徒への手紙」から借用した induere という動詞は「着る」という行為を想起させるが）、彼が誓いを立てたことすらも表裏の関係にあるのではなく、ただ彼が武器を放棄したこととのみ表裏になっているのだ(116)。

新しい修道士の武装放棄は、修道院生活への転換で改心者がキリストのイメージでの平和の人として再生する結果になったことをも強調していた(117)。マイケ・デ・ジョングが見たところ、武器を外すことは公の悔悛儀式でも共通の要素だった。性行為、公務の放棄と並んで、武器を手放すことは、自由人が自らの意志で悔悛規定の間、セミ修道士状態に入ったというシグナルであった(118)。儀式的な武装解除はこのように修道士生活の悔悛的な性格を強調した。シャルル・ド・ミラモンは修道士の信仰告白儀式の軍事的なシンボリズムに「戦士（*milites*）の価値観が修道院の中に入り込んだ」証拠を見ている。そして、修道院の儀式と武装セレモニー間の並行現象、および、俗人兵士間で忠誠心という絆を固める主従関係を指摘している(119)。改心者が信仰告白の際に差し出した高価な武具が彼らの修道院に保管されているというヒントが聖人伝にある(120)。モンミライユのジャン（一二一七年没）の伝記もその一つで、フィリップ・オーギュスト王のお気に入りのフランス貴族であり十字軍士だった。修道院の伝記作家はこう書いている。ジャンがロンポンのシトー会に加わった数年後、修道院長に選ばれたのだが、そのとき彼は自分の古い武具甲冑を見て衝撃的なほどに驚いた。それはあきらかに修道士たちによって守られていたのだ(121)。しかしこれらの武具（*arma bellica*）を見せられたとき、自分が関わったあらゆる罪の記憶が心の中に飛び込んできて、過去の生活への郷愁はすべて一瞬にして消えてしまった(122)。この記述は、戦士からの改心者が宗教的生活に入って後、過去の軍事的な功績を忘れるよういかに奨励されていたか、それによって修道士として再生できたかを暗示している。

戦場の修道院的植民地化

修道院に身を捧げることによって表現される戦争の人から平和の人へ転換は、暴力と流血沙汰の場から祈りと悔悛という聖域への移行に反映されている。前章で見た通り、貴族は新しい修道院建設への寄付金を戦時に関わった罪の救済方法と見ていた。精神的な軍隊は、自分が自分のために戦う以上に効果的にパトロンの魂のために戦ってくれる、それがパトロンになることの論理だったのだ。修道院の中には戦いの中で創案されたものもあった。その起源がパトロンの戦場での誓い、または戦いで関わった罪の悔悟をしたいという希望に基づいた修道院がそうである。中世のキリスト教徒は両軍の布陣による会戦を試練による大衆裁判と見ていた。そして、神の助けなしにはいかなる勝利も得られないと考えた。つまり、軍事的勝利を祝う宗教的共同体の設立は、戦いで神が助けてくれたことへの感謝の気持ちを表す一つの方法だった(123)。その中で最も有名なのがもちろんバトル修道院、いうまでもなく一〇七〇年頃、イングランドのウィリアム一世がヘイスティングズでの戦勝の地近くに建設したものである。新王によるバトルの寄進は神への感謝の表現だけでなく、決定的な勝利を記憶させるものであり、「征服」に随伴した流血沙汰に対するウィリアムの悔悟の念を具体的にモニュメント化したものでもあった(124)。

一二世紀、バトルのある無名の修道士が書いた年代記は、ウィリアムは実際に戦いの「前」に修道院の建設を誓っていたのだ、と考え、部下に対する戦場での敬虔なスピーチで自分の意図を伝えようとしていたのだと、次のように記述した。

私のためにこれから戦わんとする諸君の腕と心を鍛えるために、私は誓いを立てる。まさにこの戦場に万人救済のための修道院を建設するつもりだ。特にここで倒れる人のために、神とその聖人の名誉のために、神の僕たちが支援を受けるであろう、そして、修道院にふさわしく、価値ある自由を持つこの地に建てるのだ。償いよあれ、万人のための安息所であれ、私が私のために征服するもののように自由であれ(125)。

戦士にとって修道士の必要性を宣言したものであり、戦争の罪深さをオープンに認めたこのウィリアムの演説は、それが一一世紀のこの君主の心情を表現している以上に、間違いなくバトルの年代記作家の心情を表現している。さらに興味深いことに、この共同体の血塗られた起源をまったく恥ずることなく、一二世紀のバトルの修道士たちは訪問者たちに誇らしげにそういう起源について自慢し、ハロルド〔ウィリアムに敗れた前王〕の倒れた、まさにその場所に建てられた大祭壇を指し示した。あまつさえ、その戦場そのものを巡礼の目的地に転換しようとの運動まで始めたが、不首尾に終わった(126)〔ヨーロッパの巡礼はいくつかの聖地を「巡る」ものではなく、特定の場所を目指す、いわば何々「詣で」が本来の形〕。

彼の真の動機が何であれ、ウィリアム一世はエリザベス・ハラムが「戦争記念館」と名づけた修道院を建設した最初の戦士でも、唯一の戦士でもなかった。我々は、同じパターンで展開した他の多くの例を知っている。実際、多くの、さらに修道院的な施設の軍事的な起源は時とともにあいまいにされたらしい(127)。生き残ったそういう起源物語には共通の作風がある。大きな戦いで勝利したこと、そして、事の起きた場所またはその近くに広範な寄付を得た修道院建設で記念された勝利であること、を語っているのだ。そういう施設が間違いなく力のシンボルであり、同じほどに敬虔さや悔悛の表現だったのに対して、聖職の著者が当然のことながら強調すべく選択するのは、後者の機能である。フランダース伯ロバート一世が一〇七二年頃、ワッテンに聖ペトルスに捧げた修道会員の共同体を設立したとき、聖職者アードルのランバートは、「ロバートはリチャイルド［フランダースの前女伯で、ロバートの仇敵］に勝ったことを喜んだからこそ」そうしたのだ、と説明した。「第一の使徒、聖ペトルスの御座荘厳の日に、対立と戦いの日に彼とその部下たちが身をゆだねた、その同じ第一の使徒、聖ペトルスのとりなしと功徳を通して、神の恩寵に導かれて」そうしたのだ(128)。

ラルフ・グラーバーはアンジュー伯、フルク・ネッラによるボーリュ＝レ＝ロシュ修道院の建設を、軍事的な性格の罪への悔悛をしたいとの、伯の希望と結びつけた。

彼が多くの戦い、多くの場所で多くの流血沙汰を起こした時、エルサレムの我らが救世主の墓に行くほどの地獄の恐怖に駆り立てられていた。しかし彼は勇敢な人だったので、勝ち誇ってそこから帰還した。時が彼の身についた残虐さを和らげてくれたのだ。所領の最高の場所に教会を建てるアイデアが浮かんだのはその時だった。そしてそこに、自分の魂の救いのために日夜にわたって取り持ちをしてくれるべき修道士の共同体を設立した。彼はいつも注意深く決断していたから、教会を献納するとき、どの聖人に敬意を表したら、彼らが彼の魂の救済のために主に対して祈ってくれるであろうか、あらゆる聖職者に相談した(129)。

ベリ・ロクス〈*Belli Locus*〔ボーリュ＝レ＝ロシュ〈Beaulieu-lès-Loches〉の古い表記〕〉という地名で当時知られていた、自分の修道院のためにフルクが選んだ場所は、法的な決闘や犯罪人の処刑の舞台としてよく使われたところだった。バーナード・バクラックは、フルクはコンクレイユでのブルトン伯コナン一世に対する九九二年の勝利を記念するものとしてこの施設を意図したのだ、そして、罪のために神の裁きを受けたキリスト教徒の血の浸みこんだ場所を熟慮の末に選んだのだ、と論じた。つまりそこは戦場に似ているのだが、敵が維持するブリタニーに位置し、施設建設の場としては往来できなかったのだ(130)。一〇〇五年頃から一〇一二年の間に建てられたこの修道院教会はコンクレイユの戦闘シーン、および勇気と勝利のシンボルであるライオンと怪鳥キャリオン・バードを示すいくつかのフリーズで飾られた(131)。

次の世紀、フラマンの戦士から転じた隠者ウィムリューのオイラーは、「罪びとの原」として知られた場所の小規模ではあるが同様の変容に影響を与えた。かつては殺人も犯す盗賊たちの地域的なねぐらだったところだ。地域の人たちから集めた施しで土地を買い、オイラーは庵を建て、そこに教会を建てた。そして地域の人たちにその地を新たに「聖人の原」と命名するよう勧めた。

こうして、天の配剤による洞察力で、極悪人たちによってしばしば無辜の血が流されたこの地で、我々の救済の神秘のために、キリスト教の司祭によって日々、キリストの身体と血の犠牲が永遠に捧げられるべし、罪深い陰謀のあったここで、キリストの僕たちによる徹夜の祈りが捧げられるべし、死という破壊が過ぎゆく人たちを日々脅しているここで、鍵のない避難所が貧者に安全な隠れ家となり、そして彼らを健康を取りもどす安楽な地へといざなうべし、と定められた(132)。

年代記作家は、平和、博愛、何よりも聖職者の祈りの力は暴力的な人たちの行為で長年にわたって汚されてきたこの場所を清めてくれる力を持っている、と信じていたのだ。聖域としてのその場の新しい機能は、単にその歴史における新しい段階としてだけでなく、血塗られた過去を見事に逆転させたものとして提示された(133)。それまではキリスト教徒の血を流すことを職業としてきた聖なる人からよい影響を受けたのだ。

そういう目的にかなった転換は修道院の伝統の中で尊ぶべき歴史を持っていた。大ベネディクトゥスはかつての要塞（*castrum*）の地にモンテカッシーノを建てた。それで中世初期、その修道院は「カンパーニャの砦〔カンパーニャはそこの地域名〕」と呼ばれた(134)。しかし、一一〜一二世紀、〔ヨーロッパ〕西方で城が軍事的、政治的にますます重要性を増すにつれて、この防衛力の増した場所は特に、修道士の実践的、精神的な関心の対象になってきた。宗教的共同体は隣接する領主たちの砦を教会に対する俗人からの圧力のシンボルと見、彼らの土地の上、または近くの城建設を妨害するために、（またはそれを解体するために）あらゆる手段を尽くして戦った(135)。修道院の幹部の中には、自分たちのための城を建てることによって、防衛手段を自分たちの手にする者もいた。一二世紀のフルダ修道院長マルクヴァルトが説明したように、「修道士が修道院以外の所に住む、あるいは精神的な戦い以外の戦いをするのは正当だ、というわけではないが、俗世の悪魔は抵抗する以外、打倒できない(136)」。それはあきらかに別の修道院長、サン＝ピエール＝シュル＝ディーヴ（ノルマンディー）のロベールの哲学だった。一一〇六年、ヘンリー一世がノルマンディー公領を侵略した際、自分の修道院を防衛するために、それを要塞化し、兵士集団を雇用する必要があると考え、修道院の宝石や皿で費用を捻出した人物である(137)。修道院や教会にとって、俗人に取り込まれ、力づくで要塞に変貌させせられてしまうのは、最悪の神聖冒瀆と見なされた(138)。しかし、領主修道士による城の所有は、ペトルス・ウェネラビリスにも劣らない権威によって巧妙に防がれた。「いかなる城ももし修道士に与えられたなら、その時点からそれは城ではなくなり、小礼拝堂になる」というのが口実だった(139)。そのような概念的転換に満足せず、一二世紀、サン＝イヴォンヌ（ビュイ＝ド＝ドーム州）の修道士たちは実際に、新修道院の建材を確保するために、要塞（*castrum*）の石をはがした(140)。

戦争と流血沙汰の場から平和と祈りという避難所への転換は、一一、一二世紀に実際に行われたことの聖人伝的、巧妙な言い換えだった。ノルマン征服に続く数十年間、イングランドの新地に大陸の修道士を呼び入れようとした何人かのノルマン領主は彼らに、城と隣接する、あるいはまさに城内にある（*in castellaria*）教会を提供した。一〇七〇年代から一〇八〇年代、サン＝フローレンのアンジュヴァン修道院から何人かの修道士がイングランドの二つの新しい城内小修道院に送り込まれたが、アンジュヴァン修道院の無名の年代記作家が「城に住むのは煩わしく、兄弟たちの魂にとってきわめて危険で呪うべきものだ」と嘆いているにもかかわらず、その修道院は遺産を受け入れ、かつ、そこに縁の深いいくつかの遺産も引き継いだ(141)。一世紀後、リーヴォーのアイルレッドは、貴族でヘンリー一世に信頼された元老院議員ウォルター・エスペックがいかにして、ヨークシャーのカークハムにアウグスティノ会参事会のための新しい共同体を寄進することで、「キリストを彼の全財産の相続人にする」決心をしたかを記述した。アイルレッドはさらに続ける。所領のいくつかを施設に単に寄進するだけで満足せず、ウォルターは「その城、部屋、蔵をキリストの僕の住処に変えた[142]」。一一二二年、カッペンバーグ伯ジェフリは親族の反対を押し切って、城も含めて、残余のすべての財産もろとも、クサンテンのノルバートに与えた。それは生まれたばかりのプレモントレ会の修道院に転換された[143]。ついに、弟オットーと一緒にジェフリは修道士として教団に入ったが、そのほんの二年後には、敬虔な寄進が原因で起きた大騒動を鎮めた。一一二九年に彼が死んで二〇年後、死に当たっての彼の望みは、その聖遺物がカッテンバーグのかつての要塞の新しい堂に移された時、遅ればせながら実現された。聖人伝作家の記述によれば、そこで修道士たちはジェフリに自分たちの守護者、「我らが軍のキャプテン（*princeps exercitus*）」として挨拶した[144]。このケースでは、提供者の世俗の要塞が精神的な要塞に変ったことが提供者自身をキリストの戦士に名を連ねさせる助けになった。

ほとんど例外なくどの資料も、城（*castellum*）が宗教的な施設としてリメイクされ得た具体的な過程について語っていない。隠者から転じたシトー会士、オバジン修道院長エティエンヌ（一一五九年没）の無名の聖人伝作家がめずらしく、エティエンヌについての記述でそういう変貌の一端を我々に示している。エティエンヌはモンソー領主で、自分の要塞に客として受け入れた聖なる人との出会いで大いに心打たれ、その客人のできたての共同体に入り、そこの修道士たちに彼らのリーダーが泊まっていた建物〔つまり、エティエンヌの要塞〕をプレゼントした[145]。財産移譲と決めたその日、オバジンから修道士と見られたエティエンヌとその部下は所帯のすべての所有物を移動させ、それから建物内に保管されていたすべての武器を寄せ集め、砕き、そして焼いた。最後に、城代の立会いの下、防御用構築物の解体に取り掛かった。すべての軍事関連物が一掃され、それによって浄化されて後、そこははじめて修道院構成体という新たな目的を持つことになった。その後ようやく、かつての主人は修道士としての新たな生活を始めることができたのであろう(146)。

城が修道院の建設伝説に現われるこういう道筋を考察してアミイ・リーメンスナイダーは、このような解体と再建の儀式が宗教的共同体に、それらの建物が表わす権威を占有させることを可能にした、と書いた。そうしてこそ象徴的に、攻撃的な俗人領主に似た他の修道院のようになりかねない自称のライバルたちに打ち勝つことができた、というのである(147)。修道院に移された城の記録は改心物語としても読まれたのであろう。このジャンルのもっと伝統的な物語と同じさまざまな仮定に影響を与えているからだ。いかなる場所も、そこがいかに血にまみれていようとも、教団（*ordo*）の罪によって汚された戦士と同じく、よりいっそう神を喜ばせる方法で新たなものへと転換できたのだ。しかし城を神の家としてリメイクすることは他方で間違いなく、概念的に、修道院共同体と精神的な戦争との昔からの結びつきによって推進された。通常の典礼的な戦いの場として、「すべての」修道院が精神的な城であった。それが実際に流血沙汰の起きた場所に建設されたかどうかは問題でなかった。

第二章の結論

一三世紀はじめ、ギヨーム・ル・クレールとして知られるフランスの年代記作者が本章で焦点を当てた二つのグループそれぞれの機能をうまくまとめている。

聖職者が指導的な騎士の役割を持つとき、確かにそれは法に反する。聖職者は聖書と詩篇を声高に唱えるべきだし、騎士には偉大なる戦場に行かせるべきである。聖職者は祭壇の前に留まり、戦士のために祈り、罪びとを赦すべきである(148)。

ギヨームのような人のための社会の概念的基礎であったこれらの教団（*ordines*）は互いに独立した、対立した用語で、一度に解釈された。コンスタンス・ブリテン・ブシャルドが示したように、聖職の理論家はしばしば戦士が修道院生活に移ることを「ある状態から、その一八〇度反対側へのラディカルで実に急速な変化」と表現した(149)。世俗の服を脱ぎ、武器を手放し、城を解体する、放棄ためのそんなドラマチックな行為は、改心を概念化する方法の点で軌を一にしているように見える。実際、教会改革派のレトリックは「平和の人」と「戦争の人」を厳格に対立させた。これらの概念が現実にはそんなに明確に定義されていなくても、そうした。見てきたように、現実の改心過程は複雑で、エリートの改心者が俗世に留まる家族との関係を調整しなおし、修道会の規則と新しい生活の日常に慣れ、修道士のように考えるのを学ぶのに、しばしば数年間を要した。そうするうちに、修道院の新しい仲間が説明したように、かつての武器携帯者たちは精神的な流れをたどりつつ、着実に神に近づき、より罪深いかつての生活から遠ざかるのだ(150)。

以下の章で、修道院の著者たちが自分たちの召命を記述するのにいかに軍事的なレトリックを使ったかの検証に移るが、戦場または城から修道院への移行は、イデオロギー的に言って、暴力的な生活を平和な生活とストレートに交換することではなかった。宗教的生活に入るために戦場を放棄した人たちも、自分たちの軍事的なエネルギーを他種の戦争に振り向けただけで、兵士であることをそんなには放棄しなかった。その中で、新たな多数の敵に対して精神的な武器を振るうやり方を学んだのだ。修道士としての生き方を習得するには特殊なスキルの習得とさまざまな新しい徳の陶冶が必須だったが、それは他方で、何にもましてまた、「新兵（*tiro*）」になることを含んでいた。精神の戦いの訓練のために、改心者は新しい兄弟たちに期待したが、その中のある者はかつては武器携帯者だったし、またある者は、個人的な戦争体験のない、生涯にわたる修道士だった。しかし前章で見た通り、戦争は改心者の記憶においてのみ修道院に入ったのではなく、聖書、聖書解釈、典礼を通しても入ったのだ。それらのすべてが、軍事史と軍事的レトリックの模範を豊富に蓄積していた。結果として、子供のときから修道院で暮らした人は誉れ高いキリストの戦士になり、戦闘で鍛えられたベテランの腕で戦場の言語を話した。しかし、もし、多くの騎士改心者が世俗の武器を振り回したことのない人から精神的な戦士のように読み、祈り、考えることを学んだのなら、生涯を修道院で暮らしてきた人は、そういう人として、一般に考えられている以上に、世俗の武器の技術的、および経験的な側面に関心を持った。戦争が中世の修道院文化をどのように形成したかという物語は、ある意味で、これら二つのグループ、アンセルムスの言う聖人たちと天使たちが、お互いから何を学ぼうとしたか、の物語である。

（1） Philip of Harvengt, *De institutione clericorum,* 4.86, in PL 203: 781; trans. based on Giles Constable, 'The Orders of Society,' in his *Three Studies in Medieval Religious and Social Thought* (Cambridge, 1998), 263.

（2） 祈る人、戦う人、働く人（*oratores, bellatores, laboratores*）という三分割モデルの古典的研究は Georges Duby, *The Three Orders: Feudal Society Imagined,* trans. Arthur Goldhammer (Chicago, MI, 1980). フランスその他の地で三分割システムが長期にわたって優勢だったとするこの見方への資料的議論および批判について次を参照。Constable, 'Orders of Society,' 285-8; and Elizabeth A.R. Brown, 'Georges Duby and the Three Orders,' *Viator* 17 (1986), 51-64. カロリング朝と *ordo* の関係について次を参照。E. Ortigues, 'Haymon d'Auxerre, théoricien des trois orders,' in *L'Ecole carolingienne d'Auxerre de Murethach à Rémi,* 830-908, ed. Dominique Iogna-Prat, C. Jeudy, and Guy Lobricon (Paris, 1991), 181-227.

（3） 多くの例として次を参照。Constable, 'Orders of Society,' 285-92, 303-4.

（4） ジル・コンスタブルが議論した問題。'The Place of the Crusader in Medieval Society,' *Viator* 29 (1998), 377-403.

（5） この複雑な過程を簡潔に説明したものとして次を参照。Constance Brittain Bouchard, *Strong of Body, Brave and Noble: Chivalry and Society in Medieval France* (Ithaca, NY, 1998), chapter 1.

（6） 武器携帯者について聖職者の評価の影響力についておそらく最も説得力のあったのは Bull, *Knightly Piety.* しかし次を参照。Matthew Strickland, *War and Chivalry: The Conduct and Perception of War in England and Normandy, 1066-1217* (Cambridge, 1996), 97. 戦士は「教会の道徳的指図を厳守することから当時は何の益も得られない立場にあったから、そういう指図を選択的に信奉した、つまり、それによって失うものがある時は、それを無視した」という議論。

（7） John Howe, 'The Nobility's Reform of Medieval Church,' *American Historical Review* 93 (1988), 317-39; Constance Brittain Bouchard, *Sword, Miter, and Cloister: Nobility and the Church in Burgundy,* 980-1198 (Ithaca, NY, 1987).

（8） いわゆるグレゴリオ改革については膨大な文献がある。次が今でも基本的な研究。Gerd Tellenbach, *Church, State, and Christian Society at the Time of Investiture Contest,* trans. R.F. Bennett (Oxford, 1940; repr. Toronto, 1991). さらに最近の評価、今日的な文献として次を参照。I.S. Robinson, *The Papacy, 1073-1198: Continuity and Innovation* (Cambridge, 1990); and Maureen C. Miller, *Power and the Holy in the Age of the Investiture Conflict: A Brief History with Documents* (Boston, 2005). 聖職者独身主義の強要と、

それが聖職者の自己規定に与えた影響について次を参照。 the essays in *Medieval Purity and Piety: Essays on Medieval Clerical Celibacy and Religious Reform,* ed. Michael Frassetto, Garland Medieval Casebooks 19 (New York, 1998); Dyan Elliott, 'The Priest's Wife: Female Erasure and the Gregorian Reform,' in *Medieval Religion: New Approaches,* ed. Constance Hoffman Berman (New York, 2005), 123-55; Jo Ann McNamara, 'The *Herrenfrage*: The Restructuring of the Gender System, 1050-1150,' in *Medieval Masculinities: Regarding Men in the Middle Ages,* ed. Clare A. Lees, Medieval Cultures 7 (Minneapolis, 1994), 3-29; Maureen Miller, 'Masculinity, Reform, and Clerical Culture: Narratives of Episcopal Holiness in the Gregorian Era,' *Church History* 72 (2003), 25-52; and eadem, 'Why the Bishop of Florence Had to Get Married,' *Speculum* 81 (2006), 1055-91.

（9） Richard W. Kaeuper, *Chivalry and Violence* (Oxford, 1999), 66.

（10） M.-D. Chenu (*Nature, Man, and Society,* 225) は *ordo* という概念は神のプランによる分割を含意していたと強調した。

（11） *Historiarum Libri Quinque,* 3.4.15, in Rodulfus Glaber, *Opera,* ed. Neidhard Bulst, trans. John France and Paul Reynolds (Oxford, 1989), 118-21.

（12） *Historiarum Libri Quinque,* 3.4.14, ed. Bulst, 112-13.

（13） Sulpicius Severus, *Vita S. Martini,* 4.3, in *Vie de Saint Martin: Introduction, texte, traduction, et commentaire,* 3 vols, ed. J. Fontaine, SC 133-5 (Paris, 1967-9), 1: 260: 'Christi ego miles sum: pugnare mihi non licet.' 修道士のモデルとしてのマルティヌスの重要性について第三章参照。

（14） 一〇世紀までのマルティヌスの変容について次を参照。 Barbara H. Rosenwein, 'St. Odo's St. Martin: The Uses of a Model,' *Journal of Medieval History* 4 (1978), 317-31.

（15） チャップレン〔軍隊付司祭〕をのぞいて、聖職者が軍務を禁じられていることについて、次を参照。 Bachrach, *Religion and the Conduct of War,* 59 and n.116.

（16） Miller, 'Narratives of Episcopal Holiness,' 27.

（17） たとえば次を参照。 Gregory VII's proclamation against monks and clerks who bore arms and commited homicide; in *The Epistolae Vagantes of Pope Gregory VII,* ed. and trans. H.E.J. Cowdrey (Oxford, 1972), 152-3 (Appendix A).

（18） John of Salerno, *Vita S. Odonis,* 3.8, PL 133: 81; trans. Gerard Sitwell in *St. Odo of Cluny: Being the Life of St. Odo of Cluny by John of Salerno and Life of St. Gerald of Aurillac by St. Odo* (London, 1958), 80.

（19） ラ・レオルの出来事の目撃者フルリーのハイモは *Vita et martyrio S. Abbonis abbatis Floriaci* を一〇〇四年のアッボーの死の直後に書いた。アッボーの死に関わる資料について次を参照。c.20, PL 139: 410-11. それほど詳細ではないが、後の資料として、Ralph Glaber, *Historia libri quinque*, 3.3.11, ed. Bulst, 112-13. 新しい型の殉教者としてのアッボー論について次を参照。Head, *Hagiography and the Cult of Saints*, 253-4.

（20） Amy G. Remensnyder, 'Pollution, Purity, and Peace: An Aspect of Social Reform between the Late Tenth Century and 1076,' in *The Peace of God*, ed. Head and Landes, 280-307; and Kathleen G. Cushing, *Reform and the Papacy in the Eleventh Century: Spirituality and Social Change* (Manchester, 2005), chapter 6 (esp. 125-8).

（21） 個人的な和平会議の成功に向けたこの非武装民の重要性について次を参照。Richard Landes, 'Popular Participation in the Peace of God,' and Thomas F. Head, 'The Judgment of God: Andrew of Fleury on the Peace League of Bourges,' both in *The Peace of God*, eds. Head and Landes, 184-218 and 219-38. これは次の研究の中心テーマでもある。R.I. Moore, *The First European Revolution, c. 975-1215* (Oxford, 2000).

（22） Remensnyder, 'Pollution, Purity, and Peace,' 286-7. 教会会議はしばしば *arma militiaria* か *arma saecularia* かを明記した。武器を指す言葉が騎士的（knightly）ないし世俗的（secular）という特性で示されている。おそらくこの種の武器と *arma spiritualia* との違いを強調したと思われる。次を参照。Mansi, 19: 271-2 (Puy), and 830 (Narbonne).

（23） 一一世紀末、一つの修道院（Saint-Victor of Marseilles）と地域の騎士グループとの確執のより詳細な読み方について次を参照。Patrick Geary, 'Vivre en conflit dans une France sans état: Typologie des méchanismes de règlement des conflits, 1050-1200,' *Annales ESC* 41 (1986), 1107-33.

（24） Friedrich Prinz, *Klerus und Krieg im früheren Mittelalter: Untersuchungen zur Rolle der Kirche beim Aufbau der Königsherrschaft*, Monographien zur Geschichte des Mittelalters 2 (Stuttgart, 1971), 81-7.

（25） Karl Leyser, 'Warfare in the Western European Middle Ages: The Moral Debate,' in *Communications and Power in Medieval Europe: The Gregorian Revolution and Beyond*, ed. Timothy Reuter (London, 1994), 189-203 (here 196).

（26） カッシアヌスは、ややユーモアに欠けるが、次のようにつけ加えた。自国の高位聖職者の軍事的義務が時に精神的責任から彼らの気持ちを逸らしているが、彼らの多くは過去において聖人と認識されていた、と。次を参照。*Dialogus miraculorum*, 2.27, 2 vols, ed. Joseph Strange (Cologne, 1851), 1: 99, trans. H. von E. Scott and C.C. Swinton Bland as *The*

Dialogue on Miracles, 2 vols (New York, 1929), 1: 110-11. ほとんどのケースで司教は実戦には間接的にのみ参加した。つまり、個人的にまだ闘いに参加していなかった軍隊の募集を管理していたのだ。次を参照。Timothy Reuter, 'Episcopi cum sua militia: The Prelate as Warrior in the Early Staufer Era,' in *Warriors and Churchmen in the High Middle Ages: Essays Presented to Karl Leyser* (London, 1992), 79-93.

（27） Reuter, 'Prelate as Warrior,' 80-1 and 84-8. イングランドのウィリアム一世の異母兄弟バイユーのオドは有名なアングロ・ノルマンの一例である。修道院の年代記作家オルデリクス・ヴィタリスは一二世紀のもう一人の戦士司教コータンスのジェフリについて、「彼は祭服を着て歌い方を教える聖職者よりも、鎖帷子を着けて戦う騎士を指導すること」に向いていた、と語った。次を参照。*Ecclesiastical History,* ed. Chibnall, 2: 266. さらに別の高位聖職者、オーセール司教、ノワイエのフーゴ（一二〇六年没）は、ローマの軍事策略家ウェゲティウスのものを読み、そのアイデアについて騎士たちと議論するのを好んだ、といわれた。次を参照。Philippe Contamine, *War in the Middle Ages,* trans. Michael Jones (London, 1984), 211.

（28） ヨーロッパの司教と当時の改革運動の複雑な関係について次を参照。*The Bishop Reformed: Studies of Episcopal Power and Culture in the Central Middle Ages,* ed. John S. Ott and Anna Trumbore Jones (Burlington, VT, 2007). 次の二つは司教による権力行使の例を論じている。John S. Ott ('Both Mary and Martha') and Valerie Ramseyer ('Pastoral Care as Military Action').

（29） アーデマルが司令官として奉仕しており、この戦いに個人的に参加したことは疑いない。アンティオキアでのその死後も、多くの十字軍士が、エルサレムへの最後の攻撃に参加するよう、彼が心に現われた、と記録した。次を参照。James A. Brundage, 'Adhemar of Puy: The Bishop and His Critics,' *Speculum* 34 (1959), 201-12.

（30） 中世教会法のさまざまな禁令の詳細な調査について次を参照。Ferminio Poggiaspalla, 'La chiesa e la partecipazione dei chierici alla guerra nella legislazione conciliare fino allo Decretali di Gregorio IX,' *Ephemerides iuris canonici* 15 (1959), 140-53.

（31） カロリング朝時代のチャップレン〔軍隊付司祭〕について次を参照。Bachrach, *Religion of War,* 39 and 45-7. たとえば、the prohibition on clerical arms-bearing in *Capitularia,* c.321, PL 97: 723.

（32） 戦う司祭について次を参照。Patricia H. Cullum, 'Clergy, Masculinity and Transgression in Late Medieval England,' in *Masculinity in Medieval Europe,* ed. D.M. Hadley (New York, 1999), 178-96; Jennifer D. Thibodeaux, 'Man of the Church, or Man of the Village? Gender and the Parish Clergy in Medieval Normandy,' *Gender and History* 18 (2006), 380-99; and Kent G. Hare, 'Clerics, War, and

Weapons in Anglo-Saxon England,' in *The Final Argument: The Imprint of Violence on Society in Medieval and Early Modern Europe,* ed. Donald J. Kagay and L.J. Andrew Villaon (Woodbridge, 1998), 3-12. 修道院における暴力沙汰（ほとんどが一二〇〇年以降）について次を参照。Jane Sayers, 'Violence in the Medieval Cloister,' *Journal of Ecclesiastical History* 41 (1990), 533-42.

（33） ヘイスティングズについて次の書の注55を参照。ジソールについて次を参照。G.B. Flahiff, 'Deus non vult: A Critic of the Third Crusade,' *Medieval Studies* 9 (1947), 162-88 (at 177 and n.65).

（34） 一一世紀、教会会議からの次の例を参照。in Mansi, 19: 483 (Toulouges), 830 (Narbonne), and 1073 (Vic).

（35） Mansi, 19: 90.

（36） *Liber miraculorum Sanctae Fidis,* 1.26, ed. Luca Robertini (Spolero, 1994), 128; trans. Pamela Sheingorn as *The Book of Sainte Foy* (Philadelphia, PA, 1995), 93-4. アンジェのベルナールの一一世紀の奇蹟の関連でのジモン論について次を参照。Kathleen Ashley and Pamela Sheingorn, *Writing Faith: Text, Sign, and History in the Miracles of Sainte Foy* (Chicago, MI, 1999), 36-7.

（37） Peter Damian, Letter 105.5, ed. Reindel, *Briefe,* 3: 160-1; trans. Blum, *Letters,* 4: 164-5.

（38） Peter Damian, Letter 87.5, ed. Reindel, *Briefe,* 2: 508; trans. Blum, *Letters,* 3: 302.

（39） この事件について次を参照。David Hiley, 'Thurstan of Caen and Plainchant at Glastonbury: Musicological Reflections on the Norman Conquest,' *Proceedings of the British Academy* 72 (1986), 57-90; and Gilbert Foliot, *The Charters and Letters of Gilbert Foliot,* ed. A. Morey and C.N.L. Brooke (Cambridge, 1967), 76-9, 82-3, 85-94, 97-9 (nos. 38-41, 46, 49-57, 62-4).

（40） 数多くの解釈の対象になったこの出来事について最近のものとして次を参照。Joachim Wollasch, 'Das Schisma des Abtes Pontius von Cluny,' *Francia* 23 (1996), 31-52. ペトルス自身の評価は次にある。*De miraculis,* 2.12, ed. Denise Bouthillier, CCCM 83 (Turnholt, 1988), 117-20 (quoting 120).

（41） *De miraculis,* 2.12, ed. Bouthillier, 120. 暴力と正義に対するペトルスの姿勢から見たこの文言について次を参照。Gregory A. Smith, '*Sine rege, sine principe:* Peter the Venerable on Violence in Twelfth-Century Burgundy, ' *Speculum* 77 (2002), 1-33 (at 16).

（42） Peter the Venerable, Letter 192, in *The Letters of Peter the Venerable,* 2 vols (Cambridge, MA, 1967), ed. Giles Constable, 1: 446; trans. In Smith, 'Peter the Venerable on Violence,' 17-18.

（43） この手紙でペトルスは、世俗と教会の権威という「二本の剣」理論についての議論を導入するために、ポンスの話を利用している。次を参照。Letter 192, in *Letters,* ed. Constable, 1: 446, and for cammentary, 2: 228-9.

(44) Honorius Augustodunensis, *Summa gloria,* c.1 and 9, MGH Libelli de lite 3: 69; cited by Constable, 'Orders,' 302 and n.212.

(45) この問題を概観するものとして次を参照。Elizabeth Siberry, *Criticism of Crusading, 1095-1274.* (Oxford, 1985), 39f.; James Brundage, 'A Transformed Angel (X 3.31.18): The Problem of the Crusading Monk,' in *Studies in Medieval Cistercian History presented to Jeremiah F. O'Sullivan,* ed. M. Basil Pennington, CS 13 (Spenser, MA, 1971), 55-62; idem, 'Crusades, Clerics, and Violence: Reflections on a Canonical Theme,' in *The Experience of Crusading, Vol. 1: Western Approaches,* ed. Marcus Bull and Norman Housley (Cambridge, 2003), 147-56; and Purkis, *Crusading Spirituality,* 12-16. ウルバヌス二世が一〇九五年の教会会議、つまり第一次十字軍を呼びかけた会議で聖職者の武器携帯禁止を再確認したことは重要である。次を参照。*The Councils of Urban II, Vol. 1: Decreta Claromontensia,* ed. Robert Somerville (Amsterdam, 1972), 74, 113, 143.

(46) Geoffrey Grossus, *Vita b. Bernardi fundatoris congregationis de Tironio,* c.16, PL 172: 1378.

(47) Bernard of Clairvaux, Letter 544, in *SBO* 8: 511-12.

(48) Bernard of Clairvaux, Letter 256.4, in *SBO* 8: 164-5; trans. Bruno Scott James, *The Letters of St. Bernard of Clairvaux* (Chicago, MI, 1953), 472 (no. 399).

(49) James A. Brundage, 'Holy War and the Medieval Lawyers,' repr. in *The Crusades, Holy War, and Canon Law* (Ashgate, 1991), 99-140; Russell, *Just War,* chapters 2-3.

(50) Kaeuper, *Chivalry and Violence,* 63; Strickland, *War and Chivalry,* 71; James A. Brundage, 'The Limits of War-Making Power: The Contribution of Medieval Canonists,' repr. in *The Crusades, Holy War, and Canon Law,* 69-85 (at 73).

(51) Little, *Benedictine Maledictions,* 191.

(52) *The Letters and Poems of Fulbert of Chartres,* ed. and trans. Frederick Behrends (Oxford, 1976), 248 and 149 (nos. 135 and 149).

(53) Kaeuper, *Chivalry and Violence,* 64.

(54) この点に関してもちろんヒッポのアウグスティヌスは重要な例外だった。資料の大部分は軍務に関する初期キリスト教徒による論争に関するもの。Harnack, *Militia Christi* が現在でも基本的な研究だが、次のようなもっと最近の研究と合わせて読まれるべきである。Helgeland, *Christians and the Military;* Louis J. Swift, *The Early Fathers on War and Military Service* (Wilmington, 1983); and M. Whitby, 'Deus Nobiscum: Christianity, Warfare, and Morale in Late Antiquity,' in *Modus Operandi: Essays in Honour of Geoffrey Rickman,* ed. M. Austin, J. Harries and C. Smith (London, 1998), 191-208.

（55） Karl Leyser, 'Early Medieval Canon Law and Beginnings of Knighthood,' in *Communications and Power in Medieval Europe, 1: The Carolingian and Ottonian Centuries,* ed. Timothy Reuter (London, 1994), 51-71; H.E.J. Cowdrey, 'Bishop Ermenfried of Sion and the Penitential Ordinance Following the Battle of Hastings,' *Journal of Ecclesiastical History* 20 (1969), 225-42.

（56） Cowdrey, 'Bishop Ermenfried,' 242.

（57） 興味深いことに著者は、兵士と商人の両方を、「悪意も入り混じったもの（*admixtio mali*）」を必要とする専門職に従う者として分類している。次を参照。*De vera ac falsa poenitentia ad Christum devotam,* c.15, PL 40: 113-30 (at col. 1125). これは一一世紀、アウグスティヌスの偽書である。

（58） さらに一般的に次を参照。Erdmann, *Idea of Crusade;* Flori, *Guerre sainte;* Ernst-Dieter Hehl, 'War, Peace, and the Christian Order,' in *The New Cambridge Medieval History, IV: c.1024-c.1198,* ed. David Luscombe and Jonathan Riley-Smith (Cambridge, 2004), 185-228; and Christopher Holdsworth, 'Ideals and Reality: Some Attempts to Control and Defuse War in the Twelfth Century,' in *The Church and War: Papers Read at the 21st Summer Meeting and the 22nd Winter Meeting of the Ecclesiastical History Society,* ed. W.J. Sheils, Studies in Church History 20 (Oxford, 1983), 59-78.

（59） アッボーによる *agonista* という言葉の使い方は「テモテへの手紙二」二章五節に刺激されたもの。次に引用されている。Mostert, *Abbo of Fleury,* 93-4.

（60） この過程と精神的な戦争の発展モデルについて第三章と、さらに次を参照。Erdmann, *Idea of Crusade,* 35-56 and 74-7; Jean Flori, 'Mort et martyre des guerriers vers 1100: L'exemple de la Première Croisade,' *Cahiers de civilisation médiévale* 34 (1991), 121-39.

（61） Guilbert of Nogent, *Gesta Dei per Francos,* 1.1, ed. Huygens, 87: 'instituit in nostro tempore prelia sancta deus, ut ordo equestris et vulgus oberrans, qui vetustae paganitatis exemplo in mutuas versabantur cedes, novum repperirent salutis promerendae genus, ut nec funditus, electa, uti fieri asolet, monastica conversatione seu religiosa qualibet professione, seculum relinquere cogerentur, sed sub consueta licentia et habitu ex suo ipsorum officio dei aliquatenus gratiam consequerentur.' Trans. Levine, *Deeds of God,* 28.

（62） もちろん修道士の誓いを立てた人の大多数も修道会献身者として子供の時にそうした。または救済の一助（*ad succurrendum*）として施設に入った余命いくばくもないか死に直面した志願者としてそうした。この時代、戦士の家系から修道院に入ること全体に関して次を参照。Bouchard, *Strong of Body,* chapter 5. さらに、救済の一助としての入会に限ったものに関して次を参照。Jean Leclercq, 'La vêture ad succurrendum,' *Studia Anselmiana* 3rd ser., 37 (1955), 158-68.

(63) Joseph H. Lynch, *Simoniacal Entry into Religious Life from 1000 to 1260* (Columbus, OH, 1976), chapters 1 and 2; Charles de Miramon, 'Embracer l'état monastique à l'âge adulte (1050-1200): Étude sur la conversion tardive,' *Annales HSS* 56/4 (1999), 825-49.

(64) 奉献の概念と実践の詳細な研究として次を参照。Mayke de Jong, *In Samuel's Image: Child Oblation in the Early Medieval West* (Leiden, 1996).

(65) 修道院的聖人伝における改心した戦士の人物像について第五章参照。

(66) 次にある引用。Alexander Murray, *Reason and Society in the Middle Ages* (Oxford, 1978), 376. 次を参照。Philip of Navarre, *Les quatres ages de l'homme,* c.76, ed. Marcel de Fréville (Paris, 1888), 44.

(67) エヴェラルドゥスについて次を参照。Herbert Grundmann, 'Adelsbekehrungen im Hochmittelalter: *Conversi* und *Nutriti* im Kloster,' in Joseph Fleckenstein and Karl Schmid, ed., *Adel und Kirche: Gerd Tellenbach zum 65. Geburtstag dargebracht von Freunden un Schulern* (Frieburg, 1968), 341-2.

(68) たとえばクレシーのフーゴの例を参照。*The Chronicle of Morigny,* trans. Cusimano, 50-1. ハイスターバッハのカエサリウスは *Dialogus miraculorum* (1.31, trans. Scott and Bland, 1: 38-9) で死に直面した貴族の改心について似た話をしている。

(69) そういう改心の例を次で参照。Bull, *Knightly Piety,* 126-7; and Amy Livingstone, 'Brother Monk: Monks and Their Family in the Chartrain, 1000-1200AD,' in *Medieval Monks and Their World: Ideas and Realities,* ed. David Blanks, Michael Frassetto and Amy Livingstone (Leiden, 2006), 93-115.

(70) Orderic Vitalis, *Ecclesiastical History,* ed. Chibnall, 2: 15.

(71) これは次の中心的議論である。Purkis, *Crusading Spirituality.*

(72) ギヨームの（おそらく）年齢が、東方へは帰らないとの決心に何らかの役割を果たしただろう。その他の例も含めて次を参照。Siberry, *Criticism of Crusading,* 37.

(73) オルデリクス・ウィタリスは次でオドの改心譚を語っている。*Ecclesiastical History,* ed. and trans. Chibnall, 5: 350-3 (here 352). オドの宗教的生活に入る前も後も含めて、波乱に富んだ経歴について次を参照。Giles Constable, 'The Three Lives of Odo Arpinus: Viscount of Bourges, Crusader, Monk of Cluny,' in *Religion, Text, and Society in Medieval Spain and Nothern Europe: Essays in Honor of J.N. Hillgarth,* ed. Thomas E. Burman, Mark D. Meyerson, and Leah Shopkow (Toronto, 2002), 183-99.

(74) Siberry, *Criticism of Crusading,* 35-41.

(75) Caesarius of Heisterbach, *Dialogus miraculorum,* 1.6, ed. and trans. Scott and Bland, 1: 12-15 (quoting 13). シベリ（*Criticism of Crusading,* 36）は、これはリエージュ助祭長フィリップだったろうと示唆している。十字軍についてのベルナルドゥスの説教に感動してクレルヴォーに加わったアンリという名の貴族と、その僕で、東方へ行くことで充足感を得るようベルナルドゥスから助言を受けた身分の低い男について、カエサリウスの物語で比較していただきたい（*Dialogus,* 1.16, ed. Strange, 1: 23-5）。

(76) *Visio Gunthelmi* のジル・コンスタブルによる版を参照。'The Vision of Gunthelm and Other Visions Atributed to Peter the Venerable,' *Revue Bénédictine* 66 (1956), 92-114 (here 106).

(77) 日付に関して最も緻密な考察をしているのはパーキスである。*Crusading Spirituality,* chapter 1.

(78) そういう関係として次を参照。Megan McLaughlin, *Consorting with Saints: Prayer for the Dead in Early Medieval France* (Ithaca, 1994), 168f. *donati,* つまり、特殊な施設を持った団体に入り、完全な修道士でもなく、完全な俗人でもない、「セミ宗教人」という現象について次を参照。Charles de Miramon, *Les 'Donnés' au moyen âge: Une forme de vie religieuse laïque (v.1180-v.1500)* (Paris, 1999).

(79) McLaughlin, *Consorting with Saints,* 168. 破門された、または平和を破壊した戦士の埋葬拒否について次を参照。Bachrach, *Religion and Conduct of War,* 73.

(80) 次による引用。McLaughlin, *Consorting with Saints,* 87. この出来事を記録した証書の言い回しは、フーゴが、修道士たちは彼とつながり（フーゴが修道院に土地を寄進したことで生まれた）があったから、彼を身請けする義務を負っていると信じていたことを示唆している。'per fraternitatem que inter nos et eum erat, nobis mandavit ut eum remideremus et in monachum orinaremus.' 我々はこの資料で提供される貧弱な物語から、フーゴがどんな理由で修道士になったたか、推測してみるしかできない。次を参照。*Collection des principaux cartulaires du diocèse de Troyes, t. IV,* ed. Charles Lalore (Paris, 1878), 187-8.

(81) Bouchard, *Sword, Miter, and Cloister,* 50.

(82) そういう戦術は、そういう施設建設の成功のために真摯で精神的な投資をすることを排除しなかった。修道院施設の貴族の出資者やパトロンの多くはしばしば、さまざまな職権や院長職を独占することだけでなく、その改革を推し進めることに関心を持ち、そうすることで世襲財産を減らすことも多かった。次を参照。Joachim Wollasch, 'Parenté noble et monachisme réformateur: Observations sur les 'conversions' à la vie monastique aux XIe et XIIe siècles,' *Revue historique*

264 (1980), 3-24 (esp. 18f) ; and Constance Brittain Bouchard, 'Noble Piety and Reformed Monasticism: The Dukes of Burgundy in the Twelfth Century,' in *Noble Piety and Reformed Monasticism: Studies in Medieval Cistercian History VII*, ed. E. Rozanne Elder (Kalamozoo, MI, Cistercian Publications, 1981), 1-9.

(83) 同じ共同体の男性親族の信仰告白について次を参照。Bull, *Knightly Piety*, 141; and Livingstone, 'Brother Monk,' 95. 女性については次を参照。Penelope D. Johnson, *Equal in Monastic Profession: Religious Women in Medieval France* (Chicago, 1991), 19-21.

(84) 例と参考として次を参照。Bouchard's *Strong of Body*, 150; and Wollasch, 'Parenté noble,' 10-11.

(85) Fiona J. Griffiths, 'Siblings and the Sexes within the Medieval Religions Life,' *Church History* 77 (2008), 26-53 (esp. 45-8).

(86) リヴィングストン ('Brother Monk,' 99-102) はロベールのニックネームはそのままであり、「一族の長として行動し続けた」。あまつさえ、二人の息子を新しい施設に呼び入れ、修道士たちから求められていた土地への権利を、家族の反対を押し切って放棄するよう説得した。

(87) Orderic Vitalis, *Ecclesiastical History*, ed. Chibnall, 2: 132-3.

(88) Penelope D. Johnson, *Prayer, Patronage, and Power: The Abbey of la Trinité, Vendôme* (New York, 1981), 40. 同様の結論について次を参照。Giles Constable, *Reformation of the Twelfth Century* (Cambridge, 1996), 77; and Livingstone, 'Brother Monk,' 101-2. 修道院生活に入りながら、土地の管理と外交能力を生かした奉仕は続けている騎士についてのもっと多くの例が次に見られる。Christopher Harper-Bill, 'The Piety of the Anglo-Norman Knightly Class,' in *Proceedings of the Battle Conference on Anglo-Norman Studies* 2, ed. R. Allen Brown (Woodbridge, 1979), 63-77 (esp. 71-7).

(89) 仲介者としての修道院共同体の役割について次を参照。McLaughlin, *Consorting with Saints*.

(90) ベルナルドゥスの親族の改心とその後の経歴についての詳細が次に示されている。Anselm Dimier, 'Saint Bernard et le recrutment de Clairvaux,' *Revue Mabillon* 42 (1952), 17-30, 56-68, and 69-78 (esp. 19f.).

(91) ギヨームと父の関係について次を参照。Erdmann, *Idea of Crusade*, 13. フルットゥアリアのこの施設について次を参照。Ralph Glaber, *Vita domni Willelmi abbatis*, c.9, in Opera, ed. Bulst, 278-9.

(92) この背景にはブルゴーニュ公フーゴ一世が一〇七九年に突然、クリュニー会に入ったことがあった。グレゴリウスが公ならもっとよく教会に、そして敬虔な戦士としてそこの人たちに奉仕できただろうに、と感じたがゆえに、激励する意味で修道院長フーゴを非難した改心だった。資料として次を参照。Gregory VII, *Registrum,* 6.17, in *Das Register Gregors VII,* ed. Erich Caspar, MGH Epist. selectae 2 (Berlin, 1920-3), 423-4.

（93） Ivo of Chartres, *Decretum,* c.124, PL 161: 728.

（94） Constable, *Reformation of the Twelfth Century,* 82-3. 顕著な例が、戦闘で重傷を負った後、一一三〇年代にノートル＝ダム、クローンで修道士になったギヨーム・マルヴィシーノのケースである。しかし、傷が癒えるとギヨームは俗世に戻る準備をした。しかし彼が修道会服を脱ぎ、もとの俗人の服装に戻ったまさにその日、傷口が再び開き、急ぎ、別の修道院に入会を乞う羽目になった。ギヨームの物語はクローンの特許状で語られている。次の版を参照。*Cartulaire de l'abbaye de Saint-Martin de Pontoise,* ed. J. Depoin, 5 vols (Pontoise, 1895-1909), 3: 254; and for commentary, Richard Kaeuper, *Holy Warriors: The Religious Ideology of Chivalry* (Philadelphia, PA, 2009), 131-3.

（95） Giles Constable, 'Moderation and Restraint in Ascetic Practices in the Middle Ages,' in *From Athens to Chartres: Neoplatonism and Medieval Thought,* ed. Haijo Jan Westra (Leiden, 1992), 315-27 (here 322).

（96） Anselm, *De humanis moribus,* ed. R.W. Southern and F.S. Schmitt in *Memorials of St. Anselm* (London, 1969), 68-9: 'Angeli enim sunt quasi nutriti, sancti vero quasi conversi. Sed nec angeli sanctos despiciunt, quia tentationibus aliquando victi sunt, nec sancti angelos, quia nullam quam vincerent tantationem passi sunt.' 注として次を参照。Grundmann, 'Adelsbekehrungen,' 325-6.

（97） de Jong, *In Samuel's Image;* John Boswell, *The Kindness of Strangers: The Abandonment of Children in Western Europe from Late Antiquity to the Renaissance* (Chicago, 1988), 228-55, 296-321.

（98） しかし次を参照。Giles Constable, '*"Famuli"* and *"Conversi"* at Cluny: A Note on Statute 24 of Peter the Venerable,' *Revue Bénédictine* 83 (1973), 326-350 (esp. 336-9). 成人改心者たちを共同体の典礼的生活に統合させるクリュニー会の努力、さらに、資格を得た聖歌隊修道士の段階を修了し、教団で高位に昇った改心者 (*conversi*) の例についても同じ。

（99） こういう変化について次を参照。Lynch, *Simoniacal Entry,* 37f.

（100） Martha G. Newman, *The Boundaries of Charity: Cistercian Culture and Ecclesiastical Reform, 1098-1180* (Stanford, CA, 1996), 27-8.

（101） しかし、ニューマン (*Boundaries of Charity,* 27) は次のように記している。修道士同様、聖職者でさえ、「教会組織的な野心を抑え、知的関心の方向を変え、彼らの人間的背景から期待された攻撃性や競争心を消そうと試みる」必要があったのだ。

(102) 学のある人とない人（*litteratus, illiteratus*）の中世的な定義、それらと、俗人と聖職者（*laicus, clericus*）の関係について次を参照。Michael T. Clanchy, *From Memory to Written Record: England 1066-1307*, 2nd edn (London, 1993), 224f.

(103) 典礼の記憶について次を参照。Clanchy, *Memory to Written Record*, 238-40.（伝記作家ジルベール・クリスパンを信じるならの話だが）学識のかけらもなしに修道士生活に乗り込んでいった貴族とはベックのエルルアンであった。次を参照。the *Vita domni Herluini abbatis Beccensis*, ed. J. Armitage Robinson in *Gilbert Crispin, Abbot of Westminster* (Cambridge, 1911), 87-110 (at 91).

(104) このことがおそらく次のことの説明になるだろう。修道会総会が一一八八年にこの習慣をやめさせる法的処置を講ずるまで、シトー会に入る騎士改心者の多くは修道士になるよりも俗人兄弟に留まることを選んだのだ。次を参照。H. Berman, *The Cistercian Evolution: The Invention of a Religious Order in Twelfth-Century Europe* (Philadelphia, PA, 2000), 167, 184, 241. Marcus Bull (*Knightly Piety*, 130-3) は、戦士たち（*milites*）がラ・ソーヴ・マジュールにあるコルビーのゲラルドゥスの施設に加わるべくいかに大挙して集まったかを記述している。そこで彼らは、整地と建築の重労働で特に実入りがよかった。

(105) ロベールの改心についてオルデリクスの好意的な見方と、ロベールが小修道院長であった間のこのような振る舞いを比較していただきたい。次を参照。*Ecclesiastical History*, ed. Chibnall, 2: 40-3, 64-7.

(106) ある種の非行と高貴さの関連性について次を参照。Lester K. Little, 'Pride Goes before Avarice: Social Change and the Vices in Latin Christendom,' *American Historical Review* 76 (1971), 16-49. 怒りを高貴に表現することについて次を参照。D. White, 'The Politics of Anger in Medieval France,' in *Anger's Past: The Social Uses of an Emotion in the Middle Ages*, ed. Barbara H. Rosenwein (Ithaca, 1998), 127-52.

(107) *Dialogus miraculorum*, 1.13, trans. Scott and Bland, 1: 19-20.

(108) たとえば次を参照。Constable, *Reformation of the Twelfth Century*, 82.

(109) ヤギ〔好色漢〕は肉欲の象徴。おそらく、その騎士が「貧しい女性を暴力的にさらった」事実に言及したもの。

(110) *Visio Gunthelmi*, ed. Constable, 110. しかし社会的アイデンティティーとしての衣服の重要性を軽視してはならない。ジャン・ダンバビンは、貴族の聖職者がしばしば騎士であることを「分からせる」ための服装をし、「トンスラ」もしていなかったことを示した。次を参照。'From Clerk to Knight: Changing Orders,' in *The Ideals and Practice of Medieval Knighthood*

II: Papers from the Third Strawberry Hill Conference, ed. Christopher Harper-Bill and Ruth Harvey (Woodbridge, 1987), 26-39 (at 31).

(111) これらの儀式の扱いで信頼できるのはジル・コンスタブルである。'The Ceremonies and Symbolism of Entering the Religious Life and Taking the Monastic Habit from the Fourth to the Twelfth Century,' in *Segni riti nella chiesa altomedievale occidentale*, 2 vols (Spoleto, 1987), 2: 771-834.

(112) ローゼンヴァインによる引用。'St. Odo's St Martin,' 321 and n.18: 'Deposita itaque capitis coma et saeculari militia, ex tunc Christi factus est agonista.' 原典について次を参照。PL 133: 53. オドが世俗の戦士と精神的な戦士を厳密に比較しているのは、中世盛期、修道院側から戦士の改心を記述する際の典型である。第五章で論ずる。

(113) Miramon, 'Embracer l'état monastique,' 841-3. 修道会会則と聖人伝における剣帯（および、その精神的な対照物である修道士の *cingulum duplex*）の重要性について、第五章で論ずる。

(114) Hildemar of Corbie, *Commentarium in regulam S. Benedicti*, ed. Rupert Mittermüller (Regensburg, 1880), 535-6. 儀式についてヒルデマルが修道院長と志願者で交わされる問答形式による長大な記録があるが、この儀式は修道会総会で「兄弟全員の出席」で行われるべきものである。

(115) *Cartulaire de l'abbaye de Redon en Bretagne*, ed. Aurélien de Courson (Paris, 1863), 312 (no. 361).

(116) ドミニク・バーセルミはこのセレモニーを一種の「騎士爵剝奪（'un-dubbing'）」と見ている。次を参照。'Qu'est-ce que la chevalerie en France aux Xe et XIe siècles?' *Revue Historique* 290 (1993), 15-74 (at 54). これらのセレモニーの宗教的象徴性についてさらに次を参照。Maurice Keen, *Chivalry* (New Haven, CT, 1984), 64-82. キーンは (at p. 82)、「騎士になる」儀式は「軍事的なエネルギーを教会的規則に従属させることではなかったし、騎士爵授与は第八の秘蹟にはならなかった」と論じている。

(117) 多くの場合、このことはセレモニーの進行の中で平和のキスをすることによっていっそう強調されたであろう。そのことについて次を参照。Constable, 'Ceremonies and Symbolism,' 795-6, n.73.

(118) Mayke de Jong, 'Power and Humility in Carolingian Society: The Public Penance of Louis the Pious,' *Early Medieval Europe* 1 (1992), 29-52 (esp. 43-4). 悔悛の徴として武器を置くことに関して次を参照。Leyser, 'Beginnings of Knighthood,' 57-64.

(119) Miramon, 'Embracer l'état monastique,' 844. Constable ('Ceremonies and Symbolism,' 788-9) も修道士と修道院長の信頼 (*fidelitas*) による結びつきを、俗人領主とその家臣の結びつきに譬えている。

(120) 改心者の衣服はいくつかの施設では保存されたので、改心者がそこを離れる決心をした時は、返してもらえた。次を参照。Giles Constable, 'Entrance into Cluny in the Eleventh and Twelfth Centuries According to the Clunic Customaries and Statutes,' repr. in *Cluny from the Tenth to the Twelfth Centuries: Further Studies* (Aldershot, 2000), 335-54 (at 350n.).

(121) 武器の保存という事実はその軍事的価値、その有名な改心者との関連、あるいはその両方で説明されるかもしれない。修道院共同体における改心者たちの武具甲冑保存のさらなる例と、それが聖遺物として得たステイタスの例について第五章参照。

(122) 有名なことだが、モンミライユのジャンは一一九八年にジソールでフィリップ二世の命を救った。そして第四次十字軍に参加し、後、一二〇九年頃、除隊してロンポンのシトー会修道院に入った。次を参照。Murray, *Reason and Society*, 377-8. このエピソードについて次を参照。*Vita B. Johannis de Monte-Mirabili* [BHL 4415], c.29, AASS Sept 8: 218-35 (here col. 224).

(123) 集団的神盟裁判（'a collective ordeal'）としての戦争として次を参照。Leyser, 'Warfare in the Western European Middle Ages,' 192; and Strickland, *War and Chivalry*, 58-68. そういう遺贈は同時に、勝利の歴史的な祝典に、そして、勝利者の世俗権力の表現になり得た。次のものによる。Elizabeth M. Hallam, 'Monastries as "War Memorials": Battle Abbey and La Victoire,' in *The Church and War*, 47-57. バーナード・S・バクラック（'Combat Sculptures,' 67n.）はこのやり方をイタリアのランゴバルトまで遡って跡づけた。そこにクニペール王がコロナートの戦いでの勝利の後、修道院を建設し聖ゲオルクに捧げたのだ（助祭パウロの次のものとの関連による。*Historia Langobardum* 6.17, MGH SS Rerum Langobardicarum, ed. L. Bothmann and G. Waitz [Hanover, 1878], 178）。

(124) Hallam, 'War and Memorials,' 50-3.

(125) *The Chronicle of Battle Abbey*, ed. and trans. Eleanor Searle (Oxford, 1980), 37. この物語の歴史性批判について次を参照。Searle's introductory comments (esp. 18-19); and Hallam, 'War and Memorials,' 50-1.

(126) *Chronicle of Battle Abbey*, 18-19.

(127) Bachrach, 'Combat Sculptures,' 74.

(128) Lambert of Ardres, *The History of the Counts of Guines and Lords of Ardres*, ed. and trans. Leah Shopkow (Philadelphia, PA, 2001), 75.

(129) Ralph Glaber, *Historiarum*, 2.4.5, in *Opera*, ed. Bulst, 61.

(130) バクラック（'Combat Sculptures,' 66-8）は、フルク・ネラとその敵ブルトン伯コナンの両方が、コンクレイユを神が敵味方双方に判断を任せた集団的神盟裁判の場と見ていたと論じている。

(131) Bachrach, 'Combat Sculptures,' 71.

(132) Lambert of Ardres, *History of the Counts of Guines,* 86. かつては盗賊団に隠れ家として使われていた場所にあるクレルヴォーのシトー会修道院施設についての同様の物語参照。William of Saint-Thierry et al., *Vita prima S. Bernardi,* 1.5, PL 185: 241-2.

(133) これはフィリップ・ビュクの「反対方向の改心」という概念に同じである。次を参照。'Conversion of Objects,' *Viator* 28 (1997), 99-143 (here 104-7).

(134) Gregory I, *Dialogues,* ed. Vogüé and Antin, 2: 166. 次も参照。the comments in *The Life and Miracles of St. Benedict: Book Two of the Dialogues,* trans. Odo J. Zimmermen and Benedict R. Avery (Westport, CT, 1949), 74n.

(135) たとえば次を参照。Amy G. Remensnyder, *Remembering Kings Past: Monastic Foundation Legends in Medieval Southern France* (Ithaca, NY, 1995), 233-44.

(136) *Gesta Marcuardi abbatis Fuldensis,* ed. J.F. Böhmer (Stuttgart, 1853), 167. 次の引用による。Reuter, 'Prelates as Warriors,' 92-3, and n.63. 城建設者としての修道院長、司教のさらなる例を次で参照。Strickland, *War and Chivalry,* 73 and 82.

(137) オルデリクス・ウィタリスによる記述。*Ecclesiastical History,* ed. Chibnall, 6: 74. 次の引用による。Strickland, *War and Chivalry,* 82.

(138) 一二世紀、モザック（Remensnyder, *Kings Past,* 244）とガニーのサン＝トゥアンの付属施設（Orderic Vitalis, *History,* ed. Chibnall, 6: 184-6）で起きた。さらなる例として次を参照。Strickland, *War and Chivalry,* 76-7, 88.

(139) 次の引用による。Remensnyder, *Kings Past,* 68n. Peter the Venerable, Letter 28, in *Letters,* ed. Consatble, 1: 86: 'si castrum aliquod monachis detur, iam castrum esse desinit, et esse oratorium incipit.' もしこれが何らかでも不誠実に見えるなら、この城は一般にこの時代の修道院の隠喩として使われた、と記憶されるべきである。第四章で論ずる。

(140) 一二世紀、この修道院の設立伝説によると、ここで問題とされている要塞は小修道院長の支配する女性修道院長邸に属していた。だからそれは、城のシンボリックなパワーの横領であり、破壊行為だった。この解釈と一二世紀文書（*the Additamentum de reliquiis S. Austremonii,* AASS Nov 1: 80-2）の議論について次を参照。Remensnyder, *Kings Past,* 68-9.

(141) Martindale, 'Monastries and Castles,' 141-4, 152-4 (quoting 152). マーティンデールは、聖なるソミュールがこの時期いか

に北フランスとアキタニアに多くの城の提供を受けたかを記述している。しかし、修道士たちはそれらをできるだけ早く転換、あるいは売りさばこうとしたことを示唆している。無名の年代記のラテン語版について次を参照。*Historia Sancti Florentii Salmurensis, in Chroniques des églises d'Anjou,* ed. Marchegay and E. Mabille (Paris, 1869), 272: 'Habitatio castelli erat valde ei onerosa et animabus fratrum periculosa atque dampnosa....'

(142) *Relatio de Standardo,* c.2, in *Chronicles of the Reigns of Stephen, Henry II, and Richard I,* ed. R. Howlett, 4 vols (London, 1884-92), 2: 183; trans. Jane Patricia Freeland and ed. Marsha L. Dutton as *Battle of the Standard,* in *Aelred of Rievaulx: The Historical Works,* CF 56 (Kalamazoo, MI, 2005), 249-50.

(143) 一一五〇年頃、カッペンバーグの無名の聖堂参事会員が書いた *Vita Godefridi comitis Cappenbergensis* について次を参照。The edition by Philippe Jaffé in MGH SS 12: 513-30, and the translation by Theodore J. Antry and Carol Neel in *Norbert and Early Norbertine Spirituality* (New ork, 2007), 92-117. カッペンバーグの寄進は次に記載されている。c.2 (MGH SS 12: 515-16; Antry and Neel, 94-5). テキストの注とジェフリの記述の正確さについて次を参照。the comments by Antry and Neel, 85-91, and Gerlinde Niemeyer, 'Die Vita Godefridi Cappenbergensis,' *Deutsches Archiv für Erforschung des Mittelalters* 23 (1967), 405-67.

(144) *Vita Godefridi,* c.3-4 (MGH SS 12: 516-19; Antry and Neel, 96-101) and c.12 (MGH SS 12: 528; Antry and Neel, 116-17).

(145) このテキストと寄進者の同定（*vita* では無名）は次で論じられている。Miramon, 'Embracer l'état monastque,' 841-2.

(146) *Vita S. Stephani Obazinensis,* c.29, ed. and trans. Michel Aubrun as *Vie de Saint Étienne d'Obazine* (Clermont-Ferrand, 1970), 88: 'Fratres vero qui convenerant, illo presente, munitiones et queque editoria deponentes, ex seculari habitatione religiosa et servis Dei opportuna habitacula construxerunt, que permanent usque in presentem diem. Quicquid telorum seu armorum fuit, quibus locus ipse instructissimus habebatur, aut minutatim concisum est, aut igne crematum, exceptis his que in meliores usus regidi potuerunt.'

(147) 次を参照。Remensnyder, *Kings Past,* 68-9.

(148) 次による引用。Siberry, *Criticism of Crusading,* 35; 次を参照。*Le Besant de Dieu,* ed. P. Ruelle (Brussels, 1973), lines 2547-63.

(149) Bouchard, *'Every Valley Shall Be Exalted',* 76-7.

(150) カール・F・モリソンは次のように強調した。「修道院の著者たちにとって改心は一時的な変容ではなく、生涯にわたる過程であった。すべてのキリスト教徒が神に近づこうとする時、彼らはそういう過程の一つに参加していたのだ」。次を参照。*Understanding Conversion* (Charlottesville, VA, 1992). 改心のトピックは第五章でさらに詳細に論ずる。

第三章　精神的な戦争　一二〇〇年頃までのあるコンセプトの歴史

世俗の軍務の道徳的な次元と格闘した人たちは、よきキリスト教徒生活の基本的部分としての心の中で、内なる戦争が遂行されていることを認識した。精神的な闘いに従事することで正義への道を確保し、聖アウグスティヌス（四三〇年没）が「心の小劇場」と呼んでいた所で決定的な勝利を得たなら、その人は聖人と呼ばれた。キリスト自身、悪魔の力と闘うよう、そして、自分の歩みについて来る者に、キリストの軍隊（*militia Christi*）に身を捧げることでこそ、最善の道が見つかるだろう、と教えた。しかし、精神的な戦争というコンセプトは中世を通してずっとキリスト教の思想家たちを魅惑し続けたので、そこから生まれる数々の連想が時と共に劇的に変化した。本章は、このコンセプトが論じられ再評価された三世紀から一二世紀の間の幾つかのキーとなる動因を精査する。初期キリスト教の著者たちにとってキリストの兵士は殉教者、つまり、ローマ帝国の闘技場で獣や剣闘士と闘い、肉体を崩壊させることで救済という褒章を勝ち得た人たちだった。四、五世紀、精神的な戦争という考え方は、新生の修道士的理想を促進しようとする人たちの専有物だった。そして彼らにとってキリスト教徒の兵士は、荒野で悪魔と激しく闘った苦行者だった。軍事的な精神性が共同生活を強力に発展させたが、その支持者たちは先輩と同様、自分たちは現実のキリストの戦士（*miles Christi*）と同一なのだと確信していた。彼らは修道士の軍隊のメンバーであり、不滅の戦線を敷いて悪徳やデーモンの力に対抗した。精神的な戦争という理論が、自ら宣言した有徳の実践家たちによって精巧に作り上げられた紀元最初の五〇〇年以上の間、キリストの戦士の理想は、精神的な進歩と高潔さという修道士的な模範と切っても切れない関係であり続けた。

中世盛期において、キリストの戦士というコンセプトはそれまでで最もラディカルな変化を遂げた。精神的な戦争が、教皇が後押しする聖戦と、精神的戦場へ一連の新人が来たことで自分たちが挑戦を受けていることに気づいた修道士たちの撚り合わせになったのだ。つまり十字軍士、軍事的教団員、さらに一般的に、敬虔な武器携帯者である。この変化のいくつかの側面はすでに徹底的に研究されているので、ラテン的西方における聖戦の系譜を跡づけ、キリスト教徒騎士団とこういう文脈での十字軍参加が出現したことの意味を理解することから始めよう(1)。十字軍参加への聖職者的なレトリックには十分な注意が払われたし、十字架を手にした、あるいは新しい軍事的な教団に参加した俗人たちの精神的なモチベーションに対しても払われた(2)。新しい騎士気質、十字軍運動の勃興に対する修道院側からの反応は、注目すべき例外はいくつかあるが、研究者たちの関心をあまりひかなかった(3)。こういう変化は精神的な戦争というレンズを通して修道院的な観点から検証されるべき、あるいはキリストの戦士という理想のより長い歴史の中にはめ込まれるべきものである。それが本章を立てて詳説する理由である。ここ数十年間、中世研究者たちが極めて集中的に調べてきたいくつかのテーマと資料を見る新しい方法を提示したい。

キリストの戦士（*miles Christi*）という理想の起源

ローマ帝国で暮らしていた最初期のキリスト教徒は自分たち自身をエリート戦士軍団のメンバーと見ていた。彼らの司令官、つまりキリストが早急に復帰することと、すべての戦争を終わらせる戦争の開始を高潔な心で期待してのことだった。新約聖書に収められていない、最初期の生き残りのキリスト教徒たちが残した「クレメントの第一使徒書簡」（九六年頃）はコリントの信徒に、キリストとその初期の司令官たちの教団に「規律、規範、服従を備えた」精神的な軍隊に奉仕することで、「兵士として戦う」よう勧めた(4)。ローマ軍隊機構の見事に区分されたヒエラルヒーと厳格な規律が、初期の教会指導者たちにとって特に興味をそそられる組織モデルになった。彼らはすべての信者が「将軍」、すなわち司教、司祭、助祭のリーダーシップに従う兵士となる、そういうキリスト教徒の指揮系列を定義づけようとしていたのだ(5)。使徒書簡が他のいかなる特殊なグループよりキーとなる美徳をもってキリストの戦士を定義していたのに対して、初期の教会内での各グループの継承は、彼ら自身を真のキリストの兵士と見なすことに依っていた。このようにしてキリストの戦士の理想が、さまざまな精神的エリート——聖職者的リーダー、殉教者、苦行者、修道士——を定義する助けとなって古代末期に教会の精神的なヒエラルヒーを形成したのだ。精神的な戦争という説明が、キリスト教徒が彼らの敵——迫害者としての異教徒であれ、異端者であれ、砂漠に住む霊であれ、悪徳であれ——をデーモン化する一つの方法になった。

三世紀までにはキリストの戦士という用語は「キリスト教徒」と文字通り同義語になった。神の兵士

(*militare deo*) というフレーズは単純に、敬虔な生活を送っている人、という意味だった(6)。実際、初期キリスト教の著者たちは精神的な闘いに関する用語全体に、ほんの少し新しい意味を加えることでそれを、本来は持っていなかった付帯的意味を含む言葉へと発展させた。そして、その特殊化された軍事用語を精神的な発展を論ずる際に適用した(7)。初期キリスト教徒が自分たち自身について語った、特に非キリスト教徒との関係で語った方法で我々は、彼らにとって生活の基本的な現実であったものを表現するために使われた軍事的な寓意の信頼度を判定することができる。その現実とはつまり、儀式としての、そして祈りのための集会を通して現われてくる、信者たちの共同体への密着度、誘惑を克服する個々人の日々の努力、当惑させられるほど数多い異端に抗する正統派のための闘い、異端のさまざまな権威に対する抵抗である。そうであるなら、精神的な戦争を単なる寓意の集積として語るのは、初期キリスト教徒にとってキリストの軍隊 (*militia Christi*) のメンバーであることの現実性を無視することになる。彼らにとってキリストの戦士の理想というアイデンティティーは、個人的、そして共同体的アイデンティティーを現実化するための重要な手段だったのだ(8)。

精神的な戦争はしばしば、間断ない誘惑と艱苦に直面しつつ廉直な生活を続けるための闘いに関連づけられる。三世紀、カルタゴ司教キュプリアーヌス〔タスキウス・カエキリウス・キュプリアーヌス〕にとってこの世は、キリスト教徒が、病気、破滅、死を含めて敵の軍隊に襲撃されている戦場であった。心は「あらゆる側面から悪魔の急襲を受け、包囲され、攻撃され続けているような」ものだった。悪魔は攻撃を継続させるために次々に援軍を送って来たので、一つの悪徳が打倒されるたびに、同じ場所にまた次の悪徳が湧いてきた。このたえざる戦争の試練を受けているキリスト教徒は、戦線にしっかり留まる者だけが天なる勝利と平和の冠を獲得できる、と教えられた(9)。キュプリアーヌスは次のように書いた。

神と天使は、「天なる冠という報いを得るための、そういう崇高な、偉大な、光輝ある抗争」を見るのを楽しんだ(10)。詩人コンモディアーヌス(二五〇年頃活躍)は『教訓(*Instructiones*)』で、誘惑に対する「日々の闘い(*bellum cottidianum*)」としての現世の生活について同様のヴィジョンを提示した。それは天なる戦士の司令官としての権威を持ったキリストの監視下にある生活だった。

君が戦争の猛威を見る時、最も近い抗争(*agon*)を取り上げよ。闘いの準備の整っている兵士を見ることこそ、王の栄光である。王が近づいて来られる——王の希望を満たすべく、征服欲を持て。勝利を思って喜べ、王の仲間として身を清めよ(11)。

罪との戦いが精神的な剛勇さを実行に移す機会だとの考えはアウグスティヌス他の人たちによってさらに発展させられた。たとえば、殉教者になる前のステファヌスについての説教でアウグスティヌスは戦士仲間としての聴衆に向けこう語った。「君の心という闘技場(*theatro pectoris*)で、共に戦う人のことを知りなさい。それは狭い劇場だが、神はそこを見ておられる。君の敵を征服すべき場所はそこなのだ(12)」。

アウグスティヌスの師アンブロシウス(三九七年没)は、信者はプロの兵士のように、精神的な闘いのために、規則正しく訓練するよう勧めた(13)。キリスト教的倫理のハンドブックというべき『義務について(*De officiis*)』でアンブロシウスはパウロの精神的な闘いを、克己の心をストイックに推し進めることと結びつけ、ローマ教会の教養あるリーダーシップに訴えるべく設定された、軍事的な影響を受けた瞑想プランを生み出した(14)。

戦争の技法（*disciplinam bellicam*）を獲得しようとする者は、日々、武器の実践（*cotidie exercitur armis*）に時間を費やす。アンブロシウスは闘い全体のシナリオについて力説し、彼が現にその戦列にいるのだとイメージさせた。そして、あたかも眼前に実際に敵がいるかのようなポーズを取った（*velut coram position praetendit hoste*）。槍を投げて技術と体力を鍛えるべく、たとえば、彼は筋力を試すつもりだ。あるいはおそらく、鋭い視力を保つことによって敵からの投擲をかわし、脱出するつもりだ(15)。

アンブロシウスはこう書いた。克己の陶冶を通してキリスト教徒は敵の攻撃に慣れ、自分自身を「正義の武器（*arma iustitiae*）」に変えるだろう。それは、罪が支配している肉体的な武器ではなく、罪を破壊することのできる「神のための強力な武器（*arma fortia Deo*）」なのだ(16)。もしアンブロシウスが、精神的な戦争を古典哲学に関連づけることによって、教養あるローマ人にそれを分からせる助けになったとすれば、彼よりやや若い同時代人プルーデンティウス（四一三年没）は、福音を「キリストの光輝ある行為（*gesta Christi insignia*）」に移し替え、罪に対するキリスト教徒の闘いを英雄叙事詩に置き換えることで、救済史を叙事詩のジャンルに適用したのだ(17)。彼の最も個性的で影響力のあった寓意詩『魂の闘い（*Psychomachia*）』（または〔本書の訳としては〕「精神的な戦争」）においてプルーデンティウスは善と悪魔の内なる抗争を魂の親密な在り方から、魂がのた打ち回るほどの戦場へと移し替えた。そこでは美徳と悪徳の軍隊が、一連の図像的には暴力的な個別な闘いとなってぶつかり合っていたのだ(18)。

迫害が殉教者運動を惹起した時、キリスト教徒の生活は戦いの一形式であるとの考え方が、文字通りの現実になった。アンティオキアのイグナティオス（一一〇年頃没）の書簡が、精神的な軍隊への使徒書簡の呼びかけが初期のキリスト教徒に対して、恐ろしい試練に直面している抵抗のための力強い語彙を与えた、というのが現時点での最初期の証拠である。ローマでの殉教への途上イグナティオスは司教仲間のスミルナのポリュカリポスに激励の言葉を送り、「吹きすさぶ嵐にも持ちこたえ、勝利を主張し続けることこそ偉大な闘士の徴である」ことを想起させた。イグナティオスはさらに続けた。神との一対一で、かつ、神への絶対的な服従という完全な個人の心の中で生きることによってのみ、キリスト教徒は彼らを待ち受けている幾多の試練に対応する力を見出すであろう。

君が奉仕する軍隊の主から喜ばれるようにしなさい。その人から君も報いを受けるだろう。君たちの誰一人として逃亡者になってはならない。君が受けた洗礼をいつまでも君の武器に、そして君の誠の心を兜にしなさい。そして君の愛を槍に、君の忍耐で一揃いの武器にしなさい(19)。

イグナティオスが描いたイメージは使徒書簡(特に「エフェソの信徒への手紙」六章)に基づくものであるが、彼はパウロのメッセージを、防備を固めたキリスト教徒の共同体という特殊な状況に適用した。洗礼はキリストの軍隊に信者の名を永遠に記す。そして、背教者は逃亡者と、そして、財産喪失、拷問、死の危機に瀕した時に信仰を放棄してしまった多くのキリスト教徒と同類と見なされる。

精神的な戦争はキリスト教聖人伝の最初期の作品の中で幅を利かせているテーマである。つまり殉教者の受難である(20)。教会のリーダーたちが、キリスト教徒はローマの軍隊に奉仕すべきかどうか問われた時でさえ、キリストの戦士のメンバーであることを放棄するよりむしろ死を選ぶという意志を高揚させた。二〇三年頃の『殉教者たちへ(*Ad martyras*)』でテルトゥリアヌスは彼らを待ち受けている処刑において、牢獄を訓練場と見るべく力説し、今こそ彼らが現人神の軍隊（*militiam Dei uiui*）で奉仕すべく召命されたこと、そしてキリストが戦いを続けるべく選択なさったその期間、暖かさを冷たさに、柔らかな衣服を甲冑に、静けさを喧騒に代える準備をしておかねばならないことを想起させた。彼らが訓練を成就する、その「高貴な闘い」（「テモテへの手紙一」六章一二節）の日、キリスト教徒は闘技場に犠牲者としてではなく、「厳格に鍛え上げられ」、天なる冠を勝ち得るべき苦しみという徳を備えた闘士として登場するのだ(21)。キュプリアーヌスは二五八年、カルタゴでの自身の殉教に先立つ一〇年足らず前に書いたのだが、そこで彼は老若男女から成る「キリストの兵士の白衣の軍隊（*militum Christi cohors candida*）」が殉教者として、「征服した敵からの数々の戦利品」を担い、勝利の行進をしつつ天なる門をくぐる様を想像した(22)。キュプリアーヌスの記述から想像される通り、殉教の経験は男性だけでなく女性をも精神的な戦士に変えた。マシュー・キュフラーが指摘した通り、初期のキリスト教徒がキリストの戦士というタイトルをどんなに聖なる女性にさえ冠することをためらったとしても(23)、後の注解者たちは時に、女性殉教者のヒロイックな行為を軍事用語で書き直している(24)。

投獄と処刑を光輝ある犠牲として、そして殉教者を受動的犠牲ではなく彼ら自身の精神的運命の仕業として「受難」的に性格づけることは、軍事的な寓意を正しく用いることによってこそ成立した。そういう寓意の多くは使徒書簡にその起源を持っていた(25)。たとえば、二五九年にタラゴーナで殉教した司教フルクトゥオーススとその助祭アウグリウスとエウロギウスはその受難（*passio*）において、元祖パウロの精神的な戦士として記述された。「誠実さの胸当てと救済の兜を身に着け（「イザヤ書」五九章一七節、「エフェソの信徒への手紙」六章一四、一七節参照）、王冠と、彼らが悪魔の頭部を足蹴にしたがゆえに色あせることのない冠を持っていた(26)」。他の受難は、背教することで救われたい、という誘惑に抗する戦いでは、精神的な戦士はキリストによって援助されていると感じたことを証明している。キリストの庇護（*aegis*）の下でそういうあらゆる戦いで勝利できたのだ(27)。この観点は初期の教会史家の中でも最も影響力のあったカイサリアのエウセビオス（三三九年頃没）によって取り入れられた。彼の『歴史』は殉教者を、恐怖の中へ飛び込んでいく勇敢な戦士のように自からの死へ赴く「高貴な闘士」と称えた(28)。

初期の聖人伝において極めて完成された形の軍事的寓意のいくつかは、いわゆる「軍事的な殉教者」の受難として現れる。つまり、皇帝への忠誠義務よりもキリスト教徒の神への忠誠心を上に置いたために処刑されたローマの兵士である(29)。キリスト教徒の聖人伝作家たちは兵士に関して葛藤する二つの文学的なイメージを前の世代から引き継いだ。一つは野蛮、不道徳であるが、必要性からのみ黙認される社会的グループのイメージを代表し、もう一つは兵士を、忠誠心、勇猛さ、市民的心構え、という古き良きローマの美徳の模範と見た。そういう二つの思考要素が、古代末期の兵士聖人という競い合う模範を生み出し、キリストの戦士と皇帝の軍隊（*militia Caesaris*）の間に前向きの関係を形成した(30)。

何人かの聖人伝作家は世俗の軍務が本質的に悪魔的ではなかったと書くことに苦痛を感じ、伝記の主人公たちは闘ったり殺したりすることを道徳的な理由で拒否したからではなく、異教の儀式への参加を断ったから死に処せられたのだと強調した。「サンダー・レギオン（雷鳴軍団）」つまり、神がもたらした嵐に助けられてゲルマン部族に大勝利を収めることができたと言われたキリスト教徒兵士のような伝説も、神は敬虔な戦士のために偉大な奇蹟を起こして下さる証拠として広く流布した(31)。しかし他の「受難」物語は兵士を、かつての召命から見て、キリスト教の道徳観とは根本的に相容れないグループとして拒否的に記述し、しばしば世俗の軍務の悪徳性に言及している(32)。三世紀の殉教者マクシミリアヌスの行為の中で、召集を受けた時、彼はごく単純にこう宣言した。「私は軍務（*militare*）にはつけません。なぜなら、私はキリスト教徒だからです(33)」。スルピキウス・セウェルスは後に、聖マルティヌスからのほとんど口写しに近い宣言をした(34)。もう一人の兵士殉教者、ローマの百人隊長マルケルスは裁判で「キリストのために、主のために戦うキリスト教徒が現世の軍隊のために戦う（*militias saecularibus militare*）のは正しくない」、と反論し、拒否の徴として兵士の剣帯を放り投げた、といわれた(35)。兵士聖人のこのような二つのモデルから想像されるアンビヴァレンスは、三〜五世紀の間、軍務に対するキリスト教徒の態度にばらつきがあったことを反映しているのであろう。その間に、誠実さがローマ帝国内で優勢になり、信者の大多数が、軍務を、高潔さという新生の理想とは相容れないまでも、道徳的に許されるものとして受け入れるようになった(36)。長期にわたって、俗世の戦争はキリストの軍隊での奉仕とはまったく相容れないとする見解を支持してきた受難物語は、キリスト教聖人伝のイメージに最大の影響を及ぼすことになった。

世俗の戦争と精神的な戦争という二つの形の間に議論の多い関係はあったが、初期の聖人伝作家たちは、兵士聖人こそがキリストの軍隊に、皇帝の軍隊のメンバーに等しい価値を与えていた、まさにその特質をもたらしたのだ、と認識していた。そういう多くの説明の一つとして、老練な軍人ユリウスの受難がある。彼の名を冠した特質は、キリストの精神的な軍隊へのゆるぎない忠誠心を表現するその軍歴に基づいている。

私は神の司令をおろそかにはできないし、神に対して不誠実な態度も示せない。思うに、軍隊で愚かな奉仕という過ちを続けてきたこの二七年間、私は犯罪者としてもトラブルメーカーとしても一度も司直の場に立たされたことはなかった。戦場に七度赴いた。常に先陣を切り、戦闘で他の誰にも後れを取ったことはなかった（*nec alicuius inferior pugnaui*）。上官に失敗を見せたことは一度もない。さて今、諸君は、過去において常に誠実であると見られてきた私が、より高度の教団に対して不誠実なことがあり得るとお思いであろうか(37)。

迫害の時代が過ぎてなお、聖人伝作家たちは、精神的な主と現世の主の間で引き裂かれている敬虔な兵士というモティーフにインスピレーションを抱き続けていた。「アガウヌム殉教者の受難」でリヨンのエウケリウスが五世紀に聖マウリキウスとテーバイ軍団の伝説を改変したこと、つまり、殉教したキリスト教徒兵士が示した揺るぎない忠誠心、勇気、仲間意識は、異教の皇帝マクシミアヌスの残酷さと気まぐれに対する明確なコントラストになった(38)。修道士的な伝統の創設者たちもまた、デーモンとの日々の闘いで象徴的な殉教を遂げた新しいタイプの精神的な戦士、聖なる苦行者を称える際、まさにそれらの美徳を強調した。

聖人伝と修道士戦士の形成

殉教者の直接の後継者であると公言しつつ、初期のキリスト教徒修道士たちは砂漠での苦難を表現するために、精神的な闘いの言語を借用した(39)。パウロ書簡（「テモテへの手紙二」二章三節）に注解を加えて、三世紀の神学者オリゲネスは、少数の選ばれたキリスト教徒が、祈り、断食、純潔という武器を駆使し、誠実な人全体を代表して戦う、という考え方を一層推し進めた。後の修道院の著者たちは彼らをエリート軍団と同等視した(40)。異教の迫害者に抗して自分の「信仰」のために「闘う」機会が四世紀にはしだいに少なくなり、キリスト教徒は男女ともに新たな闘技場を求めた。まず東地中海方向に砂漠を求めて放浪し、後に、もはや西ローマ帝国ではなくなった地域全体に広がった修道院共同体にそれを求めた。それは精神的な闘いのための隠者的、あるいは修道院的なさまざまな場面と結びついていた。肉体に対する禁欲的な闘いにおいて、デーモン（それはしばしば肉体化された敵としてイメージされた）との暴力的な対決において、そして逆に、怒り、高慢、無関心という悪徳に対する永遠に続くような痛みを伴った戦いにおいて。

修道院がキリストの戦士という理想を簒奪してしまったのだが、これはさまざまな聖人伝の流布でこそ実現したことだった。受難というより今や聖人伝——それが、殉教という形式としての修道士生活と、キリストの戦士の新しい司令官としてのその実行者を表していた。古代末期に書かれた少数の聖人伝は、一団の英雄的な聖なる人たちを創出することによってイデオロギー的な転換を引き起こす際の道具になった。アタナシウスによる聖アントニウス、ヒエロニュムスによるパウロ、スルピキウス・セウェルスによる聖マルティヌス、グレゴリウス大教皇による聖ベネディクトゥス——後の修道院の読者や聖人伝作家たちはそういう例に倣おうとした（実際、それ以外はほとんどあり得なかった）。それらの聖人伝は一一、一二世紀、ラテン的西方の宗教的共同体で生きたテキストであり続けた。そこでそういう聖人伝が、個人的な瞑想、食事時間の朗読会、参事会会議場での説教の基礎を形成した。本書の次の二つの章が示すように、後の修道院の説教、典礼のためのテキスト、特に聖人伝に対するこれらの初期の物語の影響は非常に大きく、中世盛期の修道士たちは自分の生きた兄弟たちのこととほとんど同じほど、聖アントニウス、パウロ、聖マルティヌス、聖ベネディクトゥスについて知っていたであろう。

キリスト教聖人伝の最初の作品であり、西方的禁欲主義の主要テキストであるアタナシウスによる『聖アントニウス伝』の軍事的シンボリズムは受難のレトリックを蘇らせたものであり、それゆえ、殉教を引き継ぐ者として修道士苦行者の地位を補強することになった(41)。三五六年のアントニウスの死後すぐにアタナシウスが編んだオリジナルのギリシャ語テキスト、及びアンティオキアのエウアグリオスによる自由なラテン語訳（三七四年頃作成）も共に、卓越した修道士、苦行者、奇蹟を起こす人、精神的な戦士としてのアントニウス崇拝と模倣を助長した(42)。アントニウスの象徴的な殉教は、拷問や処刑というより現世とその安楽からの追放を通して起きたことであり、「大迫害」（四世紀初頭、ローマ皇帝ディオクレティアヌスによる大規模なキリスト教徒迫害を指す）を背景にして設定されている(43)。デヴィッド・ブラッケは「アントニウスの出現において、キリストとサタン、キリスト教徒とデーモンの闘いの前線にいる人物として、修道士がいかに殉教を継承しているか」を強調した(44)。若いアントニウスが砂漠に入るほとんどその瞬間から彼は大悪魔に襲撃される。そしてそこで、後の中世の伝記（*vitae*）に親しんでいる読者にはおなじみのさまざまな暴力的対決を表現する言葉づかいに、すでに多くの先例があることが分かるだろう。ラテン語を話すすべての聖人伝作家がこの史上初の聖人伝の用語に取り組むようになって以降、アタナシウス物語に満ち溢れている精神的な闘いというイメージが、西方修道院的伝統における神聖さの最初期のいくつかのパラダイムを形作ったのだ。

闘いのイメージがテキストに登場する頻度を考慮すれば、アタナシウス物語はほとんど軍事史のように読める。未熟な新人から鍛え上げられたベテランになるまでのアントニウスの進歩という時間的な広がりを持ち、悪霊との数知れない関わりを物語っている。デーモンとアントニウスの対決は軍事的要素を背景にして設定される。聖なる男が砂漠に放棄されたローマの要塞（*castrum*）のただ一人の衛兵になった。彼が不毛の荒野にしだいにより深く移って行ったことは、異教的、デーモン的な領域の征服として記述される。デーモンが武装した兵士（*milites armati*）の装いで彼の許に現われる(45)。アタナシウスは精神的な戦争に関して何回か訓戒を垂れたが、そのどれ一つとして後の著者に影響を与えないものはなかった。まず、聖なる男性でも女性でも、個人の力で悪魔を打ち負かそうなどと、望むべくもない。デーモンに対するアントニウスの勝利はキリストの力に帰せられた。彼は孤独な闘いをすることにはならないという主からの保証を得たのだ(46)。しかし、修道士が戦いにおける神の支援を確信していたのに対して、その精神的な戦争は「キリストに倣いて（イミタチオ・クリスティ〈*imitatio Chrisiti*〉）」の形式と、悪魔とその従者たちに対するキリストの闘いの継続だった。そしてその戦闘は、死すべき者たち（少なくとも極めて聖なる者たち）が悪魔どもを殲滅する希望を持ち得るほどには弱めていた(47)。最終的に禁欲主義者はキリストの戦士のリーダーと同一視された。アントニウスの言葉でいえば、「デーモンはすべてのキリスト教徒を敵視しているが、特に修道士とキリストの乙女たちを憎んでいる」。彼らの勝利がこの世でのデーモンの影響力をむしばむからである(48)。貧困、純潔、断食、夜間の長い勤行、繰り返される祈りに現われる禁欲主義者の原則が厳格であればあるほど、悪魔に対する日々の闘いにおけるその豪胆さはますます大きくなる。禁欲主義の達人アントニウスは、闘いの雄叫びと武器のぶつかり合う音がこだまする中、砂漠を舞台にした叙事詩的な戦争において、「折った膝の上でサタンのすべての武器を破壊した。祈りを武器として使ったのだ(49)」。

この伝記主人公の禁欲的行為を精神的な殉教として描く努力の中でアタナシウスは、殉教と同義語になった闘いのパウロ的なシンボリズムを換用した。アントニウスそのものが、「エフェソの信徒への手紙」六章一二節から借用した言い回しで、デーモンに対する修道士の終わりなき闘いを描写すべく作られたのだ(50)。そして、デーモンからの攻撃の下、その同じ章句を熱心に心で唱えつつ瞑想したといわれた(51)。アタナシウスはアントニウスを、パウロというキリストの戦士の完璧な再来として提示し、キリスト教徒の著者たちがパウロの死後数世紀にわたって、いかにしてその原型を発展させてきたか、その知識を披瀝した。しかしこの伝記作家はさらに進めて、アントニウスを第二のパウロとして描いた。パウロの「空中に勢力を持つもの」〔「エフェソの信徒への手紙」二章二節〕に対する勝利がアントニウス自身の原型であり、パウロを名誉上の修道士にまでしている(52)。『アントニウス伝』では古代末期の思想のいくつかの流れがまとめて提示されている。精神的な闘いを殉教や異教との戦いと結びつけること。デーモンがキリスト教徒を、キリストの存在において、そしてキリストの支援の下に誘惑との戦いに向かわせたとする信仰。最後に、純潔がどんな手段を使ってでも守られるべき高潔さの前提である、という確信がますます深まったことである。

砂漠の修道院についての直接的な知識をローマのより広い読者に紹介した最初期のラテン語著者の一人ヒエロニュムスの伝記も、精神的な兵士としての男女の、聖なる人たちの理解に根差した禁欲的な感性を反映している(53)。ヒエロニュムスが書いた極めて影響力の大きかったいくつかの伝記、特に『最初の隠者パウロの生涯』(三七五年頃)はラテン語を話す聴衆のために書かれた砂漠の禁欲主義者についての最初の伝記であり、戦士としての修道士を、ラテン的西方における後の聖人伝の伝統の中に着実に位置づけた(54)。『パウロ伝』の優に百以上の中世のコピーが現存することは、この作品が後の修道院の読者の間で根強い人気を保っていたことを証明している(55)。『アントニウス伝』と同様、ヒエロニュムスの物語は殉教を背景に編み込み、修道士を殉教者に結びつけるべく、精神的な闘いの言語を用いている(56)。

『パウロ伝』はパウロが死に至るアントニウスを訪問したと述べている。アントニウスがパウロをキリストの兵士仲間としてその砂漠の隠遁所へ招いたというのだ(57)。『パウロ伝』で、修道院制度の設立者からパウロの被保護者へ降格させているにもかかわらず、ヒエロニュムスを、四世紀までにはキリストの戦士の顕著な特徴とされていた豪胆さ、忍耐力、自制という特質を備えた見本としたのはアントニウスである。曰く、彼は「よき兵士（*bonus praeliator*）」である。砂漠に住む怪物に直面しても揺るがない。「救済という徴で武装し」、「誠実さの盾と希望の兜」（「エフェソの信徒への手紙」六章参照）で守られているからだ(58)。ヒエロニュムスは『ヒラリオン〔ガザの〕伝』（三九〇年頃）で軍事的な禁欲主義というテーマに戻った。アントニウスの例に触発された若い修道士がエジプトの砂漠に身を投ずる話である。勇敢なアントニウスがまだ闘いも始めぬうちにすでに勝利の栄冠を得ていたことを想起しつつ、ヒラリオンは財産を売却し、「キリストの武器で武装し、孤独の生活に入った(59)」。『アントニウス伝』はヒエロニュムスにとって明らかに試金石だった。聖なる人というアタナシウス・モデルを改定し破棄しようとした時でさえ彼は「アントニウスに倣いて（*imitatio Antonii*）」の形式で説教した(60)。

ヒエロニュムスの書簡は、砂漠での（明らかにかなりの粉飾を含む）さまざまな彼自身の経験に基づく瞑想に満ち溢れているが、精神的な戦争についての彼の見解についていくつかの観点を提供している(61)。クレルヴォーのベルナルドゥスなどが後にイメージを得たと思われるある書簡(62)でヒエロニュムスは、キリストの軍隊からの脱走兵として、後に修道院生活への改心を悔いることになったかつての兵士へリオドロスを叱責した。ヒエロニュムスはヘリオドロスに、修道士として彼は父の家で「放縦な兵士（*delicate miles*）」として生きる権利はないと警告した。そこでは世俗的な心地よさは必然的に彼の軍事的な精神を破壊し、彼をキリストの軍隊での任務に適さないものにしてしまう、というのだ。

チュニカに慣れたからだは鎧（*lorica*）を支えきれない。リネンのフードをかぶった頭は兜にはきつすぎる。怠惰なためにふやけた手は剣の硬い鍔で擦りむけてしまう。王の宣言を聞くがよい。「わたしに味方しない者はわたしに敵対し、わたしと一緒に集めない者は散らしている」（「マタイ伝」一二章三〇節）(63)。

名宛人のかつての召命を考慮すれば、不忠、卑怯というヒエロニュムスの非難、さらには、ヘリオドロスがキリストへ永遠の誓いを立て、修道士登録という特別な恩恵（*donativum*）まで受けたという指摘にはある種の皮肉がある(64)。ヒエロニュムスの非難の根拠になっているのは、世俗の兵士の生活においては、戦いと戦いの間には戦いのない、不道徳な放縦の時期があることと、修道士的なキリストの戦士という奉仕は、絶え間ない猛襲を受け続けること、文字通り生涯にわたる殉教であること、その二つの比較である(65)。

ヒエロニュムスの最も有名な書簡、一三歳の少女エウストキウムへ使徒書簡の形式で書かれた処女性についての議論（三八四年頃）で彼は、精神的な戦争を独身生活の肝要な部分として提示した。男性にも女性にも要求される生活であり、人々は永遠の攻撃にさらされているかのように振る舞わねばならないというのである(66)。殉教へ向けて捧げられた処女に暗になぞらえて彼は「聖人のうちいったい誰が闘うこと（*certamine*）なしに栄冠を得たであろうか」、と問うた。独身の聖なる女性は誘惑と闘う兵士である。その誘惑の火責めは想像を絶して厳しい。

しばしのあいだ闘争する（*dimicare*）こと、防護用の杭（*vallum*）や武器や割当の食糧を運ぶこと、鎧（*lorica*）の下でくたくたになること、そして、その後で勝利者として喜ぶことのほうが、一時間耐え忍ぶことができなかったために永久に隷属するよりもよいのではありませんか(67)〔平凡社『中世思想原典集成・四』による〕。

女性宛に書く際、ヒエロニュムスは背教の修道士ヘリオドロスを叱責するのと似た言葉を使った。キリストの戦士が禁域にいる処女であれ砂漠の修道士であれ、肉欲に対する禁欲的な闘いは規律としては同じ自制を必要とする、と彼は暗示したのだ。彼がほのめかしたように、彼があまりによく知っていた人も孤独だった。彼はエウストキウムにこう書いた。「私たちは群れなす敵の大群に囲まれている。どちらを向いても敵がいる」。そして、やがて灰と消えるべき壊れやすい肉体（*caro fragilis*）が「大軍勢に向かって孤独な闘いをしている(68)」。肉欲抑制という言葉を使ったヒエロニュムスによる精神的な闘いの定義は——それは彼の書簡だけでなく彼の聖人伝すべてを貫く主要テーマになっている——現代の研究者たちが「純潔のための闘い」と呼んでいるものの、後の修道院的な解釈を直接に形づくった(69)。女性、もっと正確に言えば、処女は男性と同程度のウィルトゥス（男性的なこと、道義）を持ち、悪魔に対する有効な対抗者になり得るという彼の確信も、当時の一般認識を反映していた(70)。初期の聖人伝作家たちは一般に、聖なる女性は救済のための戦いに参加し得ると認めていた。実際に、イミタチオ・クリスティとしての精神的戦争のステイタスは、いかなる女性（そして男性）もこういう方法で「戦わ」ないならば、キリストの真の従者とはみなされないことを意味している(71)。

『聖マルティヌス伝』（三九六年頃）(72)の序章でスルピキウス・セウェルスは、この書が「読者の中に、神によって触発された真の知恵、天なる軍隊（*caelestem militiam divinam*）、勇気（*virtus*）に対する欲求を喚起する」という希望を表明した(73)。スルピキウスは彼がおそらく希望した以上の成功を収めた。続く数世紀の間に彼が紹介したマルティヌスは、修道士的な禁欲と同時に敬虔な俗人両方のためのモデルというユニークな役割を果たすようになった。「そういうクラスの人々が陥りがちな悪徳を遠ざけた」兵士としてマルティヌスはフランク軍の守護者に、そして、教会への自制と奉仕を強調した騎士階級の模範として、後にそれを推し進めるための生きた判断基準になった(74)。しかし、司教へ昇進して後も一修道士として生き続けたマルティヌスは修道院の読者たちに対しても強くアピールした。マルムティエにマルティヌスが設立した団体の登録名は、初期の時代から精神的な戦士として彼が崇拝されたことを証明している。中世盛期の聖人伝作家たちはその対象人物をマルティヌスの模倣者として賞賛した(75)。

スルピキウス・セウェルスはアントニウスとパウロの伝記によく通じており、『聖マルティヌス伝』での中心的な主張の一つは、その主人公が禁欲主義の完璧さにおいて彼ら東方の先駆者に匹敵するというものだった。奇蹟を起こす能力においては彼らを凌ぐとさえした(76)。スルピキウスの描くある軍人の息子マルティヌスは一五歳でローマ軍に徴集され、洗礼を受けて後も軍務を続けた。ただし、その忍耐、謙遜、無私に対する名声は、「兵士としてよりむしろ修道士と評価される (*non miles, sed monachus putaretur*)(77)」ほどのものだった。マルティヌスを表現する定番というべき剣さえ、キリスト教的な愛の道具に転換された。彼はそれを、寒さに震える乞食(それはもちろん変装したキリストであった)に半分与えるために自分のコートを二つに引き裂くのに使ったのだ(78)。皇帝ユリアヌスの前で世俗の兵士であることを最終的に放棄する、つまり軍事的な殉教という受難に大きく関わる場面(79)でマルティヌスは、たとえ修道士的になろうとも、それでも自分が勇敢な戦士であったことを証明する機会を与えられた。

マルティヌスはこう語った。「私はキリストの兵士である。私は闘うことを許されていない」。この言葉に独裁者ユリアヌスは激怒し、彼が軍務を放棄しようとするのは明日にも敢行されるべき闘いへの恐怖からであり、宗教的な理由からではない、といった。しかしマルティヌスは屈しなかった。実際、何と言って脅迫されようとも、彼はいっそう断固として立ち位置を変えなかった。そしてこう言った。「臆病者と蔑まされようと、不忠者と言われようと、明日私は丸腰で戦線の最前線に立つ。そして主イエスの名において敵の隊列の中を無傷で進むつもりだ。私は盾と兜ではなく、十字架という徴で守られているのだ(80)」。

実際にそうなった時、彼はその大見得を実行する必要がなかった。敵の降伏によって戦いが奇蹟的に避けられたからだ（もっともスルキピウスは読者に、「よき主が敵の剣と矢の真っただ中でもその兵士を守られた」と証言した）。しかし無血での戦闘終了自体はマルティヌスに代わった神によって得られた偉大な勝利だった(81)。彼の殉教はその弱さゆえに避けられたのではなく、伝記のその先で明らかになるように、マルティヌスが初期のキリストの戦士の一人として必要だったからだ。

マルティヌスは伝記の流れの中で修道士兵士から戦士修道士へ、最終的にトゥール司教へと変貌した(82)。スルピキウスが報告している奇蹟の多くはまた軍事的な色彩を持っている。恐れを知らぬマルティヌスは祈りと十字架という徴を精神的な武器として使いこなし、ある不運な異教徒集団との戦いでは天使という戦士の助けさえ得た(83)。死の最後の瞬間までマルティヌスは誠実な兵士であり続けた。死に際しての言葉はキリストの戦士への関わりと、人生全体が戦いに費やされたという確信を強調したものだった。

主よ、肉体的な奉仕による闘い（*corporeae pugna militiae*）は重みのある仕事です。私はすでにその中で十分に闘ってきました。しかしもしあなたが私に、あなたの陣営の前にしっかりと立ち続けるようお望みなら、それを拒絶しません。弱った体を言い訳にして嘆願も致しません。あなたの命令が続く限り、あなたの軍旗の真下で奉仕します（*sub signis tuis, quoadusque ipse tu iusserris, militabo*）。老人が勤めの後に休息を求めることがいかにできようとも、魂は年齢の征服者であり、老齢に敗ける訳にはいきません(84)。

スルピキウスがマルティヌスを戦士（*miles*）として二重に説明していることは、それ以降、数世紀にわたって修道院の著者たちの心を奪い続けることになるさまざまな緊張感と矛盾を明るみに出している。その最初のものが世俗の兵士と精神的な戦士の間にある容易ならざる関係である。両方の名称が重なっているようにも、分岐しているようにも見えるのだ。マルティヌスは軍人に共通のさまざまな悪徳を避けたといわれたが、彼を大隊の中で価値あるメンバーにした勇気、不動服従の精神こそが彼を模範的な修道士にした、まさにその特質だったのだ。マルティヌスの美徳、つまり彼の勇気を証明しようとするこの聖人伝作家の関心は、後の多くの修道院の思想家たちが格闘した別の問題に向けられている。つまり、キリスト教の平和主義を、ギリシャ＝ローマ的な伝統、旧約聖書に根差したヒロイズムという軍事色に彩られた模範と調和させることである。スルピキウスの解答、つまりマルティヌスをヒロイックな平和主義者、死に直面して恐怖の色を見せなかったと同時に戦うことを拒否した男にした、それは、軍事的な殉教者と砂漠の苦行者という両方の原型に由来する諸要素を、聖性の証明としての奇蹟を改めて重視することに結びつけることだった。その結果が新種のキリスト教的ヒーローであり、その軍人的な高潔さには明確な修道士的気質がしみ込んでいた。

『聖マルティヌス伝』の二〇〇年後に書かれた作品、グレゴリウス大教皇（六〇四年没）の『対話録』には殉教者のいくつかのアイデンティティーが見られ、キリストの戦士は高潔さという修道士的な理想の中に完全に取り込まれている(85)。先輩であるスルピキウスと同じくグレゴリウス大教皇は自信をもって伝記の主人公ベネディクトゥスを偉大なる「修道士の父たち」という流れの中で定義づけた。ベネディクトゥスはアントニウスのエリヤに対するエリシャであり、ヒエロニュムスの聖なる仲間たちと同等の、苦行で欲望を克服した者であり、マルティヌスと同じく、偉大なる奇蹟を起こす者であった(86)。アタナシウスが『聖アントニウス伝』でしたように、グレゴリウスはベネディクトゥスの精神的な勝利を、殉教した使徒パウロの教訓を生かした者として示した(87)。先輩たちと同じくベネディクトゥスの禁欲的な完璧さはかれを精神的な戦士、天なる美徳の導き手と特徴づけた。後に聖人伝の定番になる場面でグレゴリウスは聖なる大修道院長が欲望を抑える手段としてイラクサを繋ぎ合わせた袋の中で裸で転げ回り、それによって「罪を克服した（*vicit peccatum*）」様子を描写した(88)。ベネディクトゥスは殺人鬼的な修道士や鍛え抜かれたデーモンを振り払った。彼の豪胆さは、「悪魔の首領」自らが戦いの中で彼を追い求めたほどだった(89)。初期の聖人たちの生活においてと同様、ベネディクトゥスによる克服はキリスト教の領域を広げるのに役立った。しかし、アントニウスとパウロがデーモンを砂漠の荒野から追い払い、修道院という居住区のための道を切り開いていたにもかかわらず、ベネディクトゥスはマルティヌスと同様、森や寺院を破壊し、かつての異教の神々の拠点のあった所に、キリスト教の要塞、つまりモッテカッシーノ修道院を建てた(90)。ベネディクトゥスは『対話録』の中でも最強の戦士であろう。しかし決して彼一人ではない。かつての砂漠の父たちと同様、グレゴリウスが対話した聖なる男たちの多くは、祈りという武器だけを装備して、欲望に対する「純潔の砦（*arx continentiae*）」を守っているのだ(91)。

アントニウス、パウロ、マルティヌス、それに『対話録』にあるベネディクトゥスその他のキリストの戦士と同様、後の修道士は自分の精神的な発達度合いを測定できるテンプレートを持っていた。カロリング朝時代以降、修道院の著者たちはしばしばグレゴリウスによるベネディクトゥスの伝記から多くの物語や教訓を借用した(92)。ベネディクトゥスによる修道院制度の起源に関して、『ベネディクト会則』そのものにほぼ匹敵する権威ある物語として『対話録』の位置が分かれば、多くの修道士がグレゴリウスの言葉、およびそれらが彼ら自身を作ったイメージによく親しんでいたことは驚くに当たらない。一〇世紀、フルリーのベネディクト会士エモが記録した奇蹟は、グレゴリウスの物語がいかに後の著者たちのメンタルな背景の一部になったかを表現している。エモは、隠者生活に入っていた修道士ドゥローゴが、彼を隠遁所から追い立てた鬼火を含め、デーモンの急襲をはねのけるのにいかにベネディクトゥスの助けを得たかを描写しているのだ。『対話録』には、デーモンがいかに次のようなヴィジョンでベネディクト会士を恐れていたかを示す物語が含まれていたことが想起される。

よく知られた防具で身を守り、額に十字架の徴を着けただけの武装で、想像するところ、その主、及び主の恵みという助けを得て、弟子たちを自分のいるところに呼び寄せ、あの鬼火はただの幻だったと宣言した師ベネディクトゥスの仕事だと明確に自覚して、ファントムの火に向かって全身で立ち向かって行った、そういうキリストの戦士なのだ(93)。

中世盛期の修道士にとってそういう聖人の誰一人として亡くなって久しい遠い過去の人物ではなかった。誰もが「いま、ここ」にいる教師であり保護者だった。その顔を彫刻で、または絵画で何度見てきたことか。そして聖人たちはいついかなる時でも、奇蹟を起こすことで、またはヴィジョンとして現れることによってその望みを知らせてくれる(94)。これらの聖人の伝記は何世紀後になってもその遺産を伝えてくれる。修道士たちは自分自身の経験をこれらの尊いテキストにある出来事に関連づけ、自分の時代のヒーローについてヒエロニュムスの、スルピキウスの、そしてグレゴリウスの言葉で語ったに違いない。第一章で古代イスラエル人が史実としての戦士からキリストの戦士に発展させられた過程をたどったが、それと同じで、これらの「修道士の父」たちが後の世代にとって修道士的なキリストの戦士のモデルの役を果たしたのだ。軍務の一形式としての禁欲的生活という概念は修道士的伝統の範囲内で過去と現在を結ぶ堅固な架け橋になった。後の聖人伝作家たちは取り上げる人物を精神的な戦闘員の長い系譜の範囲内で砂漠の苦行者、さらにその先まで遡って位置づけるために、軍事的なレトリックを使ったのだ。

軍務としての修道院生活

修道士的理想を精神的な軍務とする考え方は、中世初期、ラテン的西方で編纂されたさまざまな会則の中で伝えられ、磨き上げて来られた。修道院制度が西方ではまだ揺籃期にあった四世紀末、アウグスティヌスは、修道院生活という「聖なる軍隊（*sancta militia*）」にのめり込み、真のキリストの兵士は世俗のすべての関心事を放棄せよというパウロの指令（「テモテへの手紙二」二章三〜四節）を完遂すべく励むよう当時の修道士を駆り立てる人たちが要求するさまざまな犠牲に警告を発した(95)。五世紀、『マカリウスの規則』のような東方から取り入れた初期の規則は、そういう感情を反映していたのだ(96)。中世の読者がカイサレアのバシレイオスの作とした『霊的な息子への訓戒(Admonitio ad filium spiritualium)』で修道院の著者は、自分が精神の上での息子に伝えたいと思う智慧の性質について説明した。「私は君に精神的な軍隊(spiritualis militia)について教示し、王のために戦う方法を教えようと思う(97)」。六世紀、イタリアで作成された「師の規則(the Rules of the Master)」では、「聖なる戦士の教団(sanctae militia ordo)」としての修道士という姿で初期の聖人伝でおなじみの軍事的な表現が用いられた(98)。これらのテキストはすべて中世初期の西方で流布し、カロリング朝の改革者、アニアーヌのベネディクトゥスが編纂した浩瀚な『修道規則集(Codex regularum)』に組み込まれたことで、後の修道院の読者に利用され続けた(99)。

何よりも、東方砂漠地帯の軍事的な禁欲主義を中世初期の西方の修道院に紹介したのはカッシアヌス(四三五年頃没)が書いたものだった。彼の『規約(Instituta)』と『講義集(Conferences)』は修道院の精神的な発展に莫大な影響力を発揮した。直接には、それらのテキストが中世全体を通して広く読まれたこと。間接的には、カッシアヌスの理念と言語が「師の規則」、『ベネディクト会則』のような初期ラテン系の規則に、同じくグレゴリウス大教皇の書いたものにも痕跡を残したからである(100)。カッシアヌスにとって修道士的発展の連続したステージは戦いとして理解され得るものであり、それぞれのステージのゴールは「肉体」に対して勝ち得られる勝利と解された。つまり、八大悪徳と、至る所で修道士を悩ませるデーモンどもに抗するものである(101)。カッシアヌスは修道士たちに、福音の誠実な百人隊長(「マタイによる福音書」八章五～一三節)を模範とするよう助言した。

それゆえ、我々がもし騒擾や悪徳に対して雄々しく戦い（*viriliter dimicare*）、それらを我々の指揮下に置くことができたなら、そしてもし我々が戦い、我々の肉体の中の情欲を破滅させ、我々の考え方のうち無秩序な一隊（*instabilis cohors*）を理性のルールに従わせ、我々の胸中の隅々から敵対する恐るべき大隊を殲滅するために主の十字架という守護の軍旗を用いるなら、もしそうすれば、そういう勝利の報酬として我々はその百人隊長という精神的なランクに上ることができよう……(102)。

換言すれば、精神的な戦争における体系的な進歩は修道院という軍隊のランクをあがって行くことで報われるのだ。重要なのはカッシアヌスが次のようにも主張していることだ。「我々は精神的な競争を肉体的な競争になぞらえることで前者のための教示を得ることができる(103)」。後の修道院の著者たちが騎士の闘いの価値と実践的な側面に関わったことを暗示している。

カッシアヌスにとって、その後数世紀にわたるその著書の読者にとっても、修道士戦士としてのステイタスはその衣装によって象徴された。罪をそらす能力のある精神的な鎧という意味でのスーツと解されたのだ。それらの中で最も重要なのは、戦いのために陰部を締めつける「ダブル・ベルト（*cingulum duplicis*）」（男性用貞操帯）だった。このベルトは何よりも、「節制の冷水」によって燃える肉欲の火矢を消すという、着用者の決意を表していた(104)。少なくとも、修道院の読者の中にはそこで当時の兵士（および後の騎士）がステイタスシンボルとして身に着けていた剣帯（*cingulum militaris*）を想起した者がいたに違いない。そして、カッシアヌスの「ダブル・ベルト」を精神的な、あるいは軍事的なものの置き換えと見たのであろう。後の聖人伝作家はこのテーマを、第五章で見るように、ことさらに強調した。たとえば、グリエルモ・ディ・トッコは『トマス・アクイナス伝』で次のように書いた。その聖なる学者が神に純潔を守らせてくれるよう願ったとき、二人の天使が現れてこう告げた。「神はあなたの言葉をお聞きになった。あなたはこの至難の戦い（*pugna tam difficilis*）に勝利するだろう」。そして彼の陰部をきつく締め、こう言った。「見よ、神に代わって我々は純潔のベルト（*cingulum castitatis*）であなたを締めつけるだろう……(105)」。

カッシアヌスが精神的な訓練で要求する規律では、個人的な禁欲主義が中心にあった。彼は明らかに共同体で生活する人たちのために書いたのだが、『規約』や『講義集』の修道士はしばしば、アタナシウスによるアントニウス、ヒエロニュムスによるパウロとは違って、読者に対して孤独な人として示される(106)。しかし、初期の著者によると彼は神の支援なしにいかなる勝利も得られない、と主張しているように、カッシアヌスの修道士は決して真に孤独ではなかった(107)。昼夜にわたって攻撃にさらされているのを見、守護者に頼らない限り逃れられないと知り、神の助けを求めて叫び声をあげた修道士はただちに、「難攻不落の壁」に囲まれ、「不可侵の胸当てと最強の盾によって守られるだろう(108)」。カッシアヌスにとって禁欲主義者修道士の精神的な発展は彼が闘った戦いの激しさと勝利によって測られる。勝利とはつまり暴飲暴食、狂気、傲慢、怒りに対するものであり、そのいずれもが、彼の豪胆さをより強くより賢い敵の目に向けさせるものだった(109)。彼も説明しているように、「初心者、弱い者との戦いに弱いデーモンが差し向けられることはなかったし、もしそういうデーモンが敗れたとしても、次々により強いデーモンがキリストの兵士との戦いの場に現われる(110)」。精神的な戦争に関わる後の修道院の書物によく見られるテーマの多くは、カッシアヌスまで遡ることができる。それらには、主の支援に対する信頼も含まれる。初心者からベテランの苦行者への発達もそうだった。隠喩の使用も世俗の戦争から修道士的な精神性まで引き継がれた。

初期の多くの会則と同様、六世紀の『ベネディクト会則』は修道院共同体を軍隊、そして兄弟の主たる仕事を闘いと思い描いていた(111)。このテキストは中世盛期の間、ほとんどの修道院で共同体生活の基礎となり、それ自体、日々声に出して章ごとに読まれたから、ベネディクトゥスの言葉は旧新約両聖書の言葉と同様、修道士たちにとってなじみ深いものとなったであろう。ベネディクトゥスが「序」で書いているように、彼は心の中で修道院の兵士を聞き手として書いた。「そこで、君がひとたび、そして皆のために君自身の意思を捨てる用意があり、真の王、主キリストのために戦う(*militare*)服従心という強靭にして聖なる武器を身に着けるなら、私のこのメッセージは君のためのものである(112)」。ベネディクトゥスにとって意志を克服する闘い、つまり修道士生活の主たる闘いは、それぞれの修道士が自分自身の中で闘わねばならない戦いだった。同時に彼はこうつけ加えた。「我々は心と体を聖なる服従の闘い(*sanctae ... oboedientiae militanda*)のために準備せねばならない。そこで修道士兵士は集団となって、キリストの指揮の下、あるいはキリストのこの世の代理人、修道院長の指揮の下、奉仕するのだ(113)」。ベネディクトゥスが語った集団的な戦争とは、殉教者、初期の砂漠の苦行者、彼の時代の隠者たち、『会則』の言葉で言えば、「すでに兄弟たちの各ランクでの戦列(*acies*)から砂漠の孤独な闘いに向かう準備ができていることを示した(114)」人たちが行ったそれとは、根本的に異なっていた。精神的な初心者としてベネディクトゥスの修道士は今後は人生を費やすことになる日々の闘いの中で新参者となり、キリストの戦士の大隊の一部として戦うことによって経験を積み、上司への服従と武装した兄弟への忠誠心という兵士としての美徳を獲得することになるのだ(115)。

後の修道士たちの『会則』理解は、ベネディクトゥスのメッセージと特別の関係を持っていると思われた一群の他のテキストを読むことによって、お互いに合体して行った。それらには(『会則』が特に推奨した）カッシアヌスの著作、ベネディクトゥスの聖人伝作家グレゴリウス大教皇が書いたもの、『会則』の注が含まれた。グレゴリウスの『対話録』は『会則』に付属してしばしば書写され写本になった。こうして『会則』の修道院の読者たちは精神的な戦士としてのベネディクトゥスが作品の中で表現したことに通暁して行ったのであろう(116)。実際、グレゴリウスがベネディクトゥスについて表現したことと、『会則』についての彼自身の解釈を区別するのは不可能と思われる。我々は『対話録』の第三書からの次の会話の中で、修道院の兵士の義務について、グレゴリウスによる理解の一端をつかむことにする。

グレゴリウス――戦いなくして勝利の徴〔ヤシの葉〕はない。古の敵の悪意に抗して最後まで戦わない者は勝利者たり得ない。その邪なる魂は我らの思い、言の葉、行いを永久《とわ》に忘れず、裁きの日に我らを責めるための証拠を常に求めている。……

助祭ペトルス――戦線の最前線にしっかと立つのは極めて消耗させられ、肝をつぶされること。次々に敵の攻撃に直面させられる(117)。

ペトルスの反応は『会則』第一章の精神的な戦線の表現を反映している。そして、永遠の戦争としての修道士生活というベネディクトゥスの説明を反映している(118)。もちろんグレゴリウスは修道士的な戦争の厳しく恐ろしい性質に対するペトルスの反論を予期していた。彼はこう結論づけた。「最後まで闘わない者は」、キリスト教徒としての生活における何らかの真の意味を持った勝利を得る希望さえ持ち得ない。

カロリング朝時代に現われ始めた『ベネディクト会則』への注の中で最も影響力の大きかったのは、

九世紀はじめにサン゠ミイェル修道院長スマラグドゥスが編んだ『ベネディクト会則講義』で、一行ごとに説明されていた(119)。『会則』への補助として広く書写され研究されたこの『講義』は後の修道院の読者がベネディクトゥスの意図をいかに了解したかを具体的に示している。聖書解釈学的著作が両聖書についての彼らの理解に影響を与えたのと同じ状況だった。一一から一二世紀の間、スマラグドゥスは伝統主義者からも改革派からも等しく熱心に読まれ、その著作は『会則』をシトー会的に考え直すことを後押しするものと解された(120)。現代の研究者は軍隊(*militia*)と戦う(*militare*)という言葉のベネディクトゥス的用法をどう解釈するかで意見が分かれてきたが、スマラグドゥスは『会則』が読者に、それらの言葉を軍事的な意味で読まれるべく意図していた、ということに何の疑問も残さなかった。

なぜなら、世界はその兵士を持ち、キリストは彼の兵士、キリストの戦士を持つ。今や世俗の兵士が弱くてなまくらな武器を取り、キリストの兵士が強くて輝かしい武器を取っている。前者は彼らの敵と闘い、その結果は、彼らが彼ら自身を、そして彼らが殺す人たちを永遠の罰に処するということである。後者は、死後、永遠の命とその報酬を得られるよう悪徳と戦う。前者は戦い、結果は地獄に堕ちること。後者は栄光へ向かえるよう闘う。前者は戦い、死後は地獄の奴隷となる。後者はいつも天使と戯れ楽しめるよう闘う。前者は戦い、いつも悪魔と共に悲しむ。後者はいつもキリストと共に歓喜に小躍りできるよう闘う。……(121)

『会則』をまったく恐れずに軍事的に読めば、スマラグドゥスはベネディクトゥスが暗に意味していたことを明確に分かるようにする道から出発したように思われる。ベネディクトゥスが「誠実さで陰部を締めつける」よう修道士に主張した所で、スマラグドゥスは――エフェソの信徒への手紙六章を暗に引用したり、カッシアヌスの『規約』の考え方に依ったりして――ベネディクトゥスは「修道士に固有のダブル・ベルト（*cingulum duplicis*）」のことを言っているのだと説明した。つまりそれは、修道士に「男として戦いの準備をする（*praelio viriliter praeparati*）」ことを不可能にするものだった(122)。『会則』が修道士的「戦線」という安全圏を去る隠者に言及していることは、『ベネディクト会則講義』でも、この種の軍事的なイメージを著者が是認していると暗示することで同様に説明されている。

この戦線は悪魔との戦争を遂行するために整えられた兵士の列（*ordo militum*）である。そして、この種の修道士だけが戦いのために戦線を離れる。それは戦闘・拳闘（*pugna*）と呼ばれる。元々戦争において人々は拳（*pugni*）で闘い始めたからだった。誰一人として、競技をしないならば栄冠を受けることはできない（「テモテへの手紙二」二章五節）。積極性と善なる意志で肉欲という悪徳に戦うなら、神の恵みは誰をも見捨てない(123)。

『ベネディクト会則講義』の他の箇所と同様ここでスマラグドゥスは修道院のキリストの戦士の説明を聖書の章句に関連づけた。第一章で見た通り、一般に精神的な戦争についての議論で引用されたもので、「ヨブ記」、特に使徒書簡からの競技や闘いのイメージを取り上げている(124)。結果としての聖書解釈学的な議論は――精神的な戦士としての各修道士の武勇が共同体生活成功の鍵であった――一〇〇〇年ころ以降、特に意義深いものになった。つまり、新しい修道院的教団が自分たちを『会則』の真の精神的戦士と公言することで権威を求め、修道院的教団（*ordo*）の外側からのグループが精神的な軍隊

（*militia spiritualis*）の仲間入りを要求した時代である。

中世初期の数世紀間、キリストの戦士という理想はほとんどどこからも挑戦を受けることなく修道院が独占していた。隠者的苦行者の伝記は悪魔との孤独な闘いを前景に置いていたし(125)、男女を含めた修道院長の聖人伝作家たちは対象を精神的な軍隊の司令官として描いた(126)。いくつかの修道会則、注釈、修道院で使われるために書かれた聖人伝作品を通して強化され、精神的な戦争は、禁欲主義的な自己否定に基づく高潔さの修道士的理想、教会特権の勇気ある防衛、信仰のために自分の命を（比喩的でさえあれば）犠牲にする覚悟と同義語になった。このような修道士的聖性のモデルは世俗の軍事的設定でも場違いにはならなかったであろうさまざまな美徳――忠誠心、武勇、肉体的強靭さ、忍耐――を、聖性がそれらを凌駕する限り称賛した。サン＝ミイェル修道院長スマラグドゥスはこう問うた。自ら望んで自分を、身も心も他人の規則に任せ、悪魔にも善意で報い、その間ずっと修道士の運命というべき貧困、飢餓、その他の厳しさに静かな心で耐え、暴力にも平和で向き合うこと以上に強く勇敢なことがあり得るだろうか(127)、と。

精神的な戦場での新しいグループ

キリストの戦士の理想が中世初期に修道院のアイデンティティーと不可分になったが、九、一〇世紀までには、どうしたら精神的な戦士というレトリックを教会の守護者としての世俗の戦士のキリスト教的モデルに適用できるか、という通告があった。すでに見てきたように、精神的な戦士は修道院的理想として始まったものではなかったが、聖人伝作家や聖書解釈学者が世代を重ねるうちにしだいに修道院的教団に浸透して行った。さらに、聖職者であれ俗人であれ、すべての敬虔なキリスト教徒が精神的な戦士というステイタスを得られるという初期キリスト教の理想は完全に色あせたわけではなかった。マウリキウスのような軍事的殉教者崇拝、旧約聖書の戦士を聖書解釈学的に精神的な戦士に移し替えること、そういうことも、カロリング朝期の聖職者に、キリストの戦士として異教徒の侵入に抗して戦った戦士について記述させる刺激になったのであろう(128)。学者兼修道院長ヨークのアルクイヌス（八〇四年没）とフラバヌス・マウルス（八五六年没）は、敬虔な貴族や支配者は、ある種の暴力的な行為（ああ何ということか、彼らの権力は伝統的にそれに依拠しているのだ）を放棄しさえすれば、精神的な戦士と見なされ得るということを理論化した。アルクイヌスは、この理想に憧れた兵士は同階級の特権であった血讐〔血で血の復讐をすること〕を断念し、その代わり、正当な権威に奉仕し、キリストの戒律に従うべく献身せねばならない、と書いた(129)。数十年後、フラバヌス・マウルスがルイ聖王に詩集『聖十字架の礼賛（*De laudibus sanctae crucis*）』を献呈した時、彼は聖王を教会の敵に対して振り上げられるべき精神的な武器をキリストから授けられた「普遍の勝利者」になぞらえた(130)。フラバヌスがキリストの戦士と修道士を結びつけた一方、彼によるこの言葉の定義は敬虔な俗人にも適用される余地を残した。彼はこう書いた。「悪魔と戦った人も悪徳と戦った人も、正しくキリストの兵士と呼ばれる(131)」。

一〇世紀から一一世紀はじめにかけて教会が戦士エリートの暴力を制限したり方向性を変えようとしたりしていたころ、修道院の聖人伝作家たちはこれらの人たちの中で最も敬虔な人物を、競い合うべき貴族のための精神的な模範として取り上げ始めた。そういう例の中で最も有名なのが間違いなくフランク人の伯爵ゲラルドゥス・ドーリャックであり、二つの広く読まれた伝記の対象になった。一〇世紀はじめ、ゲラルドゥスの死の直後、クリュニーのオドによって書かれた短い伝記と、おそらく一一世紀はじめ、クリュニーとつながりのあった修道士による、それよりはるかに長い伝記である(132)。両伝記作家が証言しているように、ゲラルドゥスは尊厳者への一風変わった候補者だった。異教徒と闘って死んだのでも、修道院に入ったのでもない貴族だった。二番目の伝記の言葉で言えば、彼は「権力があり裕福であり（*potens et dives*）」かつ贅沢に（*in divitiis*）に暮らした(133)。確かに、カロリング朝時代の聖人伝作家たちは他の戦士たちを聖人の地位にまで上げた。しかしそれらはジェローヌのギヨームのように修道院で人生を終えたか、ヴァレンヌのガングルフのように少なくとも殉教者と表現され得た人たちだった(134)。戦争は両伝記（特に二番目の伝記）に繰り返し現れるテーマである。それはキリスト教徒に互いの血を流させ、貧者を圧迫し、傲慢の罪を増長する（それでも、*patientia* つまり忍耐は謙遜を培う）。しかし、もし戦士が復讐や収奪のためでなく防衛的に戦うならば、戦争は潜在的に、秩序を復活させ、罪なき人々を守るための道具でもある。この点を強調するためにゲラルドゥスの一一世紀の伝記作家はよく知られているように、彼が、あまり良心的でない有力者（*potentes*）から貧者を守るために自分の義務は維持しつつ、流血の罪深さを避けるためにいかに画策したかを記述した。

どうしても戦いが避けられない必然性に追い込まれることがあったが、そんな時、彼は部下に、剣はその峰で、槍は反対向きにして戦うよう、毅然とした口調で命じた。ゲラルドゥスがもし主の力で強化され、不死身になっていなかったら、それは敵にとって滑稽に見えたであろう。そして彼自身の部下にとっても、彼らが経験から、ゲラルドゥスは常に無敵なのだということを学んでいなかったら、無益なことに見えたであろう。それゆえ彼らは、彼が敬虔さを交えた新種の戦い方（*nuovus praeliandi genus*）で勝利するのを見た時、侮蔑の念を称賛に代え、彼の指令を満たした時の勝利を確信した(135)。

ジョルジュ・デュビーはゲラルドゥス崇拝をクリュニー派による俗人の「修道士化」運動の一環と見た(136)。実際、聖人伝作家たちはゲラルドゥスがセックス、金、武器による暴力、といった「汚物」を放棄したとして賞賛した。それらは修道士の誓いの下で生きる人たちの純粋さを傷つけるものと信じられたのだ。ゲラルドゥスは風変わりな修道士的俗人だったが、その聖人伝作家たちが書こうとした目的は、ゲラルドゥスを不適格なモデルだと感じている修道士たちを鼓舞するより、もっと多くの戦士に擬似・修道士的な生活を送るよう勇気づけることだった(137)。ゲラルドゥスはキリストの戦士だったのか。聖人伝作家たちはその言葉を使わなかったが、長い方の伝記はゲラルドゥスを修道院の読者が精神的な戦士と同一視するような言葉を使っている。「天なる軍隊の闘士(*athleta coelestis militiae*)が俗世の闘技場で長いあいだ奮闘し、悪魔の諸力と雄々しく戦った(138)」。ゲラルドゥスの伝記の「無血の闘い」の背後にある着想の元はスルピキウス・セウェルスの『マルティヌス伝』であったと思われる。先に述べたように、後の修道士たちが精神的な戦士として大いに称賛し続けたマルティヌスである(139)。もしゲラルドゥスが並みの貴族でなかったら、中世初期のキリストの戦士の原型には決して適さなかった。彼は多くの研究者が認識してきたキリスト教徒の新しい理想の代表ではなかった。おそらくプロトタイプな十字軍士ではなかった(140)。ゲラルドゥスの死の二世紀後に出現した精神的にして世俗的な、ハイブリッドな戦士の先駆だったに違いない。

ゲラルドゥスが聖人として称えられた時代までには、戦士(*miles*)、軍隊(*militia*)という言葉は、聖マルティヌスの時代にはまだ持っていなかった意味を獲得していた、ということは注目されるべきである。キリストの戦士とキリストの軍隊というフレーズが、精神的な（特に修道士的な）戦争との関係で、古代末期から中世全体を通して使われた経緯を連続してたどることはできるが、世俗の戦士を表示するものとしての *miles* と *militia* という言葉の使用が、ローマ帝国の終焉と一〇世紀の間で一時途絶えたと思われる。つまり一〇世紀になってまたその言葉がさまざまな特許状や年代記にきわめて頻繁に再登場するようになったのだ。一一世紀への変わり目までには、*miles* は、ふつうは、より力のある戦士に代わって剣と槍で闘う武装した騎馬の戦士（つまり、古代ローマの *milites* とはまったく異なる）を指すようになっていた。換言すれば騎士（*knight*）である(141)。ドミニク・バルテルミーはカロリング朝時代から（世俗の戦士としての〈*miles secularis*〉）*miles* という称号は聖職者、特に修道院の著者たちが、世俗の戦士と精神的な戦士の階級的な関係を組織化する手段として使った、と強調した。年代記と特許状の修道院的著者の観点では、世俗の *militia* と精神的な *militia* はたがいに分かちがたく結びついていた。しかし間違いなく後者のほうがより高い召命であり、名声と力の両面で世俗の兵士より上位だった(142)。

一〇世紀末から一一世紀半ばにかけて新しい、非聖職者のキリストの戦士が出現した際、そこに二つの段階が確認できる(143)。九七〇年頃から一〇七三年までの最初の段階は、地域的な和平教会会議の招集、一貫性を増してきた改革儀式の推進を含む教会的権威の革新時期にほぼ一致している。第二の段階は、グレゴリウス七世の教皇位（在位一〇七三〜八五年）からクレルヴォーのベルナルドゥスが『新しき兵士団の讃美について（*De laudae novae militiae*）』を書いた一一三〇年頃までで、叙任権問題危機、第一次十字軍、最初期の軍事的教団設立の時期である。教皇位、司教や修道院長の地域的集団によるイニシアティヴの所産であるこの新しいモデルは、精神的な戦争の言語に堪能な聖職者著者によって書かれたさまざまな年代記、伝記、書簡、説教の中で表現された。それは、新しいアイデンティティーが一つのグループ（武器携帯者）を通して別のグループ（教会指導者）によって創案された過程であり、したがって、初期の修道院の著者たちが自分たちの召命を定義するのに意識的に殉教の軍事的なレトリックを当てはめたキリストの戦士という前回の大転換とは全く別物だった。

第二章で述べたように、地方の教会権威は一〇世紀末からしだいに俗人有力者の暴力制限と、教会防衛に彼らの軍事力を加えることに関心を持つようになった。その目的を持った初期の現われの一つが「和平」運動であり、「世俗と宗教の両方の権力の区別をあいまいにする」イデオロギー的な試みだった(144)。一〇、一一世紀の和平教会会議は、俗人も、同時に世俗の武器携帯者、兼、精神的な戦士になり得る、という考え方を明確には発展させなかったが、それは俗人が、最終的にはそのような観点に当てはまるキリスト教徒騎士階級という新しいモデルの枠組みになる手助けをした。極めて重要な点だが、和平の促進は時に精神的な戦争と世俗の戦争の境界をあいまいにする結果をもたらした。一〇三〇年代後半にベリーで起きた俗人の和平破壊者に抗してブールジュ大司教ハイモンが主導した「和平戦争」の場合がそれである(145)。

もし和平運動が地域的レベルでの教会的権威と世俗権力の境界をあいまいにしたのなら、教皇的改革派はキリスト教社会の再構築以上のものは求めなかったのだ。司教たちが和平の誓いと破門の脅しで有力者の暴力を抑制し、略奪を目的とする戦士から身を守るために聖人たちの力を用いたのに対して、一一世紀の教皇たちは教会の利益のために奉仕する戦士の豊かな精神的報いを強調した。一〇五三年、プーリア〔イタリア南部〕のノルマンに抗するレオ九世（在位一〇四九～五四年）による教皇軍の使用、一〇六〇年代初期の大分裂時代にライバル関係にあった教皇アレクサンデル二世と対立教皇ホノリウス二世による教皇軍の使用は、教会是認の戦争という困難な道徳的問題を引き起こし、ある種の聖職者たちに、俗人の協同者を邪な傭兵として非難させる契機になった(146)。しかし他の聖職者たちは、教皇軍に奉仕していた間に死んだ戦士には天国にその位置が約束されたのだと主張した。ロタールの無名の修道士が書いたレオ九世の最初の伝記は、チヴィターテで敗れた後のレオの嘆きは、「天なる栄光の中で聖なる殉教者たちと合体した」自軍の倒れた兵士のヴィジョンと、彼らの葬儀の際のたび重なる奇蹟で和らげられた、と報告している(147)。そういう戦士は救済だけでなく、武器を携帯することで真の騎士身分を達成したのだという主張は一世紀前なら奇妙に思われただろうが、やがて十字軍年代記の常套句になった(148)。

グレゴリウス七世の即位までには、キリストの戦士を、教会防衛のために死を覚悟し、その犠牲が当人を殉教者の後継者にする、そういう俗人と定義することに主眼が置かれるようになっていた(149)。グレゴリウス七世の書簡やその周りの人による議論の書で、キリストの戦士は聖職者と同義語であり続けたが、「聖ペテロの召使い」とも同義語であり、キリスト教界の内外、両方で敵に抗して教皇を支援する俗人の武器携帯者だった(150)。グレゴリウスは二種の戦争の存在を認識していた。第一が、(遺憾ながらこれが並はずれて多かったが)世俗の発展のための戦いであり、したがって俗人を精神的に単なる従事者に堕落させるものであった。第二は教会の利害を守るための戦いであり、俗人をキリストの兵士にまで昇格させるイミタチオ・クリスティ〔キリストに倣いて〕の一形式だった(151)。グレゴリウスのキリストの戦士は代理の聖職者戦士というより、精神的な戦場で団結させられるべき人々だった。グレゴリウスは即位直後、パヴィーア司教グリエルモとミラノのパタリアの指導者、騎士エルレンバルドに、教皇による改革に反対する者に対して「神の戦争 (*bellum Dei*) を遂行すべく雄々しく団結する」よう、勇気づけた(152)。以前のレオ九世と同様グレゴリウスも、改革のために戦って死んだ教皇同盟の人たちは殉教者と見なされるべしという考え方を促進した(153)。

グレゴリウスによるそういう「聖ペテロの戦争」促進に対して聖職の反対者がいないわけではなかった。おそらくグレゴリウスの新しい戦争理論の最も不安を呼んだ側面は、精神的な戦争と世俗の戦争の間、そして、その両方の従事者間を明確に区別できなかったことである。今や教皇は精神的な剣と軍事的な剣の両方を振るい、破門という聖職者による武器と、血と肉に関わる武器の両方を同時に使って敵を脅したのだ(154)。新しい組み合わせの中で、グレゴリウスの統治時代に改心して修道院生活に入った貴族の中には、世俗の兵士（*militia temporalis*）という悪魔を栄えあるキリストの兵士（*militia Christi*）と交換しなかったことで、称賛されない者もいた。しかし実際には、世俗の力を否定したことで非難され、教会への奉仕で役立ったのだ(155)。グレゴリウス自身は讃美者が謙遜な聖書上の（そして典型的な精神的戦士の）ダヴィデになぞらえた元修道士だった。その彼もまだ、精神的な戦士のリーダーと、世俗の軍事的遠征のオルガナイザーという二重の役割の間にある矛盾を見ていなかった(156)。

次の世紀になると、十字軍士や軍事的教団のメンバーも含めて、いくつかの新しいグループがキリストの戦士という称号を要求するようになった。歴史家たちが第一次十字軍（一〇九六〜九九年）と呼ぶようになった企てはキリストの戦士という理想の歴史における大きな転換点になった。東方への武装した巡礼を組織化するに当たって教皇ウルバヌス二世（在位一〇八八〜九九年）は新しい軍事的な事業への参加と精神的な戦争への参加を明確に区別した。そうすることで、二つの行為を異なるグループの正当な特権と定義したのだ(157)。彼はヴァロンブローサの修道士たちに宛ててこう書いた。聖地への遠征は騎士によって構成されねばならない。「騎士ならムスリムの蛮行を武力で抑止できるだろうし、キリスト教徒を元の自由に戻すことができようから。我々は俗世を捨てた人の参加は望まないし、武器を持ちたい、あるいは十字軍に参加したいがために精神的な戦争に誓いを立てたような人も望まない。そんなことをさせない条件で、我々は行く(158)」。しかし教皇の呼びかけを聞いた多くの人は彼が提案したきっぱりした区別を受け入れなかった。前章で示したように、修道士のかなりの多くがレヴァント〔東方の国々〕への遠征のために団結したのだ。多くの十字軍志願者が教皇の軍隊に加わるか、修道院に入るかの選択で躊躇した。特に重要なのは、十字軍士も修道院の年代記作者も、必然的に世俗の戦争と精神的な戦争の結合を生み出す事業として理解していたらしいということである。

クレルモン公会議でのウルバヌスによる軍隊への呼びかけについて、現存する資料を考えられる限りさまざまな角度から精査するには(159)、それはやはり精神的な戦争の歴史の中に置かれねばならない。こういう脈略でクレルモンの状況を調べる中で、元修道士として教皇がキリストの戦士という修道院のコンセプトとその言葉の由来に深く通暁していたと思われるのに、筆者は教皇の真の動機や彼の実際の言語を再構成する試みを、まだあまりしていない。一〇九五年にウルバヌスが説教した武装した巡礼の意味を、聖職者としての聴衆が理解しようとした、その解釈過程の再構築に関してもそうである。この教皇の説教に関して当時の、ないしはほぼ同時代の五つの資料には、重点の置き方で重要な違いがある。そのうちの三つはウルバヌスが遠征を企画するために精神的な戦争というレトリックを使ったことを確証している(160)。その著者はいずれもノジャン修道院長ギベルトゥスのような修道士か、修道院的な環境で訓練を受けていた。修道院長から転じたドル司教バルドリックやシャルトル補助司祭フルケルスがそうである(161)。さらにギベルトゥスとバルドリックは十字軍のアイデンティティーをキリストの戦士で強化するために修道院の聖書解釈や聖人伝からの語句を借用した。

まず、年代記作家たちは十字軍士と、キリスト教以前の精神的戦士と修道院的模範の両方として広く認められていたヘブライ語のパトリアルク（patriarchs〔イスラエル人の祖としてのアブラハム、イサク、さらにはその祖先の意に始まり、後にイスラエルでの家長、族長、長老を指すようになり、それがヨーロッパで後に教団創始者、総大司教、総主教、教皇と呼ばれる地位を指す名称の基になった〕）を同一視した。ギベルトゥスによるとウルバヌス二世は聴衆にマカベア家一族〔ユダヤの祭司一家、パレスチナを統一した歴史を持つ〕の勇気と敬虔さを切に見習うよう、激励した。バルドリックの版では、教皇は提案した遠征をエブス人に対するイスラエル人の戦争に結びつけている(162)。バルドリックは、キリストの指揮の下、「キリスト教徒による無敵の戦線（*acies invictissima*）を組んでイスラエル人のために戦う」十字軍を描写したが、それは『ベネディクト会則』からのイメージや、当時の修道院の書簡や聖人伝に見られる軍事的レトリックを想起させる(163)。バルドリックの『歴史（*Historia*）』は、ウルバヌスが十字架を着ける行為を修道院への改心と同類と理解したのであろうとさえほのめかしている。バルドリックはウルバヌスが、集まった戦士に二つの選択肢を示したと書いた。「世俗の騎士身分の剣帯（*cingulum militiae*）を置くか、キリストの騎士として雄々しく前進し、東方教会防衛のために急ぎ赴くか」である(164)。一つは、戦士の剣帯の放棄と修道士の精神的なダブルベルトの象徴的な着用を演出する修道院の告白儀式を想起させる。実際、バルドリックによれば、ウルバヌスが聴衆に提案した選択は、修道士になるか十字軍に加わるかだった(165)。キリスト教徒同士での戦争の悪意（*malitia*）を、聖なる軍隊のメンバーとして異教徒と闘うことによって得られるべき精神的な利益と対照させることで(166)、クレルモンの修道院の記録は、新しい形の精神的な闘いの存在を承認した。修道院と俗世を、そしてキリストの修道士戦士と俗人戦士を伝統的に分け隔てていた、その空間に新たに切り開かれた闘い方である。

キリストの戦士を十字軍士と同一視する考え方はエルサレム遠征の年代記的物語にずっと引き継がれ

ている。驚くには当たらないが、一〇九六～九九年にかけての出来事を記述するためにしばしば聖書の言語や隠喩が使われているのである。キリスト教軍の功績は古代イスラエル人、特にマカベア家一族のそれに関連づけられ、それでいて一般に、十字軍士はその勇気と主の恩寵を享受することにおいて、先人をはるかに凌いでいると言われた(167)。特色ある聖書解釈の装いで、修道院の年代記作家は一〇九九年夏の流血沙汰によるエルサレム征服を聖書の予言を実現したものと宣言した(168)。彼らはまた、十字軍士を最初期のキリストの戦士であった初期キリスト教会の殉教者と結びつけるために、殉教というテーマを用いた(169)。フーシェという名の勇敢な戦士（*miles*）がいかにしてアンティオキアの城壁で栄光を勝ち得たかを記述するのに、修道士ランスのロベールは殉教者の受難や修道院の聖人伝に共通するパウロの闘技的・軍事的な用語を使った。フーシェは宣言した。「私はイエス・キリストの名において先頭に立って梯子を上る。神が私に下さるものなら、殉教であれ勝利の褒美（*victoriae bravium*）であれ、それを誇りにする覚悟でいる(170)」。ローマの兵士・聖人が遠征の守護者になっていると主張された。トルコ人を潰走させる手助けとして、目もくらむような神々しい装いで現れるというのだ(171)。聖職者アギレールのライムンドゥス〔レーモン・ダジール〕によると、遠征軍の「軍旗旗手（*vexillifer*）」として名乗りを上げて、ある司祭の下に聖ゲオルギウスが現れたという(172)。アンティオキアでは十字軍を助けるためにテオドゥルス、マウリキウス、デメトゥリオスといった、ゲオルギウスに似た古代末期のあらゆる軍事的な殉教者が天から遣わされたと言われた。ランスのロベールはこれを巧みに、数世紀前の異教徒との世俗の「戦い」の報復的捕獲と表現した(173)。

いずれの年代記でも、十字軍士はキリストの戦士、キリストの闘士（*athletae Christi*）、伝統的に修道士を指す言葉で表現されている。そして、謙遜、正義、さらには純潔といった特殊な能力を持っていることとで信頼された。修道士はそこから権威を引き出していたのだ(174)。そういう語彙が特にキリスト教軍とトルコ人との戦闘表現に使われたのは驚くに当たらない。武器携帯者がキリストの兵士として描写された初期の例はふつう、非キリスト教徒の侵入者に対する戦争にからむものだった。ポアトゥー司祭ペトルス・トゥデボドゥスは十字軍士を必ず、敵対するトルコ人との対立におけるキリストの兵士として描いた(コンスタンティノープル城壁下でのビザンツ軍との対決でさえそうだった)(175)。アギレールのライムンドゥスにとって十字軍士は、彼らが敗北、飢餓、失われつつある主導権の最中にあったエルサレム到着を目的として集合した時、まさに真のキリストの軍隊の理想を具現化していたのだ(176)。聖職者の年代記作者は彼らが対象とする人物は精神的な武器、鎧を持っていると考えた。ペトルス・トゥデボドゥスにとって十字軍士は「真の神の騎士であり、あらゆる側面を十字架の徴で守られていた(177)」。一二世紀はじめにクリュニー派の人たちに加わった聖職者パリのジロは、十字軍士は「誠実さの武器(*arma fidei*)で守られている」からトルコ人を恐れなかった、と書いた(178)。

キリストの戦士としての武器携帯者というこの新しいモデルは一見、十字軍士が現実の血肉を持った敵と闘っている間、修道士の戦争が内面化され、目に見えないのである以上、本書が追跡してきた修道院的理想から極端に乖離しているように思われる。しかし筆者は、この二つのモデルの関係は明確に対立する言葉で解釈されるべきではない、ということを立証しようと思う。まず、修道士の闘いを「リアル」でないとして軽視、あるいは度外視するのは時代錯誤である。次章で見ることになるが、精神的な戦争は修道院のアイデンティティーのほぼあらゆる側面を特徴づけているのであり、実際の修道院的経験を構成する助けになったのだ。第二に、十字軍士の闘いは悪魔に対する兵士自身の内面的闘いの外への現われと解された。「克己」と異なるものではないと、当時の修道院的聖人伝にしばしばそう書かれている。さらに、何世代にもわたる禁欲主義と同じく、十字軍士はキリストと相並んで戦ったと言われた。一人で自分の強さに頼るというより、主の助けを信じていたのだ。ノルマンの司令官ボエモンは部下の騎士たちにノジャンのギベルトゥスの『フランク国に対する神の業（*Gesta Dei per Francos*）』を想起させた。

こうして君たちは異教徒に抗して信仰のために戦った。あらゆる危険からの勝利者になったのだ。キリストの力の溢れんばかりの証拠を感じ取ったことこそが、諸君に喜びを与えるであろう。そして諸君はあらゆる疑念を超えて、この上なく厳しい戦いにおいて、闘ったのは諸君ではなく、キリストだったとの確信を与えてくれるであろう(179)。

「異教徒」の引用を別にすれば、この演説は、当時のギルベルトゥスの修道院仲間の誰かが書いた書簡、説教、注釈、伝記から剽窃されたものかもしれない。

最初期の軍事的教団、特に一一二〇年頃のテンプル騎士団の設立は、当時のある人たちの、俗世の戦争と精神的な戦争、騎士の生活と修道院的生活を一つの理想の中で統合しようとする意思を反映していた(180)。十字軍士の戦争が暗に二重の意味を持っていたのなら、テンプル騎士団のそれは明確にそうであった。さらに、最初の十字軍士が、主として旧約聖書の戦士や殉教者を意識的に模倣していたことで、キリストの戦士と関連づけられていたのに対して、キリストの兵士としてのテンプル騎士団員のアイデンティティーは、当時のある種の人々にとっては、修道院の精神的な戦士と、騎士としての教会の家臣という不自然な二重のステイタスに見えるものに由来していた。テンプル騎士団の設立が当時の修道院の指導者たちにある種の不安を生み出したことは否めない(181)。そして、クレルヴォーのベルナルドゥスが一一三〇年頃、論文『新しい軍隊礼賛（*De laude novae militiae*）』を書いたのは、ある意味で、そういう疑念を表明する努力によるものでもあった(182)。

ベルナルドゥスはテンプル騎士団の目新しさに固執することから始めた。彼らを「新しい騎士階級、それも過去に見られないもの」と呼び、この目新しさは、彼らが身を捧げている「二面性を持った闘い」に由来する、と説明した(183)。彼はさらに、コンスタンス・ブリテン・ブシャードがテンプルの騎士たちを正規の（すなわち「邪悪な」）俗人兵士とよきキリスト教徒（すなわち修道士）との関連で位置づけ、どうしたら両者がそれぞれのグループの通常の機能、つまり戦いと祈りを合体できるかを説明するために「対立のレトリック」と特徴づけたものを利用するようになった(184)。テンプル騎士団員は教会の世俗の敵と闘ったが、同時に「天なる精神的な悪の群れに抗して」闘ったのだ。団員は福音の二振りの剣（「ルカによる福音書」二二章三八節）を帯びており、二重の甲冑で守られていた。一つは信仰で、もう一つは鉄でできていた(185)。初期の十字軍士と同様、ベルナルドゥスの言う「新しい騎士」はキリストの戦士、殉教者の伝統での闘士（*athleta*）であった。そして、「真のイスラエル人」、特にマカベア家一族の後裔だった(186)。しかし結局ベルナルドゥスはテンプル騎士団員を「我らが騎士の中の、明らかに神のためではなく、悪魔のために戦う人たちの模範、あるいは少なくとも困り者」と考えたのであり、間違いなく、修道士の模範と考えたのではなかった(187)。もしテンプル騎士団員が各個人で修道士の最高の特性と騎士のそれを具有していたのなら、ベルナルドゥスが彼の言う新しい戦士（*novus miles*）の良い方の部分のことを考えていたことに何の疑いもない。ベルナルドゥスは修道士生活が救済に至る最も確かな道だという確信に何の迷いも持たなかったのだ。さらに『礼賛（*De laude*）』においてさえ彼は、「悪徳やデーモンに対して精神的な力で戦争を遂行する」修道士の特権を再確認している(188)。

ベルナルドゥスの修道士仲間たちはテンプル騎士団の戦争の二重の特性について、彼の気持ちを共有していた。テンプル騎士団員が修道士、騎士、その両方、いずれと見なされるべきかについて彼に確信がないことに関しても同じだった(189)。テンプル騎士団〔第三代〕団長エヴェラール・デ・バレス宛の書簡でクリュニー大修道院長ピエール尊者は、エヴェラールとその仲間を「徳における修道士にして行為における騎士」にしているのは彼らの「二重の闘い（*duplex conflictus*）」であると強調した(190)。テンプル騎士団員への説教を意図した書簡でラ・グランド・シャルトルーズ修道院長グイゴ（一一三七年没）は共同設立者ユーグ・ド・ペインに、精神的な闘いは異教徒に対する肉体的闘いの訓練のための、考えられる最善の形式であると熱心に説いた。グイゴは、「友よ、肉体的闘い、戦闘で諸君をどう激励すべきか、われわれにはアイデアがない」と認めた上で、ユーグに、「我々は少なくとも日常的に関わっている精神的な戦争に基づいて諸君に助言したい」と伝えた(191)。こういう新しいキリストの戦士（*miles Christi*）にほんのわずかな精神的権威を譲り渡すことも拒否してグイゴはユーグとその仲間に一種の初心者用マニュアルを提供し続けた。その中で彼は、悪徳と闘い、肉欲を克服する方法の基礎を概説し、極めてストレートな注釈を添えて関連する聖書の一節を提示した(192)。この教示も口調も、年長の、経験の多い修道士が新参者、あるいは新しい改心者に向けて書いた当時の書簡を想起させる。それは、ユーグとその仲間が、世俗の戦いにおいて剛勇を示したにもかかわらず、グイゴのような有名な禁欲主義者に似て見えたに違いない、その内容である。

精神的な戦争についての修道院文書の長い歴史の中で見ると、十字軍と軍事的な教団のイデオロギー的な支柱は驚くべきほど親しみ深いものに見える。この観点から、新しい聖戦の最もラジカルな側面は、かつては脇役だった人たちの利益になるように精神的な戦場での伝統的なヒーローの位置が変わったことであった。ジョナサン・リレイ＝スミスは、第一次十字軍は当時の人たちには「動く軍事的修道院」のように見えたであろう、十字軍のレトリックが武器携帯者を「修道士化する」働きをした、との仮説を立てた(193)。十字軍運動と軍事的教団の設立が俗人と修道士の境界をあいまいにした、その広がりは、さまざまな十字軍年代記やそれに関連して修道院の著者たちが書いたものに見られるキリストの戦士という理想の役割に注目すれば、明らかになる。これらの著作は、一二世紀にキリストの戦士の定義が、聖職者と武器携帯者両方の心の中で十字軍イデオロギーと互いに見分けがつかないほどに結びついたことを確認させてくれることになった。

キリスト教の辺境地帯にいる弱者や守備兵を守るものとして、キリスト教徒の闘士（*bellatores*）という神に認められた役目を定義する過程で、聖職者たちは精神的な戦争での彼ら自身の長期にわたる独占を深刻に掘り下げて考えた。しかし、すべての修道士が戦闘なき精神的な戦場を進んで容認したわけではなかった。前章で述べたように、当時の多くの修道院の著者は十字軍に参加することに対する修道院生活の優位を強調した。その他の者も、十字架を身に着けることが何らかの精神的な価値を持つかどうか、あからさまに疑った。たとえば、カンタベリーのアンセルムス（一一〇九年没）が示した十字軍熱の欠如はしばしば注目された(194)。アンセルムスに助言を求めた十字軍志願者たちは計画を棚上げにして、その代わり改心して修道院生活に入るよう言われた。そうすれば、現世のエルサレムを征服しようと試みるあまり、手を血で汚し、自分の魂を危険にさらすよりは、真の天なるエルサレムを獲得できるというのだ(195)。一二世紀、ある無名のベネディクト会士が同じ心情を吐露した。聖書の例、聖マルティヌス伝記を使って、真のキリストの戦士はただ精神的な意味でのみ闘った、「人が救済を与えられるのは剣をもってエルサレムのために闘うことによってではない」というのだ(196)。

第三章の結論

初期の教会で、キリストの戦士（*miles Christi*）という称号はキリスト教徒の中で最も称賛される資質の手っ取り早い表現になった。悪魔、その現世での代理人、異教の権威に対して信者の共同体全体のために「戦った」精神的エリートのための称号でもあった。精神的な闘いを通してキリスト教徒は意識的にパウロの言葉を通して生き、世俗の義務より上に誠実さという指令への忠誠心を表明した。キリストの戦士のメンバーとして信者は単にキリストの兵士だっただけでなく、キリストの「ような」兵士だった。つまり、キュプリアーヌスの言葉でいえば、キリストは「戦争において先頭を歩かれた。だからキリストが命じられたことは実行されるべきこと。キリストは死と悪魔に対する勝利によって、それをなさったのだ(197)。誠実なる者の中から現われる最初の戦士エリートは、さまざまな受難がその精神的な闘いに満ちている、そういう殉教者だった。ローマ世界でのキリスト教の勝利と共に、禁欲主義者の体は精神的な闘いのための新しい闘技場になり、それは今や剣闘士や野獣とではなく誘惑と闘っていた。キリストの戦士のマントは初期の砂漠の苦行者が着たが、彼らから中世初期西方の修道院的伝統の中へ入って行った。

聖職者、特に修道院的教団は中世初期を通してキリストの戦士の役割をほぼ独占的に維持した。精神的な戦争は、修道士をキリスト教社会の他のメンバー（精神的に言えば、非戦闘員）との関連で定義し、修道院と俗世間の境界線を引くことで、修道院のアイデンティティー形成の助けとなった。しかし一一世紀、精神の修道院的戦士としてのキリストの戦士の伝統的なモデルは、肉体的には教会の敵に抗して、精神的には不信心の諸力に抗して戦った敬虔な俗人の新しい理想に道を譲った。世俗の戦士と精神的な戦士、十字軍士と軍事的な教団のメンバーが一度に、闘士（*bellatores*）と弁舌家（*oratores*）の間に中間地帯、もはや、教会改革派が思い描いたきちんと秩序立てられた社会に存在するとは想像されなかった中間スペースという、いわば植民地を形成したのだ。しかし、改革派が教団間のいくつかのギャップを埋めるのに成功した一方、改革が不用意に作り出してしまったグレーゾーンにやがて、新しいハイブリッドなグループが出現した。俗人の十字軍士やテンプル騎士団員を配置することで聖職の護教論者は教会のこの新しい守護者を彼らにとって「キリストに倣いて」という神に許された形式であったものと同一視し、同時に彼らを正規の世俗の戦争の戦士（*militia*）から隔てることが可能になった。新しい騎士階級と十字軍運動の一つの結果が俗人戦士の「修道士化」であったとするなら、もう一つは、精神的な戦場への非修道士的競争相手の予期せざる侵入だった。

しかしこういう変動の最中で、修道院の作家たちは、自分たちが真のキリストの戦士であるとの主張をやめなかった。次章で見ることになるが、彼らは以前に増してその軍事的なレトリックにより執拗にこだわった。キリスト教世界の中での使命と機能を記述するのに、ますます手の込んだ軍事的な隠喩を発達させたのだ。平和の人という称号を与えられて修道士は聖戦というコンセプトを発展させることに強い関心を示した。第一次十字軍の祝祭において修道院の年代記作家たちは二重の戦争という新しい形式を理論化し、エルサレムへの遠征成功が肉体的戦争と精神的な戦争の関係で生み出した問題についてもかなり議論した。しかし修道院の当時の戦争との関係は単に理論的なだけではなかった。世俗の戦争とその生きた実行者を研究することはキリストの戦士の義務をよりよく理解することに繋がり得るという確信をもって、十字軍のこれらの年代記作家（そのすべてが聖職の読者のためにラテン語で書いた）はカッシアヌスやその他の教父作家が表現した一世紀前の教訓に従ったのだ。第二章で見たように、戦士（warrior）を直接に見る機会は元十字軍士も含めて、宗教的生活への成人の改心がふつうであったこの時代の修道院では豊富にあった。しかし修道院の作家たちが到達した（そして、十字軍士や軍事的教団メンバー宛ての書簡で表現された）結論は、キリストの軍隊のトップという特権的な地位を再確認するものだった。騎士による伝統的な邪悪な戦争と比べて、十字軍士や軍事的教団メンバーによる二重の戦争がいかに称賛に値するものであろうと、それでもなおそれは、隠遁所や修道院でのみ闘われ得る無血の、純粋に精神的な戦争に劣るものだった。

原注（第三章）

（1） 宗教的事象としての聖戦、第一次十字軍の系譜について、次のアードマンの初期の研究が今なお影響力を持っている。Erdmann, *Idea of Crusade*. さらに、H.E.J. Cowdrey, 'The Genesis of the Crusades: The Springs of Western Ideas of Holy War,' in *The Holy War*, ed. Patrick T. Murphy (Columbus, OH, 1976), 9-32; Bernard McGinn, '*Iter Sancti Sepulchri*: The Piety of The First Crusaders,' in *Essays on Medieval Civilization: the Walter Prescott Webb Memorial Lectures*, ed. Bede Karl Lackner and Kenneth Roy Philip (Austin, 1978), 33-70; Riley-Smith, *Idea of Crusading*; Flori, *Guerre sainte*; Horst Richter, '*Militia Dei*.'

（2） 過去二〇年間、十字軍の精神的な動機づけについて大きな関心の盛り上がりがあった。次の刺激的で影響力の大きなエッセー参照。Jonathan Riley-Smith, 'Crusading as an Act of Love'; idem, 'The State of Mind of Crusaders to the East, 1095-1300,' in *The Oxford History of the Crusades*, ed. Jonathan Riley-Smith (Oxfors, 2002), 68-89. リレイ＝スミスの見解を支持していると思われる事例研究について次を参照。William C. Jordan, 'The Representation of the Crusades in the Songs Attributed to Thibaud, Count Palatine of Champagne,' *The Journal of Medieval History* 25 (1999), 27-34. マーカス・ブルの著作もここで重要である。次を参照。Marcus Bull, '*Knightly Piety*; idem. 'The Roots of Lay Enthusiasm for the First Crusade,' *History* 78 (1992), 353-72.

（3） この研究のほとんどは、十字軍運動と軍事的教団の推進にシトー会が関わったこと、特にクレルヴォーのベルナルドゥスの『新しき兵士団の讃美について』に集中している。次を参照。Penny J. Cole, *The Preaching of Crusades to the Holy Land, 1095-1270* (Cambridge, MA, 1991); *The Second Crusade and the Cistercians*, ed. Michael Gervers (New York, 1992); Newman, *Boundaries of Charity*; Purkis, *Crusading Spirituality*.

（4） *First Epistle of Clement to the Corinthians*, c.37, ed. and trans. Bart D. Ehrman in *The Apostolic Fathers*, 2 vols. Loeb Classical Library 24-5 (Cambridge, MA, 2003), 1: 100-1.

（5） このテキストの分析について次を参照。Harnack, *Militia Christi*, trans. Grace, 40-1; Jean-Michel Hornus, *It is not lawful for me to fight: Early Christian Attitudes toward War, Violence, and the State*, trans. Alan Kreider (Scotdale, PA, 1980), 70.

（6） Paolo Tomea, 'Il "*proelium*" cristiano: scene dai testi agiografici occidental,' in *Militia Christi et crociata*, 573-623 (at 584).

（7） 言葉に軍事的含意が加わった二例として次を参照。The articles of Christine Mohrmann, 'Statio,' *Vigiliae Christianae* 7 (1953),

221-45; and eadem, 'Encore une fois "paganus",' *Vigiliae Christianae* 6 (1952), 109-21. 主として軍事的コンセプトを適用した例 (the *sacramentum,* or soldier's oath of loyalty) として次を参照。 eadem, '*Sacramentum* dans les plus anciens textes chrétiens,' *Harvard Theological Review* 47 (1954), 141-52.

(8) ハルナックによる論考として、*Militia Christi,* trans. Grace 35, and Hornus, *Early Christian Attitudes,* 69-70.

(9) Cyprian, *De mortalitate,* c.2, 4-5, 12, in PL 4: 584-6, 590-1; trans. Roy J. Deferrari in *Saint Cyprian: Treatises,* FC 36 (Washington D.C., 1958), 202, 208 (quoting 202).

(10) Cyprian, Letter 58.8, trans. Rose Bernard Donna, *Saint Cyprian: Letters 1-81,* FC 52 (Washington D.C., 1965), 169.

(11) Commodian, *Instructiones adversus gentium deos pro christiana disciplina,* c.53, PL 5: 242: 'Cum videris bellum, agonia sume propinqua. / Haec gloria regis, militem videre paratum; / Rex adest, optato propter spem dominicaturum. / Ille parat dona, ille pro victoria laetus / Suscipit, et proprium satellum dedicate esse.' Cf. *Instructiones,* c.61 and 63 PL 5: 247-8 and 249-50.

(12) Augustine of Hippo, Sermo 315.7, PL 38: 1431: 'Agnosce inimicam tuam: agnosce cum qua pugnans in theatro pectoris tui. Angustum theatrum; sed Deus spectat: ibi doma inimicam tuam.' この例ではキリスト教徒の敵は怒りの罪である。アウグスティヌスは次のように注記している。 Prov. 16: 32 ('Melior est qui vincit iram, quam qui capit civitatem.')

(13) M.P. McHugh, 'Satan and St. Ambrose,' *Classical Folia* 26 (1972), 94-106 (esp. 96-8). アンブロシウスが軍事的なイメージを用いているもっと多くの例をM・P・ヒューが注記している。

(14) アンブロシウスがストア派の著者、特にキケロを引用していることについて次を参照。Marcia L. Colish, 'Cicero, Ambrose, and Stoic Ethics: Transmission or Transformation?' in *The Classics in the Middle Ages, Papers of the 20th Annual Conference of the Center for Medieval and Early Renaissance Studies,* ed. Aldo S. Bernardo and Saul Levin (Binghamton, NY, 1990), 95-112.

(15) Ambrose, *De officiis,* 1.32, ed. and trans. Davidson, 2: 134-5.

(16) Ambrose, *De officiis,* 1.186, ed. and trans. Davidson, 1: 226-7; cf. 1.16 and 1.20, 1: 126-9.

(17) プルーデンティウスとその著作における精神的な戦争の位置について、すぐれた案内として次を参照。Robert Louis Wilken, *The Spirit of Early Christian Thought* (New Haven, CT, 2003), 212-36.

(18) *Psychomachia,* in Prudentius, *Works,* 2 vols, ed. and trans. H.J. Thomson, Loeb Classical Library 398 (Cambridge, MA, 1949-53), 2: 274-343. この作品はそのスタイルと活き活きとしたイメージで中世のキリスト教徒に高く評価された（しかし、現代

ではそれほどでもない）。九～一一世紀にかけて広く書写され、引用され、修道院学校でラテン語文法を教えるために使われた「引用集（フロリレギア）」に抜粋された。『魂の闘い』の受容について次を参照。Sinéad O'Sullivan, *Early Medieval Glosses on Prudentius' Psychomachia: The Weitz Tradition* (Leiden, 2004), chapter 1.

（19）Ignatius, Letter 6, c.3 and 6, in *Apostolic Fathers*, ed. and trans. Ehrman, 1: 312-13, 316-17. そこに、「エフェソの信徒への手紙」六章一三～一七節への明快な言及と、「コリントの信徒への手紙一」九章二四～二六節、及び「テモテへの手紙二」四章七節にある競技者的言語への暗示がある。

（20）次を参照。Peter Brennan, 'Military Images in Hagiography,' in *Reading the Past in Late Antiquity*, ed. Graeme Clark et al. (Rushcutters Bay, 1990), 323-45.

（21）Tertullian, *Ad martyras*, 3.1-3, *Quinti Septimi Florentis Tertulliani Opera*, 2 vols, ed. E. Dekkers, CCSL 1-2 (Turnhout, 1954), 1: 5; trans. Rudolph Arbesmann, Emily Joseph Daly, and Edwin A. Quain as *To the Martyrs*, in *Tertullian: Disciplinary, Moral, and Ascetical Works*, FC 40 (Washington D.C., 1959), 22-3. この句の注について次を参照。Eric Osborn, *Tertullian: First Theologian of the West* (Cambridge, 1997), 233.

（22）Cyprian, *De lapsis*, c.2, ed. and trans. M. Bévenot (Oxford, 1971), 2-5.

（23）Mathew Kuefler, *The Manly Eunuch: Masculinity, Gender Ambiguity, and Christian Ideology in Late Antiquity* (Chicago, MI, 2001), 114-15.

（24）たとえば、三世紀はじめ、殉教者ペルペチュアとフェリシタスの祝祭のために書かれた説教でアウグスティヌスは「闘いにおいて（*in praelio*）キリストの名を帯びたこと、そして自分自身を見出す闘いをした褒美」として二人の女性を称賛した。Augustine, 'In natali martyrum Perpetuae et Felicitatis (1),' 1.1, PL 38: 1281; trans. in *Medieval Saints: A Reader*, ed. Mary-Ann Stouck (Peterborough, Ont., 1999), 39.

（25）さらに最近の研究は、初期キリスト教の共同体が理念と見せ物としての殉教からいかに多くの力を引き出したかを強調している。次を参照。Joyce E. Salisbury, *The Blood of the Martyrs: Unintended Consequences of Ancient Violence* (New York, 2004), 9-30.

（26）'The Martyrdom of Bishop Fructuosus and his Deacons, Augurius and Eulogius,' in *The Acts of the Christian Martyrs*, ed. and trans. Herbert Musurillo, 184.

（27） ‘The Martyrdom of Saints Marian and James’ and ‘The Martyrdom of Saints Montanus and Lucius,’ both in *Acts of the Martyrs,* ed. and trans. Musurillo, 204 and 216.

（28） たとえば次を参照。 Eusebius of Caesarea, *The History of Church,* 5.1 (describing the martyrs of Lyons and Vienne), 2nd ed., ed. and trans. G.A. Williamson and Andrew Louth (London, 1989), 139.

（29） 軍事的な殉教者について次を参照。 Brennan, ‘Military Images’; Hornus, ‘Christian Soldiers and Soldier Saints,’ in his *Early Christian Attitudes,* 118-57; Jacque Fontaine, ‘Le culte des martyrs militaires et son expression poétique au IVe siècle: l’idéal évangélique de la non-violence dans le christianisme théodosien,’ *Augustinianum* 20 (1980), 141-171.

（30） Brennan, ‘Military Images,’ 325-7. これらの殉教者の多くが歴史的に実在したか、はなはだ疑わしい。戦士聖人をまったくの無からでっち上げ、軍事的な過去を殉教した市民に塗り替え、そうすることで葛藤する忠誠心というテーマを物語の道具として使うのは、聖人伝作家たちにとっての常套手段だったようだ。次を参照。 Hippolyte Delahaye, *Les Légendes grecques des saints militaires* (Paris, 1909).

（31） Brennan, ‘Military Images,’ 330-2. たとえば次を参照。 the *passio* of Marinus in Eusebius’ *History of Church,* 7.15, ed. Williamson and Louth, 232-3.

（32） Brennan, ‘Military Images,’ 330-2; Fontaine, ‘Culte des martyrs militaries,’ 156-65; Kuefler, *Manly Eunuch,* 107.

（33） *Acta Maximiliani,* 1.2, ed. and trans. Musurillo, *Acts of the Martyrs,* 244.

（34） Sulpicius Severus, *Vita S. Martini,* 4.3, in *Vie de Saint Martin,* ed. J. Fontaine, 1: 260: ‘Christi ego miles sum; pugnare mihi non licet.’

（35） *Acta Marcelli* (recension M), 1.1, 4.3, ed. and trans. Musurillo, *Acts of Martyrs,* 250, 252.

（36） 次を参照。 Harnack, *Militia Christi;* Hornus, *Early Christian Attitudes,* chapter 5; L.J. Swift, *The Early Fathers on War and Military Service* (Wilmington, DE, 1983); and Kuefler, *Manly Eunuch,* 107-9.

（37） ‘The Martyrdom of Julius the Veteran,’ 2.1-2, ed. and trans. Musurillo, *Acts of Martyrs,* 260-1.

（38） Eucherius of Lyons, *Passio Acaunensium martyrum,* c.2-3, ed. C.B. Krusch, MGH SS RerMerov 3: 20-41 (at 33-4). この軍団は ‘viri in rebus bellicis strenui et virtute nobiles, sed nobiliores fide; erga imperatorem fortitudine, erga Christum devotione certabant.’ デイヴィッド・ウッズが指摘しているように（‘The Origin of the Legend of Maurice and the Theban Legion,’ *Journal of Ecclesiastical History* 45 [1994], 385-95）、このドラマは軍務とキリスト教徒としての生活間の何らかの了解の下での葛藤というより、皇帝

への忠誠かキリストへの忠誠かという軍団の葛藤をめぐって展開される。実際、殉教後、マウリキウスとその部下は召命を捨てるのではなく、天なる「天使軍団」の地位に合流する。

（39） この関係について次を参照。Malone, *Monk and the Martyr;* Brakke, *Demons and Making of the Monk,* chapter 2.

（40） Origen, *Homélies sur les Nombres,* 25.4.1, ed. and trans. W.A. Baehrens et al., 3 vols, SC 415, 442, 461 (Paris, 1996-2001), 3: 204. オリジナルはギリシャ語によるこの作品はルフィヌスのラテン語訳で西方中世末期に広く知られていた。

（41） ジェフリー・ゴルト・ハウプトマンの引用による。*The Ascetic Imperative in Culture and Criticism* (Chicago, MI, 1987), 3.

（42） 西方ではアントニウスが「修道士の父」になった。その例は特別な観点または実践の正当性の議論の余地のない証拠として、修道院の著者たちに引用された。次を参照。Jean Leclercq, 'S. Antoine dans la tradition monastique médiévale,' in *Antonius Magnus Eremita,* 356-1956, ed. Basilius Steidle, Studia Anselmiana 38 (Rome, 1956), 229-47; Constable, *Reformation of the Twelfth Century,* 160f. The Latin text of Evagrius' translation of the *Vita Antonii* [BHL 609] は PL 73: 125-170 にある。筆者はキャロライン・ホワイトによるエウァグリウスの英訳を用いた。*Early Christian Lives* (London, 1998), 7-70.

（43） アタナティウスはアントニウスがいかに殉教を求め、殉教者の例から高度の禁欲的苦しみに鼓舞されたかを強調している。次を参照。'The Monk and the Martyr,' in *Antonius Magnus Eremita,* ed. Steidle, 201-28 (at 213-15).

（44） Brakke, *Demons and the Making of the Monk,* chapter 2 (quoting 24); 次も参照。A.E.D. Van Loveren, 'Once Again: "The Monk and the Martyr"- Saint Anthony and Saint Macrina,' *Studia Patristica* 17 (1982), 528-38.

（45） *Vita Antonii,* c.11, 16, 20, 51, PL 73: 133, 138, 144, 162-3.

（46） *Vita Antonii,* c.5, 9, and cf. 34, 52, PL 73: 130, 132-3, 154, 163-4.

（47） *Vita Antonii,* c.28, 18, 40, PL 73: 151-2, 142-3, 156.

（48） *Vita Antonii,* c.15, PL 73: 138: 'Hostile illis contra omnes Christianos, maxime vero contra monachos et virgines Christi, odium est. Eorum semitis laqueos praetendunt, eorum mentes impiis atque obscoenis cogitationibus nituntur evertere; sed nihil vobis in hoc terroris incutiant. Fidelium enim orationibus atque jejuniis ad Dominus statim corruunt; nec tamen si paululum cessaverint, prorsus plenam putetis esse victoriam.' 訳は White, *Christian Lives,* 23-4.

（49） *Vita Antonii,* c.25, PL 73: 149-50: 'Illi enim tumultus et voces populi, armorumque sonitus, prorsus plenum montem daemonum multitudine sevidisse referebant: ipsum etiam quasi contra inimicos palam resistentem et fortiter colluctantem. Qui tamen et advenientes suo refovebat hortatu, et flexis genibus, armis quoque orationum omnem Satanae prosternebat exercitum.' trans. White, *Christian Lives,* 40-1.

（50） *Vita Antonii,* c.21, PL 73: 146.

（51） *Vita Antonii,* c.37, and cf. c. 25, PL 73: 155, 149-50.

（52） これは特に次の箇所で明らかである。*Vita Antonii,* c.37, PL 73: 155.

（53） 東方の禁欲的修道主義を西方に伝える道筋をつけたものとしてヒエロニュムスが書いたものについて次を参照。Stefan Rebenich, *Jerome* (New York, 2002), chapter 2.

（54） *Life of Antony* との関連も含めて、古代末期の聖人伝の文脈でとらえた *Vita Pauli* について次を参照。Michael Stuart Williams, *Authorised Lives in Early Christian Biography: Between Eusebius and Augustine* (Cambridge, 2008), 119-28; Stefan Rebenich, 'Der Kirchenvater Hieronymus als Hagiograph: Die *Vita S. Pauli primae eremitae,*' in *Beiträge zur Geschichte des Paulinerordens,* ed. Kaspar Elm (Berlin, 2000), 23-40.

（55） これらのうちの大多数は九〜一二世紀の間にある。次を参照。John Frank Cherf, 'The Latin Manuscript Tradition of the *Vita Sancti Pauli,*' in *Studies in the Text Tradition of St. Jerome's Vitae Patrum,* ed. William Abbott Oldfather (Urbana, IL, 1943), 65-142. この *Vita Pauli* はヒエロニュムスが書いた一つ、あるいは複数の聖人伝とともにしばしば書写された。エウァグリウスによる *Life of Antony* と同様である。

（56） 明らかなことだが、*Vita Pauli* で紹介される最初のキリストの戦士（*miles Christi*）は修道士パウロではなく、異教徒の娼婦の口説きをはねのけるために舌の先端を噛み切った無名の殉教者である。そのように自分の肉体と戦争することで自分の魂を守ったのだ。Jerome, *Vita Sancti Pauli eremitae,* c.3, in PL 23: 17-28 (at col. 20).

（57） *Vita S. Pauli,* c.10, in PL 23: 25. パウロはアントニウスに、キリストは奇蹟的に彼に、予期せぬ客に供するに十分な食べ物をお与えになった、と述べている。'verum ad adventum tuum, militibus suis Christus duplicavit annonam.'

（58） *Vita S. Pauli,* c.7, 8, in PL 23: 22-3.

（59） Jerome, *Vita S. Hiralionis,* c.3, PL 23: 29-54 (at col. 30): 'Illum quasi virem fortem victoriae praemia accipere; se nucdum militare coepisse.... Sic nudus, et armatus in Christo, solitudinem ... ingressus est.'

（60） Michael Stuart Williams (*Authorised Lives,* 120-1) が述べているように、「ヒエロニュムスがその重要性を断言している

にもかかわらず……パウロは自身の伝記においてさえ二次的人物に留まっている」。ヒエロニュムスと *Vita Antonii* の複雑な関係について次を参照。Virginia Burrus, 'Queer Lives of Saints: Jerome's Hagiography,' *Journal of the History of Sexuality* 10 (2001), 442-79 (esp. 447-8, 466-70).

(61) ヒエロニュムスの書簡の至る所に見られる動機づけの最近の見直しについて次を参照。Andrew Cain, '*Vox clamantis in deserto:* Rhetoric, Reproach, and the Forging of Ascetic Authority in Jerome's Letters from the Syrian Desert,' *Journal of Theological Studies* 57 (2006), 500-25.

(62) 成熟した男性が、修道院生活を断念した弟分に宛てて書いた手紙として、ヒエロニュムスからの一通は Bernard's Letters 1 and 2 (SBO 7: 1-22) のごく当然のモデルになった。ウェールズのジェラルドもこの一節を（聖職者の禁欲主義についての議論との関連で）次に引用した。*Gemma ecclesiae,* 2.20, ed. and trans. John Hagen (Leiden, 1979), 203.

(63) Jerome, Letter 14.2, in *Select Letters of St. Jerome,* ed. and trans. F.A. Wright (London, 1933), 28-53 (at 30): 'Corpus adsuetum tunica loricae non suffer, caput opertum linteo galeam recusat, mollem otio manum durus exasperate capulus. Aude edictum Regis tui: "Qui mecum non est, contra me est; et qui mecem non colligit, sparsit."' ヒエロニュムスのこの手紙に見る軍事的イメージについて次を参照。J.H.D. Scourfield, *Consoling Heliodorus: A Commentary on Jerome, Letter* 60 (Oxford, 1993), 142-5; Kuefler, *Manly Eunuch,* 275-6.

(64) Letter 14.2, in *Select Letters,* ed. and trans. Wright, 30.

(65) Letter 14.4, in *Select Letters,* ed. and trans. Wright, 34. 'Erras, frater, erras, si putas umquam Christianum persecutionem non pati; et nunc cum maxime oppugnaris, sit te oppugnari nescis.'

(66) Letter 22, in *Select Letters,* ed. and trans. Wright, 52-159.

(67) Letter 22.39, in *Select Letters,* ed. and trans. Wright(slightly revised), 150-3. 'Quis sanctorum sine certamine coronatus est? ... Nonne melius est brevi tempore dimicare, ferre vallum, arma, cibaria, lessascere sub lorica et postea gaudere victorem, quam impatientia unius horae servire perpetuo ?'

(68) Letter 22.3, in *Select Letters,* ed. and trans. Wright, 58-9: 'Magnis iminicorum circumdamur aminibus, hostium plena sunt omnia. Caro fragilis et cinis future post modicum pugnat sola cum pluribus.'

(69) Jacqueline Murray, 'Masculinizing Religious Life: Sexual Prowess, the Battle for Chastity and Monastic Identity,' in *Holiness and*

Masculinity in the Middle Ages, ed. P.H. Cullum and Katherine J. Lewis (Toronto, 2004), 24-42. このフレーズのオリジナルはミシェル・フーコーのカッシアヌス論にある。'Le combat de la chasteté,' *Communications* 35 (1982), 15-25.

(70) David Brakke (*Making of the Monk,* chapter 8) は、四、五世紀の聖人伝が両性の修道士を、デーモンという敵と単独で闘う際、いかにその剛勇さに頼る相対的な男性か女性かとして描いたかを示した。聖なる女性が禁欲的な不屈の精神を示すことで精神的な男らしさを示すように、修道士が誘惑に屈することで女性化するのを避ける必然だ。

(71) 次を参照。John Kitchen, *Saints' Lives and the Rhetoric of Gender: Male and Female in Merovingian Hagiography* (New York, 1998), 104-5.

(72) ラテン語テキストと膨大な量の注について次を参照。Fontaine. *Vie de saint Martin,* 1: 248-317. 筆者は（若干の変更を加えたが）次の英訳を用いた。F.R. Hoare, 'The Life of Saint Martin of Tours,' in *Soldiers of Christ; Saints and Saints' Lives from Late Antiquity and the Early Middle Ages,* ed. Thomas F.X. Noble and Thomas Head (University Park, PA, 1995), 1-29. テキスト、その著者、その対象についての包括的な紹介として、Clare Stancliffe, *St. Martin and his Hagiographer: History and Miracle in Sulcipius Severus* (Oxford, 1983).

(73) *Vita S. Martini* 1.6, ed. Fontaine, 1: 252; trans. Hoare, *Soldiers of Christ,* 5.

(74) *Vita S. Martini* 2.6, ed. Fontaine, 1: 256; Ian S. Robinson, 'Gregory VII and Soldiers of Christ,' *History* 58 (1973), 169-92 (at 178); Rosenwine, 'St. Odo's St. Martin,' 317-31 and figs. 1, 3. 中世盛期、マルティヌスは聖職者というより騎馬の戦士として最も多く絵画に描かれた。模範としての彼の柔軟性が、十字軍運動を批判する聖職者もその反対を支持するものとしてMartin's *vita* を引用した、という事実によって表示されている。たとえば、一二世紀、無名のベネディクト会士の書いたものを参照。*Liber de poenitentia et tentationibus religiosorum,* PL 213: 863-904 (at col. 893).

(75) マルムティエについて次を参照。Raymond Van Dam. 'Images of Saint Martin in Late Roman and Early Merovingian Gaul,' *Viator* 19 (1988), 1-27 (here 4 and n.18). *imitation Martini* の例として次を参照。Adam of Eynsham's twelfth-century *vita* of the ascetic monk-bishop Hugh of Lincoln, *MagnaVita S. Hugonis,* 1.7, ed. and trans. Decima Douie and Hugh Farmer as *The Life of St. Hugh of Lincoln,* 2 vols (London, 1961-2), 1: 24.

(76) Stancliffe, *Martin and his Hagiographer,* 68-9, 96.

(77) *Vita S. Martini* 2.7, ed. Fontaine, 1: 256; trans. Hoare, *Soldiers of Christ,* 6. ヴァージニア・ブルスが述べているように（*The Sex*

Lives of Saints: An Erotics of Acient Hagiography [Philadelphia, PA, 2004], 95)、マルティヌスの洗礼は……兵士であることとの縁切りにはならなかった。兵士であることが修道院的アイデンティティーと妥協した、というより以上のものではなかった。

（78） *Vita S. Martini* 3, ed. Fontaine, 1: 256-8; trans. Hoare, *Soldiers of Christ,* 7.

（79） 実際、この場面は *vita* の中でも三つ受難を構成している。次を参照。Jacques Fontaine, 'Sulpice Sévère a-t-il travesti Saint Martin de Tours en martyr militaire ?' *Analecta Bollandiana* 81 (1963), 31-58 (esp. 34-6); Stancliffe, *Martin and His Hagiographer,* 141-7.

（80） *Vita S. Martini* 4.3-5, ed. Fontaine, 1: 260: 'Christi ego miles sum: pugnare mihi non licet. Tum uero adversus hanc uocem tyrannus infremuit dicens eum metu pugnae, quae postero die erat future, non religionis gratia detractare militiam. At Martinus intrepidus, immo inlato sibi terrore constantior: si hoc, inquit, ignauiae adscribitur, non fidei, crastina die ante aciem inermis adstabo et in nomine Domini Iesu, signo crucis, non clipeo protectus aut galea, hostium cuneos penetrabo securus.' Trans. Hoare in *Soldiers of Christ,* 8.

（81） *Vita S. Martini* 4.7-9, ed. Fontaine, 1: 260-2; trans. Hoare in *Soldiers of Christ,* 8. 世俗の戦闘のこの記述においてさえ、聖書の精神的戦争の反映があることに注目。「エフェソの信徒への手紙」六章一六節、「敵の矢（*tela hostium*）」。

（82） 次を参照。Fontaine, *Vie de saint Martin,* 1: 143-8; Raymond Van Dam, *Leadership and Community in Late Antique Gaul* (Berkeley, CA, 1992), 124-7, 136, 139; Burrus, *Sex Lives of Saints,* 91-103.

（83） *Vita S. Martini* 12.3, 13.8, 22.1 (prayer/cross as weapons); 14.5 (angelic warriors), ed. Fontaine, 1: 278, 282, 300, 284.

（84） Sulpicius Severus, Letter 3.13, ed. Fontaine, *Vie de Saint Martin,* 1: 340: 'Gravis quidem est, Domine, corporeae pugna militiae et iam satis est quod hucusque certaui; sed si adhuc in eodem labore pro castris tuis stare me praecipis, non recuso nec fatiscentem causabor aetatem. Munia tua deuotus inplebo, sub signis tuis, quadusque ipse tu iuserris, militabo, et, quamuis optata sit seni remisso post laborem, est tamen animus uictor annorum et cedere nescius senectuti.'

（85） ラテン語テキストについて次を参照。Gregory the Great, *Dialogues,* 3 vols, ed. Adalbert de Vogüé and trans. Paul Antin, SC 251, 260, 265 (Paris, 1978-80).

（86） Joan M. Petersen, *The Dialogues of Gregory the Great in their Late Antique Cultural Context* (Toronto, 1984), 27-8, 38 (and chapter 1 more generally); and the introduction to the *Dialogues* by de Vogüé, 1: 117-19, 120-4.

（87） *Dialogues* 2.3.11 ed. de Vogüé, 2: 148: 'Fortis etenim praeliator Dei teneri intra claustra noluit, certaminis campum quaesiuit.'

(88) *Dialogues* 2.2.2, ed. de Vogüé, 1: 138. このエピソードは後の中世の聖人伝で数限りなく再現された。

(89) *Dialogues* 2.8.10, ed. de Vogüé, 2: 166: 'Nam tanto post grauiora praelia pertulit, quanto contra se aperte pugnantem ipsum magistrum militiae inuenit.'

(90) *Dialogues* 2.8.10-11, ed. de Vogüé, 2: 166-8. ベネディクトゥスは、彼らしいやり方で敷地内にマルティヌスに捧げた礼拝堂を建てた。

(91) *Dialogues* 1.10.1(Fortunatus of Todi) and 3.7 (Andrew of Fondi), ed. de Vogüé, 2: 92-4, 278-80.

(92) テキストの受容と影響について次を参照。Vogüé's Introduction to the *Dialogues,* 1: 141-3; Jean Longère's study of the presentation of Benedict in sermons and liturgical texts; 'La prédication sur Saint Benoît du Xe au XIIIe siècle,' in *Sous la Règle de Saint Benoît: Structures monastiques et sociétés en France du moyen âge à l'époque moderne* (Geneva, 1982), 33-60.

(93) *Miracula S. Benedicti,* 2.4, ed. de Certain, 102-3; trans. Head, *Hagiography and the Cult of Saints,* 119. この物語は次をほのめかしている。*Dialogues* 2.10,11, ed. de Vogüé, 2: 173. ハイモのテキストは次のように読める。'Tunc miles Christi ad nota recurrens praesidia, signo crucis armat frontem, totemque se adversus phantasticum objicit incendium, memor utique, ut conjici datur, operum domini ac magistri sui Benedicti, qui, divinae gratiae praeventus munere, adurentes flammas, vocatis ad suos oculos discipulis, imaginarias fuisse declaravit.'

(94) イコンと文書による伝統の相互作用、および逆に、それらが共同体と聖人にたちの間にどんな関係を形成したかについて次を参照。Kirk Ambrose, *The Nave Sculpture of Vézelay: The Art of Monastic Viewing* (Toronto, 2006), chapter 3 (esp. 48-56 for the importance of Martin, Benedict, Antony and Paul as exemplars).

(95) Augustine, *De opere monachorum,* c.22.26, 25.32, 26.35, ed. in PL 40: 57-82 (at col. 569, 571-2, 574).

(96) *Rule of Macarius* における *milites Christi* としての修道士の記述について次の中の抜粋を参照。Benedict of Aniane's *Concordia regularum* 7.2, PL 103: 805.

(97) *Admonitio ad filium spiritualium,* PL 103: 685-6 (quoting col. 685). この作品は今では五〇〇年頃、大修道院長レランスのポルカリウスが書いたと考えられている。注について次を参照。James F. LePree, 'Two Recently-Discovered Passages of the Pseudo-Basil's *Admonition to a Spiritual Son* in Smaragdus' *Commentary on the Rule of S. Benedict* and the *Letters* of Alcuin,' *Heroic Age* 11 (2008), online at http://www.heroicage.org/issues/11/lepree.php (accessed 5 October 2010).

（98）　*Regula Magistri,* ed. and trans. Adalbert de Vogüé as *La Règle du maître,* 3 vols, SC 105-7 (Paris, 1964-5).　このテキストの成立時期に関して今もって不明だが、*Master* による精神的な闘いへの言及は、『ベネディクト会則』における軍事的言語に刺激を与えたか、ベネディクトゥスの作品から派生したものとしても読める。*Regula Magistri,* 1.1-5 (ed. de Vogüé, 1: 328-30) と RB 1.4-5, p. 168 を比較していただきたい。ベネディクトゥスの『会則』が *Master* のそれに由来するとの見解について次を参照。Marilyn Dunn, 'Mastering Benedict: Monastic Rules and their Authors in the Early Medieval West,' *English Historical Review* 105 (1990), 567-94. 反論について次を参照。Adalbert de Vogüé, 'The Master and St. Benedict: A Reply,' *English Historical Review* 107 (1992), 95-103.

（99）　The *Codex regularum monasticarum et canonicarum* は PL 103: 423-700 にある。Pseudo-Basilian *Admonitio* を除いて、これらの作品のすべてが *Codex* および Benedict's *Concordia regularum* に含まれる。後者は *Rule of Benedict* の教訓を示す意図で編まれたさまざまな「修道会則」からの用語集である。アニアーヌのベネディクトゥスの作品が後に流布したことについて次を参照。Pierre Bonnerue's Introduction to his edition of this work, *Benedicti Anianensis Concordia regularum,* CCCM 168 (Turnhout, 1999), 147-53.

（100）　カッシアヌスはいかなる修道会規則も残さなかったが、彼の助言は高く評価され、アニアンのベネディクトゥスはカッシアヌスの書いたものを抜粋して、規則を作ろうとした。カッシアヌスの資料とその後世への影響について次を参照。Columba Stewart, *Cassian the Monk* (Oxford, 1999), 24-7.

（101）　たとえば次を参照。*Collationes* 4.11, 5.27, ed. and trans. Pichery, 1: 175-6, 216-17. キャロル・ストローはカッシアヌスの罪とその動因を外面化する傾向を強調している。次を参照。'Gregory, Cassian, and the Cardinal Vices,' in *In the Garden of Evil: The Vices and Culture in the Middle Ages,* ed. Richard Newhauser (Toronto, 2005), 35-58 (esp. 44-6).

（102）　*Collationes,* 7.5., ed. Pichery, 1: 250: 'Si igitur nos quoque uiriliter perturbations et uitia dimicantes potuerimus ea dicioni nostrae discretionique subicere ac militantes in carne nostra exitinguere passiones uel instabilem cogitationum nostrarum cohortem rationis imperio subiugare ac dominicae crucis salutari uexillo dirissimas aduersariarum potestatum turmas a terminis nostri pectoris propulsare, pro tantorum meritis triumphorum ad spiritalis huius centurionis ordinem prouehemur....'

（103）　*Institutiones,* 6.7.1, ed. and trans. Guy, 271: 'ut posit nobis spiritualis agonis instructio conparatione carnalis adquiri.'

（104）　*Institutiones,* 1.1.1-5 and 1.11.1-3, ed. Guy, 36-8, 52-4.

(105) ルース・マソ・カルラスによる引用と論考。'Thomas Aquinas's Chastity Belt: Clerical Masculinity in Medieval Europe,' in *Gender & Christianity in Medieval Europe: New Perspectives,* ed. Lisa M. Bitel and Felice Lifshitz (Philadelphia, PA, 2008), 52-67 (quoting 62). ラテン語テキストについて次を参照。William of Tocco, *Ystoria sancti Tome de Aquino,* 11, ed. Claire Le Brun-Gouanvic (Toronto, 1996), 112-13.

(106) カッシアヌスはあきらかに、*Vita Antonii* のような作品、エウァグリウス・ポンティウスの著作（後者を通してそのオリジナル）に具現されている禁欲主義や隠遁主義の東方的モデルに影響されている。次を参照。Stewart, *Cassian the Monk,* chapter 1.

(107) *Institutiones,* 6.5.1, ed. Guy, 268.

(108) *Conferences,* 10.10, ed. Pichery, 2: 85: 'Hic versiculus（「詩篇」六九章二節）omnibus infestation daemonum laborantibus inexpugnabilis murus est, et impenetrabilis lorica, ac munitissimus clypeus.'（「詩篇」六九章二節は次のように読める。'Come to my help, O God; Lord, hurry to my rescue.'）

(109) *Institutiones,* 5.19-20, ed. Guy, 222-4; *Conferences,* 7.20-1, ed. Pichery, 1: 261-5.

(110) *Conferences,* 7.20, ed. Pichery, 1: 261-2.

(111) ここで取り上げられている言語の意味は、これまでも激しい論争の的になってきた。ウジェーヌ・マニングは（'La signification de *militare-militia-miles* dans Règle de S. Benoît,' *Revue Bénédictine* 72 (1962), 135-8）、ベネディクトゥスの *militia* 概念は 'service' または 'obedience' の意味を持っており、その軍事主義的な含意を軽視していると論じた。その論は、クリスティーヌ・モーアマンによる初期の文献学・言語学的研究（'La langue de Saint Benoît,' in *Sancti Benedecti Regula Monachorum,* ed. Philbert Schmitz [Maredsous, 1955], 9-39）の一般的な流れに沿ったもので、つまり、*militia, militare* と古代末期の civil service の結びつきを重視していた。そういう意味はテキストの中に確かに存在するが、ベネディクトゥスはここで描写した精神的な戦争の長い系譜も意識していたのだ。グレゴリオ・ペンコは、『会則』の軍事的なイメージは精神的な兵士としての修道士を記述している六世紀の他の多くのテキストとの関連の中で読み取られるべきだと提唱している。次を参照。'Il concetto di monaco e di vita monastica in occidente nel secolo VI,' *Studia monastica* 1 (1959), 7-50 (esp. 22-3). さらに近年、ベネディクト・ゲヴィンは、『会則』言語の軍事的含意を容認する議論をした。次を参照。'Benedict's "Military" Vocabulary Reconsidered,' *American Benedictine Review* 49 (1998), 138-47.

(112) RB Prol. 3, p. 156: 'Ad te ergo nunc mihi sermo dirigitur, quisquis abrenuntians propriis voluntatibus, Domino Christo vero regi militaturus oboedientiae fortissimo atque praeclara arma sumis.'

(113) RB Prol. 40, p. 164.

(114) RB 1.4-5, p. 168. 隠者は共同体での生活からその力を得た。'eremitarum ... qui didicerunt contra diabolum multorum solacio iam docti pugnare, et bene extructi fraternal ex acie ad singularem pugnam eremi, securi iam sine consolatione alterius, sola manu vel brachio contra vitia carnis vel cogitationum, Deo auxiliante, pugnare sufficiunt.' レネ・ドルは、五世紀の教皇レオ一世の説教に至るまでの、このフレーズの起源を跡づけている。次を参照。'"Fraterna ex acie": À propos du chapitre 1 (5) de la Règle Bénédictine,' *Studia Anselmiana* fasc. 44 (1959), 126-8.

(115) RB 2.20, p. 174: 'sub uno aequalem servitutis militiam baiulamus, quia non est apud Deum personarum acceptio (Rom. 2: 11).' 集団的な闘いをこのように強調するのは、ベネディクトゥスの大きな影響下にある一人、カッシアヌスの仕事から出発していることを示している。その『規約』と『講義集』は、罪に対する個人的な禁欲の戦いにより広範な関心を寄せている。

(116) de Vogüé, Introduction to the *Dialogues,* 1: 143.

(117) *Dialogues* 3.19.5 and 3.20.3, ed. de Vogüé, 2: 348-50: 'Sine labore certaminis non est palma uictoriae. Unde ergo uictores sunt, nisi contra antiqui hostis insidias decertauerunt ? Malignus quippe spiritus cogitationi, locutioni atque operi nostro semper insistit, si fortasse quis inueniat, unde apud examen aeterni iudicis accusator existat.... Laboriosum ualde atque terribile est contra inimici insidias semper intendere et continue quasi in aciem stare.'

(118) RB 1.4, p. 168. *Dialogues* の他の箇所で、グレゴリウスが次のような奇蹟を記述していることに注目。死を前にした修道士たちに天なる軍隊に加わるよう教団に天使の使いが来る。*militia Christi* における彼らの誠実な奉仕への報酬というのだ。次を参照。*Dialogues* 4.27.4, ed. de Vogüé, 3: 88-90.

(119) スマラグドゥスについて次を参照。Leclercq, *Love of Learning,* 44-6. *Expositio* は ed. by A. Spannagel and P. Engelbert, Corpus consuetudinem monasticarum 8 (Siegburg, 1974); and trans. by David Barry as *Smaragdus of Saint-Mihiel: Commentary on the Rule of Saint Benedict,* CS 212 (Kalamozoo, MI, 2007).

(120) Daniel Marcel La Corte, 'Smaragdus of Saint-Mihiel: Ninth-Century Sources for Twelfth-Century Reformers,' *Cistercian Studies*

Quarterly 41 (2006), 273-90; and Willibrord Witters, 'Smaragde au Moyen Âge: la diffusion de ses écrits d'après la tradition manuscrite,' *Études ligériennes d'histoire et d'archéologie médiévales* (Auxerre, 1975), 361-76.

(121) *Expositio,* Prol. 3, ed. Spannagel and Engelbert, 13-14: 'Sunt enim milites saeculi, sunt et milites Christi. Sed milites saeculi infirma et lubrica arma, milites autem Christi fortissima sumunt atque praeclara. Pugnant illi contra hostes, ut se et interfectos aeternam perducant ad poenam; pugnant isti contra vitia, ut post mortem aeternam vitam consequi possint et praemia; illi ut descendant ad tartara, isti ut ascendant ad gloriam; illi ut post mortem cum daemonibus mancipentur in inferno, ... isti ut cum angelis semper laetentur; illi ut cum diabolo semper lugeant, isti cum Christo semper exultent.' Trans. Barry, *Commentary,* 58-9. スマラグドゥスがここで、すべての世俗の戦争は悪魔であり、その実行者は呪われている、との中世最初期の聖職者の見解を表明していることに注目。

(122) *Expositio,* Prol. 21, ed. Spannagel and Engelbert, 35; trans. Barry, *Commentary,* 88.

(123) *Expositio,* 1.5, ed. Spannagel and Engelbert, 57. 'Acies dicitur instructus ordo militum ad bellandum contra diabolum, ex qua iste solus monachorum ordo egreditur pugnaturus. Pugna vocata, eo quod primitus in bello pugnis praeliare incipiebant. Nullus enim absque certamine coronabitur; neque gratia dei deserit quemquam, si cum alacritate et bona voluntate pugnaverit contra vitia carnis.' Trans. Barry, *Commentary,* 118. *Rule* に対するこのような文献学的・言語学的なアプローチはスマラグドゥス独特のものである。スマラグドゥスが集めた修道院生活におけるさまざまな瞑想における同様のイメージを参照。the *Diadema monachorum,* c.76, PL 102: 671-2.

(124) 『詩篇読解』1.2（「ヨブ記」七章一節、「詩篇」三五章一～二節）, 1.4-5（「テモテへの手紙二」二章五節、「エフェソの信徒への手紙」六章一一～一六節）, 2.20（「ヨブ記」七章一節）, ed. Spannagel and Engelbert, 56-8, 69; trans. Barry, *Commentary,* 117-18, 136.

(125) これらの伝記では精神的な闘いのテーマは、驚くには当たらないが、次に見られる通り、純潔の維持と関連づけられている。John Bugge, *Virginitas: An Essay in the History of a Medieval Ideal* (The Hague, 1975), 50-5; Matthäus Bernards, *Speculum virginum: Geistigkeit und Seelenleben der Frau im Hochmittelalter* (Cologne and Vienna, 1982), 102-6.

(126) 次のカロリング朝時代の例を参照。Anon., *Vita* of Ansegisus of Fontenelle, c.5, PL 105: 735-50 (at col. 737); Eigil of Fulda, *Vita Sturmi,* c.7, ed. Pius Engelbert in *Die Vita Sturmi des Eigil von Fulda* (Marburg, 1968), 139.

(127) 『詩篇読解』による。Prol. 3, ed. Spannagel and Engelbert, 14-15; trans. Barry, *Commentary,* 60-1.

(128) 精神的な戦士としての旧約聖書のヒーローについて第一章参照。支配者、貴族的戦士としての特殊なグループ、マカベア家一族について次を参照。Jean Dunbabin, 'The Macabees as Examplars in the Tenth and Eleventh Centuries,' in *The Bible in the Medieval World: Essays in Memory of Beryl Smalley*, ed. Katherine Walsh and Diana Wood (Oxford, 1985), 31-41.

(129) Mary Alberi ("The Sword Which You Hold in Your Hand") は〔アルクイヌスの〕聖書解釈と、「キリストに奉仕すべく訓練された *militia* の修道士的伝統から導き出した政治的理想の結びつき」を仮定した。

(130) Elizabeth Sears, 'Louis the Pious as *Miles Christi*: The Dedicatory Image in Hrabanus Maurus's *De laudibus sanctae Crucis*,' in *Charlemagne's Heir: New Perspectives on the Reign of Louis the Pious* (814-840), ed. P. Godwin and Roger Collins (Oxford, 1990), 605-28.

(131) *De rerum naturis*, 16.3, PL 111: 451: 'Milites autem Christi illi esse dimicuntur, qui contra diabolum pugnant, et contra vitia dimicant.' シアズによる引用。'Louis the Pious,' 623.

(132) クリュニーのオドは伝統的に、両方の伝記の内容が信じられ、多くの研究者が両方ともオドの作品として扱い続けているが、他の研究者は、オドによる前の短い伝記（the *Vita brevior*）と他の著者による後の長い伝記（the *Vita prolixior*）を峻別してきた。筆者はゲラルドゥス崇拝研究を完成させているマシュー・キュフラーに学恩を受けている。'Dating and Authorship of the *Vitae* of Saint Gerald of Aurillac' なる彼の未完の論文は筆者と共著であり、筆者がこの資料に新しい光を当てる助けになった。（最初期の研究者の例に倣って）筆者がここで焦点を当てた *Vita prolixior* は（作品をオドによるものとしている）アン＝マリー・バルトット＝ヴェルレイセンによって次のように再編された。*Vita sancti Geraldi Auriliacensis*, Subsidia hagiographica 89 (Brussels, 2009). この二番目の伝記の古い方の翻訳（やはり、オドのものとされている）について次を参照。Sitwell, *St. Odo of Cluny*. *Vita prolixior* にある戦争という言葉の使い方に関する筆者の読み方は、特に次の二つの記事に負う所がある。Rosenwein, 'St. Odo's St Martin'; and Stuart Airlie, 'The Anxiety of Sanctity: St. Gerald of Aurillac and His Maker,' *Journal of Ecclesiastical History* 43 (1992), 372-95 (esp. 384-7).

(133) *Vita sancti Geraldi Auriliacensis*, Preface to Book 1, ed. Bultot-Verleysen, 131. ゲラルドゥスの聖性の広範な疑念について、より全般的には *vita* の preface (*ibid.*, 130-6), commentary については Airlie, 'The Anxiety of Sanctity' を参照。

(134) ギレムについて次を参照。Ardon Smaragdus, *Vita Benedicti Abbatis Anianensis et Indensis auctore Ardone*, c.30, ed. G. Waitz, MGH SS 15/1: 200-20 (at 211-13)（ここでは後の聖人伝的資料と違い、聖なるベネディクトゥスとしてのギレムがアニアーヌのベネディクトゥスのモデルに当てられている）．注について、Victor Saxer, 'Le culte et la légende hagiographique

de Saint Guillaume de Gellone,' in *La chanson de geste et le mythe carolingien: Mélanges René Louis,* 2 vols (Saint-Père-sous-Vézelay, 1982), 2: 565-89.（妻の愛人の手で「殉教」させられた八世紀の貴族）ガングルフについて次を参照。*Vita Gangulfi martyris Varennensis,* ed. W. Levinson, MGH SS RerMerov 7: 142-74; commentary について次を参照。Airlie, 'The Anxiety of Sanctity' 385.

(135) *Vita sancti Geraldi,* 1.8, ed. Bultot-Verleysen, 144: 'Aliquoties autem cum inevitabilis ei praeliandi necessitas incumberet, suis imperiosa voce praecepit, mucronibus gladiorum retroactis, hastas inantea dirigentes pugnarent. Ridiculum hoc hostibus foret, nisi Geraldus vi divina roboratus, mox eisdem hostibus intolerabilis esset. Quod etiam suis valde videbatur ineptum ni experiment probassent, quod Geraldus ... vincebat invincibilis semper esset. Cum ergo viderent quod novo praeliandi genere mista pietate triumpharet, irrisionem vertebant in admirationem. Etiam victoriae securi, servabant alacres quod jubebat.' Trans. Sitwell, *Odo of Cluny,* 100.

(136) Duby, *Three Orders,* 97-8.

(137) *Vita sancti Geraldi,* Preface to Book 2, ed. Bultot-Verleysen, 196. このテキストは、俗人が単純には修道士と同じレベルでは受け取られなかったこと、そして、ゲラルドゥスが貴族である「にもかかわらず」聖人になったことを明らかにしている。'Nam laico homini multa licent quae monacho non licent.'

(138) *Vita sancti Geraldi,* 2.1, ed. Bultot-Verleysen, 198: 'Athleta coelestis militiae dudum in palestra mundanae conversationis agonizans, cuneos vitiorum virlier debellavit.'

(139) Rosenwein, 'St. Odo's St Martin,' 324.

(140) ゲラルドゥスを元祖十字軍士の一人とする解釈に抗するものとして次を参照。H.E.J. Cowdrey, 'Cluny and the First Crusade,' *Revue Bénédictine* 83 (1975), 285-311 (at 288-9).

(141) *miles* の発展展開的な意味、そういう関連での語彙について次を参照。(for France) Georges Duby, 'Origins of Knighthood,' in his *The Chivalrous Society,* trans. Cynthia Postan (Berkeley, CA, 1977); Jean Flori, *L'essor de la chevalerie: Xe et XIe siècles* (Geneva, 1986), chapter 2; and (for England) Richard Barber, 'When is a Knight Not a Knight ?' in *The Ideals and Practice of Medieval Knighthood V: Papers from the Sixth Strawberry Hill Conference,* ed. Stephen Church and Ruth Harvey (Woodbridge, 1995), 1-17.

(142) Dominique Barthélmy, *The Serf, the Knight, and the Historian,* trans. Graham Robert Edwards (Ithaca, NY, 2009), 143-4, 151-2.

(143) これは、研究者たちが伝統的にキリスト教徒騎士階級の発達と騎士的理想の発達を関連づけたのと同じ時期である。次を参照。Keen, *Chivalry,* 44-5.

（144） Thomas Head, 'The Development of the Peace of God in Aquitaine (970-1005),' *Speculum* 74 (1999), 656-86 (quoting 686). 教会と、Aquitaine における俗人権力者の関係のターニングポイントとなった九七〇年代について *ibid.*, 659-61 参照。

（145） 'peace-war' という言葉はエアトマンの『十字軍理念の成立』64 から来ている。農民と聖職者によるにわか作りの 'army' が、デオルのオドによって打倒される以前に、何回か血なまぐさい勝利を得たハイモンを修道院側が非難したことについて次を参照。Head, 'Judgment of God.'

（146） レオ九世の戦争についてエアトマンの『十字軍理念の成立』123-4 参照。大分裂について H.E.J. Cowdrey, *Pope Gregory VII,* 1073-1085 (Oxford, 1998), 49-54 参照。これらの発展の当時の考え方について Peter Damian, Letters 87-9 and 100, ed. Reindel, *Briefe,* 2: 504-72 and 3: 101-15 参照。

（147） この物語のさまざまな側面をレオのすべての聖人伝作家が報告している。レオの存命中に始められ、一〇六〇年代に完成したテキストについて次を参照。*Vita Leonis Papae*（ここでは助祭長 Wibert に擬せられている）2.11, in *Pontificum Romanorum Vitae,* ed. J.M. Watterich (Leipzig, 1862), 166. 翻訳と注について次を参照。Ian S. Robinson, *The Papal Reform of the Eleventh Century: Lives of Pope Leo IX and Gregory VII* (Manchester, 2004), 17-29 and 181(text).

（148） 殉教した十字軍士の先駆としてのキヴィターテの殉教者について次を参照。Robinson, *Papal Reform of the Eleventh Century,* 9: Colin Morris, 'Martyrs on the Field of Battle Before and During the First Crusade,' in *Martyrs and Martyrologies,* ed. Diana Wood, Studies in Church History 30 (London, 1993), 93-104.

（149） 一一世紀の改革派が書いたものや第一次十字軍の年代記に見られる殉教重視は、殉教者が最初のキリストの兵士だったこと、精神的な戦争というコンセプトが、著者たちが殉教者の「受難」から借用した修道院的な言説に取り入れられたということを想起する時、特に重要になる。

（150） Robinson, 'Soldiers of Christ' 参照。第一次十字軍の司令官のうちの何人かが聖ペテロの戦士（*milites Sancti Petri*）だった父を持っていた、あるいは自身がそうだったかは、同じではない。次の指摘を参照。Jonathan Riley-Smith, 'The First Crusade and St. Peter,' in *Outremer: Studies in the History of the Crusading Kingdom of Jerusalem,* ed. B.Z. Kedar, H.E. Mayer, and R.C. Smail (Jerusalem, 1982), 49.

（151） Cowdrey, 'Gregory VII and the Bearing of Arms,' in *Monjoie: Studies in Crusade History in Honor of Hans Eberhard Mayer,* ed. Benjamin Z. Kedar, Jonathan Riley-Smith and Rudolf Hiestand (Aldershot, 1997), 33. 次も参照。idem, *Gregory VII,* 650-8.

(152) Gregory VII, *Registrum,* 1.28, ed. Caspar, 1: 45-6. Cowdrey, 'Bearing of Arms' 31 による引用。

(153) Robinson, *Papal Reform of the Eleventh Century,* 51; H.E.J. Cowdrey, 'Martyrdom and the First Crusade,' in *Crusade and Settlement,* ed. Peter Edbury (Cardiff, 1985), 46-56 (at 48).

(154) ロビンソン（'Soldiers of Christ,' 179）は、グレゴリウスの軍事的用語の使い方はあまりにあいまいで、彼が精神的な戦争のことを言っているのか、世俗の戦争のことを言っているのか（あるいはその両方か）はっきり言えないことがある、と注記している。しかしカウドリー (*Gregory, VII,* 564) は次のように警告している。このあいまいさは *militia* と *militare* という言葉のあいまいさを反映しているのであろう。これらの言葉のグレゴリウスによる使い方は、彼が世俗的な意味での武器のよる戦争でこの言葉を使っている、それを過度に求めているのではない、他の奉仕の形式、世俗にして精神的な奉仕も意図されているのではないか、というのである。

(155) グレゴリウスからクリュニーのフーゴ宛の一〇七八年の手紙参照。そこでグレゴリウスは彼が世俗のために是非必要と感じていたブルゴーニュ公フーゴ一世に改心を奨励している大修道院長を叱責している。テキストとして Gregory VII, *Registrum,* 6.17, ed. Caspar, 423-4, 注として Bouchard, 'Noble Piety and Reformed Monasticism.' 参照。

(156) グレゴリウスの修道士的バックグランドについて Cowdrey, *Gregory VII,* 28-9 参照。彼が計画した（そして自分がひきつけられた）いかなる闘いも——東方への「元祖・十字軍」と悪評高いもの——何の成果ももたらさなかった。その最後の遠征について次を参照。H.E.J. Cowdrey, 'The Gregorian Papacy, Byzantium, and the First Crusade,' in *Byzantium and the West, c.850-1200,* ed. J. Howard-Johnston (Amsterdam, 1988), 145-69.

(157) 騎士階級出身の元クリュニー会修道士としてウルバヌスは *milites saeculares* と *milites spirituales* の関係を見極めるに十分な知識を持っていた。

(158) 次にある引用。Riley-Smith, *Idea of Crusading,* 26; and Purkis, *Crusading Spirituality,* 12. ウルバヌスは服従しない修道士を「使徒による破門の剣」で脅しさえした。ラテン語テキストは次のように編集されている。W. Wiederhold, 'Papsturkunden in Florenz,' *Nachrichten von der Gesellschaft der Wissenschaften zu Göttingen, Phil.-hist. Klasse* (1901), 313-14 (no. 6).

(159) これらの研究はウルバヌスの動機、メッセージについて、一連の現代的な解釈によるある種の意味を与えている。Augustus C. Krey, 'Urban's Crusade: Success or Failure?' *American Historical Review* 53 (1948), 235-50; H.E.J. Cowdrey, 'Pope Urban's Preaching of the First Crusade,' *History* 55 (1970), 177-88; and Marcus Bull, 'The Pilgrimage Origins of the First Crusade,' *History Today*

47 (1997), 10-15.

(160) 例外はいくつかある。おそらく *militia Christi* というコンセプトにあまり慣れ親しんでいなかった俗人によるものと思われる唯一のほぼ同時代の資料で無名の *Gesta Francorum* および、ランスのロベールの *Historia Hierosolymitana*. *Gesta* の著者について次を参照。Kenneth Baxter Wolf, 'Crusade and Narrative: Bohemond and the *Gesta Francorum*,' *Journal of Medieval History* 17 (1991), 207-16. 現在の再評価について次を参照。Jay Rubinstein, 'What is the *Gesta Francorum*, and Who was Peter Tudebode?' *Revue Mabillon* 16 (2005), 179-204.

(161) ギルベルトゥスは一一〇四年から一一二五年の死に至るまでノジャン・ス・クーシー修道院長を勤め、一一〇八年頃 *Gesta Dei per Francos* を書いた（さらに数年にわたって改編を続けた）。ドルのバルドリックは一〇七九年から一一〇七年にドル司教に昇進するまでブルグイユ修道院長で、一一〇八～一一一〇年頃 *Historia Hierosolymitana* を書いた。シャルトルのフルシェはシャルトル修道院学校で司祭としての教育とおそらく訓練を受け、ブーローニュのバルドゥイヌス付司祭として第一次十字軍に参加した。彼の *Historia Hierosolymitana* は一一〇〇～一一〇六年頃のもの。

(162) Guibert of Nogent, *Gesta Dei per Francos,* 2.4, ed. R.B.C. Huygens, CCCM 127A (Turnhout, 2002), 112-13; Baldric of Dol, *Historia Hierosolymitana,* 1.4, RHC Occ. 4: 15. マカベア家一族への十字軍の他の比較についてシャルトルのフルシェの Prologue 参照。*Historia Hierosolymitana,* Prol. 3, ed. H. Hagenmeyer (Heidelberg, 1913), 116-17（バルドリクスの類推は、エブス人（Jebusites）はエルサレムから放逐されなかったという「ヨシュア記」一五章六三節の叙述にヒントを得たものであろう）.

(163) Baldric of Dol, *Historia Hierosolymitana,* 1.4, RHC Occ. 4: 15: 'et sub Jesu Christo, duce nostro, acies Christiana, acies invictissima, melius quam ipsi veteres Jacobitae, pro vestro Jerusalem decertetis ....'

(164) Baldric of Dol, *Historia Hierosolymitana,* 1.4, RHC Occ. 4: 14: 'aut istiusmodi militiae cingulum quantocius deponite, aut Christi milites audaciter procedite, et ad defendendam Orientalem Ecclesiam velocius concurrite.'

(165) 十字軍と修道院的告白の精神的利益の、別の明白な比較について次を参照。Guibert of Nogent, *Gesta Dei per Francos,* 1.1, ed. Huygens 年代記 87.

(166) Baldric of Dol, *Historia Hierosolymitana,* 1.4, RHC Occ. 4: 14: 'Non est haec militia Christ, quae discerpit ovile Redemptoris. Sancta Ecclesia ad suorum opitulationem sibi reservavit militiam, sed vos eam male depravatis in malitiam.' Cf. Fulcher of Chartres, *Historia*

Hierosolymitana, 1.3.7, ed. Hagenmeyer, 136.

(167) Raymond of Aguilers, *Historia Francorum qui ceperunt Iherusalem,* c.6, RHC Occ. 3: 245; Fulcher of Chartres, *Historia* 2.54.5, ed. Hagenmeyer, 589; Guibert of Nogent, *Gesta Dei per Francos,* 2.4, 6.8,ed. Huygens, 112-13, 240; Gilo of Paris, *Historia Vie Hierosolymitane,* ed. and trans. Grocock and Siberry, 160-1. 十字軍年代記や説教におけるマカベア家一族のテーマが次で論じられている。Jonathan Philips, *The Second Crusade: Extending the Frontiers of Christendom* (New Haven, CT, 2007), 56.

(168) Sylvia Schein, *Gateway to the Heavenly City: Crusader Jerusalem and the Catholic West (1099-1187)* (Burlington, VT, 2005), 24. たとえばドイツのベネディクト会修道院長 Ekkehard of Aura's *Hierosolymita,* c. 20, RHC Occ.5: 11-40 (at 26) 参照。ギベールの『神の業』は特にこの点に関心を持っている。たとえば book 7.21 (ed. Huygens, 302) で彼は、この市の略奪をゼカリア書一二章二～三節（エルサレムが包囲され、「強奪され、引き裂かれ」、「地上のすべての王国がそこへ集められる」と予言する）を実現したものとして記述している。ジェイ・ルベンスタインはギベールの『神の業』は十字軍へのアプローチの点で基本的に聖書解釈学的であることを示した。次を参照。*Guibert of Nogent: Potrait of a Medieval Mind* (London, 2003), 98-101.

(169) Morris, 'Martyrs on the Field of Battle'; Cowdrey, 'Martyrdom and the First Crusade'; Riley-Smith, *Idea of Crusading,* 114-19; and idem. 'Death on the First Crusade,' in *The End of Strife,* ed. D.M. Loades (Edinburgh, 1984) , 14-31.

(170) Robert of Reims, *Historia Iherosolimitana,* 5.12, RHC Occ. 3: 799-800: 'Ego in nomine Jesu Christi primus ascendam ad quodecumque me Deus vocaverit suscipiendum, sive ad martyrium, seu ad obtinendum victoriae bravium.' Trans. Carol Sweetenham, *Robert the Monk's History of the First Crusade (Historia Iherosolimitana),* Crusade Texs in Translation 11 (Aldershot, 2006), 145. Cf. Raymond of Aguilers, *Historia Francorum,* c.16, RHC Occ. 3: 276; Ekkehard of Aura, *Hierosolymita,* c.35, RHC Occ. 5: 39.

(171) Riley-Smith, *Idea of Crusading,* 105; Bachrach, *Religion and the Conduct of War,* 125-8; and James B. MacGregor, 'Negotiating Knightly Piety: The Cult of the Warrior-Saints in the West, ca.1070-ca.1200,' *Church History* 73 (2004), 317-45 (esp. 324-38).

(172) Raymond of Aguilers, *Historia Francorum,* c.18, RHC Occ. 3: 290.

(173) Robert of Reims, *Historia,* 5.8 RHC Occ. 3: 796-7; trans. Sweetenham, 141-2. ほとんどの年代記作家はマウリキウスとメルクリウスを取りちがえている。さまざまな資料の一覧として次を参照。MacGregor 'Negotiating Knightly Piety' 324-31.

(174) 年代記にある *miles Christi* とそれに関連した用語使用、およびここでは取り上げなかったさらなる例について次を参照。Riley-Smith, *Idea of Crusading,* 118-19; Richter, *'Militia Dei,'* 117ff.; and D.H. Green, *Crusading Epic,* 318, 325, 387. 十字軍の修道士的美徳について次を参照。Purkis, *Crusading Spirituality,* 20-2.

(175) Peter Tudebode, *Historia de Hierosolymitano itinere,* c. 1.1.6, 2.2.3, 2.3.2, 2.5.4, 5.14.1, RHC Occ. 3: 15, 19, 25, 36, and 103.

(176) Raymond of Aguilers, *Historia Francorum,* c.15 and 20, RHC Occ. 3: 276, 295. これらの記述はそれぞれに、アルカとエルサレムでの勝利における十字軍士の行為に符合する。

(177) Peter Tudebode, *Historia de Hierosolymitano itinere,* c.5, PL 155: 763-821 (at col. 784): 'Milites igitur veri Dei undique signo crucis protecti....'

(178) Gilo of Paris, *Historia Vie Hierosolimitane,* ed. Grocock and Siberry, 82.

(179) Guibert of Nogent, *Gesta Dei per Francos,* 4.13, ed. Huygens, 185-6: 'Fidei hactenus contra perfidiam bella gessistis et inter omnia discrimina felices exitus habuistis. Delectare vos profecto iam debuit Christi fortitudinis sepissime evidens experimentum, presertim cum certo certius noveritis, in illis quae potissimum urgebant preliis non vos pugnasse, sed Christi.' Trans. Levine, 82-3.

(180) 聖ヨハネ騎士団の方がテンプル騎士団より早かったが、後者と違って、前者の慈善的機能は彼らが軍事的問題に参加したからといって、影が薄くなることは決してなかった。テンプル騎士団の設立は次によって詳細に記述されている。Malcolm Barber, *The New Knighthood: A History of the Order of the Temple* (Cambridge, 1994), chapter 1.

(181) テンプル騎士団の双価性について次を参照。Barber, *New Knighthood,* 41-4; Helen Nicholson, *Templars, Hospitallers and Teutonic Knights: Images of the Military Orders, 1128-1291* (Leicester, 1993), 35-41; and Giles Constable, *Crusaders and Crusading in the Twelfth Century* (Burlington, VT, 2008), 80.

(182) ラテン語テキストについて次を参照。*'Liber ad Milites Templi: de laude novae militiae,'* in SBO 3: 212-39. 引用はすべて次の翻訳による（やや変更を加えた）。M. Conrad Greenia, *In Praise of the New Knighthood,* CF 19B (Kalamazoo, MI, 2000). *De laude novae militiae* については膨大な文献がある。次を参照。Barber, *New Knighthood,* chapter 2; Flori, *L'essor de la chevalerie,* 209-14; Newman, *Boundaries of Charity,* 184f.; M.L. Bulst-Thiele, 'The Influence of St. Bernard of Clairvaux on the Formation of the Knights Templar,' in *The Second Crusade and the Cistercians,* ed. Gervers, 57-65; P. Cousin, 'Les débuts de l'Ordre des Templiers et saint Bernard,' in *Mélanges Saint Bernard* (Dijon, 1953), 41-52; and E. Delaruelle, 'L'Idée de croisade chez saint Bernard,' *ibid.,* 53-67.

(183) *De laude novae militiae,* c.1, SBO 3: 214: 'Novum, inquam, militiae genus, et saeculis inexpertum, qua gemino pariter conflictu

atque infatigabiliter decertatur, tum adversus carnem et sanguinem, tum contra spiritualia nequitiae in caelestibus.' Trans. Greenia, *New Knighthood,* 33

(184) Bouchard, *'Every Valley Shall Be Exalted',* 83-7.

(185) *De laude,* c.1, SBO 3: 214: 'Ceterum cum uterque homo suo quisque gladio potenter accingiter ... quis hoc non aestimet omni admiratione dignissimum, quod adeo liquet esse insolitum? Impavidus profecto miles, et omni ex parte securus, qui ut corpus ferri, sic animum fidei lorica induitur. Utrisque nimirum munitus armis, nec daemonem timet, nec hominem.' Trans. Greenia, *New Knighthood,* 33-4.

(186) *De laude,* c.1, 7, 8, SBO 3: 214-215, 219, 221 ; trans. Greenia, *New Knighthood,* 34, 45, 47.

(187) *De laude,* c.7, SBO 3: 219: 'Sed iam imitationem seu confusionem nostrorum militum, non plane Deo, sed diabolo militantium ....' Trans. Greenia, *New Knighthood,* 45.

(188) *De laude,* c.1, SBO 3: 214: 'Sed et quando animi virtute vitiis sive daemoniis bellum indicitur, ne hoc quidem mirabile, etsi laudabile dixerim, cum plenus monachis cernatur mundus.' Trans. Greenia, *New Knighthood,* 33. ここで特に有益だったのはフロリ（*L'essor de la chevalerie,* 209-10）と、ニューマン（*Boundaries of Charity,* 86）のコメントである。さらに特記すべきは、ベルナルドゥスが、他の宗教教団が明らかに元テンプル騎士団を受け入れているにもかかわらず、シトー会士はその入会を拒否すべしと主張し続けたことである。

(189) 次を参照。*De laude,* 4.8, SBO 3: 221; trans. Greenia, *New Knighthood,* 48. 中世のテキストに関するこの議論と現代の学問について Constable, 'Place of the Crusader' を参照。フーゴ・ペッカトリウス（おそらく初期のテンプル騎士団の一人）による精神的、世俗的両方の戦士としてのテンプル騎士団身分の生気あふれる防衛力について次を参照。'Un document sur les débuts des Templiers,' ed. Jean Leclerq, in *Revue de l'histoire ecclesiastique* 52 (1957), 81-91 (text at 86-9).

(190) Peter the Venerable, Letter 172, in *Letters,* ed. Constable, 1: 407-9 (quoting 408): 'Estis monachi virtutibus, milites actibus, illud spiritualiter implendo, istud corporaliter exercendo.' 一一五〇年ころ書かれたこのテキストについて次を参照。Constable, 'Place of the Crusader,' 397; Purkis, *Crusading Spirituality,* 102.

(191) Guigo of La Grande Chartreuse, Letter 2.2, in *Lettres des premiers Chartreux,* ed. and trans. by 'a Carthusian,' 2 vols, SC 88, 274 (Paris, 1962-80), 1: 154-61 (at 154): 'Ad corporea quidem bella pugnasque visibiles dilectionem vestram exhortari nequaquam novimus: ad

spiritualia vero in quibus et quotidie versamur, etsi excitare idonei non sumus, admonere saltem desideramus.' 注について Barber, *New Knighthood,* 149-50 参照。

(192) Guigo of La Grande Chartreuse, Letter 2.3-6, in *Lettres des premiers chartreux,* 1: 154-60.

(193) Riley-Smith, *Idea of Crusading,* 2; 次も参照。 Constable, 'Place of the Crusader,' 380-4; and Brundage, 'Crusades, Clerics, and Violence.'

(194) James Brundage, 'St. Anselm, Ivo of Chartres, and the Ideology of the First Crusade,' repr. in *The Crusades, Holy War, and Canon Law* (Aldershot, 1991), 175-87.

(195) Anselm, Letters 2.19, 2.25, in PL 158: 1167-70, 1175-6.

(196) *Liber de poenitentia et tentationibus religiosorum,* c.27-28, PL 213: 894. Schein, *Gateway to the Heavenly Jerusalem,* 135 による引用。

(197) Cyprian, Letter 58.2, in *Letters 1-81,* trans. Donna, 165.

第四章　修道院のテキストに見る軍事的イメージ

キリスト教徒の騎士階級という新しいモデルの聖職者が精神的な戦争で修道士による長期にわたる独占を脅かすようになった時でさえ、修道士は自分たちこそ真の「キリストの戦士」(*milites Christi*) であると執拗に主張し、他の誰にも優越する軍事的な役目を表すこの名称を使い続けた。「戦場の最前線に送られることに憧れを抱いてはいけない、ここ、こそが戦場なのだから[1]」(傍点引用者)、シトー会修道院院長リーヴォー〔イングランド〕のアイルレッド(〔アエルレッド〕一一六六年没)は部下の修道士たちにそう教えた。現存する一一、一二世紀の修道院の著者たちによる説教集、書簡、聖人伝を検証してみると、ほぼあらゆる箇所にこの種の軍事的なレトリックが登場している。実際、宗教的生活との関連で軍事用語を使わなかった著者はほとんどいなかったと言えよう。修道士＝戦士、デーモンの軍隊、敵に包囲された修道院＝要塞などを含意する寓意に出会わないことの方が、むしろ珍しい。それらは教父たちあるいはカロリング朝の文書に見られるいかなるものよりはるかに巧妙に出来ている(かつ、はるかに血なまぐさい)。現代の学者たちはこの種のデータの存在にしばしば注目してきた。個々の著者、あるいは特定の教団のメンバーによる軍事的イメージの用法[2]を調べ上げた研究もいくつか生まれた。中世盛期において、いかに軍事的レトリックが修道院のアイデンティティーを反映し、かつそれを形作ったかをよりよく理解するという目的でこの章では、さまざまな教団やジャンルを巡るより広範な情報網を提供する。レトリカルなさまざまな言い回しを定義づけ、振り返ってそれらを現在の実践と関心事へと結びつけるためである。一見、単なる言葉のあやの集積にしか見えないものでも、より詳細に検証すると、独自の習慣を持ったまさに修道院的な戦争用語、特殊な語彙であることが分かってくる。そういう言語が、前章で跡づけたように、それ以前の軍事的レトリックの伝統に由来するものである一方――教父たちによる注釈や聖人伝に人気があったことを反映して――当時の現実、つまり修道院の内と外、両方の現実とも結びついていた。中世盛期の修道院の著者たちは、特に、共同体的生活の価値、新改宗者の訓練、修道院長の役割に関連する当時の議論に際して、精神的な戦争という特殊な言語を用いた。彼らはまた、そういう寓意に、修道院の向こう側にある暴力の世界から引用した軍事的なディテールで色づけをした。煮え油の大樽、騎馬武者による見せかけの退却、じめじめした地下牢の手の込んだ造り、そんなものを修道士たちは説教の中に引用しつつ兄弟たちに、修道院的イメージとしての精神的戦士は当時の俗人としての武器携帯者と同様に、多くのものを見、行動したのだと伝えようとしたのである。

これまでの史学は修道院の文書にある軍事的イメージを、レトリックの心理学と歴史という二つのレンズを通して見てきた。心理学的解釈によれば、説教、書簡、聖人伝にある軍事的なイメージは、現実の戦いに巻き込まれた人々に、攻撃のために大いに必要な感情のはけ口を提供したことになる(3)。歴史的な「性差意識」という問題に敏感な学者は、この点に関して、中世の俗人エリートは(特に)貴族と戦うことで男らしさを演出したのに対して、男性聖職者は男性としてのステイタスを証明するために言葉で「戦った」のだ、との主張を打ち立てた(4)。軍事的レトリックを読む際、一一、一二世紀に修道院入所者のパターンが変化したこと、特に、武器携帯者家庭の成人改心者の流入を考慮すべしとのこれらの歴史家たちの主張と連動して、筆者の読み方は、象徴的言語のレトリカルな機能を特別視した第二グループの史学者に影響された。そのアプローチは、特殊な寓意の史的な用法が（軍事的なものであれ、家庭的なものであれ、環境的なものなどであれ）著者の自己理解を反映している、あるいは、イデオロギー的な主張をより多く強調しているのではないか、という面を理解しようとしているのだ(5)。手元の資料に照らしてみても、この解釈的な手法は、中世の著者たちが、自分たち個人個人がいかに聖職者の位置に近づいたか、そして、さまざまな居住方法（共同生活か隠遁か）と実践（祈り、学習、禁欲的自制など）がどれだけこの過程を推し進めたかを理解しようとして、そこにどんな軍事的なレトリックが使われているかを見つけ出そうとしている。多くの修道院的書法のレトリカルな性格を子細に直視すれば、キリストの戦士という理想と、それに関連した寓意が、単に宗教的な生活を記述するだけでなく、それぞれの（聖職者としての）地位、実践、さまざまな威厳のモデルの優位性について、さらにはそれが特殊な議論を構築することにいかに貢献したかをも、我々に分からせてくれる。

この種の試みはある意味で修道院イメージの歴史であるから、それは、往々にして排他的なものになるさまざまな緊張、不安、欲望に光を当てる潜在能力を持っている。同じ理由でそれは、空虚な思弁の領域へ迷い込む可能性も有している。後者の結果を回避するために、次のような議論をすることで、さまざまな特殊でレトリカルなパターンを中世盛期の修道院経験を形成した特殊な史的状況と結びつけることができる。つまり、この時代におけるある特殊な段階としての前例のないほどの注目を浴びた修練士の存在であり、隠遁生活の復活と新しい教団の爆発的な発生につながった共同生活のさまざまなモデルについての議論、修道院長幹部の役割、修道院と俗世間、両者の尊ぶべき価値体系の境界設定。修道院の著者たちはこれらの問題のそれぞれに対して、「ピクトゥーラ（*pictura*〈絵画〉）」、つまり読者や聴衆の心の目の中に活き活きとした、記憶に残るイメージを喚起することを意図した詳細な表現を使って、説明したのだ。決闘、戦闘、攻城戦の暴力的なイメージは大きな注目を引き、かつ将来の瞑想のために記憶されるべき、特に効果的なピクトゥーラを生み出した(6)。教育のための説教や書簡は修道士たちに、自分が完全武装した姿をイメージさせる、さらには、心の中で文書上の、あるいは歴史的な戦争シーンを再現する勇気さえも与えた。それは実際において、精神的な戦士としての修道士の概念に基づいた、真に修道院的な瞑想行為を描出することになった。

戦闘を学ぶ

若年者であれ、世ゆえにたけた大人であれ、新改心者が修道院の門をくぐった瞬間から、彼らは軍事的なイメージに晒されることになった。先輩たちが信じたところによるとそれは、修道士のように話し、行動し、考える助けとなるべきものだった。修練士、あるいは新たに信仰告白した修道士（新参者〈*tiro*〉）と見習い期間、及び初期の精神的発達段階（見習い期間〈*tirocinium*〉）を表すのによく使われた言葉は、非修道院的著者が若い騎士とその行動を表すのに使ったそれと同じだった。新参者は未承認の戦士、軍事的訓練がまだ不十分な若き兵士だった。ただし見習い期間という言葉は騎士による奉仕、さらに本書が扱う時代までには、トーナメント、つまり武芸試合を指すのにも使われた(7)。新参者としての新しい修道士はキリストの軍務のために雇われた未熟者であり、世俗でのそれまでの経験が何であれ、修道院人生で成功しようと思うなら、精神的戦争の基礎を学ばねばならなかった。修練士の概念は、どの範囲でその言葉が使われるか、一定の段階のどこを強調しているか、教団ごとに異なっていたが(8)、すべての主要な新旧教団――ベネディクト会、クリュニー会、公認の聖人、シトー会、カルトジオ会他――の著者たちは修道院生活内での最初の精神的進歩を記述するのに、軍事的な寓意を用いた。それはある程度まで、ここまでの三つの章で探究したレトリックに共通の根源、つまり新旧約両聖書、典礼式文、聖人伝を反映しているが、それはまた、俗世から修道院への移動はどうなされるべきかという共通の関心をも志向している。こういう関心は、特に、説教、さまざまな伝記（*vitae*）、初心者のためのハンドブック、指導のための個人的な手紙で引用される点から見て、貞節、断食、（特に、半隠遁的な教団での）孤独に慣れるため、目に見えぬ敵の攻撃をはね返す方法を学ぶために必要なことに集中していた。そういうチャレンジが〔聖書をラテン語に翻訳した〕聖ヒエロニュムス、カッシアヌス、聖ベネディクトゥスを取りあえず理解可能にしたであろうが、それ以降の中世の著者たちは初期の権威の優れた助言を単純に繰り返したのではなく、自分たちの時代独自の問題に根ざす助言をした。

ある者は学問を通して戦う方法を学んだ。特に、精神的戦士（*militia spiritualis*）としての宗教的生活を紹介する基礎的テキストを聖なる行為として読み瞑想することを通して学んだのだ。一二世紀の修道会員ブルトイユのジェフリの言葉にこうある、「書庫なき修道院は武器庫なき城に等しい(9)」。クリュニー会大修道院長セルのペトルス（一一八三年没）は、修道士が読むすべての書物が僧坊を守る盾になり、デーモンのような攻撃者に向けて投げつける弾丸になる、と言った。最も重要なのは彼が「美徳と悪徳の衝突を語る」を読み、聖人たちがいかにしてさまざまな誘惑を克服したかの例、かつそれが次には修道士が自らの戦いを準備する助けになる例を提供したことである(10)。聖書を学ぶことで修練士は精神的模範の軍団へと導かれた。彼らの師はそういう模範の多くをキリストの戦士と規定し、彼らを見倣うよう勇気づけた。中でも保証つきで、パウロはしばしばキリストの戦士の元祖として、さらには使徒書簡の数々を通して、兵士を訓練する理想的な指導者として紹介された。甥の若き修道士マリヌスに宛てた書簡でペトルス・ダミアヌスはパウロの訓戒を完璧にマスターするよう勧めた。「未熟な新参者（*rudis tiro*）は、前もって軍事訓練士（*campidoctor*）のよき指導を受けていないと、戦の場をほんの少し経験しただけで容易に挫折してしまう(11)」からであった。一二世紀のシトー会大修道院長イニーのグウェリクスは修道士たちに、パウロの勝利だけでなく挫折をも記憶しておかねばならない、さもないと、死の運命にあるいかなる戦士も無敵ではありえない、ということを忘れてしまうだろうと諭した(12)。聖ペテロと聖パウロの挫折を論じた説教も、使徒書簡にある精神的戦争をテーマにした討論のきっかけとなるだろう(13)。聖書に次いで『ベネディクト会則』も、キリストの戦士の義務について指導する最も価値ある資料となったろう。『会則』における軍事的イメージの重要性が新しい修道士たちの間で忘れられたら、先輩たちとの討論、『会則』の注を章ごとに読むことで、ベネディクトゥスを称えると同時にしばしば『会則』の解釈を含む説教などを通して、その重要性は再び彼らに明確に伝えられたであろう(14)。たとえばベネディクトゥスの祝宴のために構成された説教でクリュニー会のオドは修道士たちに、彼らが「天なる軍隊の新参者の身分で入会できた」のはベネディクトゥスの導きのお蔭であり、「そのリーダーシップの下で戦う」こと、すなわち『会則』への服従心を培うことによってのみ天なる王国への入会を許されるのだ、と教えた(15)。

新参者（*tirones*）は、あらゆる教団の著者が認めているが、攻撃に対して特に弱かった。彼らは精神的な戦争についてほとんどまったく無知なままに修道院に入ったのであり、したがって修道院メンバーの実にさまざまな敵に対して無防備だった(16)。軍事的イメージに即してそのことは、ベテランの先輩が保護されるべき精神的な初心者に向けて書いた激励の書簡の至る所に見られる。彼らに身を守ることを教えるのは、修道士はどうあるべきかを教えることと同義語だった(17)。これらの書簡のレトリックは徹底しており、まさしく書簡体というジャンルと見なされよう(18)。それは、修道院生活は軍役の中でも最も価値あるものという広く流布した考え方を反映している。著者たちはしばしば新参者を兵士仲間と呼ぶことから始め、彼らをキリストの軍役へ迎え入れた。ある典型的なオープニングにおいてカンタベリーのアンセルムスはベックに到着したばかりの修道士を「かつて最も待ちこがれた友、今や最も親密な修道士仲間、兄弟、息子、ラルフ、そして新しいキリストの戦士（*novus miles Christi*）」と呼んだ(19)。修道院生活の軍事的な性格についての説明が、一般的にその次にきた。ハーバート＝ロシンガ司教（一一一九年没）は「最も親密な息子」である修道士オドに「我々の宗教的生活は戦争である（「ヨブ記」七章一節参照）。神の注視の下、観察者としての天使とともに、俗世という闘技場で、目に見えぬがゆえにいっそう危険な野獣と戦っているのだ」との書簡を送った(20)。

多くの修練士は青年期（*adolescentes.* 中世の用語で言えば、一〇歳台半ばから二〇歳台半ばまでの間）に修道院に入った。年長の書簡著者たちは、そういう若者は特に、一一世紀にフルットゥアリアのヨハンネス〔教皇ヨハンネス一九世〕が修練士のために書いた手引書で「肉体の多くの過酷な戦争（*corporis bella*）」と呼んだものに陥りがちだと認識していた(21)。幹部仲間への書簡でペトルス・ダミアヌスは若い男性にとっての試練をいくつか引き合いに出した。それは、個人的な実体験に由来するものだろうと誰もが想像する臨場感を持っていた。

確かに、さまざまな邪悪な衝動が君自身を急襲する。戦争のあらゆるパワーが君の上にのしかかる。ありとあらゆる種類の猛烈な矢玉の嵐が君の上に降りかかる。邪な霊がひとたび君に向かって集合すると、最も狂暴な嵐が肉体という悪徳を持った君を襲う。幾多の戦争が猛威を振るう（*fervent … bella*）、それは君の全身の骨の中で荒れ狂う。君の体の中の溶鉱炉が幾多の火玉を吐きだす。あたかも変動を続けるヴェスヴィオスか、煙を吐き続けるエトナ〔シチリアの火山〕のように(22)。

肉体の弱さを知っているから悪魔は、貞節と修道院生活の厳しさに関する修道士の誓いを憎悪させることで、彼らの決意を打ち砕こうとした。アンセルムスはクリュニー会の修練士ランツォ宛にこう書いた。「よくあることだが、悪意ある者が、病める意志という傷を加えても、キリストの新参兵を大っぴらに殺せなかった場合、悪賢い悪魔は狡猾にも、喉の渇きを癒してやるという触れ込みで毒を込めたコップを勧め、彼を破滅させようとするものだ」。そうすることで、宗教的生活への嫌悪感を彼に吹き込むのだ(23)。年長者が伝えたいと思っていたのは、俗世の放棄が、若者にとって確かに非常に難しいものではあろうが、それは精神的な旅路の終点ではなく、始まりに過ぎないということだった。

イニーのグエリクスの言葉によると、神は「戦うべき者のために十分なほどの兵器」をお与えになった(24)。まだ脆弱な新参者にはできる限り早くこの精神的な武器に慣れることが喫緊の課題だった。そのためには、百戦錬磨のベテランという地位に上り詰めた修道士仲間や幹部に勝る教師はいなかった。それで、ラヴェンナのロムアルドゥスの弟子たちはしばしば彼に、精神的な戦いのための手引書を書いてくれと嘆願した。この聖人は最終的に、自分の留守中に弟子が読むべきものとして、『驚嘆すべき闘いについて（*De pugna daemonum*）』と題する小論文（*libellus*）を著した(25)。修道院生活のために学校を捨てるよう「あるペテロ」を急き立てる書簡でペトルス・ウェネラビリスは、戦争という形で新しい修道士を指導すべき先輩（*seniores*）の義務について雄弁に物語った。

私は数多くの新参者たち（*tirones*）の中でも諸君を天なる武器（*arms caelestes*）で武装させ、許される限り精神的な軍隊（*spiritualis militia*）へ諸君を駆り立てよう。そして、敵に立ち向かう君たちの傍らに寄り添って戦おう（*pugnare*）。天の助けをもって、天なる陣営（*castra caelestes*）で共に敵と戦い、我々は勝利の栄冠を得るだろう……(26)。

ペトルス・ダミアヌスはこの感情を、ジュニア中隊（*pueriles alae*）に登録されたばかりの甥マリヌスに宛てた書簡に反映させた。そうすることで、精神的な「野営（*spiritural encampments*）」に到着したばかりの者のために「メントール〔ギリシャ神話に由来し〈よき指導者〉の意〕」として「価値ある指導」をしてくれる年長の修道士を見つけるよう促した(27)。アンセルムスはベックのラルフに宛ててこう書いた。「私の目が私の乞い求める彼を見、私の口が最愛の息子に話しかけ、私の心が新しい仲間としての兵士（*commilito*）に悪魔の矢に対抗すべき武器を与えるまでは、私の魂はその内奥に平和を持たない(28)」。学ぶべき新参者の義務と、それに対応した新人を指導すべき先輩の責任を強調しつつ、この種の書簡の筆者は一方で、精神的軍隊の仲間意識の意味を自分たちの義務として強く印象づけようとした。すべての修道士が生涯にわたって兵士だったたから、そのうちの最も高貴なものでさえ、死に至るまで武器を手放すことはできなかった。カルトゥジオ会の修道士としてシャルムのステファヌス（一一七七年没）は近隣だったサン゠シュルピスのシトー会修道院の修練士にこう書いた。「私は新参者たちに、自分の軍役を成就した者として助言しているのではない。むしろ、今でも新しい戦争にもがき苦しむ兵士としてそうしている。私自身の、そして諸君の訓戒、激励になるような言葉のみを提供する(29)」。

キリストの戦士の武器の数を確認し、それを磨き上げておくのは、先輩が新参者に修道院の基本的な価値を印象づける優れた方法だった。そういう記述は記憶すべきさらなる有効性を持っていた。それは（特に貴族出身の者にとって）身近なものを利用していたからであり、ピクトゥーラとして心の目に捉えやすかったのだ。ロシンガのハーバートは若きオド宛にこう書いた。「武器は諸君の戦争の初期訓練（*rudimentum militiae*）のためにも準備されねばならない。そういう武装をしてこそ諸君は、君たち自身の道を歩み、敵が拵えた隠れた陥穽をうまく避けることができるだろう(30)」。他の多くの著者と同様、ハーバートも注意深く、精神的な兵士の七つ道具のそれぞれに修道院的な徳に対応する名前をつけた。時に著者たちはパウロ（「エフェソの信徒への手紙」六章、一四〜一七節）の言葉をパラフレーズして用いたが、それ以上にしばしば、手紙の中にある「神の武具（*armatura Dei*）」という言葉を彼ら自身のニーズに合わせ、当時の現実を反映させるべく工夫した(31)。たとえばオドへの書簡でハーバートは、それぞれの武器の聖書的な意味を、特徴を合わせた修道院的なそれに置き換えた。誠実さの盾は服従の盾になり、精神の剣は忍耐の剣になった(32)。クレルヴォーのベルナルドゥスの『見解（*Sentences*）』は、この優れた大修道院長が総会で修道士に説教した内容に近いと考えられるが、院長は精神的武器の意味を共同生活の価値に置き換えて説明し、忍耐、謙遜、慈悲の徳をキリストの戦士の最も強力な武器になぞらえたのだ(33)。

精神的な武具に関するパウロの基本的な定義は古代ローマの戦士の甲冑（*lorica*）、盾（*scutum*）、剣（*gladius*）から成っていたが、後の修道院の著者はこれらのごく基本的な装具一式を彼らの時代の戦士の装備に置き換えて飾り立て、同時代風に更新した。そうすることで彼らの寓意的な議論が容易にメンタルなピクトゥーラへと転換されるように図った。ベネディクト会の説教師ヴェズレーのユリアヌス（一一六〇頃没）は仲間の修道士にこう告げた。「諸君は神の武器があってこそ出征して敵と対峙できることを知るべきだ。世俗の騎士（*eques saecralis*）の装備を観察し、その例にならって武装せよ(34)」。一二世紀までには、ユリアヌスが提唱した分類を通して、キリストの戦士は軍馬、拍車、槍、紋章つきの旗を獲得し、甲冑を鎖帷子と交換していた。それらすべて、聖職者には使用を禁じられていた騎士のステイタスシンボルだった(35)。我々は、修道院の著者たちが、一二世紀初頭、カンタベリーのアンセルムスのグループが作成した「戦士に倣いて（*Similitudo militis*）」と題された論文にある精神的な戦士の装備をいかに飾り立て、説明したかを知ることができる(36)。この小論は、世俗の戦士（*miles temporalis*）と、その対応者にして戦場を自分自身の魂とする精神的戦士（*miles spiritualis*）を、より広い意味で比較している。著者は冒頭で次のように提言している。

世俗の騎士が世俗の武器で装備しているのと全く同様に、精神的な騎士は精神的な武器で武装せねばならない。世俗の騎士が目に見える敵と戦うために必要とするすべてと同じく、目に見えない敵と戦う精神的な騎士には知的武器こそが、是非とも必要である(37)。

それに続いて、馬、馬勒、鞍、拍車、鎖帷子、兜、盾、槍、剣といった当時の戦士が必要とした装備が列挙され、それぞれの類似物が、精神的戦士が必要とする武器のリストという形で挙げられた。騎士の馬は、一方の手に純潔という名の馬勒を保持し、もう片方の手に忍耐という名の剣を振るいつつ徒歩で戦場に赴く精神的戦士の肉体に相当した。その鎖帷子は正義だった。「正義の働きは鎖帷子の輪（*annuli loricae*）に似ている」からである(38)。世俗の騎士が戦いの前に武装したのと全く同様、新参の修道士は、個人的な祈り、聖務日課への参加、修道会総会中の告白と処罰への心構えとして、瞑想で武装するという訓練を受けた(39)。

修道院生活に入るとほぼ直ちに、新参の修道士は自分を兵士と見なすよう、そして、修道院生活への転換を新種の戦争のための訓練期間と考えるように教えられた。彼らはその時すでに間違いなく、宗教的生活を寓意的に解釈した多くのものの一つに迎え入れられたのだ。つまり、修道院はしばしば墓、牢獄、嵐に投げ出された船、そしてこの時代の花嫁の小部屋として描写されたのである。しかし軍事的な寓意は、これら以外のものにはない、ある程度の有効性を持っていた。激励の書簡や関連する文書が示すように、新兵（*tirocinio*）という概念は新参の修道士とその指導者たちに、修道院生活への適応の難しさを知らしめ、修道院へのこの移行時期を個人的な精神的成長の明確な一段階と描写して見せるものだった。そういう著者たちが生きた一一、一二世紀は、成人として修道院生活に入ることとの難しさと同様、修練士に高度に概念的な関心が向けられた時代だった。しかし、ここが肝心なところだが、軍事的なレトリックはそういう修道院生活を、俗世で生き得るいかなる人生にも代えられる、それよりはるかに優れた、価値あるものとして説明することで、栄光という花輪で飾ったのである。軍事的レトリックこそが新参の修道士の犠牲と苦しみに「意味」を与えたのであり、ヒロイックな用語を使うことで、修道士自身に己の修養段階を認識させることになったのだ。

武装した兄弟

新参者の訓練は最初の数箇月にわたって行われ、修道院に数年間滞在することで彼らは、『ベネディクト会則』が「兄弟による隊列（*acies*）」と呼んだものに参加できるようになった。少数の者にとっては、共同生活は修道院あるいは独房での孤独な戦いに入る前にさまざまなスキルを磨き上げるための訓練所に過ぎなかったが、ほとんどの者はキリストの軍隊という安全な場所を離れようとしなかった。修道院の理論家たちはベネディクトゥスの寓意、あるいは聖書のいくつかの章句に（特に「創世記」三二章二節と「ソロモンの歌〈雅歌〉」三章七～八節、六章三節）に基づいて、共同体で共に生きる者たちを束ねるべく、軍事的な寓意、及びそれと関連して、団結、規律、相互支援を強調するピクトゥーラを作り上げた。たとえば一一世紀、フルリの慣例集の冒頭に、大修道院の軍隊所属メンバーの義務が書かれていた。その軍隊では、共同生活は悪魔のレギオン（軍団）に対抗する不断の戦争と同義語であり、ヒロイズム的な雰囲気は各個人に対して「さらに完璧にふるまうべく奮闘するよう」鼓舞した(40)。セルのペトルスの『修道院の勧め（*Adhortatio ad claustrales*）』（一一七九年頃の作）もまた修道士たちの家を支配すべき完璧な規律、または正式な規範を記述するに当たって、戦線という概念を用いた。

隊列（*acies*）たれ、そして恐れられよ（「雅歌」六章三節参照）。規律正しくないいかなる隊列も、敵から恐れられない。恐れられるものでなければ、主の隊列たり得ない。……世俗の軍事作戦に関わる人たちがいかにして、それぞれの場所での投石手や射手を組織し、旗手を的確な場所に配置するか、諸君は知っているだろう。最強部隊は支援に、敵の猛襲に耐えられない弱小部隊は保護下に。規律の良い隊列は敵の脅威となる。敵に突破されるような弱点を生まないからだ。つまり、神の陣営（「創世記」三二章二節）の隊列はこの世の平原や荒地を規則正しく進軍せねばならない。そうすることで、急襲しようと待ち構えている敵に弱みを見せずに済むだろう(41)。

修道院の隊列はこうして、統合力を失うことなく、力量の異なるさまざまな兵士を結束できた。実際にその力は、他人を支えよう、守ろうと思う兄弟の意志から引き出された。ペトルスはこう説明した。「悪魔は人々が一致団結したり、愛（*caritas*）で結束したりする様を見るのをひどく嫌う。それでも悪魔は、愛に欠けた人たちを密かに攻撃する(42)」。

新参の修道士を新兵と同等視したように、誓約して修道会に入った修道者を武装した兄弟（戦友〈*commilitones*〉）と記述することは、単に、修道院生活に軍事的な隠喩を付与した例とのみは言えない。共同生活の理想を下支えするしっかりした徳について深く考えた結果でもあるのだ。そういうイメージはしばしば愛、つまり、人間に対する神の愛を反映した神と隣人に対する無私の愛についての議論の中で現れる(43)。『ベネディクト会則』は、共同の調和が拠って立つ人と人の絆は愛の強固な基礎の上に打ち立てられねばならないと強く主張し、兄弟に対する修道士の「純粋な愛」、修道院長に対する修道士の「謙虚な愛」、すべての精神的な息子に対する修道院長の「平等の愛」について語った(44)。『会則』は愛を修道院の隊列のイメージと明白には結びつけなかったが、この関係は教父たちの書物に見出されるし、後の修道院の著者たちに影響を与え続けた。たとえば、グレゴリウス大教皇は『エゼキエル書講話（*Homilies on Ezekiel*）』で、「我々が悪霊に対抗する精神的な戦争を遂行する態勢にある時、何より必要なのは、我々がいつも団結し、愛に支配され、仲違いからバラバラにならないよう心掛けることだ」。さらにグレゴリウスは続ける。こういう結束力のある愛がなければ、個々の精神的な戦士が純潔、節制、清貧の徳をどんなによく身に着けていようと、その隊列はおそらく悪魔の攻撃に耐えられないだろう(45)。

驚くには当たらないが、共同体による精神的戦争についてのほとんどの説明は、クリュニー会士、シト－会士、伝統的なベネディクト会士、公認の聖人を含む共同生活を営む教団メンバーの書き物の中に見られる。クリュニーのオドは、あらゆる土地で『ベネディクト会則』の下で生活し、創設者の旗の下で団結して前進している者すべてを個人的な戦士（*militia*）という誓約済みのメンバーとみなした(46)。ランのアダルベロがクリュニー会士を騎士とする皮肉な書き方をしたのは、クリュニー会士自身が書いたものにある軍事的なレトリックを引用しているのであろう。アダルベロの『ロベール王に捧げる歌（*Carmen ad Rotbertum*）』にある、勇猛な馬に乗り、世俗の戦士の剣帯を誇らしげに弄ぶ「血に飢えた」クリュニー会修道士が確かに、クリュニー「王国」の巨大なパワーと富への関与を体現しているのに対して、詩人〔アダルベロはラン司教で詩人でもあった〕のシンボリックな語彙は、精神的な戦争における当時の修道院のさまざまな儀式に見られるそれと大して違わない。両方のケースでドラマは二種の修道士をめぐって展開しているが、それはまた、同時的に存在する二種の戦士なのである(47)。

一一、一二世紀の著者は当時の宗教的共同体を、使徒、敵なる異教徒を精神的に倒した殉教者、異端に対して隊列を組んで戦った教父たちの「軍隊」になぞらえた。すなわち悪徳に対して戦う美徳の軍隊であった(48)。こういう寓意の最後に修道院の著者は直接にせよ間接的にせよ、五世紀初頭に書かれたプルーデンティウスの『魂の闘い（*Psychomachia*）』にある血なまぐさい戦闘を引用した(49)。おそらく『魂の闘い』が個々の敵と決闘する美徳を描いていたからであろう。しかし同時にその団体を「一隊」として強調していた。プルーデンティウスが、自分たちを同様の用語で精神的な戦士と考える修道士に訴えかけてきたのだ。ベネディクト会士シャバンのアーデマル（一〇三四年没）の生涯は修道士的な想像力を確実に捕える『魂の闘い』の力を見せつけている。若き修道士としてリモージュのサン＝マルシャル修道院の写字室で研究する一方、アーデマルは、書き込みや添えられた図も含めて、この詩の完全なコピーを作る仕事に没頭していた。その多産な生涯の残りを通してプルーデンティウスの仕事は彼がインスピレーションと想像力を向けた試金石であり続けた(50)。『魂の闘い』の教育的な価値は、アウグスティノ会女性大修道院長、ホーエンブルクのヘラート（一一九五年没）も同様に認めており、修道院での教材として書かれ、広く流布する神学概論になった『ホルトゥス・デリキアルム（*Hortus Deliciarum*〈喜びの園〉）』に収められた(51)。フィオナ・グリフスが指摘したように、『ホルトゥス・デリキアルム』にある一連の『魂の闘い』についての注やイラストは、精神的な戦争を瞑想するヘラートの弟子である聖堂女性参事会員たちを勇気づけるべく、プルーデンティウスの本文と合わせて効果を挙げる意図を持っていた(52)。

プルーデンティウスと同様、後の修道士たちも、集団的な戦いのピクトゥーラを創造することで、啓発的であると同時に覚えやすい、暴力的なイメージを生み出して行った。修道院の著者たちは精神的な戦争に関する教父たちの記述を自分たちの時代の共同社会や軍事行為の理想へと仕立て上げたのだ。彼らがパウロの精神的な軍隊と軍備を中世の読者の期待に合わせたのも同じである。たとえば、クレルヴォーのベルナルドゥスのような説教師は偽りの退却（隠遁）という概念を用いた。つまり、戦いの潮向きを変えることを意味する軍事上の作戦である退却概念を、精神的な戦争の渦中にいる自分を想像している聞き手を勇気づけるテクニックとして使ったのである(53)。それで、ヴェズレーのユリアヌスは十字軍王ボードワン〔バルドゥィヌス〕二世の一一二五年、アスカロン〔アシュケロン〕での勝利、つまりボードワンの騎士たちがトルコの若者を市中から待ち伏せ場所へおびき出すために偽りの退却をした戦闘の話に心を打たれ、彼はそれを精神的戦争に関する参事会場での説教の基礎に据えたのだ(54)。修道院の説教師たちが使ったもう一つの共通認識によるイメージは、両軍が示し合せて相交える会戦だった。

修道院の向こうの俗世ではすでに実際の会戦がごくまれになった期間でさえ、修道院のイメージを喚起し続ける、一種のシナリオであった(55)。ヴェズレーのユリアヌスによる別の説教からの次の引用は、修道院の説教師たちが、忍び寄る危険という意味で自分たちの戦闘シーンをいかに吹き込もうとしたか、その意味を伝えている。

恐ろしい戦争が迫ってきている。キリストの騎士たち（*milites Christi*）よ、武器を取れ。……敵は近づいている。いついかなる時も我々は自己制御と勤勉なる手で戦う準備をしておかねばならない。我々の敵は数限りない。そして彼らはありとあらゆる方向から我々に向けて燃える矢（*ignita specula*）を射てくる。もし準備不足で無装備な我々を発見したら彼らは、槍をひたすら振り回し、より猛々しく剣を抜き、我々に向けてより速く急襲をかけてくるだろう。そんな敵に対して我々は、どんなに短期の休戦にも入ることはできない(56)。

ここで注目すべきは、修道院の多くの説教が二人称複数形で行われたのに対して、ここではユリアヌスが一人称複数形を用いていることである。それは聴衆に対して直接に、彼らが共通の理由で戦う武装した兄弟であることを想起させるためのレトリックであった。説教が意図した効果を評価するために我々は、ユリアヌスが修道会総会で、周りに輪になって着席している兄弟たちとともに、精神的戦争が持つ共同体的な性格について、説教のメッセージがより強調される親密な設定の中で語ったであろうことを、忘れてはならない(57)。

共同生活をする軍隊についての極めて生き生きとした描写がいくつか、当時復活してきた隠遁生活の推進者に対する共同生活側者からの防衛という形で表れている。隠遁者になっていたクリュニー会の修道士、サンリスのジベール宛の手紙でペトルス・ウェネラビリスは、孤独な戦いが持つ大きな危険を警告した只中に、名宛人が放棄した友愛の隊列を称賛する言葉を挿入した。

修道院での共同生活は戦いのために構成された多数のキャンプに譬えられよう。そこでは、至近距離にいる仲間の戦士たち（*commilitones*）からの助けを信じられるがゆえに、敵とより安全に対抗できるのだ。そこでは誰も自分自身の力を頼りに、あえて一人で戦いに赴こうとはしない。自分自身の手よりも戦友（*compugnantes*）の手を信頼しているのだ。そこでは個々の修道士が働き、援助者たち（*coadjutores*）が、彼らの救済を破滅させようと待ち構えている敵から、あらゆる方法で彼らを守っている(58)。

クリュニー会の修道士が自分自身のためだけでなくお互いに支え合って戦っているのだというペトルスの確信と軍事的な兄弟会（*commilitones, compugnantes, coadjutores*）というレトリックの用法を遡れば、共同体内での精神的な豊かさの基礎となる友愛（*caritas*）の徳に行き着いた(59)。

戦友（*commilito*）という用語は、精神的な戦いについての修道院的な書き物でしばしば使われるが、新参者（*tiro*）に似て、明確に世俗的な内容を持つ用語だった。それは使徒書簡に二度現われ、時に、殉教者を表現するために初期の教会で使われたが(60)、中世盛期までにはその主な意味は世俗的なものになっていた。一人の主人に仕え、その一家内で生活する *milites*（戦士）は *commilitones*（戦友）であると同時に、共に生活し戦う軍事組織のメンバーだった(61)。この用語法に修道院の著者たちが込めた訴えは、メスニエ（*mesnie*〔組織ではなく、組織の主、あるいはその他の個人と個人的に結ばれた者で、従者、兵士、守衛など〕）の騎士は、宗教的な共同体の中の個人に似て、お互いへの、そして主人への忠誠を誓うことで結ばれ、疑似家庭的な絆にふさわしいやり方で互いを処遇するものと考えられている、という彼らの意識を反映しているのであろう(62)。聖書のイメージと当時の軍事的なイメージを組み合わせるべく、シトー会修道士が、クレルヴォーのニコラウス（一一七八年没）の書簡から引用した次の表現が、修道院を戦士の兄弟会とする考え方を惹起した。それで、彼らの団結をゆるぎないものにし、主人への奉仕に全身全霊を捧げさせることになった。

私はキリストの戦士が夜陰を恐れて、各人が腰に剣を帯び、ソロモンの小さなベッドを囲んで立っているのを見た（「雅歌」三章七〜八節）。私は彼らが昼も夜も主を守るために立っているのを見た。誰もが正義の鎖帷子を着、救済の兜をかぶり、手には誠の盾と、神の言葉である聖霊の剣を持っていた（「エフェソの信徒への手紙」六章一四〜一七節）(63)。

著者と中世の読者にとってこれらの言葉は、この章句の理解を深めた歌の中の歌〔「ソロモンの歌〈雅歌〉」〕の、聖書解釈上の、そして図像解釈的な記憶を呼び起こしただろう。たとえば、ソロモンの「小さなベッド」は伝統的に、すべての精神的戦士（*milites spirituales*）が守護のために結束する教会を表していた。そしてその戦士たちはおそらく、その詩句を、それらを描写した中世の画家として、さらには、鎖帷子を着た騎士仲間が守るべき眠れる主を囲んで立っている、砲塔付の城の中の小部屋として思い描いたのだ(64)。

もし一隊となって戦う精神的な戦士の描写が友愛の美徳を奨励したとすれば、修道院の軍事を放棄した者は、武装した兄弟と主を裏切った臆病な脱走兵として弾劾されたのだ。シャティヨンのロベールがクリュニー会の比較的安楽な環境を求めてシトー教団の厳しさから逃走した時、彼の親族にして前大修道院長クレルヴォーのベルナルドゥスは、新しい教団のリーダーたちと同様に、迷える修道士に対してシトー会的な生き方の優越性を誇示する目的で、譴責の公開書簡をしたためた(65)。新しい家にいるロベールへの書簡でベルナルドゥスは背教者に対する修道院の先輩としてだけでなく、兵士に対する軍事的司令官としても語り、クリュニーに向けてクレルヴォーを去ることでロベールは偉大なる戦いの最中に仲間の修道士軍隊を裏切ったのだと説いた。「戦う人々の軍隊（*arma pugnantium*）」を「弱き者の安楽」、つまり「柔らかな服や豊饒な食べ物」と交換した、己を臆病さと脆弱さという罪に晒した、というのである。戻って来て、武装した兄弟、つまりクレルヴォーの修道士たちと共に戦うことこそ、彼が誓いを立てた義務であると、ベルナルドゥスは彼に想起させたのだ。

起て！　キリストの兵士よ、起て！　ちり芥を振い落し、君が離反した戦いに戻れ……。君は隊列（*acies*）を放棄したことで敵の魔手から逃れられると考えるのか。君が逃げれば敵は、反撃して来たものに対してよりも一層執拗に君を追い詰める。君に対して面と向かって立ち向かうより一層大胆に君の背後から忍び寄るだろう。君が武器を放擲し、キリストが再び起った時刻、その朝になってもまだ寝ていたら、君は安全だろうか。丸腰の君はいっそう臆病になり、敵の脅威にもならないことを、君は分かっているのだろうか。兵士の大群が家を包囲している中で、君は寝ているのか。敵はすでに城壁をよじ登り、柵を打ち壊し、後門から突撃してきている。一人でいるより他人と一緒の方が安全ではないのか。ベッドで裸で寝ているより、陣営で武装していた方が安全ではないのか。行け、武器を取れ、そして脱走することで君が見捨てた兵士仲間（*commilitones*）のところへ逃げ帰るがよい(66)。

兄弟の兵士を裏切ることでロベールは仲間から得られるべき精神的な利益を喪失した。しかし最も重要なのは、彼ら自身が苦しむ中で彼らを支援する義務を放棄したことだ。しかし一方でベルナルドゥスは共同体のシトー会的理想の優れた点を主張するのに、軍事的なイメージを使った。クリュニー会のモデルが典礼が要求する禁欲を軽視し、それゆえ弱い精神的兵士を生み出すのに対して、シトー会はそれよりはるかに厳格だというのである。ロベールが、シトー会の特徴である貧困の苦しさ、肉体労働、貧弱な食事、粗末な衣服を拒否した時、彼は悪魔と戦うために修道士に与えられた最高の武器を失ってしまったのである(67)。この観点は、オトリーヴのアマデウスの伝記（一一六〇年頃に書かれた）を書いたシトー会士にも反映されている。アマデウスは多くの騎士と共にボンヴォーの家に入ったが、しばらく後に脱営してクリュニーに赴き、激しい良心の呵責に悩まされた後、最終的にボンヴォーに戻った人物である。伝記によるとアマデウスは仲間の兵士を臆病にも裏切ったとの罪で拷問を受けた。

ああ！　私は何ということをしてしまったのか、と彼は慟哭した。私は武装した私の戦友（*commilitones*）を裏切った。恥知らずにも私が自分のポストを放棄していた間、彼らは戦争に向けて身構えていた。彼らは、勝利を獲得して後、永遠の賞を得られるよう（「コリントの信徒への手紙一」九章二四節、参照）、懸命にもがいているのだ。敵の槍をかわそうとしながら、狡猾な敵の策略にはまり、私は悪魔のあまたの罠めがけて、まっしぐらに突き進んでしまった(68)。

修道士を戦友と表現することの重要性をしっかりつかむために我々は、精神的な兄弟に仕えるべき修道士のあらゆる義務を強調している時でさえ、神へ向かう個々の精神的な過程を勇気づける（キリスト教的）同胞愛、つまりカリタス（*caritas*）という概念を含む文脈でそれを読まねばならない。このモデルは特にシトー会士が強調して用いた。彼らの聖人伝や説教はそういう無私の愛をキリストの戦士のキーとなる特性、さらには潜在的な武器とさえみなしている(69)。しかしそういうイメージは、著者たちが書いた宗教的風景の中で起きている大きな変化をも反映している。新しい教団が目まぐるしいほどの勢いで次々に設立され、修道院の理想をどう理解するか、論じ合っていた人たちがパトロンと新参者を求めて競っていた時代、一一、一二世紀の著者たちが共同体の最も誠実で最高の形式を定義づけよう、あるいは議論しようとしていたのも、決して不思議ではない(70)。ほとんどの教会関係者が宗教的な理想とさまざまな施設の多様性が増大するのを認めていたとしても、それでも彼らはそれらをヒエラルヒー的な用語で考察した。典型的なのが、自分たち自身の教団と生き方を頂点に置いたことである(71)。友愛的な戦線という数世紀前からのイメージは、ベネディクト会士、クリュニー会士、シトー会士にとって特別な即時性を持っていた。特に彼らは、最高にして最も将来有望な若き新参者の多くが新しい半隠者的な教団や非公式の隠者集団に惹かれる時代に生きていたのだ。そういうイメージは共同生活の基礎的な価値を確信させてくれた。それは共同体がもたらす精神的な報いであり、そこには一貫して、剛勇というアピール力のあるオーラが漂っていた。軍事的な寓意は『会則』が強調した服従、相互援助を

「援軍」するための、そして、共同生活は、すべての修道士が救済を成就できるよう援助するという目的を持って設計されているのであり、この目的は、兄弟仲間を支援しようとの意志を持ち、代わりに兄弟仲間から支援されたいという意志を持った時にのみ達成される、という教えを納得させるための、特に効果的な方法だった。

孤独な闘い

修道院のキリストの戦士全員が世俗的なもの、悪魔の誘惑に対して彼ら自身で戦っていた。しかし、「砂漠」での孤独な闘い（*certamen singulare*）という生活のために戦線という安全性をあえて捨てようとするのは、ごく少数の選ばれた者だけだった。そういう過激な段階にまで至った者は、創始者と呼ばれるごく初期の砂漠の修道士の例に心打たれたのであろう。彼らは隠遁やカルトゥジオ会、ヴァロンブロッサ派〔ベネディクト会の一派〕といった新しい、半隠遁的な教団によってだけでなく、共同生活を送る修道士たち、特に、個々の修道士を共同体から力を引き出す単独の戦闘員と考えていたシトー会からも先輩扱いされた(72)。一〇世紀に始まった隠遁主義の大幅な復活は、「アタナシウスが描いたアントニウス」や「ヒエロニュムスが描いたアタナシウス」の足跡を追おうと求めても、当時はそのモデルがほとんどなかったことを意味している。古代後期によくあった例に似て、一一、一二世紀に書かれた隠遁者の伝記はいずれもその主題を、悪魔とその子分たちに対する単独の戦いで勝利した偉大な戦士として表現した(73)。それらの伝記のほとんどを書いた修道院の聖人伝作家は、ヒロイックな隠遁を共同体で生活する人たちのための精神的な、価値ある模範と見た。つまり、戦友の支援を享受していた人たちでさえ、修道院の軍隊の中で個人として戦うことで救済を獲得したのだ。孤独な闘いという寓意はこうして、修道院共同体内での個人的な精神的発達という彼らの理解と同じく、修道士の孤独な生活という考え方を浮かび上がらせることができた。

中世盛期、修道士と隠遁者を区別する線は、かなり細かったし、両者間での個人的な動きも流動的だったと思われる。カルトゥジオ会やグランモン会（*Grandmontines*）のような新教団はベネディクトゥスの共同体的要素を隠遁の理想と結びつけた。多くの隠遁者、特に世捨て人が友情と支援の結びつきによって修道院へと関係づけられていた。修道院で共同生活を送る修道士たちは当面の単独での隠遁を支援した。一般的に言って、この時代、「新しい修道士」たちによる孤独により高い価値が置かれたのだ(74)。『ベネディクト会則』が共同生活による戦線から隠遁的な個人の戦いへの発展を記述していたのに対して、後の多くの隠遁者はこの教団に反抗し、修道院的な共同体、さらには新たな教団さえ設立し、しばしの独居、あるいは数人の仲間と共に「荒野」で暮らしたのち、修道士になった(75)。グレゴリウス大教皇が精神的な支柱としたのはベネディクトゥスの伝記であった。その書において、聖なる男は隠遁者としてその生涯を終えたというより、そこから始めたのだが、一方で、後の隠遁者たちやそういう隠遁者たちの伝記作家のインスピレーションの源になったと思われる(76)。しかし、『会則』で指定された体系は隠遁生活に関する修道院の観点に影響を与え続け(77)、その結果、修道院で推奨された訓練期間を回避した者は、仮借ない非難を浴びることになる。やがて巡回説教師アルブリッセルのロベルトゥスは一〇九〇年代にクラオンの森で隠遁生活に入った。シャルトルのイヴォは彼に、彼にはその種の生活のための十分な精神的準備が欠けていると警告の書簡を送った。

なぜなら君は悪霊と戦わねばならないのだ。そして、安全に戦いたいのなら（「エフェソの信徒への手紙」六章一二節参照）、キリストの陣営に赴き、戦闘態勢を組んでいるさまざまな階級の兵士たちに交じるがよい。そうではなく、経験豊かな敵に対抗するのに未熟な兵士として、孤独な闘い（*certamen singulare*）を続けるなら、君はまさに無数と言うべき敵に圧倒されるだろう。将来、助言と不屈の精神で武装し（「イザヤ書」一一章二節参照）、古えよりの敵のさまざまな罠を避ける術を身につけ、よりいっそう精神的な闘いの経験を積んだなら、いかなる敵とも対決できるだろう。その時はもう、戦列を組む敵の攻撃に立ち向かう術を学んでいるのだから（『ベネディクト会則』一章五節参照）(78)。

当時の多くの人が共有していたイヴォの懸念は、隠遁的理想である「自力で（*per se*）」の正当性に関わるというよりむしろ、そういう生活が十分な頑強さと経験を欠く人々にもたらすさまざまな危険と関係していた(79)。「荒野での孤独な闘いに憧れていたがゆえに、修道院での技術をマスターした後に、隠遁者としての生活に向かった人たち」は、ほとんど例外なく賞賛された(80)。

その多くが『会則』のいくつかの改訂版に従っていた隠遁者や世捨て人はまた、軍事的な豪胆さの点で、共同生活を送る仲間より抜きん出たベテランとして、ベネディクトゥスの言葉で自己表現した。グリムライコスなる男（彼が意図した読者の多くと同様、おそらく彼は世捨て人か、かつての修道士だった）によって書かれた一〇世紀の『孤独者の戒律（*Regula solitariorum*）』(81)は、世捨て人がいかにして修道士としての生活を始めたか、そして、荒野での孤独な闘いに向けて共同体から離れる前に、共同体的な戦列において、長い経験を通していかに悪魔と闘うかを学んだか、それらを記述するに当たって、ほとんど一言一句に至るまでベネディクトゥスから引用した(82)。姓名未詳のベネディクト会大修道院長（おそらくフェカンのヨアネス）宛の書簡でピエール・ダミアヌスは、共同体生活を送る修道士を下位の戦士としてランクづけした『会則』の聖書解釈学的な読み方を発展させた。

それゆえ、修道院内で生活することで安定性を得ている兄弟はさして注目するに当たらないが、篤き心をもって隠遁生活に入った者には、最大の賞賛が与えられるべきである。前者が神の有難き御手という盾の背後に避難場所を求めるのに対して、後者は戦場 (*campus certaminis*) に赴き、勝利の栄冠を得る。前者は自分たちのものを守り、後者は戦利品をもたらす。前者は保護者としての神と共にあってこそ無敵 (*insuperabiles*) だが、後者は敵の首根っこを踏みつけるだけでも、日々、満足している。城壁の内側に潜んでこそ修道士が敵の侵入を逃れるために戦っているのに対して、隠遁者は恐ろしくも迫り来る敵軍をその戦線から遠ざけ、逃亡を強いる(83)。

囲われた中にいる修道士がまるで包囲されたかのように身を守るしかできないのに対して、共同体が持つ必要性に縛られないものは、デーモンのような敵に攻撃を仕掛けることができた。この書簡が示すように、軍事的な寓意は伝統的な修道士に対する隠遁者の優位性を力強く主張するためにも使われ得たのだ。

独居者はしばしば有名な苦行者であった。彼らの身をさらしての苦しみは、当時の人々から象徴的な殉教と見なされ、苦行者たちを生きた聖人にした(84)。修道院の著者は神聖さの隠者的なこのモデルを最初期の殉教者の伝統に結びつけるために軍事闘争の言語を用いたのであり、彼ら自身の時代の独居者を孤独な闘いでの殉教者に匹敵するものと見なそうとした。『霊性指導書（*Liber Confortatorius*）』は三世紀のローマ夫人ペルペトゥアの殉教を、隠遁者が精神的な闘いの訓練として瞑想する際の有効な題材とした。これは一一世紀、修道士サン゠ベルタンのゴスケリーヌスが、隠遁者になっていた若いイギリス人、ウィルトンの女性修道士イヴのために書いた精神的なガイドブックである[85]。ゴスケリーヌスはまずペルペトゥアが剣闘士として闘技場で戦ったという有名なヴィジョン、次に彼女の実際の殉教について詳述した後、そういう例がイヴにとっていかに有益なものとなるかを説明した。この独居者は公開処刑を受けるいわれはなかったが、殉教者に劣らぬほど敵から威嚇されたのであり、実際、ペルペトゥアの全生涯は彼女がそれまでに「見せられた」シーンの精神的な追体験だった、彼はそう書いた。イヴがもし破滅の回避を望むなら、「祈りで武装して自分が幽閉されている城壁を凝視し続け、そして、剣（*ferrum*）を持って、蝟集する敵軍を突破する道を開く用意がなくてはならない[86]」。

同じくペトルス・ダミアヌスは隠遁する修道士のための説教で、殉教者を原型としてのキリストの戦士とみなし、彼らの堅忍不抜さを見倣うよう強調した[87]。ペトルスが、「聖書物語の神秘を通して、神聖なるクリストフォロスが名高き勝利者として頭角を現した精神的な闘いについて君たちに教えよう[88]」、と聴衆に言った時、彼は聖クリストフォロスの殉教を物語ったのだ。彼はこう描写した。

この新しい兵士はいかにして神の言葉である霊の剣を抜き（「エフェソの信徒への手紙」六章一七節）、いかにして戦いの真っただ中に突き進んだか、人類の敵に対して情け容赦なく戦ったか……。勇猛な戦士は接近戦（*comminus dimicat*）を挑み、行く道に何があろうとなぎ倒し、誇り高き敵の首を切り落とした。誠実さと、山（mountain）ではなく精神（mind）に聳える要塞（*arx*）への信頼という鎖帷子で武装し、敵の戦列が猛威を振るい、四方八方から牙をむき出しにしていたのに、最強の兵士は敵の急襲を恐れる術さえ知らないようだった(89)。

他の書簡や説教の場合と同じくここで彼は聴衆に対して、彼らが「誠実さという目で黙想すべく」戦闘シーン（彼はこれを、光景、スペクタクルと呼んだ）を提供し、想像力豊かにこのシーンの中に身を置くよう激励した(90)。それは兄弟たちがこの殉教した戦士たちを褒め称えたり、無条件に黙想するにはまだ十分でなかった。「キリストの兵士に交じって武器を取ることでキリストの殉教者たちを見倣うべく大胆な決意を持って」、誰もが先輩たちの戦いを「再演」せねばならない。さらに、ペトルスが説明したように、隠遁者は殉教者であると同時に執行者でなくてはならなかった。「外なる敵が不足しているのか。自分の手を自分自身に向けよ。そうすれば煽動的な多くの市民を見出すだろう。高慢を克服せよ、怒りを喉元から断て、貪欲を抑制せよ、嫉妬心を抹殺せよ(91)」。

しかし、もし隠遁生活がより偉大な栄光のチャンスを提供したなら、独居者はまた一方で攻撃を受けるより大きなリスクを負った。要するに、彼らは戦線という安全性の外で生活した。そしてその生き方は、彼らに過度の禁欲に耽る傾向をもたらすか、高慢で思いあがらせたのだ。独居者にとって、謙虚さを伴った自己否定はそういう破滅に対する最善の防衛策だった。リーヴォーのアイルレッドは女性世捨て人だった妹宛の手紙で、断食によって「悪知恵の働く敵との戦いに入るよう」助言したが、同時に、個人的な経験から、肉体に対する仮借ない戦争遂行に警告を発した(92)。カルトゥジオ会士ポルトのベルナール（一一五八年没）は隠遁者リナルドゥスに、悪魔は決して独居者を試したり責めたりすることをやめない、と忠告した。なぜなら、悪魔は彼らの心に不純な考えを植えつけ、彼らをメランコリックな、倦んだ気分にさせ、最悪なことに、彼らを高慢へと駆り立てるから、というのだった。従って、世捨て人は目に見えない敵（*invisibiles inimici*）との戦い（*certamina*）のための涙と祈りで武装せねばならない。目に見えない敵は、彼が聖歌を歌っている間、その独房をうろつき回り、自分は貴いのだと思い込ませることで彼を混乱させようとしているのだ(93)。ベネディクト会士エインシャムのアダムが書いた、数年間、カルトゥジオ会士として暮らした後、一一八六年にリンカーン司教になったリンカーンのヒューの伝記は、悪魔との長期にわたる戦争を詳述した。ラ・グランド・シャルトルーズのヒューの独房内でのみ闘われた壮大な戦争だった。ヒューが、教団の慣習に従って、自分の時間のほとんどを孤独な祈りで過ごすべき独房の戸口から入った瞬間から、「誘惑者は古びた邪悪なあらゆる武器（*malitie instrumenta*）」を彼に向け、霊に対して反抗するよう彼の肉体を煽動すべく、「あたかも強力な石弓（*balista robustissima*）から発せられたような」稲妻で彼を射さえした(94)。数年にわたる戦いの後にやっとヒューは最終的に敵を打ち負かすことができた。キリストとその修道会の精神的支援があってこそ、彼はこの偉業を成し遂げたのだ(95)。ヒューの伝記が強調しているように、荒野で暮らした者でさえ、まったく孤独な闘いはしなかったし、それができるものでもなかった(96)。

肉体と悪魔に対するヒューの決定的な勝利は、彼の伝記作家が明らかにしているように、その神聖さの証明だった。大多数の独居者や修道士にとって等しく、平和は死とともにのみやって来たのだから。隠遁者と同様、個々の修道士も一種の孤独な闘いを遂行していた。グエリックのイニーが兄弟たちに語ったところによると、肉体と精神は一本の道の両側に立つ二人のようなものだった。互いに無限に戦い続け、人の通行を邪魔しているのだ(97)。シトー会大修道院長スティーヴン・ハーディングは先任モレームのロベールの死後、シトーの兄弟たちに次のように想起させた。「今は安全地帯にいる兵士たちのことで思い悩むのはやめよう、まだ闘いの（in praelio）真っただ中にいる自分たちのことを考えよう(98)」。指導のためのその説教や仕事は修道士たちに戦いに向かうべく満腔の勇気を与えた。実際、戦いにおいて定期的に黙想させ、瞑想をより効果的にする具体的なピクトゥーラを装備させた。フルットゥアリアのヨハンネス〔教皇ヨハンネス一九世〕は修道士たちに、恐るべき三つの頭を持つドラゴン（draco）と闘う自分をイメージさせることで、謙虚さを身につけるよう助言した。この三つ頭を持つドラゴンはそれに相応する高慢、虚栄心、嫉妬を表現しているのだ。この魔物は「多くの人を足蹴にし、投げ倒し、殺した」という理由で、ヨハンネスは修道士たちに、「エフェソの信徒への手紙」で提示されているあらゆる精神的な武器、武具で武装するよう助言し、この恐るべき獣の三つの頭それぞれを認識する方法を教えた(99)。それぞれの頭が身震いするようなディテールに至るまで描写されている。高慢は三つ叉に尖った舌を持ち、「恐怖極まりなきサタンのようなおどろおどろしい息を吐き」、虚栄心は「膨れ上がった喉から恐るべき咆哮を挙げ、轟音をとどろかせ」、嫉妬心は「注意力の足りない兵士を焼け焦がすべく「幾多の炎を噴出させる(100)」。そういう「シグナル（indicia）」を通してヨハンネスは読者の心の目に恐怖で身震いするような絵を描いたのだが、一方、彼は、一貫して二人称単数を使うことで、この獣と闘う兵士はまさに読者自身に他ならないと強調したのだ。

ヨハンネスはそういう黙想という訓練の価値を強調することにおいて、決して孤立していなかった。ある説教で表現されているように、当時の多くの人がペトルス・ダミアヌスの信条に賛同していたのだ。つまり、「心が精神的な闘いにおいて常に訓練されて」いさえすれば……「心は戦いの愛（amor certaminis）で燃え上がり」、霊の暗闇に潜む敵を見つけ出す努力をするであろう(101)。クレルヴォーのベルナルドゥスは、一人ひとりの修道士に自分を、精神的な闘いとしてしばしば引用される有名な戦い、

「ゴリアテと闘うダヴィデ」の主人公としてイメージする訓練をするよう呼び掛けた。修道院的な考え方では、ダヴィデは伝統的に謙遜の徳と関連づけられ、ゴリアテとの闘いは、あらゆる悪徳の源であり、修道士たちの最も恐るべき敵である高慢との孤独な魂の戦いの寓意として読まれた。ベルナルドゥスは各修道士に、自分を「ゴリアテと対決するダヴィデ」としてイメージするよう求めたのだ。「長き苦しみ」の投石機から発せられた石でこの巨人を倒し、血なまぐさい姿そのままにゴリアテを殺したあのダヴィデだ。その若きヒーローがなし遂げたあの姿のままに。

彼〔ゴリアテ〕が再度立ち上がらないよう、もっと近づくがよい。彼の上に跨り、彼自身の剣先でその首を刎ねるのだ。君に襲いかかるまさにその虚栄心によって虚栄心を打ち砕くのだ。もし君がそういう高貴な考え方に打たれて、そこから有形無形の謙虚さを得れば、君はゴリアテを自身の剣で殺した（*peremisti*）ことになるだろう……(102)。

ここでもまた、この説教師が彼だけに語り掛けたことを各修道士に実感させ、かつ彼らに、ベルナルドゥスの言葉を聴くことによって、自分自身がそこに表現されていることに否応なく対決させられているのを「見る」ことになる、そういう転換を容易にするよう意図された話し方がそのまま使われているのが分かる(103)。

そのような軍事的瞑想は、修道院で見られるべき闘いについて分かりやすいイメージを引き出し、いっそう強調したであろう。その言葉はおそらく、修道院や教会の柱頭に刻まれたり、写字室で写本のさまざまなページに書き込まれたりしただろう。たとえば、クレルヴォーのベルナルドゥスに仕えた修道士は、ゴリアテが武装した巨大な騎士として描かれた、当時のシトー会の写本で、「ダヴィデとゴリアテ」の対決を「見た」のであろう(104)。「描く（*picturae*）」という言葉は時に、精神的な戦いを補完するイメージを持っていた。一一一一年にシトーの写字室で作成された、『道徳論（ヨブ記注解〈*Moralia in Job*〉）』に見られる通りである(105)。本書で既に見たグレゴリウス大教皇の文が、精神的な戦争における画期的な作品になったことに伴って(106)、修道院の写本彩飾士は、暴力的な精神的闘いのシーンに満ちた目に見える教本を創造したのだ。中世の読者はそこで、想像上の獣と格闘する人、ドラゴンと闘う馬上の騎士、塔を守護する武装兵士というパターンで瞑想することでシトー会修道士が思い描く数多くのイメージが散りばめられているのを発見したことだろう。要するに、世俗の誘惑や悪徳に対する修道士の日々の戦争を瞑想させる一連の豊かなピクトゥーラである(107)。「言葉による絵」の効果が随伴的なイメージによっていかに高められ得るかを示すもう一つの例として、聖アルバヌスの詩篇書が挙げられよう。一一四〇年代におそらく隠者マーキエイトのクリスティーヌのために、その修道院のベネディクト会士が作成した、豊かな彩色を施された写本である(108)。聖書のテキストを用いた最初のものは写本の中で、大きな象形模様を施した柱頭に見られる。詩篇の作曲者の役をするダヴィデを表したもので、王位にあり、下方に、馬に乗り、剣を抜いて互いに猛スピードで突進しあう二人の騎馬武者がいる(109)。ある銘刻にこれらの人物と同じものがあり、「天なる闘技者（*celestes athletae*）」として決闘（*duellum*）している当時の騎士と考えられ、読者に、宗教的生活の精神的闘いにおける瞑想の出発点として用いるように教えている。

神の子たらん、天の価値ある後継者たらんと欲する者は誰も、そして、栄光を得、デーモンが神の王国から墜落した際に失った遺産を得んと欲する者は誰も、彼女に、昼も夜も、目と心で、今そこに描かれている戦争と騎馬による闘い（*equitatio*）を注意ぶかく見張らせよ。ここにある目に見える武器が鉄と木で作られているのと全く同じに……戦争と悔悛の最中（*in bello et penitentia*）にある我々のすべてが誠と愛で武装せねばならぬ。さすれば天なる恵みに近づき、天使の如き人生の冠が得られよう。……俗世を捨てた者たちをして、そして、雄々しい心、節度、貞節を持った人たちをして、さらにすべての誠実な信徒をして、昼も夜も、戦争と天なる遺産について瞑想せしめよ(110)。

数年にわたってテキストとそれに伴うイメージを研究した末に精神的な戦士としてのクリスティーナのイメージ、つまり精神的な鎧を着けて悪魔と武芸試合をする姿は、彼女の心の目に自然に湧き上がってきたのだろうか。これは間違いなく写本の製作者が意図したもののように思われる。

孤独な闘いの寓意は、共同生活をする修道士、半隠遁的な教団のメンバー、隠遁者などのあらゆる人が参加する宗教的生活のさまざまな形式について、活発な議論に光を当てることになった。このイメージは、共同体で暮らす者たちが孤独な生活について抱く微妙な感情は、他の修道士たちが隠遁者を精神的軍隊内でのエリート戦士と感じた大いなる賞賛の気持ちでバランスが取れていたことを明らかにしている。これらの寓意はまた我々に、修道士や隠遁者が彼ら自身をいかにお互いの関係の中で定義づけていたかを理解させてくれる助けになっている。両方のグループのメンバーを受け入れ、独居者は共同生活する際の共同相手よりも大きな不屈の精神を身に着けている、とのベネディクトゥスの評価を擁護しているのである。孤独な戦闘員としてのキリストの戦士の理想は、各個人が悪魔に対する自己防衛力を強化する必要性を強調した。修道院での戦列という安全性の中にいてさえそうであったし、一人で暮らす者には、独房という隔離状態にあってさえ、そういう独房が存在できるよう神の援助を求めねばならなかったのだということを想起させた。最後に、隠遁が復活した特にこの時期に現われた女性戦士のために修道士たちが構成した建築的仕事の軍事的レトリックのなかでも特に特徴的な所は、教会関係者が女性から精神的闘いを排除しようとしなかったことを示している。もっとも、彼らが保護されたものとしての女性に、男性のキリストの戦士と競争するために「筋肉的」な能力を培うよう熱心に勧めてはいたが(111)。

戦士としてのイエス、戦士としての修道院長

それぞれの修道士が甲冑を着けた精神的戦士であるなら、修道院でのその上司は勇敢な将軍であり、キリストの側に立つ、天なる軍隊の至高の司令官だった。前節で考察した別集団のイメージと同じく、大修道院長とキリストを戦士または戦争指導者とする描写は、それらが当時の幾多の関心を反映していたとはいえ、聖書のテーマ、及び、聖書解釈、聖人伝の扱いに関してさまざまな習慣を引き出した。第一章で見たように、キリストを死に勝利する戦士として描くことは古代後期には普通のことになり、中世初期を通して、一貫して続いた。教父やカロリング朝の人々の解釈、特に詩篇や黙示録のコメントもまた、キリストを勝利に輝く戦争指導者とする解釈を助長した(112)。黙示録にある、反キリストの軍に勝利すべく天なる軍を率いて白馬に跨る「誠実にして真実なる」騎手という描写(「ヨハネの黙示録」一九章一一～二一節)は元来、復活したキリスト、または教会の勝利者の寓意として読まれた。しかしカロリング朝時代以降、オセールのハイモのような修道院の聖書解釈学者たちはこれらの節を精神的な戦

争に結びつけた。そして読者に、「自分の中の悪魔をはじめて克服する」ことでキリストの戦士たちの戦いを模倣するよう、「そうすれば読者も彼らに遅れてそれを克服できよう(113)」と激励した。後の解釈学者たちは中世初期の先例に倣い、黙示録に登場する騎手をキリスト論的に読んだ(114)。詩篇が神をたびたび、人々を戦いに導き、敵を破滅に追いやる武装した戦士と呼んで言及していることはまた、キリストを戦争指導者とする修道院的な瞑想のごく自然な出発点でもあった。

修道院長の人物像を戦士とする拠りどころは、その表現がカロリング朝時代までの聖人伝にも見られ、より古いルーツを持っていると思われるにもかかわらず、それ以上にははっきりしていない(115)。大修道院長を母とする考え方と違って、中世盛期の修道院改革運動は、指導者（*magister*）としての修道院長と多くの新しい教団メンバーによる精神的な訓練士の存在を重視する考え方を反映していたと思われるが、軍事用語による職階表現は修道院改革運動より以前からあった(116)。カッシアヌスもベネディクトゥスも修道院長をそういう風には表現しなかった。ただし、ベネディクトゥスは、キリストは、修道士にとって「キリストの役をする」修道院長という人物を通して修道院に出現なさっているのであり、この関係を認識することで、「父（*abbas*）」あるいは「主（*dominus*）」として呼び掛けられるべきだと強調した(117)。院長のアイデンティティーという観点は共同生活の理想のまさに基本原則であり(118)、おそらく、まず第一にキリストを修道院長という人物と結びつける隠喩の使い方を助長した。同時におそらく、修道院長職と軍事的リーダーシップとの連想は修道士をキリストの戦士と呼び、修道士の共同体を戦友と呼ぶ崇高な伝統の影響を受けたと思われる。

修道院長を戦争のリーダーとする考え方は、院長は言動の両方においてキリストの戦士の徳を示すことで、修道士の精神的な模範となるべしとの信念を反映していた。聖なる修道院長たちが通りがかったことを記録するために作られた各地の記念碑的な詩や説教は、それを軍事的なレトリックで記憶に留めた。修道院長たちが命の限り交戦中の軍隊をいかに率い、死後にはその兵士たちの勝利を祈って聖人たちをいかに集合させたかを事細かに述べているのだ。クリュニーのオディロン（一〇四八年没）は「堅固な塔のようであり、上方に盾を備え、七つの銃眼付胸壁に囲まれ」ていたと記憶された。「そこに勇士の強力な武器が掛かり（「雅歌」四章四節参照）、彼を敵からの急襲に対して難攻不落にしていた(119)。ペトルス・ウェネラビリスはその故修道院長モルレのベルナルドゥスを称える碑文を書いた。それは、それを読んだあらゆる人に、宗教的生活の戦い（*agon*）におけるベルナルドゥスの堅忍不抜さこそが「天の要塞（*coelestis castra*）」なる天使の傍らの席を彼に与えた、ということを想起させるものだった(120)。モレームのロベールに対する賛辞の中で第二代シトー会修道院長スティーヴン・ハーディング（一一三四年没）は前任者を、親密な軍事的仲間を共有した父のような人として想起し、自分は、父と主権者だけでなく同胞、戦友、そして神の戦争における卓越した強者を失ったのだ、と嘆いた(121)。女性修道院長についての同様の記述は、名高き神秘主義者ビンゲンのヒルデガルト、マティルダ、カン・ラ・トリニテ初代女性修道院院長の場合を含めて、女性の院長たちも彼らの男性同格者たちと同様、課題に対する完璧な服従を命じられたら、我々が軍事的な徳と呼んでいるものを体現すべく期待されていたのだ(122)。

精神的な模範という仕事の他に修道院長は自分の世話で修道士を訓練し保護する任務もあった。これらの機能がしばしば羊飼い、または代父（いずれも『会則』に出て来る）、代母という隠喩で表現されたのに対して、中世の著者たちは修道院長のイメージを、同じ目的を持った共同体の軍事的な守護者として用いた。一二世紀のベネディクト会士ディーヴのペトルスが第四代ベック修道院長ボソを称賛したのは、職にあった一二年間、彼が倦まずたゆまず修道院という宿営のガードに立ち（*invigilare*）、精神的な武器で悪魔の攻撃を防いだからだった[123]。クレルヴォーのベルナルドゥスの秘書オセールのジェフリは後に大修道院長として師の後継者になったが、ベルナルドゥスの命日に修道士に説教をした。そこで彼らに、この偉大なるベルナルドゥスは他国の旅から修道院へ帰ってきたら必ず、急ぎ新参者（*tirones*）の下に赴いたこと、そして、たび重なる不在にもかかわらず、「主の軍隊で奉仕する精神的兵士を約八〇人育て上げた」ことを想起させた[124]。無能な院長の失敗もまた軍事用語で説明された。責任逃れをする修道院長への軽蔑の念を吐露してペトルス・ダミアヌスは、修道院長はただ存在者として出現するだけでなく、主の不在時にはキリストの軍旗を掲げ、日常に流されることを拒否する、真の意味での「戦争指導者（*dux belli*）」でなければならないと書いた。軍隊の後方を指揮するにさえ値しない身を露呈して、精神的な戦場から逃亡する修道院長たちに対しては、そういう者はいつの日か、神の前でそのすべての行為の責任を問われるであろう、というベネディクトゥスの警告が投げつけられた[125]。しかし進んで新参者を育成し、勇ましくも彼らを戦いへと導いた修道院長は、その修道士に対して真にキリストの位置を占めた。

この時代の聖人伝や説教にある戦士としてのキリストのイメージが示すように、修道院長はひたすらキリストに代わって修道院という軍隊を率いた。そして院長たち自身、キリストの軍隊（*militia Christi*）の兵士だった。修道院の著者たちは死に対するキリストの勝利と悪魔を、キリストがその軍隊の厳格だが思いやりのある指導者になり、征服王になったという軍事的なさまざまな寓意を使って説明した。シトー会修道院長としてフォードのヨアネス（一二四四年没）はその修道士たちにこう説教した。「キリストの十字架と死は、以前は戦争のための武器だった。今やそれらは勝利の旗である[126]」と。ロシンガのハーバートはこのキリストの顕現を、戦いの最中に緊急に必要な援軍が到着した、と表現した。

こうして待望久しい指揮者（*imperator*）が疲弊した軍隊を助けにやって来た。敵の軍勢を追い散らし、斬り倒し、あるいは捕縛して罰し、破滅させた。最初の反逆者にしてキリストの敵を永遠の業火という恥ずべき罰に追いやった(127)。

敗北者としての、恥辱を受けた暴君という悪魔のイメージ（おそらく「レビ記」二〇章二～三章に触発されたもの）は共通していた。たとえばサン＝ベルタンのゴスケリーヌスはそういう暴君を、指導者を剥奪された悪魔の軍団が空しく再結集を試みる間、鎖に繋がれ、永遠の牢獄に捕らわれた者として思い描いた(128)。

復活という勝利にもかかわらず、悪魔とのキリストの精神的な戦いはまだ続いており、補給部隊も到着していなかった。中世独特の寓意を使うなら、イスラエルとバビロンの両統治者間に和平はあり得なかった(129)。これは壮大なスケールで描かれた修道士の闘いだった。個々のキリストの戦士にとって、これ以上に完璧な兵士の見本はあり得なかった。一二世紀、シトー会士レイニーのギャランのある寓話は、悪魔と闘うキリストというイメージがいかに恐ろしいほどに憶えやすいピクトゥーラの創造につながるかを暗示している。ギャランは読者に、剣を振るうとまさに大地が揺れるほど巨大な体軀を持った二人の騎士（*milites gigantes*）間での孤独な闘い（*singulare bellum*）というシーンを提示した(130)。邪な騎士（すなわち悪魔）はこの時代の修道院年代記にしばしば見られるタイプ、つまり無垢なる人々を見境なく虐殺しては喜ぶ残忍な悪者であり、徳のある相手（すなわちキリスト）は無防備な人々を守る義務を持ったキリスト教徒の騎士として現れるモデルと思われる(131)。この剣と剣が激しく撃ち合う壮大な争いを物語った後ギャランは血生臭さ極まりない当時の「武勲詩（*chanson de geste*）」にふさわしい大仰な身振りで話し終えた。よき巨人が剣で力強い一撃を加えると、悪魔の騎士はものの見事に頭のてっぺんから下へ向けて、真っ二つに切り裂かれた。ために、死体は半分ずつ別々に地面に倒れ落ちた(132)。

キリストはまた、仲裁者の役目の中で兵士の特性を与えられた。人類に代わって戦い、偉大な勝利を得、過去も現在も、死すべき人生を終えた後でさえ、その誠から力を導き出したのだ。修道院の著者たちはこのキリストという騎士に精神的な武器、武具のフルセットを与えた。ペトルス・ダミアヌスはキリストがいかにして「我々の弱さから自分のための鎖帷子（*lorica*）を作り上げたか」を説明したが、「彼はそんな弱さの中で、強力な巨人のように鬨の声を挙げつつ「空中に勢力を持つもの」〔「エフェソの信徒への手紙」二章二節〕に逆らって戦い続けた」のだ(133)。クレルヴォーのベルナルドゥスは修道士たちに、あの「戦いに向けて聖霊の油を塗ってもらうために、いわばこの世の大平原を闊歩しつつ、人類の贖罪のために「やみくもに走る（*run the race*）」ヒーロー（「コリントの信徒への手紙一」九章二六節）のように勝ち誇りつつ」、それでもなお「悪魔に捕らわれ、拘束される」ことに甘んじた勇敢な兵士としてのキリストをイメージするよう求めた(134)。フォードのヨアネスもキリストの降伏を英雄的な力溢れる行為と評した。「彼の選択である限り、彼が命をなげうった力を持ち、再び彼が選択した時、彼なりの方法で命を取り戻したあの力を持つこと（「ヨハネによる福音書」一〇章一八節）以外に、彼の力をさらに華々しく提示する方法があるだろうか(135)」、と彼は修道士たちに問うた。キリストは悪魔と闘っただけでなく、真の心で、進んで戦争を起こしたのである。クレルヴォーのベルナルドゥスの『見解（*Sentences*）』では、キリストは三本の矢で武装していると言われた。純粋な恐れ、献身的な愛、徳ある欲望であり、それらによって「彼は、彼の愛の甘さを味わってもらうべく招待する人々を傷つける(136)」のだ。フォードのヨアネスは腰に剣を帯び、詩篇の神に呼びかけ（「詩篇」四三章〔共同訳では四五章〕四節参照）、それで自分の心に突き刺し、それを神の美と愛で満たすよう求めた。そしてキリストによって捕らわれの身になるという考えを楽しんだ(137)。

修道士たちはキリストの戦争の消極的な観察者ではなかった。逆に、隠者、殉教者、天使、要するに過去、現在の精神的な戦争のすべてのメンバーと肩を寄せ合って、キリストの命令の下で戦っていたのだ。ヴェズレーのユリアヌスは騎士のように説教をした。修道士はキリストの命令の下、死すべき仇敵（「悪魔の霊と悪い人たち」）に向けて突進し、後者を木っ端みじんに打ち砕き、敵の都市（「混沌と錯乱の都市」）を完膚なきまでに焼き尽くし、都市の明け渡しを拒否する者全員を斬殺した(138)。クレルヴォー修道院長への手紙でセルのペトルスはシトー会士を白馬に乗った騎士仲間と表現しつつ、黙示録から引用した。彼らの白服は、彼らが「服を白くしていたからこそ、血を流してまでさまざまな悪徳に抵抗し、罪なき羊の苦しみにさえ到達することで、羊の血で」赤く染まったのだ(139)。リーヴォーのアイルレッドは、キリストの指令の下、聖人たちの偉大なる軍隊の一翼として、隊列を組んで行進する自分たちの姿を思い浮かべるよう、修道士たちを激励した。

見よ、今日こそ我らが王、我らが指揮官は全軍を率いて我らに会いに来られた。我らが能力の限り、王の戦列にいる全員がいかに美しく、いかに統率がとれているか、よくよく考えてみよう。彼らの団結意識を我らのものにしよう。しかし何より、彼ら独自のものである闘いから逃げてはならぬ。闘いは実に命がけであるが、永遠なる報いという考えは我らを喜びで満たしてくれよう。この闘いにおける支援にも事欠かぬ。我らはぐるりと幾多の天使、大天使に囲まれている。軍の前衛として立ち、我らが指揮官をよく見、彼がその騎士たちに説かれるのを聴こうではないか。彼は言っている「あなたがたには世で苦難がある」（「ヨハネによる福音書」一六章三三節）と(140)。

アイルレッドが、聖書に書かれたものを最後まで引用せず中断してしまったにもかかわらず、聴衆はすでにその先の文を言えたであろう。「勇気を出しなさい。わたしは既に世に勝っている」。偉大なる精神的な軍隊の究極の目的は天の王国を攻め落とすことに他ならなかった。「マタイ伝」一一章一二節のキリストの言葉で暗示されている事業である。「洗礼者ヨハネが活動し始めたときから今に至るまで、天の国は暴力にさらされてきた。力あるものがそこで権力を握っている」。人類の堕落以来、天への道は悪魔たちの軍隊で閉ざされている、「徳の力（*violentia virtutum*）」によってのみ、精神的な兵士はそこを突破し、救済の豊かな実りを獲得する希望を持てるだろう、とサン＝ベルタンのゴスケリーヌスは女性隠者イヴ宛の手紙に書いた(141)。イニーのグウェリクスは修道士にこう命じた。「敬虔な侵入者（*pius invasor*）として天の王国に突入しようと思うなら、愛の力で武装せよ」。洗礼者ヨハネに従う隊員として天国での戦いに突き進む自分をイメージするよう、グウェリクスは彼らに指導した。

はっきり言おう、勇気ある者よ、身構えよ。幸せなる軍隊の指導者にして隊長に従え。私は洗礼者ヨハネのことを言っているのだ。ヨハネが活動を始めた日から、天は突撃（*expugnabile*）に向けて開かれ始めている。また言おう、その軍旗を自らの血で赤く染め、その指導者の行為と勝利を今日、諸君は真の尊敬をこめて歌い上げた、あの指導者に従うのだ(142)。

司教座聖堂参事会員ながら背教者となったフルクへの手紙でクレルヴォーのベルナルドゥスは、彼がすみやかにその共同体に戻らない限り、その戦友たちが彼抜きで天の王国を征服するだろう、と警告した。そして、「主自身は我々の支持者、守護者（*adiutor et susceptor*）として存在しておられるのであり」、「我々の手には闘い方を、我々の指には戦争の仕方を教えておられる」（「詩篇」一四三章〔共同訳では一四四章〕一節）と彼に断言した。自分の要塞の包囲を指揮する司令官であるキリストがもし、熱き戦いの最中にフルクを見つけなかったなら、彼はきっと最後の審判の日に彼を思い出さないだろう(143)。

修道院の著者たちにとって、キリストを戦士として描くのは救済ととりなしについての特別な真実を表現し、悪魔の力は限られたものだと主張し続けるための一つの方法だった。子供を育てようとする無条件の愛に相当するキリストの「女性的」な度量を強調したい、そしてその徳を修道院内で広めたいとの著者の希望でキリストが母のような装いで描き出されることもあるのとまったく同じに(144)、キリストに戦争のパワーあふれる指導者の役を割り振ることは、その同じ著者が、修道士にとっても不可欠の豪胆さ、勇気といった「男性的」な特質を奨励するのを可能にする結果になった。修道院の軍隊の司令官としてキリストは、その兵士たちに対する軍事的な「徳」のモデルになった。キリストの数々の勝利について瞑想すること、または、そういう勝利に瞑想の中で関与すること、それ自体が「キリストに倣いて」の一形式だった。もしキリストが究極の精神的戦士であるなら、より理解しやすい、軍事的な役割モデルは、キリストに代わってキリストの軍隊を率いる修道院長であった。軍事的司令官としての修道院長たちのイメージは、彼らを両親や羊飼いたちに譬えたことと同様、修道院文化の中で特別な意味を持っていた。精神的な戦争の指導者として修道院長は無条件の服従を命じたが、翻って彼は、その誠実な兵士たちを訓練し、守る義務、そして自分が兵士たちの忠誠心に値することを証明する義務を負っていた。

包囲された信仰の要塞

そういう要塞居住者の想像力が修道院を変容させた。大規模な要塞に入った修道士たちでさえ天使のような戦士（「創世記」三二章二節）たちによって守られた聖書にいう神の城（*castra Dei*）でモデルとなり、ダヴィデの塔には勇士たちの盾が掛かっていた（「雅歌」四章四節）(145)。しかし彼らのモデルである精神的な戦士を最新の武器、武具で装備させ、そこに、当時の戦いにおける教訓的なインスピレーションを見出していた修道院の著者たちが、自分たちが城建設華やかな時代、そして軍事的な建造物と包囲戦でのさまざまな革新の時代に生きていることを知らぬはずがなかった(146)。第一章で見たように、城と修道院の関係はあまりに複雑で、単純な対立語では言い表せなかった。宗教的な共同体は要塞内に、あるいは要塞がかつてあった場所に（ときには全く同じ石を用いて）建設された。修道院長たちはその共同体の利害を守るために城を建築し支配した。危機の時代には修道院関係の建築物を要塞化さえした。修道院の著者たちが発展させた城に関するさまざまな寓意は、聖書解釈学的な詭弁を、修道士固有の精神的関心を喚起する手段としての活き活きとしたピクトゥーラと結びつけた。まず第一に、修道院または隠遁所は悪魔の集団に取り囲まれた要塞のようなものであり、祈りと徳で武装した精神的な騎士によって守られていた(147)。修道院の説教は修道士の心を瞑想的に向上させるべく彼らを励まし、彼らを木や石でできたいかなる城より強固なものにした。彼らにとって必要なだけそうした。世俗の同格の人たちと違って心の要塞は常に包囲されていたのだ。いったん建設されればそういう砦は、精神的戦争のドラマのためのセッティングとして無期限に使われ得た(148)。そこで修道院の戦士は、新参者として習得し、キリストの戦士として磨き上げたさまざまな軍事的技術を試すことができた。

寓意的な城は、聖書解釈学的な系統学において、「エゼキエル書」四〇～四四章にあるソロモン神殿や「黙示録」二一章一二～二七節にある天なるエルサレムの記述から引用された(149)。これらのパッセージに包囲のイメージは含まれていないが——実際、後者は戦争の終焉であらゆる要塞化が不要になるような未来を印象深く描写している——読者がそういうセッティングに親しんでいることを知っていた後世の著者たちは、精神的な包囲のピクトゥーラでしばしば借用した。心の包囲というテーマは三世紀という早い時期に教父の論文に現われた。キプリアヌスが、心の城壁の周りをうろつき、その門の強度を試し、入り込めるようなウィークポイントを探している悪魔、という言い方をしたのだ(150)。カッシアヌスは『規約集 (*Institutes*)』で、人の心に住み着いた悪徳はその内側から「徳の砦 (*arx virtutum*)」を攻撃し、心の都市を略奪し、その居住者を奴隷にするだろう、と警告した(151)。すでに見たように、修道院のキリストの戦士という理想を意義深く描き出したグレゴリウス大教皇による聖書解釈学的な仕事は繰り返し、包囲された心、というテーマに立ち戻っている。グレゴリウスはまた、後の修道院文化で一般的になる黙想訓練の基礎を築いた。攻撃を仕掛けてくる悪徳やさまざまな誘惑と防衛する美徳の闘いを、天なるエルサレムの包囲として瞑想したのである(152)。一一、一二世紀に向けて、修道院文書の中に、城の寓意を含めて、建築物による寓意がかつてないほど爆発的に増加した。その多くは、聖書的なモデルを超えて、当時の建築物からの身近な風景を取り入れていた(153)。

修道院、さらに一般的に教会を城に譬えるのは、修道院は世俗で邪悪なものを拒絶すること——詩篇の「堅固な塔(154)」——と、悪魔の軍団にとって心惹かれるターゲット、その両方であるという信念を反映していた。悪魔の魂は、精神的な戦士が天なる都市を獲得したいと切望するのと全く同じほど貪欲に、聖なる要塞を征服しようとしていると考えられた。神の陣営（*castra Dei*）のために世間を捨てた後、修道士はこの精神的な要塞の防衛を義務づけられていた(155)。ペトルス・ダミアヌスはその最も影響力のあった著作の一つ、いわゆる『主は諸君とともに（*Dominus vobiscum*）』で、修道院の小部屋を要塞として、まさに息をのむほど活き活きと描写した。

おお、僧坊よ、お前は聖なる軍隊、勝利に満ちた隊列、神の野営（「創世記」三二章二節参照）、ダヴィデの塔だ。要塞として立てられ、周囲には幾千もの円盾が掛けられ、それぞれに勇士の盾があった（「雅歌」四章四節）……。お前は戦いに突き進む者にとっての城壁（*vallum*）、勇者のための砦（*munitio*）、「降伏」という言葉を知らぬ兵士のための防御だ。包囲する敵の野蛮な凶暴さを煽り立てよ、彼らを密かに前進させ、飛び道具を射させよ、お前の周囲にまるで森のように剣を密集させ、振り回させよ。誠の胸当てで武装（「エフェソの信徒への手紙」六章一四節参照）したお前の中にいる者たちは司令官キリストのゆるぎない保護の下、喜びのあまり踊り出し、すでにお定まりの破滅へと堕ちて行った敵への勝利をことほぐ(156)。

クレルヴォーのベルナルドゥスは修道士たちに、自分たちの教会を頭の中で一二世紀の要塞と考えるよう勧め、そのさまざまな要素を極めて精緻に描いて見せた。中央に陣営（*castrum*）、武器と兵糧の十分な蓄えがあり、純潔の前壁（*murus*）と忍耐の後壁（*antemurale*）に囲まれており、それらが四方に群がる敵どもを阻止していた(157)。別のシトー会士レイニーのギャランは修道院を要塞化した都市（「詩篇」

三〇章二二節）になぞらえ、そこでは修道院長とその幹部は塔であり、分厚い城壁は「愛の絆で結ばれた」修道士であるとした(158)。このようなピクトゥーラは修道院内での一時もゆるがせにできない自己管理に必要なものをもたらす意図を持っていた。修道院は安全な聖域と取られるかもしれないが、実際には現世の戦場と同じくらい危険だったのだ。個々のキリストの戦士の魂は要塞と理解され、それに対抗して悪魔が莫大な量の攻城器具を集めた(159)。このテーマに関する修道院的な瞑想は「ルカによる福音書」一〇章三八～四二節で語られているマリアとマルタの物語の聖書解釈に基づいていることが多かった。冒頭はこうなっている。「一行が歩いて行くうち、イエスはある村（town〈*castellum*〉）にお入りになった」。*castellum* という言葉はヒエロニュムス〔ラテン語訳聖書を完成した〕が翻訳した時、城壁つきの村（walled town）と関連していたが、後の読者はこの句に、読者自身の時代の軍事拠点（*castra* または *castelli*）の意との関連を見た(160)。聖母マリア被昇天の祝祭のための説教でリーヴォーのアイルレッドは修道士たちに、自分自身の中に「精神的な城（castle〈*castellum*〉）を準備しておくよう」強く説いた。キリストが処女マリアの城内で持っていたような、そこに住めるよう、塔（*turris*）、城壁（*murus*）、堀（*fossatum*）を完備した城である(161)。この説教師は聴衆を建築過程の各段階を通して案内した。城（*castellum*）の各施設に修道士に不可欠なさまざまな徳の名前をつけたのである。まず、堀は心を空しくすること、つまり低水準の謙遜（*humilitas*）を露呈する人間的な弱さという汚れを除去することで生み出された。次に、純潔（*castitas*）を象徴する強固な城壁がその周りに建てられた。最後に、愛または博愛（*caritas*）の高い塔がその他の物の上に屹立した。これらの三つの徳がいかに互いに支え合っているかを説明するために、アイルレッドはさまざまな軍事的シナリオを使った。堀を守るべき城壁がなかったら、敵は土でそれを埋めてしまうだろう。しかし、たとえ敵が城壁を引き剝がそうとも、塔内の者は無事でいられるだろう

(162)。処女マリアの城という肉体(castle-body)に似て、修道士の魂は謙虚さと愛で強化され、その門は純潔によって永遠に閉ざされ、そのためキリスト以外の誰も入れない(163)。断固とした強さ、封鎖された不可侵性などの言外の意味で、城は修道院共同体のための、拡大して考えれば、修道士の体のための隠喩として重要な選択によるものだった。内なる敵を一掃し、内側から倦まず管理されて、修道士の体(または修道士たちの体)は徳の難攻不落な砦になった。

しかしクレルヴォーのベルナルドゥスが警告したように、悪魔は、「徳という城壁を襲撃し、理性の砦を叩き潰す(164)」チャンスを求めて、常に監視し、待機していた。さらに、すでに魂の城としての城壁を包囲してしまった敵軍は、その守備兵を裏切り者に代えてしまう方法を熟知していたのだ。ホノリウス・アウグストドゥネンシスは情欲と悪徳を、もしチャンスがあれば、徳の守備隊を圧倒し、魂の城を敵に明け渡す覚悟でいる御しがたい市民という獅子身中の虫と表現した(165)。修道士は聖書の言葉、サクラメント、よき行いでその砦を強化すべく心がけねばならない、そして、精神的な武器を装備して城壁上で悪魔と闘う準備をすべし、とシトー会士ペルセーニュのトマ(一一九〇年没)は書いた(166)。もし内なる城が守備兵の弱さのために落ちたら、魂は捕らわれの地へ運ばれ、地獄の地下牢へ投げ込まれ、デーモンに監視されることになろう。フォードのヨアネスは修道士たちに、一瞬たりといえども自己防衛をゆるがせにすることの危険性について、長い物語をした。

主イエスよ、魂が圧倒的な包囲に晒され、まったくの八方ふさがりで、片方の手には死の苦しみ、他方の手には地獄の苦しみ(「詩篇」一七章五～六節参照)、私は何としばしばそんな気持ちになることか。その後から怒涛の如く押し寄せる悪鬼の数々、実際に隊列をなして戦っている軍勢より恐ろしい（「雅歌」六章九節参照）。それらが私を取り囲み、私を動けない状態にし、攻撃を仕掛ける。そんな強力な軍勢を目にすると、私の魂は戦慄で金縛りになる。長期にわたる包囲に耐えられず、測り知れない苦しみに苛まれ、ついに私は囚人の身となる。私は打擲され、鎖に繋がれ、狭き地下牢に、そして底知れぬ悲しみの漆黒の闇へと放り込まれる(167)。

修道院生活への移行それ自体が、現世そのものである「囚人の牢獄」からの解放の一形式だった一方、修道院に住む人々はこの世の城主と同様、常に用心深くなければならなかった(168)。

もし魂の砦が死に至るまで防衛できたなら、我々がすでに見てきたように、修道院の戦士たちは、みな等しく強力に、エルサレムの天なる都市を攻撃し、天なる門を撃破し、力ずくで救済を得るべく勇気づけられた。シトー会の文書で昔から砦と表現されてきた、瞑想の中で天国を包囲することは(169)、「エゼキエル書」四章一～二章で暗示された。「れんがを一つ取って目の前に置き、その上に都であるエルサレム（の地図）を刻みなさい。そして、これを包囲し、これに向かって堡塁を建て、塁を築き、陣営を敷き、破城槌を周囲に配備しなさい」。中世初期の著者たちはこの句で悪徳とデーモンに対する戦いを連想した(170)。そして後の修道士たちはそれを天なる都を精神的に包囲する瞑想のための基礎とした。そこで彼らは攻撃者であると同時に守備者でもあらねばならなかった。ヴェズレーのユリアヌスは修道士に黙想によって心の中に天なるエルサレムを建設するよう勧めた。リーヴォーのアイルレッドの語る精神的な城建設者がしたように、まず、地面を掘って、周囲に高い堡塁（*agger*）を持った堀割を作るよう、城の建設が始まってすぐに敵軍がやってきて、そこを包囲するかもしれないと知っていてもなお、そうするよう勧めたのだ。しかし、敵が周囲に破城槌を置き、誘惑の大きな矢（*tentationum crebres ictus*）

で壁を揺るがせたにもかかわらず、ユリアヌスは聴衆に、城壁は破られ得ない、なぜなら内壁、外壁共にキリスト自身のからだで作られているのだから、と確約した(171)。

心的砦の建設と防衛は修道院内での黙想的訓練に不可欠な場面だった。敷衍すれば、修道院的精神性の総合であった。城は決してそういう訓練のために使われた単なる寓意上の建築物ではなかった。教会と修道院はまたこの時代の修道院生活とさまざまな徳を瞑想する際にも使われた(172)。しかし城は、軍事的な他のタイプのピクトゥーラと同様、他の建築物にはできない教訓的な機能を提供した。城という寓意は、修道士に、彼らの魂の尊いが壊れやすい性格の意味を伝えるのに、そして悪魔に対する彼らの防衛力を低下させるのがいかに危険なことかを想起させるのに、またとない手段だった。修道院や魂を砦に譬えるのは、究極的には聖書に由来することだった。しかし修道院の外側の世界でのさまざまな新しい発展が、紀元一〇〇〇年ころ以降、それらに新しい直接性を与えたのだ。宣誓後の修道士、女性修道士が、聖書、典礼式文、修道会総会などで語られた説教に登場する寓意的なさまざまの砦に遭遇した時、彼らはごく自然に、堀に囲まれた木造りの塔や帳壁に囲まれた石造りの天守閣、といった当時の身近な建造物に、彼らの心の目でそれらを「見た」のだ。そういう建造物は、心の中にいったん建設されると、幻視者が見た、あるいはそこで生活さえしたという城のモデルになったかのように、何度でも訪れることができ、いくつでも追加でき、守ることができた。修道院自身と同様、魂の城は二重の機能を提供した。それは内なる自己のための避難場所であると同時に、壮大な精神的戦争を演ずるための舞台でもあったのだ。後者の機能は修道士の精神的な自己に精神的な武装を施し、その肉体的な存在が修道院での祈りという平和な状態にある場合でも、敵と対決することを許していた。

第四章の結論

中世の著者たちは修道院的な経験のあらゆる想像上の側面を記述するのに、軍事的な隠喩を用いた。しかしこの言葉の使い方は「隠喩」という用語が含意するより以上の重大な意味を持っている。修道士は戦士「のようなもの」であった。しかし彼らは、精巧に仕組まれた軍事的イメージが日常的に使われることで修道院の自己認識形成に役立った以上、実際に兵士「でもあった」のだ(173)。宗教的共同体内での精神的な進歩は軍事用語で理解された。個人的な祈りとしての日々の行動と義務、共同体での儀式への参加、戦闘と理解された禁欲・苦行の実践がそれであり、さまざまな位階を定義し、修道院内での人間関係を説明するためにも軍事的な寓意が使われた。軍事的なレトリックは、修道士が「キリストに倣いて」の一環として培うべき特殊な資質、つまり強さ、不屈の精神、勇気を強調する手段としてキリストと修道院長に当てはめられた。ベテランの修道士たちが流暢に語る精神的な戦争の言語は、固有の、専門化された語彙と、特殊なフレーズの展開を持っていたが、それは、聖書解釈学的に考えることに慣れた新参者の心に長大な連想の連鎖を築き上げたことであろう。さらにまた、軍事的な瞑想のまさしく修道院的な実践という言い方もできる。そういう瞑想こそが宣誓済みの修道士、女子修道士たちに戦闘体験をイメージし、心の中に城さえも建設する勇気を与えたのだ。そういう行いの中で、誘惑を絶つために戦い、徳を養う方法を学んだのだ。コンセプトおよび実践として精神的な戦争は中世盛期における修道院文化にとって不可欠の部分であった。

前章で見たように、精神的な闘争というコンセプトは教会最初期からキリスト教徒の生活を形作ってきた。しかし、一一、一二世紀に、特に修道院関連でそれは、かつて殉教者の時代にのみ保持していた突出したレベルに達した。この時代に、修道士たちは書簡、説教、伝記（*vitae*）の至る所に軍事的な寓意を散りばめた。それは暴力の描写の点で、教父時代、あるいはカロリング朝時代の先達たちがイメージしたよりもいっそう精妙にできており、いっそう具象性に富んでいた(174)。修道院生活を精神の戦争として理解するための概念的な骨組みと聖書解釈学的な道具立ては教父時代の著者たちによって始められていたが、そういう初期の思想家たちは、後の中世の後継者たちより精神的な戦争について書くことも少なく、間違いなく活き活きとした表現にも乏しかったと思われる。さて、それならば、紀元一〇〇〇年以降の、軍事的寓意とそれに関連する瞑想的な実践の爆発としか言いようのない広がりを、どう説明できるだろうか。修道院の外の世界のさまざまな変化と同様、修道院生活内部での幾つかの変化を反映した、多くの要素の影響下で起きたことであろう。最も重要な内的変化の一つに宗教的生活への受け入れ態勢があった。特にほとんどの新教団は、比較的年長の若者や成人の改心者を優先し、子供の修道会献身者を排除したのだ。第二章で見たように、大部分の改心者は武器携帯家系の出身であり、その多くは個人的に軍事訓練と実戦の経験を持って宗教的生活に入っていた(175)。何人かの学者が、軍事的なレトリックはとりわけそういう人たちに向けられたものであり、彼らが戦争に捧げた生活から祈りと謙虚さの涵養に向けた生活に容易に移る助けとなった、という仮説を立てた。この議論によると、軍事的なイメージは、忠誠心、戦友意識、不屈の精神といった修道院生活内での明確な「騎士的」美徳の価値を表したものであり、新しい理論的な考え方を親しみやすい、容易に理解できる用語で伝えるのに役立った、ということになる(176)。

こういう説明は、シトー会士その他の新教団メンバーが書いたものに関しては、大いに説得力がある一方、クリュニー派、（かつて修道会献身者であった修道士に囲まれていた、あるいは自身がそうだった）伝統的なベネディクト会士、家系的な繋がりも、武器携帯者世界のごく初歩的経験もない著者の書いたものにある同様のレトリックの意義は説明できない。本章で行ったように、軍事的なレトリックをテーマ別に考慮すれば、特別なテーマはさまざまな教団を横断して存在しており、特別なチャレンジ、価値、修道院での経験の発達段階に繋がっている。似たようなイメージが修道士や、個人的なバックグラウンド、所属を異にする隠者たちの書いたものに現われているということは、確かに、聖書という共有財産、教父的な聖書解釈、聖人伝、ベネディクトゥスの『会則』を反映しているのであり、同じく、いかなる教団も隠者的に封印された思想世界など打ち立てなかったという事実も反映している。しかし、あらゆる教団の修道士著者が使った軍事的レトリックはまた、修道院外の世界との彼らの繋がりを反映しているのだ。ヴェズレーのユリアヌスが説教の冒頭で修道士仲間に、「人は修道院の外で見たものを聞いたものを修道院内では繰り返さない」という『会則』の警告を想起させた一方、十字軍諸国家で最近キリスト教徒が軍事的勝利を勝ち得たとのニュースから修道士仲間が多くのことを学べると思ったからこそ彼が、そのニュースを仲間と共有したことを考えてみよう(177)。

ユリアヌスの時代までに既に一〇〇年、あるいはそれ以上にわたって教会の指導者たちが敬虔な武器携帯者をキリスト教徒的な美徳と振る舞いの見本として持ち上げて来た、ということを想起すれば、そういう姿勢も決して驚くには当たらない。初期十字軍時代にキリストの戦士というコンセプトが拡大された結果、理論的に、俗人と修道院からの戦闘員が精神的な戦場で出会うことが許されるようになった。最も世俗的な戦争が悪意（*malitia*）として、そして現実の流血沙汰から距離を置くことで証明されたあらゆる宗教人の融通の利かない純粋さとして糾弾され続けた時でさえそうだった。軍事的な寓意を創造し瞑想することによって、修道士の想像力は現実には自分たちに禁じられたさまざまな行為に耽ることになった。しかし、もっと重要なのは、彼らが真のキリストの戦士の地位を要求し、精神的軍隊の前線という自分たちの伝統的な位置を主張したことだ。その上、それらの修道院的なキリストの戦士は、聖書解釈を当時の軍事的な英雄譚と混ぜ合わせた戦場の演説を用意して、隠喩的に言えば、当時の騎士から借りた武器と紋章を身に着けて前線に現われたのだ。次章で明らかになるように、戦士は修道士にとって優れた精神的模範にさえなり得たのだ。

（1）　Aelred of Rievaulx, Sermon 15, *Sermones,* PL 195: 294: 'Nolite dimittere ad locum pugnae. Hic est locum pugnae.'

（2）　それらのうちほとんどは、一二世紀までのシトー会、特にクレルヴォーのベルナルドゥスの作品に関係したものである。シトー会士は決して手の込んだ軍事的寓意を使う唯一のグループではなかったが、彼らは多作であり、その作品はよく受け入れられた。それらの要素は、彼らが騎士階級や十字軍運動と深く結びついたことと並んで、戦争（精神的なものとその他）に関するシトー会による書物に関心を持たせるよう、結びついていた。以下を参照。Jean Leclercq, *Monks and Love in Twelfth-Century France* (Oxford, 1979), chapter 5; Martha G. Newman, *Boundaries of Charity,* chapter 1; Rudolph, *Violence and Daily Life,* 42-56.

（3）　Leclercq, *Monks and Love,* chapter 5.

（4）　たとえば、次を参照。Murray, 'Masculinizing Religious Life'; Andrew Taylor, 'A Second Ajax: Peter Abelard and the Violence of Dialectic,' in *The Tongue of the Fathers: Gender and Ideology in Medieval Latin,* ed. David Townsend and Andrew Taylor (Philadelphia, PA, 1998), 14-34.

（5）　アプローチの例として次を参照。Newman, *Boundaries of Charity,* 29-37; Caroline Walker Bynum,'Jesus as Mother and Abbot as Mother,' ch. 4 in her *Jesus as Mother: Studies in the Spirituality of the High Middle Ages* (Berkeley, CA, 1982); eadem, Review of Jean Leclercq, *Monks and Love in Twelfth-Century France, Speculum* 55 (1980), 595-7; Mary Carruthers, *The Craft of Thought: Meditation, Rhetoric, and the Making of Images, 400-1200* (New York, 1998).

（6）　記憶法と瞑想道具としてのピクトゥーラの修道士的な用法と暴力イメージの有効性について次を参照。Carruthers, *Craft of Thought,* Introduction, 101f., 203-5.

（7）　Charles Du Cange 他、*Glossarium mediae et infimae Latinitatis,* 2nd ed., 10 vols (Niort, 1883-7; repr. Graz, 1954), 8: 221.　Du Cange は一一世紀の文法学者パピアスによる *tiro* の定義を引用している。'Strong boys are called tirones who are distined for military service, and who are considered suitable for it (*Tirones dicuntur fortes pueri, qui ad militiam deliguntur, atque habiles existunt*).' これらの言葉は 'Vulgate' には現われない。しかしカッシアヌスは *Collationes* (1.1, ed. Pichery, 1: 78) で、あるゲルマン人に対する感情に言及した。彼は '(He) had been with me from the time when we were recruits (*ab ipso tirocinio*) acquiring the skills needed for spiritual warfare (*rudimentis militiae spiritali*) と記している。*tiro* は *miles Christi* の対称語として使われたこともあるが、後者の称号は、「オーレイユ規律」の作成者、ゴーシェについての無記名人による一二世紀の伝記にある通り、「新人がまだ正式に働いていない」状態を指す。*Vita beati Gaucherii primi pastoris Aurelii,* c.8, ed. Jean Becquet as 'La vie de S. Gaucher, fondateur des chanoines réguliers d'Aureil en Limousin.' *Revue Mabillon* 54 (1964), 25-55 (at 49).

（8） ベネディクトゥスの『会則』は一年間の修練者期間を設け、三段階に区分されていた (RB 58, pp.266-70) が、後のベネディクト会士はそれよりはるかに短い見習い期間になることも多かった。これは一一世紀はじめころのクリュニーのケースだった。聖フーゴの下では見習い期間により大きな注意が払われるようになった。次を参照。Isabelle Cochelin, 'Peut-on parler de noviciat à Cluny pour les Xe-XIe siècles ?' *Revue Mabillon* n.s. 9 (1998), 17-52.）. 彼らによる「ベネディクト会則」の厳格な解釈によれば、シトー会は一年間の見習い期間を復活させた。次を参照。Joseph L. Lynch, 'The Cistercians and Underage Novices,' *Cîteaux* 24 (1973), 283-97.

（9） Geoffrey of Breteuil, Letter 18, *Epistolae,* PL 205: 845: 'Claustrum sine armario, quasi castrum sine armamentario.'

（10） Peter of Celle, *De Afflictione et lectione,* ed. J. Leclercq in *La spiritualité de Pierre de Celle* (Paris, 1946), 231-9 (at 233-4) : 'Exarmat enim propugnacula sua mille clypeis pendentibus ex eis (Song of Sol. 4: 4) qui non uacat lectionibus diuinis. O quam cito et sine labore capietur ciuitatuta cellae, nisi se defenderit auxilio Dei et scuto diuinae paginae! ... Lectio ista docet quia uirtutum et uitiorum congressum tam continue narrat, ut paene nusquam hic sileat.' trans. Hugh Feiss as 'On Affliction and Reading,' in *Peter of Celle: Selected Works;* CS 100 (Kalamazoo, MI, 1987), 131-41 (at 134-5)

（11） Peter Damian, Letter 132, ed. Reindel, *Briefe,* 3: 438-52 (at 439).

（12） Guerric of Igny, Sermon 24.2, in *Sermones,* 2 vols, ed. John Morson and Hilary Costello, SC 166, 202 (Paris, 1970-3), 2: 78; trans. Monks of Mount Saint Bernard Abbey as *Guerric of Igny: Liturgical Sermons* (Spencer, MA, 1970-2), 2: 19.

（13） たとえば次を参照。Aelred of Rievaulx's Sermon 15, *Sermones,* PL 195: 294-8.

（14） 『会則』の章ごとに関する注や説教の読み方については次を参照。Beverly Mayne Kienzle,'The Twelfth-Century Monastic Sermon,' in *The Sermon,* ed. Kienzle, Typologie des sources du Moyen Âge occidental 81-3 (Turnhout, 2000), 271-323 (at 271 and 278). ベネディクトゥスの修道院での法話に関しては次を参照。Longère, 'La prédication sur saint Benoît.'

（15） Odo of Cluny, Sermo 3, in *Sermones quinque,* PL 133: 724-5: 'Gaudent, quia per ejus magisterium, ad coelestis militiae tirocinium sunt asciti. Sperant sub ejus ducatu militantes, ad superni regis palatium intromitti.'

(16) 一二〇〇年以前に書かれた修練士のための数少ない手引書の一つ、ベネディクト会の『新参者指南について』は、悪魔は高慢の罪を持った修練士を攻撃するのを好む、ときつく戒め、こういう戦闘的な敵に対抗すべく、謙遜の徳を守るためのヒントを与えた。次を参照。*De novitiis instruendis: Text und Kontext eines anonymen Traktates vom Ende des 12. Jahrhunderts,* ed. Mirko Breitenstein (Münster, 2004), 113.

(17) これらの書簡の大部分に形式化された決まり文句的なフレーズがあり、現代的な意味で「個人的」なものとは見なされ得なかった。個々の発信者と名宛人の関係に注目したものでなければ、それらは間違いなく、当時の精神的な在り方という観点に光を当てたものだった。手紙を書くという行為への中世的なアプローチと現代的なそれの違いについて次を参照。Giles Constable, *Letters and Letter Collections,* Typologie des sources du Moyen Âge occidental 17 (Turnhout, 1976), 11-16.

(18) これらの書簡はある意味で、修道院に入るべくプロの宗教家が友人や親戚に宛てて書いた使命感の手紙ともいえる。次を参照。Jean Leclercq, 'Lettres de vocation à la vie monastique,' in *Studia Anselmiana* 37, Analecta monastica, 3rd ser., fasc. 27(1955), 169-97 (and 175 and 180 for examples of martial rhetoric).

(19) Anselm, Letter 10, in *Epistolae,* PL 158: 1159; trans. Walter Fröhlich as Letter 99 in *The Letters of St. Anselm,* 3 vols, CS 96-7, 142 (Kalamazoo, MI, 1990-4), 1: 248-9.

(20) Herbert of Losinga, Letter 13, in *Epistolae Herberti de Losinga, primi episcopi norwicensis,* ed. Robert Anstruther (London, 1846), 23: 'militi est vestrae religions vita, et praesente Deo, prospectantibus angelis, in circo hujus mundi invisibilibus et ideo crudelioribus bestiis exponimur.' ここで修道院の戦士は明らかに殉教者の後継者として提示されている。

(21) 中世的考え方における人生の一段階としての「青年期」については次を参照。J.A. Burrow, *The Ages of Man: A Study in Medieval Writing and Thought* (Princeton, 1986). John of Fruttuaria (d.c. 1050), *Liber de ordine vitae et morum institutione,* c.4, PL 184: 563. 注に関しては次を参照。Caroline Walker Bynum, *Docere verbo et exemplo* (Missoula, MT, 1979), 119.

(22) Peter Damian, Letter 153, ed. Reindel, *Briefe,* 4: 54: 'In vos siquidem recto cursu omnis belli robur incumbit. In vos omnigenum telorum densissimae grandines et constipatis adversum vos iniquis spritibus cum viciis carnis turbulentissimae vobis ingruunt tempestates. Fervent, fervent in ossibus bella, et tamquam vagus Vesevus vel Ethna vaporati corporis vestry caminus flammarum globos eructat.' trans. Blum and

Resnick, *Letters,* 5: 57-8.

（23） Anselm, Letter 29, PL 158: 1095: 'Saepe namquam dum tironem Christi vulnere malae voluntatis aperte malevolus non valet perimere, sitentem eum poculo venenosae rationis malevole callidus tentat exstinguere. Nam, cum monachum nequit obruere vitae quam professus est odio, nititur eum conversationis, in qua est, subruere fastidio.' trans. Fröhlich as Letter 37 in *Letters,* 1: 134.

（24） Guerric of Igny, Sermon 7.3, in *Sermones,* ed. Morson and Costello, 1: 182; trans. Monks of Mount Saint Bernard, *Sermons,* 1: 45

（25） 残念ながら原著は散逸。存在は次によってのみ知られる。Peter Damian's *Vita S. Romualdis abbatis,* c.33, PL 144: 953-1008 (at col. 984).

（26） Peter the Venerable, Letter 9, ed. Constable in *Letters,* 1: 16. 何人かの研究者が受取人をペトルス・アベラルドゥスとしているが、真偽の議論については次を参照。*ibid.* 2: 101-2.

（27） Peter Damian, Letter 132, ed. Reindel, *Briefe,* 3: 439.

（28） Anselm, Letter 10, PL 158: 1159: 'non habebit anima mea requiem in me, donec videatur oculi mei desideratum meum, et alloquator os meum dilectissimum filium meum, et instruat cor meum contra diaboli jacula noum commilitonem meum.' trans. Frölich, *Letters,* 1: 248.

（29） Stephen of Chalmet, Letter to Monks of Saint-Sulpice, in *Lettres des premiers chartreux,* 2: 212: 'Igitur non ego tanquam emeritae militiae veteranus, tirones instruo, sed quasi miles adhuc ad nova bella rudis, quae ad meam aeque sicut ad vestram vel confirmationem vel exhortationem valeant, profero.'

（30） Herbert of Losinga, Letter 13, ed. Anstruther, *Epistolae,* 22-3: 'Tuae rudimentis militiae praeparanda sunt arma, quibus et munitus incedas et tuorum hostium latentes insidias evitare pervaleas ....'

（31） 中世思想における精神的武器というシンボルの意味の変化については次を参照。Evans, 'An Illustrated Fragment,' 17-20; and Katherine Allen Smith, 'Saints in Shining Armor: Martial Asceticism and Masculine Models of Sanctity, ca. 1050-1250,' *Speculum* 83 (2008), 572-602 (esp. 576-81).

（32） Herbert of Losinga, Letter 13, ed. Anstruther, *Epistolae,* 23.

（33） *Sentenitae* 1.32, *SBO* 6/2: 18; trans. Francis R. Swietek in *The Parables & Sentences,* CF 55 (Kalamazoo, MI, 2000), 131. 次の書の原典につけられた注も参照。*Sentences* by John R. Sommerfelt, *ibid.* 111-14.

（34） Julian of Vézelay, Sermon 26, in *Sermones,* ed. and trans. Damian Vorreux, 2 vols, CS 192-3 (Paris, 1972), 2: 600: 'Sed nosse debes quae sit armatura Dei (Eph. 6: 11) ut congrediaris hosti. Et attende armaturam equitis saecularis ut simili tu quoque armeris exemplo.'

(35) さらなる例として次を参照。Bernard of Clairvaux, *Sententiae* 1.32, and *Parabola* 2, *SBO* 6/2: 18 and 267f.; Herbert of Losinga, Letter 13, ed. Anstruther, *Epistolae*, 23; Julian of Vézelay, Sermon 26, ed. Vorreux, *Sermones*, 2: 598; Galand of Regny, Parable 10, in *Parabolaire*, ed. and trans. Colette Friedlander, Jean Leclercq and Gaetano Raciti, SC 378 (Paris, 1992), 176; and Pseudo-Anselmian *Similitudo militis* (n.36 below).

(36) エヴァンズ('An Illustrated Fragment,' 20)はこの箇所を、「騎士の武器とキリスト教徒の精神的な武器の違いを体系的に比較し論じた最初のもの」と呼んでいる。テキストはed. R.W. Southern and F.S. Schmitt, *De humanis moribus*, in *Memorials of Saint Anselm*, Auctores Britannici Medii Aevi 1 (London, 1969) の補遺、97-102 (12-17の注)。編者は、現行の形でのこの作品はアンセルムスの修道院での弟子によって一一三〇年頃までには完成された、と結論づけた。著者は明らかに、武器のカタログを増やしつづける当時の騎士に刺激されたのだが、彼はまた、カロリング朝を通して教父著者たちにまで遡る「エフェソの信徒への手紙六章」に関連した解釈学的伝統を熟知していることも示している(本書第一章参照)。

(37) *Memorials of St Anselm*, 97: 'Sicut miles temporalis armis munitus est temporalibus, sic miles spiritualis debet armis munitus esse spiritualibus. Quaecumque enim temporali militi contra hostem visibilem sunt necessaria, ispa eadem spiritualiter intellect et spirituali militi contra hostem invisibilem sunt pernecessaria.'

(38) *Memorials of St Anselm*, 101. 徒歩で戦いに向かうキリストの戦士のイメージが当時の馬に乗る修道士への批判を反映しているとするなら、驚きである。

(39) 祈りにおける精神的な武器の使用について次を参照。シトー会士ソーリーのステファヌスの *Speculum novitii* はその一〇章で、修練士に次の助言をした。「総会室で勤勉という神の鎧を着なさい。神意の兜、忍耐の胸当て、慈悲の盾を。正当な非難と不当な非難を共に忘れるために、それらを使いなさい」。trans. 'A Mirror for Novices,' in *Stephen of Sawley: Treatises*, ed. Bede K. Lackner 及び Jeremiah F. O'Sullivan, CF 36 (Kalamazoo, MI, 1984), 101-2.

(40) *Consuetudines Floriacenses antiquiores*, Prologue, ed. Anselmus Davril and Linus Donnat, in *Consuetudinum saeculi X/XI/XII monumenta non-Cluniacensa*, Corpus Consuetudinem Monasticarum 7/3 (Siegburg, 1984), 8: 'Quis enim illic non studeat perfectius inveniri, ubi in tanti patris presentia trecentorum et eo amplius monachorum diatim cuneata visitur frequentia ? Qui omnes in commune

degentes dyabolicas acies fide armati, spe loricati, verbo veritatis galeati (cf. Eph. 6: 12-17) indefatigato certamine infringere solent totumque....'

(41) Peter of Celle, *Adhortatio ad claustrales,* PL 202: 1145: 'Estote acies, estote terribiles. Omnis acies quae ordinata non est, terribilis non est; et si terribilis non fuerit, acies Domini esse no poterit. ...Scitis qui de rebus militaribus agunt, funditores, sagittarios in suis locis disponunt, signiferos in sibi competentibus, robur belli in subsidiis, debiliores in locis tutioribus, quia impetum adversantium ferre non valent; et propter hoc ipsa acies ita ordinata, terribilis est hostibus, quia ingrendiendi ei aditum in se non relinquit. Sic acies castrorum Dei per plana et aspera hujus mundi ordinata incedere debet, ne aditum hosti incursare cupienti ullatenus relinquat ....' trans. Feiss, *Peter of Celle: Selected Works,* 129-30. に基づく。

(42) Peter of Celle, *Adhortatio ad claustrales,* PL 202: 1146: 'quos enim diabolus charitate compactos et unitos videt, vehementer abhorret, quaque carentes secure invadet.' trans. Feiss, *Selected Works,* 130.

(43) この文言は使徒書簡に頻繁に現われるが、そこでは特に神に対する信徒の愛を表すために使われており（たとえば「ローマの信徒への手紙」五章五節、「コリントの信徒への手紙二」五章一四節）、忍耐、親切、無私に通ずる最高の徳として表現されている（たとえば「コリントの信徒への手紙一」一三章四節、一三章一三節、「ガラテアの信徒への手紙」五章二二節、「フィリピの信徒への手紙」一章九節）。

(44) RB 72.8, 72.10, 68.5, 2.22, pp.294(bis), 290, 174.

(45) Gregory the Great, *Homiliarum in Ezechielem prophetam libri duo,* 8.5, PL 76: 857: 'Et nos ergo cum contra malignos spiritus spiritalis certaminis aciem ponimus, summopere necesse est ut per charitatem semper uniti atque constricti, et nunquam irrupti per discordiam inveniamur quia quaelibet bona in nobis opera fuerint, si charitas desit, per malum discordiae locus aperitur in acie, unde ad feriendos nos valeat hostis intrare.' セルのペトルスはこの注を *Adhortatio ad claustrales* で参照し、それが後の修道院共同体の理想にも反映していることを示した。

(46) Odo of Cluny, Sermon 3, in *Sermones quinque,* PL 133: 729: 'Quis unquam rex aut imperator in tantis mundi partibus imperavit, aut ex tam diversis nationibus sibi tantas legiones conduxit, quantas videlicet iste, cujuslibet sexus et aetatis in Christi militia, voluntarie juratas disponit? Quem quasi praesentem intuentes, et vexillum institutiones sequentes, diabolicas acies viriliter infringunt.'

(47) Adelbéron of Laon, *Carmen ad Rotbertum francorum regem.* ed. and trans. Claude Carozzi as *Poème au roi Robert* (Paris, 1979), 8(lines

93-114).

(48) これらの寓意は、そのためにベネディクトゥス以前の長い歴史を創り出すことで、共生的な「戦争」を効果的に史実化した。修道院的な闘いのモデルとしての悪徳との戦いに関して、次を参照。Peter of Celle, Sermon 39.16, PL 202: 766. 原・修道院的軍隊としての使徒、殉教者、教父に関して次を参照。Bernard of Clairvaux, *Sententiae* 3.122, *SBO* 6/2: 232; Aelred of Rievaulx, Sermon 23, *Sermones,* PL 195: 340-1.

(49) 中世盛期におけるプルーデンティウスの知名度について、次を参照。Carruthers, *Craft of Thought,* 143f.; Catherine E. Karkov, 'Gender and Voice in the Cambridge, Corpus Christi College 23 *Psychomachia,' Anglo-Saxon England* 30 (2001), 115-36（特に 115-18).

(50) 驚くべきことに、アーデマルによる『魂の闘い』のコピーが現存している。次を参照。The images and commentaty in Danielle Gaborit-Chopin, 'Les dessins d'Adémar de Chabannes,' *Bulletin du Comité des Travaux Historiques et Scientifiques* n.s. 3 (1967), 163-225（特に 168-78). アーデマルに対するプルーデンティウスについて、次を参照。Richard A. Landes, *Relics, Apocalypse, and the Deceits of History: Ademar of Chabannes,* 989-1034 (Cambridge, MA, 1995), 97-9.

(51) *Hortus Deliciarum*（現存するコピーは、普仏戦争時に手書き原本が失われる前に作成されたもの）にある一連の絵入り『魂の闘い』について、次を参照。*The Hortus deliciarum of Herrad of Hohenbourg,* ed. Rosalie Green et al., 2 vols (London, 1979), 1: 190-6, 2: figs 258-85 (fols 199v-204).

(52) Fiona J. Griffiths, *The Garden of Delights: Reform and Renaissance for Women in the Twelfth Century* (Philadelphia, PA, 2007), 121 and 185

(53) 偽装の退却は、敵の隊列を乱すため、あるいは敵を待ち伏せするために騎馬騎士が好んで用いた戦略だった。次を参照。Helen Nicholson, *Medieval Warfare* (Houndsmills, 2004), 141-2. おそらく最もよく知られた例は、ノルマンによるヘイスティングズでの偽装退却であろう。このことに関して、次を参照。Bernard S. Bachrach, *'The Feigned Retreat at Hastings.' Medieval Studies* 33 (1971), 264-7. ベルナルドゥスは *Parabola* 3.2, *SBO* 6/2: 268-9 で偽装の退却に言及した。

(54) Julian of Vézley, Sermon 9, ed. Vorreux, *Sermones,* 1: 208-25. ユリアヌスの出典としてのこの戦いの同定については 208n. ユリアヌスの説教で暗示されている対比は極めて興味深い。ユリアヌスの語る修道士は十字軍士になり、十字軍の勝利は、アイの民に対するヨシュアの勝利（「ヨシュア記」八章）と、悪魔に対するキリストの勝利、その両方を彼の時代に再演したものなのだ。ティルスのウィレムによる闘いとの比較は、キリスト教徒の勝利をいっそう輝かしく見せるためにユリアヌスがいくらか潤色したことを暗示している（たとえば、ボードワン軍がアスカロンの民を捕虜にし、略奪したことになっているが、実際にはアスカロンはそれを免れたのだ）。次を参照。*Historia rerum in partibus transmarinis gestarum* 13.7, ed. R.B.C. Huygens, 2 vols, CCCM 63-63A (Turnhout, 1986), 1: 606-8.

（55） この時代、長期にわたる攻城戦（それは、修道士への大きな寓意的関与でもあった）は、司令官ができるだけ避けようとする会戦より一般的だった。次を参照。Nicholson, *Medieval Warfare,* chapter 5.

（56） Julian of Vézelay, Sermon 26, ed. Vorreux, *Sermons,* 2: 594: 'Magnum contra nos bellum ingruit. Corripite arma, milites Christi ! ... Assunt hostes, et sine mora continenter et consertis minibus est pugnandum. Multi hostes nostri sunt, in nos undique ignita specula iaculantur. Qui si nos imparatos uiderint et inermes, audentius tela corripient et exsertis in nos gladiis, impetum facient citiorem. Hostes autem isti tales sunt cum quibus nec indutias quantulascumque aut foedus aliquod ualemus inire.'

（57） Kienzle ('Twelfth-Century Monastic Sermon,' 278, 297-8) は二人称複数の使い方、及び説教での話しぶりについて聖堂参事会で論じた。参事会での説教の「親密さ」について、次を参照。Chrysogonus Waddell, 'The Liturgical Dimension of Twelfth-Century Cistercian Preaching,' in *Medieval Monastic Preaching,* ed. Carolyn Muessig (Leiden, 1998), 335-49 (at 339).

（58） Peter the Venerable, Letter 20, ed. Constable, *Letters,* 1: 31: 'Nam claustralium communiter uiuentium cohabitatio castrorum ad pugnam ordinatorum multitudini uidetur comparari, ubi quisque tanto securius aduersus aduersarium dimicat, quanto sibi uicinius adiutorium de commilitonis dextera sperat. In illo enim praelio non solum de sua quilibet praeliator uirtute praesumit, sed etiam de aliorum dextera leuaque compugnantium uiribus quandoque magis quam de suis confidit. Laborant ibi singuli, et saluti suae insidiantes perimere, et coadiutores modis omnibus defensare.' この書簡の背景については、*ibid.* 2: 107-8.

（59） 次も参照。Ivo of Chartres' letter to the then-hermit Robert of Arbrissel（本章注78）.

（60） キリスト教仲間は *commilitones* と呼ばれた、「フィリピの信徒への手紙」二章二五節、「フィレモンへの手紙」二節。教父的な習慣の例については次を参照。Tertullian, *De corona,* c.1, in PL 2: 77; and Eucherius of Lyon, *Passio Agausensium martyrum* (the Theban Legion as commilitones), PL 50 : 829-30

（61） *commilito*（戦友）の定義については次を参照。Jan Frederik Niermeyer, *Mediae Latinitatis lexicon minus* (Leiden, 1976), 217; and Barthélemy, *Serf, the Knight, and Historian,* 233. *commilitones* としてのテンプル騎士団については次を参照。Bernard of

Clairvaux, *De laude novae militiae,* Prologue, *SBO* 3: 213.

（62） *mesnie* の帯については次を参照。David Crouch, *William Marshal: Knighthood, War, and Chivalry,* 1147-1219, 2nd edn (London, 2002) 29-31.

（63） Nicholas of Clairvaux, Letter 45, in *Epistolae,* PL 196: 1645: 'Vidi milites Christi armatos stare, et ambire lectulum Salomonis, uniuscujusque ensis super femur suum propter timores nocturnes; vidi stare super custodias Domini totis diebus et totis noctibus, indutos lorica justitiae et galea salutis, habentes scutum fidei et gladium spiritus, quod est verbum Dei....' この文言は修道院生活の戦争について話す手段として、シトー会の著者がよく用いた。たとえば次を参照。Gilbert of Hoyland, Sermon 16.4-6, *Sermones in Cantica Canticorum,* PL 184: 83-5.

（64） たとえば、*Hortus deliciarum,* ed. Green et al., 1: 197 and fig. 279 の詩句の図像化参照。

（65） Bernard of Clairvaux, Letter 1, *SBO* 7: 1-11. この手紙は伝統的に一一一九年頃、つまりロベールの逃亡直後の物とされていたが、アードリアン・ブレデロはもっと遅く、一一二四〜二五年と強硬に主張し、この断簡を個人的な通信ではなく、修道院の理想を論ずる契機にしようとの意図を持った「公開書簡」と特徴づけている。次を参照。Bredero, *Bernard of Clairvaux: Between Cult and History* (Grand Rapids, MI, 1996), 218-21. やはり誓いを捨てた若者宛に書かれた Bernard's Letter 2 にある desertion の同様のレトリックに注目。*SBO* 7: 12-22（特に 22).

（66） Bernard of Clairvaux, Letter 1.13, *SBO* 7: 10-11: 'Surge, miles Christi, surge, excutere de pulvere, revertere ad proelium unde fugisti.... An quia fugisti ex acie, putas te manus hostium evasisse ? Libentius te insequitur adversarius fugientem quam sustineat repugnantem, et audacius insistit a tergo quam resistat in faciem. Securus nunc, proiectis armis, capis matutinos somnos, cum illa hora Christus resurrexit, et ignoras quod exarmatus, et tu timidior, et hostibus minus timendus sit ? Armatorum multitudo circumvallavarunt domum, et tu dormis ? Iam ascendunt aggerem, iam dissipant saepem, iam irrunt pet postitium. Tutiusne est ergo tibi ut te inveniant solum quam cum aliis, nudum in lectulo quam armatum in campo ? Expergiscere, sume arma et fuge ad commilitones tuos, quos fugiens deseruas....' trans. James, *Letters,* 8-9 に基づく。

（67） Bernard of Clairvaux, Letter 1.13, *SBO* 7: 11: 'Quid armorum refugis pondus et asperitatem, delicate miles? Adversarius instans et circomvolantia specula facient clipeum non esse oneri, loricam non sentiri vel galeam. Et quidem subito procedenti de umbra ad solem, de otio ad laborem, grave cernitur omne quod incipit....' ベルナルドゥスが修道院内での節約と贅沢を併置したことに関して、

ibid. (7: 10) も参照。手紙のこの箇所ではベルナルドゥスはヘリオドロスへのヒエロニュムスの手紙を大いに利用した。修道院の陣営から「脱走兵」宛に送られた別の手紙（第三章の注63参照）について、ベルナルドゥスは間違いなく知っていたであろう。

（68） *Vita venerabilis Amedaei Altae Ripae (†c.1150),* c.5, ed. Anselme Dimier, *Studia monastica* 5 (1963), 265-304 (at 287): 'Heu! Heu quid feci? Prodidi, inquam, prodidi commilitones meos. Illos in procinctu constitui, ego autem turpiter victus aufugi. Illi nunc strenue dimicant, ut post victoriam, bravium perenne repiciant（「コリントの信徒への手紙一」九章二四節参照）; ego vero cum adversantium tela evadere volui, hostis callidi arte deceptus, multiplices daemonum laqueos incurri.'

（69） シトー会士が *caritas* をどう理解していたかについて次を参照。Newman, *Boundaries of Charity,* ch. 2. シトー会の著者が *caritas* を精神的な戦争の実践とどう結びつけたかについては、*ibid.,* 29-37. ニューマンによる引用に加えて、ウォルター・ダニエルのリーヴォーのアイルレッド伝を参照。そこで聖人伝作家は、「キリストにおける訓練期間（*tirocinio*）に将来の大修道院長が謙遜の点でいかに他の仲間、戦友（*commilitones*）から抜きん出ていたか」、そして仲間に従属し、彼らを励ましてまで *caritas* によって自分自身に打ち克ったか、を記述している。次を参照。Walter Daniel, *Vita Ailredi abbatis Rievall,* c.8. ed. and trans. F.M. Powicke (Oxford, 1950), 17.

（70） 新教団と独立改革派が提示した選択の幅、及びそれらへの当時の反応については次を参照。Constable, *Reformation of Twelfth Century,* chapter 2; Caroline Walker Bynum, 'The Cistercian Conception of Community,' in *Jesus as Mother;* John Van Engen, 'The Crisis of Cenobitism Reconsidered,' *Speculum* 61 (1986), 68-89.

（71） Constable, *Reformation of Twelfth Century,* 47-50.

（72） 後の修道士の模範としての「砂漠の父」について次を参照。Leclercq, 'S. Antoine dans la tradition monastique médiévale'; Peter Jackson, '*The Vitas Patrum* in Eleventh-Century Winchester,' in *England in the Eleventh Century: Proceedings of the 1990 Harlaxton Symposium,* ed. Carola Hicks (Stamford, 1992), 119-34. シトー会士についてベネディクタ・ワードの次を参照。'The Desert Myth: Reflections on the Desert Ideal in Early Cistercian Monasticism,' in *One Yet Two: Monastic Tradition East and West,* ed. M.B. Pennington (Kalamazoo, MI, 1976), 183-9; and Bede K. Lackner, *Eleventh-Century Background of Cîteaux,* CS 8 (Washington D.C., 1972), 146-7, 204.

（73） たとえば次を参照。Peter Damian, *Vita Sancti Romualdi,* c.7 and 17, PL 144: 962, 970; and Stephen of Lissac, *Vita Sancti Stephani dicta et facta* (Life of Stephen of Muret, founder of Grandmont), c.2. PL 204: 1071-86 (at col. 1074).

（74） Lackner, *Background of Cîteaux,* 215.

（75） グレゴリウス大教皇によるベネディクトゥス伝に精通していたこういう人たち（ほとんどが修道士）は、ベネディクトゥス自身が会の設立者、大修道院長としてのキャリアを積む前、スビアコで洞穴暮らしの隠者だったことを知っていたであろう。一一、一二世紀における隠者から修道士に移行する多くの例について、次を参照。Henrietta Leyser, *Hermits and the New Monaticism: A Study of Religious Community in Western Europe, 1000-1150* (New York, 1984).

（76） John Howe, 'St. Benedict the Hermit as a Model for Italian Sanctity: Some Hagiographical Examples,' *American Benedictine Review* 55 (2004), 42-54.

（77） 隠者としての孤独な闘いと仲間との隊列の間に『ベネディクト会則』が設けている区別は、後の著者たちが隠者と修道士の違いを要約するためにしばしば用いた。たとえば、Otto of Freising, *Chronica sive historia de duobus civitatibus,* 7.35, ed. Adolf Hofmeister, MGH SS 40 (Hanover, 1912); John of Fécamp, Letter 6, in *Epistolae,* PL 147: 473; the *Lives* of the Italian hermit Dominic of Sora (†1032)（次を参照、John Howe, *Church Reform and Social Change in Eleventh-Century Italy,* Philadelphia, PA, 1997, 36, n.47).

（78） Ivo of Chartres, Letter 34, in *Yves de Chartres: Corréspondance,* ed. J. Leclercq (Paris, 1949), 140. レクレルクは受取人を聖堂参事会員サン＝クウェンティンと同定しているが、この手紙は一般にアルブリッセルのロベルトゥス宛に書かれたと信じられている。次を参照。Berenice M. Kerr, *Religious Life for Women, c.1100-c.1350* (Oxford, 1999), 6. このテキストは次のように読める。'Contra spirituals itaque nequitias pugnaturus, si secures vis pugnare, castris Christi militum ordinate pugnantium te insere, ne si certamine singulari contra exercitatos inexercitatus pugnare contenderis, innumera adversariorum tuorum multitudine comprimaris. Postquam vero, spiritu consilii et fortitudinis armatus, callidates antiqui hostis evitare consueveris, jam exercitatior in spirituali certamine poteris solus, si ita contingat, contra quoslibet hostes certamen inire, quorum impetus didiceris sustinere in acie.'

（79） Constable, *Reformation of the Twelfth-Century,* 63. イーヴォの手紙を受け取ったほんの数年でロベルトゥスがフォントヴローに二重修道院を設立したことは注目に値する。伝記作家によると男女ともにやってきて「キリストの」新参者（*trinculi*）になり、キリスト教徒の偉大な軍隊（*agmina*）で、ある女性大修道院長の規則の下に置かれた隠者の前身に奉仕した。次を参照。Baldric of Dol, *Vita B. Roberti de Abrissello,* c.19 and 24: PL 162: 1053 and 1056.

(80) モレームのロベールの一二世紀の伝記（*vita*）からの引用によると、一風変わった精神力的な強さを持った四人の男、スティーヴン・ハーディング、シトーのアルベリックおよび無名の二人がモレームを去り、ウィウィクスと呼ばれる場所で隠者になった。'Erant autem inter illos quatuor viri spiritu fortiores, scilicet Albercus et Stephanus et alii duo, qui post claustralis exercitii rudimenta ad singulare certamen eremi suspirabant.' *Vita S. Roberti, abbatis Molesmensis,* PL 157: 1277. この話（次を参照、Lackner, *Eleventh-Century Background of Cîteaux,* 235 and n.）の信憑性は別にして、これはベネディクトゥスの精神的発達モデルの影響を証明している。

(81) *Regula solitariorum* のテキストについては次を参照。PL 103: 573-664. 著者、成立時期については次を参照。Phyllis G. Jestice, *Wayward Monks and the Religious Revolution of the Eleventh-Century* (Leiden, 1997), chapter 3.

(82) Grimlaicus, *Regula,* c.1, PL 103: 579: 'qui jam didicerant per multa experimenta contra diabolum pugnare, ipsi quoque bene instructi, atque sicut aurum in fornace probati, fraterna ex acie ad singularem pugnam eremi, securi jam sine consolatione alterius, sola manu vel brachio contra vitia canis vel cogitationum, Deo auxiliante, dimicaturi pergebant.' 次を参照。RB 1.4-5, p. 168（ただし、ここで著者はややパラフレーズした）.

(83) Peter Damian, Letter 152, ed. Reindel, *Briefe,* 4: 12（受取人の同定については 4, 6n.）: 'Fratres itaque in monasterio immobiliter permanentes tolerandi sunt, ad heremum vero fervido spiritu transmigrantes, plausibus ac praeconiis efferendi. Illi siquidem sub divinae protectionis clipeo delitescunt, isti vero in campum certaminis prodeuntes victoriae titulis decorantur. Illi defendunt sua, isti referunt spolia. Illi Deo se protegente sunt insuperabiles , isti cottidie satagunt hostium suorum calcare cervices. Illi intra moenia constituti obsidentes ne ingrediantur obsistunt, isti minaces hostium cuneos procul de suis finibus terga cedentes expellunt.' 最後のセンテンスでダミアヌスが修道士への言及では受動態を、隠者への言及では能動態を用いていることに注目。これは彼のメッセージ全体を説得力あるものにしている。trans. Blum and Resnick, *Letters,* 5: 12-13.

(84) Jestice, *Wayward Monks,* 104-5; Heinrich Fichtenau, *Living in the Tenth Century: Mentalities and Social Orders,* trans. Patrick Geary (Chicago, MI, 1991), 250-1.

(85) ラテン語版はC・H・トールボットによって、次の形で出版された。'The *Liber Confortatorius* of Goscelin of Saint Bertin, *Studia Anselmiana* 37, Analecta Monastica, 3rd ser. (1955), 2-117（Perpetua については 50-1 参照）. trans. Monika Otter, *Goscelin of St. Bertin, The Book of Encouragement and Consolation* (Cambridge, 2004). *Liber* が告白スタイルとエロティックな雰囲気の言葉

づかいで注目を浴びたのに対して、二番目の書の精神的な戦争についての入念な議論には現代の読者の反応がほとんどなかった。成立時期に関する最も広範な研究として、次を参照。*Writing the Wilton Women: Goscelin's Legend of Edith and Liber Confortatorius,* ed. Stephanie Hollis et al. (Turnhout, 2004), 372-4 と 393-4 に精神的な戦争というテーマに関するごく簡単なコメントがある。

(86) *Liber Confortatorius,* ed. Talbot, 51: 'Quanquam non sit gladiator, non deerit materies uictorie persecutor, et omnes qui pie uolunt uiuere in Christo persecutionem patientur（「テモテへの手紙二」三章一二節）.... Aerie potestatis et principes tenebrarum omnem celi regionem densis agminibus occluserunt, nulli aditum nisi expugnati concedunt . Quocunque ire uolueris, ferro iter aperiendum est, per glomerosos hostium cuneos erumpendum est.' trans. Otter, *Book of Encouragement,* 55-6.

(87) Peter Damian, Sermon 3, 17/1, 17/2, 30, ed. Giovanni Lucchesi in *Petri Damiani sermons,* CCCM 57 (Turnhout, 1983), 11-12, 85-6, 97, 105-6, 172, 177.

(88) Peter Damian, Sermon 33.10, ed. Lucchesi, *Sermanes,* 201: 'Haec vobis, fratres carissimi, quasi per excessum diximus, ut spiritale certamen in quo beatus Christophorus insignis triumphator enituit, etiam per sacrae historiae mysterium doceremus.'

(89) Peter Damian, Sermon 33.2, ed. Lucchesi, *Sermanes,* 196: 'Nouus adhuc miles corripit gladium spiritus, quod est uerbum Dei（「エフェソの信徒への手紙」六章一七節）, et protinus in bella congreditur; et sic aduersus humani generis inimicum infoederabili certamine colluctatur ... feruidus bellator cum hoste committit. Consertis armis comminus dimicat, et obuia quaeque metens, superbas aduersantium hostium ceruices optruncat. Fidei quippe lorica munitus et excelsa non montis sed mentis arce subnixus, licet undique fremat ac frendeat acies hostium, nescit athleta fortissimus impetum formidare bellorum,'

(90) Peter Damian, Sermon 30.1, ed. Lucchesi, *Sermones,* 172. ここでペテルスが 'uidimus'〔video〕を繰り返しているのは、彼が詳細に表現した場面を聴衆にヴィジュアル化させようと、いかに努力していたかを示している。

(91) Peter Damian, Sermon 30.6, ed. Lucchesi, *Sermones,* 177: 'Quisquis ergo gaudes fortiter egisse martyres Christi, corripe et ipse arma inter milites Christi. Desunt exterius hostes? Verte manus in te, et multos seditiosos inuenies ciues. Doma superbiam, iugula iracundiam, extingue libidinem, reprime auaritiam, occide inuidiam.'

(92) Aelred of Rievaulx, *De institutione inclusarum,* c. 18, 31, ed. C.H. Talbot in *Aelredi Rievallensis Opera omnia,* Vol. 1: *Opera ascetica,* ed. Anselm Hoste et al., CCCM 1 (Turnhout, 1971), 653-4, 665. アレクサンドラ・バラットはカルトゥジオ会の *Constitutions* への

アイルレッドの *De Institutione* に謝意を示し、一二世紀、シトー会士の間で半隠者的な教団により広い関心があったことを指摘した。次を参照。'The *"De Institutione Inclusarum"* of Aelred of Rievaulx and the Carthusian Order,' *Journal of Theological Studies* 28 (1977), 528-36.

(93) Bernard of Portes, Letter to Reynald, c. 13-14, in *Lettres des premiers chartreux*, 2: 71: 'Tu vero adversus haec et omnia omnino tentationum genera, adversus quoque nocturnas illusiones, virtute orationis armare, et clypeum illum arripe, de quo Apostolus ait（「エフェソの信徒への手紙二」六章一六節参照）. ...Sincerus enim amor et fervens fides crucis Christi universa machinamenta inimici irrita facit; et effusa cum lacrymis oratio omne genus tentationis superat et repellit. Haec sunt spiritualia instrumenta atque certamina militiae tuae coram Rege, cui militare coepisti ... Ieiunanti tibi, oranti, psallenti, non deerunt invisibiles inimici, applaudentes tibi et dicentes: "Euge, euge, quis similes tibi? Quis ita placet Deo ? O se scirent hominess sanctitatem tuam !"'

(94) Adam of Eynsham, *Life of St. Hugh*, 1.9, 2 vols, ed. and trans. Douie and Farmer. 1: 28: 'immo nouam ingresso militiam omnia temptator innouauit antique sue malitie instrumenta; precipue, quasi balistam robustissimam er eo, ut sperabat, insuperabilem, quo michi inseparabilem tetendit, immo accendit contra me stimulum carnis mee.' ここで伝記作家（ヒューの可能性あり、アダムはここに彼の言葉を残そうとしたのかもしれない）は中世の聴衆のために、悪魔の伝統的な「火の矢」（「エフェソの信徒への手紙」六章一六節）を彼らの時代に置き換えたと思われる。悪魔と *malitia*, ヒューと *militia* という似た組み合わせにも注目。これは修道院の著者たちの間で流行っていた *malitia/militia* という語呂合わせをほのめかせているらしい。

(95) *Life of St Hugh*, 2.2, ed. and trans. Douie and Farmer, 1: 50-2. ヒューの先輩にして師であったバズルは死後に至るまで苦しみ闘う彼を助け続けた。ヴィジョンとなって現れ、手にナイフを持っていた。ヒューを精神的に骨抜きにし（去勢し）、それで彼を誘惑から救おうとしたのだ！

(96) エインシャムのアダムがヒューについて書いたもの。*Life* (1.10. ed. and trans. Douie and Framer, 1: 30-2), 'Sedebat uero solitarius, qui tamen non erat solus; set erat cum eo Dominus, per quem erat in cunctis prospere agens.'

(97) Guerric of Igny, Fifth Sermon for Advent, c.3, ed. and trans. Morson and Costello, *Sermones*, 1: 158. 別のシトー会士、レイニーのギャランによる当時の寓話と比較すると、そこでは肉体と精神は決闘（*duellum*）を約した二人の闘士（*pugili*）になっている。Parable 10, ed. Friedlander et al., *Parablaire*, 176-83.

(98) Stephen Harding, *Sermo in obitu praedecessoris sui*, PL 166: 1376: 'Non doleamus super militem securum, doleamus super nos

constitutos in praelio, et tristes moestasque voces in orationes vertamus, deprecantes triumphatorem Patrem, ne rugientem leonem, et saevum adversarium de nobis triumphare patiatur.'

(99) John of Fruttuaria, *Liber de ordine vitae,* c. 31, PL 184: 579: 'Arripiendum namque tibi est totis viribus juge certamen contra crudelissimam et triformem bestiam, id est superbiam, inanem gloriam, et invidiam, cujus in corpore tria capita, et in ipsis capitibus dentes ferrei comminuentes omnia. O quam multos viros haec immanissima bestia momordit et dejecit, atque sub pedibus suis conculcavit! Circumda itaque tibi fortem armaturam, ut possis stare contra tantam nequitiam'（「エフェソの信徒への手紙」六章一三節参照）.

(100) John of Fruttuaria, *Liber de ordine vitae,* c. 31-2, PL 184: 579-80: 'Caput superbiae sicut caput viperae, furor ejus ut furor draconis, et flatus ejus lethifer, ut insanabilis flatus reguli. ...Cenodoxiae alterum caput, multiforme prodigium, et multiplex malum, diras voces et rugitus terribiles ex turgidis faucibus quadripartitito modo altius afflat. ...Ipsa quoque invidia duplices evomit flammas. Hoc namque caput tertium ....'

(101) Peter Damian, Sermon 74, c. 3, 7, ed. Lucchesi, *Sermones,* 444, 447.

(102) Bernard of Clairvaux, Sermo in dominica IV post Pentecosten, *SBO* 5: 205; trans. Beverly Mayne Kienzle in *Sermons for the Summer Season* (Kalamazoo, MI, 1991), 118. この節への注について、次を参照。Jean Leclercq, 'Le thème de la jonglerie chez S. Bernard et ses contemporains,' *Revue d'histoire de la spiritualité* 48 (1972), 385-99（特に 387, 396）。精神的な戦争の寓意としてのダヴィデとゴリアテ物語へのベルナルドゥスの関心は、彼自身がアベラルドゥス (Letter 239.3-4, *SBO* 8:14) と自分の対峙を表現するのにその物語を使っていること、および彼の文（2.68, 3.42, *SBO* 6/2: 39, 89）で証明される。

(103) 筆者がベルナルドゥスとその時代の人たちの説教を読む限り、書かれたテキストは、たとえ不十分ではあれ、著者が修道士たちに語ったであろう実際の言葉を反映している、というクリストファー・ホールズワースの説に与したい。次を参照。'Were the Sermons of St Bernard on the Song of Songs Ever Preached?' in *Medieval Monastic Preaching, ed. Muessig,* 295-318.

(104) ベルナルドゥスが若い修道士時代に間違いなく見たと思われる有名な例が、スティーヴン・ハーディングの聖書にある (Dijon, Bibliothèque municipale, MS 14, fol. 13r); fig. 6 in Newman, *Boundaries of Charity;* and fig. 43 in Yolanta Zaluska, *L'enluminure et le scriptorium de Cîteaux au XIIe siècle* (Cîteaux, 1989). 若いダヴィドはここで、ベルナルドゥスが修道士たちに是非ともして欲しいと思ったこと、そのままの行為を見せられている。投石具からの一撃でゴリアテを倒し、次なる動作では、ゴリアテの巨大な剣で、あっと言う間にその首を刎ねた。

（105）この写本が作られた時期と環境について、次を参照。Zaluska, *L'enluminure de Cîteaux*, 64-73; Conrad Rudolph, *Violence and Daily Life*, Introduction and 97n.

（106）精神的な戦士、修道士の模範としてのヨブ、及び『道徳論（ヨブ記注解）』の変らぬ人気について、次を参照。*Moralia in Job*, ch. 1.

（107）修道士読者がその写本をどう使ったかについて次を参照。Rudolph, *Violence and Daily Life*, chapter 4-5. 戦いの代表的なイメージについて、次を参照。*ibid.*, figs. 2, 4, 12, 21-2, 25, 30-2.

（108）このイメージの注について、次を参照。Openshow, 'Weapons in the Daily Battle,' 34-7. この写本のこのページ（fol 36v）のイメージとラテン語版の転写について、次を参照。Otto Pächt, C.R. Dodwell and Francis Wormald, *The St. Albans Psalter* (London, 1960), 163-4 and plate 41. 最近の学界の趨勢ではこの詩篇はクリスティーナのために作成されたことになっているが、ドナルド・マシューは最近、それは元々彼女の師で修道士から転じた隠者ロゲリウスのものだった、と論じた（'The Incongruities in the St Albans Psalter,' *Journal of Medieval History* 34 (2008), 396-416）。彼に関しても、この精神的な闘いのイメージは同様に当てはめられたであろう。

（109）この時代の絵入り詩篇はしばしば、多くの人が祈る中に敵の姿が描かれることが多く、ダヴィデを王としてだけでなく、ゴリアテと闘う者としても描写している。次を参照。Alexander, 'Ideological Representation of Military Combat,' 15; Howard Helsinger, 'Images on the *Beatus* Page of Some Medieval Psalters,' *Art Bulletin* 53 (1971), 161-76（特に 165-8）.

（110）Pächt et al., *St. Albans Psalter*, 163-4: 'Quicumque vult esse filius dei et dignus heres celorum et quicumque vult adimere gloriam et hereditatem, quas diaboli a regno dei elpasi amiserunt, nocte ac die occulo et corde speculetur illud bellum et equitationem quae hic viderit protracta. Sicut hec visibilia arma ferro et ligno sunt parata ... similiter autem quenque nostrum in bello et penitentia constitutum, fide et caritate oportet armari, ut celestibus bonis appropinquemus et coronam vitae angelicam percipiamus. ...de illo bello et divina hereditate meditantur die ac nocte boni claustrales et virilia corda sobria et casta et quisque fidelis discipulus.'

（111）「男らしい行為」（*viriliter agite*）への勧誘はこれらの作品に共通している。たとえば次を参照。Goscelin of Saint-Bertin's *Liber Confortatorius*, book 2, ed. Talbot, 47;『聖アルバヌス詩篇』がクリスティーナが使う目的で作成されたということを認めるなら、その作品中の精神的な闘いについて、前掲注108～110参照。精神的な闘いのジェンダー性について十分な議論をするために、次を参照。Katherine Allen Smith, 'Spiritual Worriors in Citadels of Faith: Martial Rhetoric and

Monastic Masculinity in the Long Twelfth Century,' in *Negotiating Clerical Identities: Priests Monks, and Masculinity in the Middle Ages,* ed. Jennifer D. Thibodeuax (London, 2010), 86-110.

(112) 詩篇にある軍事的イメージの中世的聖書解釈学について、第一章参照。

(113) この引用途中について、次を参照。Douglas W. Lumsden, *And Then the End Will Come: Early Latin Christian Interpretations of the Opening of the Seven Seals* (London, 2001), 88-9. 引用は次による。Haimo of Auxerre, *Expositio in Apokalypsin B. Joannis,* 2.6, PL 117: 1025: 'Vincens primo diabolum in seipso, ut vinceret illum postea in aliis ....'

(114) こういう解釈が広く継続していることは、数世紀にわたって分裂していた二つのベネディクト会の作品を比較すれば想像できる。Ambrose Autpert（七七八／九年没）, *Expositio in Apocalypsin,* in *Ambrosii Autperti Opera,* ed. Robert Weber, 3 vols, CCCM 27, 27A-B (Turnhout, 1975-9), 2: 719f.; Rupert of Deutz（一一二九年没）, *Commentaria in Apocalypsim,* 11.1, PL 169: 1162-3.

(115) 紀元一〇〇〇年以前の例については、第三章、注128参照。

(116) このイメージの出現について、次を参照。Daniel Marcel La Corte, 'Abbot as *Magister* and *Pater* in the Thought of Bernard of Clairvaux and Aelred of Rievaulx,' in *Truth as Gift: Studies in Cistercian History in Honor of John R. Sommerfeldt,* ed. Marsha Dutton, CS 204 (Kalamazoo, MI, 2004), 389-406.

(117) この考えについて、次を参照。RB 2.2, p. 172: 'Abbas autem, quia vices Christi creditur agree, dominus et abbas vocetur, non sua assumptione sed honore et amore Christi; ipse autem cogitet et sic se exhibeat ut dingus sit tali honore.'; RB 63.13-14, p. 278.

(118) Adalbert de Vogüé, *Community and Abbot in the Rule of St Benedict,* trans. Charles Philippi, CS 5/1 (Kalamazoo, MI, 1979), 110-13.

(119) *Planctus de transitu Odilonis abbatis,* PL 142: 1045: 'Dilectus turri comparatur, et mysticis armis munitur. Odilo, dum vixit, virtutum sparsit odores, / Turris erat fortis, clypeus munita supernis, / Quam circumcingebant propugnacula septem, / Fortia pendebant ex illis arma virorum, / Nullus et hanc hostis potuit superare malignus.' 大修道院長に向けられたこの種のレトリックのうち、クリュニー会のもう少し以前の別の例について次を参照。the *Sermo de beato Maiolo,* ed. Dominique Iogna-Prat in *Agni immaculati: Recherches sur les sources hagiographiques relatives à saint Maieul de Cluny* (954-99) (Paris, 1988), 288-9.

(120) *Vita altera (Petri venerabilis abbatis),* PL 189: 40: 'Hic post militiam coelestia castra subintrans, / Consenuit, certans hoc in agone diu.'

(121) Stephen Harding, *Sermo in obitu praedecessoris sui,* PL 166: 1375.

(122) ヒルデガルトについて次を参照。Guibert of Gembloux, Letter 38, in *Guiberti Gemblacensis epistolae,* ed. Albert Derolez, CCCM

66A (Turnhout, 1989), 368-9. マティルダついては次に所収の彼女の墓碑銘を参照。*Rouleaux des morts du IXe au XVe siècle,* ed. Léopold Delisle (Paris, 1866), 181. アベラルドゥスも女性大修道院長を女性修道士の彼女の軍隊を率いる最高司令官（*imperator*）に結びつけた。次を参照。Letter 7 to Heloise, PL 178: 266.

(123) Peter of Dives, *Gesta septem abbatum Beccensium,* PL 181: 1717: 'Taliter egregius Boso pastorque peritus, / Invigilans castris Domini ter quattuor annis, / Justitiae tectus lorica vir bene doctus, / Neumatis at gladio sancti praecinctus actuo, / Tum clypeo fidei tutus galeaque salutis, / Fortis ut athleta non segniter intus agebat, / Hostis ab incursu servando suos satagebat.'

(124) Geoffrey of Auxerre, *Sermo in anniversario obitus S. Bernardi,* c.3, PL 185: 575: 'Regressus denique de via, tirones Domini sui confestim visitat, quos ad militiam ejus (si bene memini) circiter octoginta armis spiritualibus instruebat.'

(125) 次を参照。RB 2.37, p. 178. Peter Damian, Letter 105, ed. Reindel, *Briefe,* 3: 161: 'Illi praecipue qui, ut laborem militiae fugiat, ad eiusdem militiae ducatum inhianter anhelat. Dumque dux belli esse humanis oculis cernitur, in conspectu occulti arbitris malefidus transfuga iudicatur. Fugit enim, qui ut revera pugnandi valeat vitare periculum, simulat se antesignani vice specietenus portare vexillum.'

(126) John of Ford, Sermon 23.3, in *Super extremam parten Cantici Canticorum sermones CXX,* 2 vols, ed. Edmund Mikkers and Hilary Costello, CCCM 17-18 (Turnhout, 1970), 1: 195: 'crux Christi et mors olim quidem arma ei fuerint potentiae, nunc autem uexilla uictoriae.'

(127) Herbert of Losinga, Letter 13, ed. Anstruther, *Epistolae,* 24: 'Suis laborantibus copiis expectatus supervenit imperator, hostilibus irruit manibus, cedit , expugnavit, afflixit, extinxit, ipsumque primum paricidam et peccati patrem igniominiosa condemnatione perpetuis in incendiis colligavit.'

(128) Goscelin of Saint-Bertin, *Liber Confortatorius,* ed. Talbot, 50-1. *Liber* の中の戦士としてのキリストの記述を、ゴスケリーヌスの別の作品 *Historia translationis Sancti Augustini* [BHL 777], c.1, PL 80: 50 のそれと比較せよ。

(129) Bernard of Clairvaux, Parable 2.1, *SBO* 6/2: 267-8; Honorius Augustodunensis, *Speculum ecclesiae,* PL 172: 1093.

(130) Galand of Reigny, Parable 12, ed. Friedlander et al., *Parabolaire,* 208-21. ギャランの物語すべてそうだが、この作品にも、読者の解釈を助けるための著者による注解が付されている。

(131) この悪者の悪行が詳細に描写されている。'innumeras cotidie populorum catervas prosternebat. Pueros aeque iuvenes, iuvenes ut senes caedebat, excepto quod aliis hos, aliis illos confodiebat missilibus.' Galand de Reigny, Parable 12.1-2,ed. Friedlander et al., *Parabolaire,*

208-10.

(132) Galand of Reigny, Parable 12.3, ed. Friedlander et al., *Parabolaire,* 210-12: 'Nam melioris illius bellatoris framea per medium huius caput librata ita eum usque ad terram fidit medium, ut corporis pars altera ad dexteram, alia rueret ad laevam.' この種の、あり得ないが極めて覚えやすいイメージは、当時の俗語によるエピック（叙事詩的物語）によく現われる。次を参照。Kaeuper, *Chivalry and Violence,* chapter 7.

(133) Peter Damian, Sermon 35, ed. Lucchesi, *Sermones,* 211: 'Loricam quippe sibi de nostra fragilitate composuit, in qua exultans ut gigas et potens ac fortis in praelio（「詩篇」一八章六節、一三章八節参照）potestates aerias debellauit.'

(134) Bernard of Clairvaux, *Sententia* 3.70, *SBO* 6/2: 103: 'Itaque inter Deum et hominem medium se faciens, qui recedens a Deo, captus et ligatus est.' trans. Swietek, *Parables and Sentences,* 242.

(135) John of Ford, Sermon 23.3, ed. Mikkers and Costello, *Sermons,* 1: 195; 'Quid enim hac uirtute praeclarius qua potestatem habuit ponendi cum uoluit et prout ouluit animam suam, et quando uoluit et quomodo uoluit iterum sumendi eam?' trans. Wendy Beckett, in *John of Ford: Sermons on the Final Verses of the Song of Songs,* 7 vols, CS 29, 39, 43-7 (Kalamazoo, MI, 1997-84), 1: 190-1.

(136) Bernard of Clairvaux, *Sententia* 2.13, *SBO* 6/2: 27: 'Sunt et aliae tres sagittae, quibus Dominus etiam eos sauciat, quos ad degustandum dulcedinem suae dilectionis invitat.' Trans. Swietek, *Parables and Sentences,* 142.

(137) John of Ford, Sermon 4.1, ed. Mikkers and Costello, *Sermons,* 1: 55-6; Sermon 33.5-6, *ibid.,* 1: 258-59 参照。「捕らわれの身」のテーマについて次を参照。Sermon 63.7-8, *bid.,* 1: 445-6.

(138) Julian of Vézelay, Sermon 9, ed. Vorreux, *Sermones,* 1: 214-25.

(139) Peter of Celle, Letter 46, ed. and trans. Haseldine, *Letters,* 190-1: 'considero alium in equis albis（「黙示録」一九章一四節）chorum certantem non iam pro uictoria sed ad coaceruanda pretiosiora spolia.... Isti sunt qui stolas suas dealbauerunt in sanguine agni（「黙示録」七章一四節）resistendo usque ad sanguine uitiis et pertingendo usque ad patientam agni immaculati.' 'chorus' の言葉遊びに注目。それは修道院の聖歌隊の意にも、兵士の一団〔cohors〕の意にもなる（ここでは両意を兼ねている）。

(140) Aelred of Rievaulx, Sermon 23, PL 195: 340-1: 'Ecce hodie rex, ipse imperator noster, cum omni suo nos visitat exercitu. Consideremus, quantum possumus, omnes acies ejus, quam sunt pulchrae, quam sunt ordinatae; desideremus eorum societatem, sed primo non refugiamus eorum laborem. Gravis quidem est pugna, sed debet nos delectare corona. Non deest nobis auxilium in hac pugna. Sunt circa nos angeli,

archangeli .... Videamus ergo in prima fronte ipsum imperatorem nostrum; audiamus quodmodo hortatur milites suos. In hoc, inquit, mundo pressuram habebitis（「ヨハネによる福音書」一六章三三節）. trans. Theodore Berkeley and M. Basil Pennington に基づく。*Aelred of Rievaulx: The Liturgical Sermons: The First Clairvaux Collection,* CF 58 (Kalamazoo, MI, 2001), 356.

(141) Goscelin of Saint-Bertin, *Liber Confortatorius,* ed. Talbot, 51: Quia ex quo homo peccando illud perdidit, iam indebitum longe aufertur, nisi per violentam virtutum rapiatur. Aerie potestates et principes tenebrarum omnen celi regionem densis agminibus occluserunt, nulli aditum nis expugnati concedunt.'

(142) Guerric of Igny, Second Sermon for John the Baptist, c.3-4, ed. Morson and Costello, *Sermones,* 2: 332-4: 'Virtute igitur dilectionis armatus sis, quicumque es ille pius invasor qui rapere contendis regnum coelorum .... Accingimini, inquam, viri virtutis; et sequimini ducem ac magistrum felicis huius militia, Ioannem Baptistam loquor, a diebus cuius coelem esse coepit expugnabile.... Sequimini, inquam, decum istum, cuius vexilla proprio rutilant sanguine, cuius hodie virtutes ac triumphos debita decantastis veneratione.' trans. Monks of Mount Saint Bernard, *Sermons,* 2: 334 に基づく。励ますための手段としてグウェリクスが二人称単数を用いていることに注目。

(143) Bernard of Clairvaux, Letter 2.12, *SBO* 7: 22: 'adest ipse Dominus adiutor et susceptor, qui doceat manus tuas ad proelium et digitos tuos ad bellum（「詩篇」一四三章一節）. Procedamus in adiutorium fratrum, ne si forte sine nobis pugnent, sine nobis vincant, sine nobis ingrediantur, novissime, cum clausa fuerit ianua, sero pulsantibus de intus nobis repondeatur: Amen dico vobis, nescio vos（「マタイによる福音書」二五章一二節）. ... Sic te Christi agnoscit in bello, recognoscet in caelo ....'

(144) Bynum, 'Jesus as Mother, Abbot as Mother: Some Themes in Twelfth-Century Cistercian Writing,' in *Jesus as Mother,* 110-69.

(145) 中世の聖職者が書いたものにある城イメージを一覧できるものとして次を参照。Roberta D. Cornelius, 'The Figurative Castle: A Study in the Medieval Allegory of the Edifice with Especial Reference to Religious Writings'（未刊行、PhD thesis, Bryn Mawr, 1930), 82-3.

(146) マルコム・ヘブロンは、中世盛期における城の急増と攻城戦の増加が、聖職者著者たちが参加する寓意としての攻城に対する興味を大いに高めたことを示した。そういう著者が当時の戦争状況を実に細かなことに至るまで詳しく描写したのだ。次を参照。*The Medieval Siege: Theme and Image in Middle English Romance* (Oxford, 1997), 142-3.

(147) そういう描写は、市民的な構想の時代に、平和の砦としての宗教的共同体の機能を喚起したと思われる。たとえばニューバラのウィリアムは、スティーヴン王治下の市民戦争で疲弊した時代、イングランドに「神の陣営（*castra Dei*）」としての膨大な数の修道院が設立されたと記した（*Historia rerum anglicarum,* 1.15, in *Chronicles of the Reigns of Stephen,* ed. Howlett, 1: 53）。

（148） 修道士的瞑想における、もっと一般的な建築的形式の使い方について、次を参照。Carruthers, *Craft of Thought,* 237-40, 257-69. 彼は心の中にいったん創造された建造物は、瞑想において、いわば、「訪問される」、時には「改築される」ことさえできる、と強調した。

（149） キリスト教徒の伝統において聖書から、ここに引用して論じたものもいくつか含めて、後の中世に至るまでの寓意的な建築物の総覧として、次を参照。Hebron, *Medieval Siege,* 136-42; Jill Mann, 'Allegorical Buildings in Medieval Literature,' *Medium Ævum* 63 (1994), 191-120（特に 191-7）; Christiania Whitehead, *Castles of Mind: A Study of Medieval Architectural Allegory* (Cardiff, 2003), 87-116.

（150） Cyprian, *Liber de zelo et livore,* c.2, PL 4: 639: 'Circuit ille nos singulos, et tamquam hostis clausos obsidens, muros explorat , et tentat an sit pars aliqua murorum minus stabilis et minus fida, cujus aditu ad interiora penetretrur.'

（151） Cassian, *Institutiones,* 12.3.2, ed. Guy, 452-4.

（152） Gregory the Great, *Moralia in Job,* Preface 4, ed. Adriaen, 1: 14; 前掲参照。*Homiliarum in Evangelia libri duo,* 7.1, PL 76: 1100. 瞑想的建築と天なる都の包囲について次を参照。the *Regula pastoralis,* 2.10, ed. Floribert Rommel, trans. Charles Morel as *Règle pastorale,* CS 381-2 (Paris, 1992), 1: 244-8.

（153） Christiania Whitehead, 'Making a Cloister of the Soul in Medieval Religious Treatises,' *Medium Ævum* 67 (1998), 1-29 (at 2).

（154） この譬えについて次を参照。Odo of Cluny, Sermon 2, in *Sermones quinque,* PL 133: 716. 引用は「詩篇」六〇章四節（'Esto mihi turris fortitudinis, a facie inimici.'）。ベネディクト会士・大修道院長・司教であったアスティのブルーノによる、教会を天使と徳の軍隊によって守られた要塞とする描写を参照。*Commentarium in Lucam, Pars 1,* 10.22, PL 165: 390-1.

（155） この心情について、次を参照。Hildebert of Lavardin, Sermon 29, *Sermones,* PL 171: 876; Abelard, Letter 7 (*Regula monialum*), PL 178: 266.

（156） Peter Damian, Letter 28, ed. Reindel, *Briefe,* 1: 273-4: 'O cella sadrae miliciae tabernaculum, procinctus triumphatoris exercitus, castra Dei, turris David, quae aedeficata es cum propugnanculis: mille clipei pendent ex te omnis armatura fortium!（雅歌四章四節）... Tu vallum in expedition currentium, tu munitio fortium, tu praesidium cedere nescentium bellatorum. Fremat hostium circumfusa barbaries, accedant vinea falaricis, millilia iaculentur, vibrantium glandiorum silva densescat. Qui in te sunt, lorica fidei praemuniti sub imperatoris sui invicta protectione tripudiant, et de hostium suorum certa iam deioctione triumphant ...' trans. Blum, *Letters,* 1: 282-3. ペトルス・ウェネラビリスによるクリュニーについての、かなり短いが同様の記述を参照（前掲注58）。

（157） Bernard of Clairvaux, *In dedication ecclesiae, sermo 3,* c.1, *SBO* 5: 379-80; Leclercq, *Monks and Love,* 95で論じられている。次にある「知識の陣営」のイメージ参照、*Parabola* 1.5, *SBO* 6/2: 264-5. 次の偽ベルナルドゥスの説教にある「魂の砦」参照、*In Assumptione B. Mariae Virginis,* PL 184: 1001-10. リーヴォーのアイルレッドも砦としての修道院（あるいはむしろ、修道院生活）を記述し、各修道士、上司に防衛のための特別なポストを割り当てた。次を参照。Sermon 15, PL 195: 294.

（158） Galand de Regny, *Petit livre de proverbes,* 37, ed. and trans. Jean Châtillon, Maurice Dumontier, and Alexis Grélois, SC 436 (Paris, 1998), 88: (In cenobio monachorum, uelut in ciuitate munita（「詩篇」三〇章二一節）.... Porro huius Urbis turres tam abbates quam ceteri priores uel prelati sunt.... Murus autem, ex ipsis fratribus ordinatim distributis, et amoris cemento ligatis fit.'

（159） このモティーフについての簡略な履歴について次を参照。J.F. Doubleday, 'The Allegory of the Soul as Fortress in Old English Poetry.' *Anglia* 88 (1970), 503-8.

（160） ウィートリーによる指摘、*Idea of the Castle,* 179.

（161） Aelred of Rievaulx, Sermon 17, *Sermones,* PL 195: 303-4; trans. Berkeley Pennington, *Liturgical Sermons,* 264. 次を参照。Aelred's Sermon 14, PL 195: 290-1. この説教のシンボリズムについて、次を参照。Wheatley, *Idea of the Castle,* pp. 78-89; Cornelius, *Figurative Castle,* 49-50.

（162） Aelred of Rievaulx, Sermon 17, *Sermones,* PL 195: 304-5: 'Ille est murus, qui servat istud fossatum, de quo locuti sumus, ut non possit impleri ab hostibus. Nam, si quis perdit castitatem, statim cor totum impletur sordibus et immunditiis, ut humilitas, id est spirituale fossatum omnino pereat in corde. ...Sine ista turri infirmum est istud spirituale castellum, do quo loquimur.... quia non habet turrim, inimicus ejus transit murum, et occidit animam ejus.'

（163） シトー会の著者は、ラルフ・デスキュール（一一三三年没）が例示したベネディクト会の伝統からこの考えを発展させたらしい。ラルフは「ルカによる福音書」一〇章三八節（'ipse intravit in quoddam castellum'）の解釈学的読み方を代表している。彼の *Homilia de assumptione Mariae* (pub. as a work of Anselm: *Homiliae,* 9), PL 158: 644-9 (esp. 645) 参照。ベネディクト会士で大修道院長アドモントのゴデフリドゥス（一一六五年没）によるこの節の同様の読み方について次を参照。Homily 65, *Homiliae Festivales,* PL 174: 959-71（特に 964）. 城としての処女マリアのさらなる例として、次を参照。Fulton, *From Judgment to Passion,* 248-9 and 259-61.

（164） 罪によって捕らわれ、キリストの援助によって徳に奪還された城の内部について次を参照。Bernard of Clairvaux, *Sententiae* 3.12, 3.24, 3.98, *SBO* 6/2: 27, 82-3, 163 (here 163): 'Virtutum muros arietes huiusmodi concutiunt, arcem deiciunt rationis.' Trans. Swietek, *Parables & Sentences,* 323. 物語の中の知恵〔古代エジプト、バビロニアの哲学〕の都市包囲の記事を参照。1.6, *SBO* 6/2: 265.

（165） Honorius Augustodunensis, *Speculum ecclesiae,* PL 172: 1097: 'Hoc castellum a turba hostium exterius obsidetur, a factione civium interius commovetur dum proximi exteriora damna ei inferunt, vicia autem et carnis desideria interiora bona obruunt.'

（166） Thomas of Perseigne, *Cantica Canticorum*（「雅歌」四章四節参照）, PL 206: 410-12, 415.

（167） John of Ford, Sermon 22.10, ed. Mikkers and Costello, *Sermons,* 1: 191-2: 'Quotiens mihi, Domine Iesu, cum castrum mentis meae graui quadam obsidione uallari sentirem et circumdarent illud undique hinc dolores mortis（「詩篇」一七章五―六節参照）, inde dolores inferi, sed et torrentes iniquitatis, quae est terribilior acies hostium（「雅歌」六章九節参照）, in giro obsiderent et expugnarent illud, mens mea ante faciem tanti exercitus tremefacta et longam obsidionem non sustinens, subito in captiutatem immemsi doloris manus dedit. Raptusque et catenatus in carcerantes angustias ac densissimas tenebras tristitiae uehementis proiectus sum....' Trans. Beckett, *Sermons on the Final Verses,* 2: 112-13.

（168） 囚人の牢獄（*carcer captivorum*）と終身の入牢について、次を参照。Bernard of Clairvaux, *Sententiae* 3.91, *SBO* 6/2: 142.

（169） Pierre Riché, 'Les représentations du palais dans les textes littéraires du Haut Moyen Âge,' *Francia* 4 (1976), 161-71 (esp. 168-9).

（170） グレゴリウス大教皇による非常に影響力のあった解釈について、次を参照。*Homiliarum in Ezechielem,* 1.12.13, PL 76: 929-32.

（171） Julian of Vézelay, Sermon 5, ed. Vorreux, *Sermones,* 1: 146: 'aggerat aggerem et cordis initima replet terra ut nil caeleste cogitare possit homo interior, circa terrena curis multiplicibus occupatus. Dehinc ad murum urbis intimae cunquassandum arietes ponuntur in giro（「エゼキエル書」四章一～二節参照）et tentationum crebris ictibus propulsatur. Sed si Saluator in urbe murus est et antemurale（「イザヤ書」二六章一節）, pulsari murus potest, subrui non potest.'

(172) これらの中で最も広く読まれたのはおそらく一二世紀半ばのアウグスティノ会士フイヨワのフーゴ（一一七二年頃没）による *De clausrto animae,* PL 176: 1017-82. これについて次を参照。Christiania Whitehead, 'Making a Cloister of the Soul,' 3-9.

(173) 単なる言葉以上のものとしての寓意、しかし理想と現実の間の瞑想者、現実を構成するものの意味について次を参照。Constable, 'Medieval Latin Metaphors,' 19. コンスタブルが構築した理論的なさらなる議論について次を参照。George Lakoff, 'The Contemporary Theory of Metaphor,' in *Metaphor and Thought,* 2nd. edn, ed. Andrew Ortony (Cambridge, 1993), 202-52 (esp. 245-50).

(174) この考え方について、初期の資料の点で筆者よりはるか先を行っておられるマット・キュフラーの専門知識に感謝する。

(175) こういう転換について第二章参照。

(176) こういう姿勢について次を参照。Newman, *Boundaries of Charity,* 33 and 268-9, n.47; Hugh M. Thomas, *Vassals, Heiresses, Crusaders, and Thugs: The Gentry of Angevin Yorkshire* (Philadelphia, PA, 1993), 142.

(177) Julian of Vézelay, Sermon 9, ed. Vorreux, *Sermones,* 1: 208: 'Licet beatus Benedictus interdicat et vetet ne quis quae foris uiderit uel auderit in monasterio referat (『ベネディクト会則』67.5, p. 288 参照), nos tamen quae audiuimus, oubis, fratres, referimus, ad aedificationem uestram plurimum ualitura.'

第五章　精神的模範としての戦士

精神的戦士のエリート軍団メンバーとして中世の修道士は、キリスト教社会の他のメンバーのための、真のキリストの戦士の美徳を具現する者となり、すべての俗人武器携帯者より、さらには最も敬虔な十字軍兵士、そして実際の精神的な戦争が肉体的な暴力と流血沙汰で汚されてしまうような軍事的教団メンバーより上位にあると思い込んでいた。歴史家たちは長い間、聖職者の役割を、敬虔な武器携帯者のための模範として、高徳な戦士の地位が上がることで認識してきたし、さまざまな「戦士聖人」への崇拝をキリスト教的騎士制度と十字軍イデオロギーの発展と結びつけてきた。あまり評価されなかったのは、修道院の著者たちも、聖なる戦士の中に若い修道士から称揚され模倣されるに値するモデルという精神的な役割を見出すようになった、あの広がりである。我々がすでに見てきたことだが、ヘブライ語聖書〔旧約聖書〕の戦士は中世の聖書解釈学者たちによってその軍事活動が精神化され、修道士の見本と見なされた。この章は、中世盛期の修道院の著者たちの賞賛を引き寄せた他のグループの戦士を検証する。つまり、古代後期の伝説的な「戦士聖人」、修道院に入るために世の中を捨てた遠い過去、及びそんなに遠くない過去の俗人の武器携帯者、「鎧を着けた者（*loricati*）」、悪魔の諸力との精神的闘いに従事するのに必要な武具を身に着けた禁欲主義者である。

以下の議論はその多くが聖人伝という証拠に基づいており、特に、聖人たちの生涯が精神的な発達という新しいモデルをいかに表現しているかが扱われている。主として奇蹟に関心が寄せられているが、修道院的な伝記（*vitae*）は実体験との現実的な結びつきを明示している。聖なる戦士の多くの伝記は中世的な戦闘、妻、領主、武器携帯の兄弟に対する武器携帯者としての義務、及び、戦士が修道院に入ったさまざまな状況についての知識を披瀝している（中世的な戦闘に関しては、そういう知識さえ披瀝している、または、場合によって披瀝している、あるいは、少しばかり披瀝している、と言えよう）。しかし本章の眼目は聖人伝が戦士エリートの生涯について何を暴露しているかではなく、修道院の著者たちが彼ら自身の目的のために聖なる戦士たちの記憶をいかに想起し、いかに扱ったかにある。それらの中でも特に重要なのは、修道士あるいは隠者の人生がキリスト教徒という存在の最高の形態だと示したい欲望であり、伝記作家たちが、俗世から修道院あるいは隠遁所への戦士の旅を神へ向かう魂の過程と同等視することで達成した、その結果である。聖人伝の慣習によると、そういう転換は、戦争という下位の形式に捧げられた生活からキリストへの奉仕という上位の形式の戦いに捧げられた生活への移行として定義された。キリストの戦士という理想を持った昔から続く修道士的な自己定義と前章までに検証した精神的な戦いという実践を反映した解釈である。宣誓済の修道士たちが、こういう物語が戦士（*bellatores*）の中にいる他の自称改心者を刺激してくれるという希望もあってこれらの伝記を書いたと思われるのに対して、これらの作品はまた、戦士たちが修道士のための精神的模範として奉仕できたことも示している。さらにその上、聖人伝に見られるさまざまな事象はコンセプトとしての戦争がどこまで修道士的な経験を形成したか、その範囲を強調しているし、修道士的なイマジネーションにおいては、修道士と戦士両方のアイデンティティーの境界がいかに容易に曖昧になり得るか、時には消えてさえしまい得るかを暴いている。

戦士的聖人と聖なる戦士

自分をキリストの戦士の理想と同一視することで修道士たちは、自分たちの前を行っていた無数の精神的な戦士の後継者を自称した。ヘブライ語聖書の戦士は、当時の現世での戦いを聖書解釈学世代の人々によって霊化され、聖職者と俗人武器携帯者のどちらに対しても模範としての役目を負った。もしこれら古代の世俗兵士による戦争が精神的な用語で回想され得るなら、礼拝の場所または地上の守護者の存在が危険にさらされた時、死して久しい精神的な戦士も、世俗の戦いに参加するであろう。中世の現実とは、「すべての」聖人守護者が潜在的には戦士だったということだ。現代の研究者たちは伝統的に、聖マウリティウス、聖ゲオルギウス、聖セバスティアヌスを含めて、少数の殉教したローマの兵士を記述するために「戦士的聖人」という用語を使ってきた。しかし中世のキリスト教徒はこの概念をそんなに狭くは定義していなかった。古代の戦士殉教者は、はるかに大きく、はるかに雑多な集団の中の小区分から成っていた。その集団とは、修道士になるために俗世を捨てた騎士、さらには、宗教的な生活における精神的な戦争を進んで引き受けた伝説的な、叙事詩に残るような英雄たちさえ含んでいた。

従来、戦士的聖人研究のほとんどは、俗人の武器携帯者にキリスト教徒としての行動規範を示す人物としてこれらの人物を格上げしようという聖職者たちの意図に焦点を当ててきた。その意図には、一一世紀以降のキリスト教徒騎士階級の模範をどう扱うかという問題も含まれていた(1)。しかし戦士的聖人はまた、修道士的美徳の肉体化としても崇拝された。場合によっては、聖なる戦士は改心の模範だった。彼らが世俗の戦争を拒絶すれば、それは修道士生活の優越性を証明することになる。俗世で兵士として死んだ他の者は、それでも、謙遜や服従といった資質を示したのであり、そのことで彼らもキリストの戦士と名誉上の修道士の両方であると認められた。修道院の聖人伝作家によって精神的な模範として取り上げられた聖書外の聖なる戦士を三つのグループに分けることができる。まず、テーバイ軍団メンバーのような遠い過去からずっと崇拝されてきたローマの軍人殉教者。次に、「武勲詩（*chansons de geste*）」と聖人伝的なイマジネーションの間を自由に行き来したジェローヌのギヨームのような半伝説的で英雄的な戦士。最後に、宗教的生活での精神的な軍人になるために世俗の軍事的な奉仕を放棄した近い過去からの騎士改心者である。本書のこのセクションではまず始めの二グループに焦点を当て、最後のグループは本章の残りのセクションの課題とする。

オルデリクス・ウィタリスの『教会史』にある有名な物語は、礼拝堂付司祭アヴラーンシュのゲラルドゥスが、彼の主人であるアヴラーンシュのユーグの世帯に属する数人の戦士（*milites*）を宗教的生活に移行させるために、いかにローマの軍人殉教者の物語を使ったかを詳述している(2)。ノルマン領主の息子であるゲラルドゥスは父の家でその物語を聞きつつ成長したのであろう。つまり、「デメトリウス対ゲオルギウス、テオドルス対セバスティアヌス、テーバイ軍団とそのリーダーであるマウリキウス対優れた軍司令官エウスターキス、それらの戦いに関する活き活きとした物語」を聞いていたのだ。しかしゲラルドゥスがこれらの殉教者の受難を改めて語って聞かせた目的は、騎士身分の聴衆に、力と勇気によるより大きな武勲へ向かわせるべく説くことではなく、彼の語る伝説的な先例の誰もが為し得なかったことをするべく、すなわち、修道院に入り、世俗を捨てるべく勇気づけることであった(3)。第三章で示したように、中世の修道士がキリストの戦士の理想を独占したのは、彼らが殉教者の直接の後継者であると主張したことを反映していた。象徴的な殉教と修道院生活を結びつける古代からの連想はゲラルドゥスの心にも失われていなかったのだろう（さらに言えば、オルデリクスにも）。オルデリクスが、ゲラルドゥスが聖職者であったことを重視したのは、中世の騎士にとって軍事的殉教者が憧れであった証拠としてしばしば引用された。しかしそれはまた、それらの兵士聖人が精神的な戦士であると認められた身分であったことの証明にもなっている。彼らは軍事的な功績だけでなく、謙遜や服従というまったく非騎士的な徳でも賞賛され、聖職者にとって同等の価値を持つ模範とされたのだ。

中世盛期、多くの軍事的殉教者崇拝の対象は修道院の聖堂に集中していた。そこに彼らの聖遺物が陳列され、彼らについての伝記（*vitae*）が書かれ、書き直され、彼らの偉業をたたえて幾多の典礼式文が作成されたのだ。マウリキウスはアゴーヌとザンクト・ガレン（*Saint Gall*）の修道士にとって特別の守護聖人だった。どちらの共同体も彼の聖遺物を所有していたのだ。セバスティアヌスの聖遺物はソワソンの偉大なフルリー、サン゠メダール両ベネディクト会修道院で崇拝された。もう一人のローマの兵士殉教者ユリアヌス崇拝はオーベルニュのブリウドにある彼に捧げられた修道院で盛んに行われた(4)。それらの聖堂が兵士殉教者たちのご利益を求める騎士巡礼を引きつけたのに対して、修道院でそういう殉教者を守った人たちもその守護聖人を仲間のキリストの戦士と強く思い成した。たとえば一〇〇〇年前、セバスティアヌスの聖遺物がソワソンに着いたことを説明すべく、一〇世紀サン゠メダールの伝記作家は、「この最も輝かしい勝利への敬意を表するために」地元の人たちがいかに多く集まって来たかを記録した。「この聖人は、徳という武器で守られて、残虐極まりない敵と闘うことができ、名誉の負傷を受け、殉教者の冠と永遠の勝利を勝ち得た」のだ。作家はさらに続けて、セバスティアヌスが、修道院長ヒルドゥイヌスと聖遺物を求める修道士の派遣団から成る、聖人の新たな「軍団（*legion*）」によって修道院へ運ばれたのは、実に理にかなったことだった、と書いた(5)。

ローマの軍事的殉教者は闘うことを拒否するために死に向かって行ったのだが、後の伝記作家たちはその守護聖人の改心前の軍事的経歴を隠す意図は持っていなかった。実際、聖人戦士による宗教的生活への移行が次第に増えて一般的になった時、身分のはっきりしない聖人のために、ドラマチックな改心譚に加えて、軍事的な過去を創作したりした(6)。後の伝記作家たちはまた、古代の戦士を取り上げ、悔悛や説教といった、数世紀後の精神的な先取りを反映した新しい伝記を彼らに付与さえした。その適例が『サルラのアヴィートゥス伝』である。ある西ゴートの戦士が自分はヴィエでクローヴィスと闘った〔ヴィエの戦い〈五〇七年〉、フランク王クローヴィスが西ゴート王アラリック二世に勝利〕と語ったのだが、伝記はその聖人を、彼本来の六世紀ではなく、一二世紀初期という身近な人物にしているのである(7)。一一一八年頃、つまりアヴィートゥスの聖遺物が新たに建てられたサンタヴィセニュールの修道会教会に運ばれた頃にこれを書いた伝記作家は、戦士から遍歴隠者説教師へのこの聖人の改心は、神が彼に、今後は異教信仰に対する精神的な戦士として「闘う（*certare*）」よう、そして人に対する武器を二度と携帯しないよう命じたという幻視に影響されたものだとして、その様子を詳述した(8)。その修道院的な伝記作家はアヴィートゥスを、殉教者というより改心者としての戦士聖人という新生のプロトタイプにはめ込もうとしたのだ。

初期十字軍文化を浸透させた殉教精神によく表れているように、「殉教者としての戦士聖人」という本来の模範が中世盛期を通してその主張を維持していた一方、紀元一〇〇〇年前後、戦士的聖人という新種、「ヒロイックな戦士（*miles*）改め修道士」が登場した。こういう新しいイメージの人物はローマの軍事的殉教者の後継者と見なされた。かつてアヴラーンシュのゲラルドゥスが騎士仲間に語って聞かせた物語の元となった戦士聖人たちのリストの中から、オルデリクス・ウィタリスがその最も有名な一人として、ジェローヌのギヨームを通して描写した通りである(9)。しかし古代末期の兵士聖人と違ってこれらの聖なる戦士は修道士という職務の比喩的な殉教を通して救済を求めることで、精神的発展の当時なりの模範になった。この新種の戦士聖人はモニアージュ（*moniage*）において復活させられたのだが、このジャンルは非常に定義しにくい。聖人伝と叙事詩、ラテン語文学と俗語文学、修道院と戦場、それらの間のボーダーラインを行き来しているのだ(10)。ほぼ百年前、ジョゼフ・ベディエがそういう多くの物語、説話において、その「聖職者版」（つまり、ラテン語による聖人伝的な作品）と「俗人版」（つまり俗語による *chansons*）の両方が現存するものを認めて以来(11)、学者たちはこれらの改心譚の起源と意味について議論を重ねてきた。モニアージュというジャンルは起源において修道院的なものだったとのベディエの主張が長い間議論されたが(12)、一一、一二世紀において、修道院が、比喩的に言えば、叙事的な英雄改心者によって覆い尽くされたことは疑い得ない。これらの英雄の改心譚が一一、一二世紀に創作されている間、叙事的戦士の大群が聖人の地位へと高められていた。『ロランの歌』の伝説的な殉教者たちの墓が南フランスをよぎる数々の修道院聖堂へと巡礼者を引きつけた。シャルルマーニュ〔カール大帝〕自身、十字軍王に祭り上げられ、一一六五年に正式に列聖された(13)。

俗語のモニアージュに対応するラテン語がコンウェルシオ（改心〈*conversio*〉）である。英雄が修道院生活に入ったことを詳述するものであり、叙事的テーマと聖人伝的な言葉の綾がない交ぜられている。そういうテキストの作成にはその「主役」を特別に守護支援する人を必要とした。その人が象徴的に、著者自身の修道院で主役の信仰告白をしたと言われたのである。比較的長いテキストに挿入された短い物語から、独立した長大な伝記に至るまでの幅を持つこれらのコンウェルシオのドラマは、スタンダードな聖人伝的な道筋を通って展開する。英雄たちの罪に満ちた生活が、痛悔、改心、ついには祈りと禁欲的な自己否定を通して得られた救済へと、その道を切り拓かれるのである。しかしラテン語によるテキストは、大君主や戦友たちに対する戦士の忠誠心、個人的名誉の防衛、そしてもちろん現実の戦争行為への彼らの関心を示して、アクションの詰まった武勲詩（*chansons de geste*）によっても伝えられた。俗語のモニアージュとラテン語のコンウェルシオ（時にはその両方）で称えられる改心者たちをざっと「点呼」しただけで、それはまるで、中世的叙事詩のオールスター・リストのように読める。アキタニアのヴァルテル、伝説上の西ゴート戦士王オジエ・ル・ダノワ〔デーン人オジェ〕、『ロランの歌』に現われるシャルルマーニュの恐れを知らぬ仲間オラニエのギヨーム、シャルルマーニュの廷臣にして叙事詩全体の英雄ギヨームの忠実な仲間、サラセン人殺しの巨人レノアール(14)。

叙事的英雄の改心に関する最古の物語はノヴァレーザ年代記に見られる。一〇二〇年代、ノヴァレーザのピエモンテ修道院で書かれた。ヴァルテル某の修道士的改心を記述したと称しているが、その年代記作者は彼を、ザンクト・ガレン修道院の修道士エッケハルトによって一世紀前に書かれた「ヴァルテリウス」と呼ばれるラテン語叙事詩（エッケハルトも彼なりに、それ以前の叙事詩的伝統に刺激されて書いたと思われる）の主人公アキタニアのヴァルテルとごちゃ混ぜにしている(15)。自分の作品をヴァルテリウスの続編としてイメージしたこの年代記作者は主人公の物語を、いかにもありそうな一一世紀的流れに沿って継続させた。つまり、老いたるヴァルテルの心はしだいしだいに精神的な問題に向けられ、幾多の罪の償いを期待してノヴァレーザの習慣を身に着けたのである(16)。ヴァルテルは重大な決意をもって生活の転換を図り、修道士たちの「庭」を心から保護したことで称賛さえ勝ち得たのだが、盗賊の群れが修道院奉仕者たちを襲撃した時は、彼の心中のかつての戦士（*miles*）は襲撃者を罰しようと心から思った。彼は自分に忠実な軍馬に乗るべく修道院長の許しを乞うた（その馬は、主人と同様にへりくだり、修道士たちの製粉作業に精出していた）(17)。ヴァルテルは修道院長の祝福を得て乗り進め、やがて罪びとたちを追い詰めた。明らかに叙事詩書きの偉大な玄人であったこの年代記作者は、最初の一撃を加えるより先に、義務として、敵に攻撃させたヴァルテルがいかに罪びとたちを罰したかを叙述するべく、心血を注いだ。

彼らに最強の攻撃を始めた時、ヴァルテルはひそかに鞍より前に鐙《あぶみ》を引き出し、それで敵の一人をしたたかに討ったため、敵は地面へ崩れ落ち、死んだようになった。倒れた兵士の武器を掠め取り、それを用いて右に左に、打撃の雨を降らせた。それから、傍らで草を食む子牛を見つけると、それを捕まえ、脚をつけ根から引き裂き、それで敵を打ち、彼らを追い詰め、あるいは蹴散らした。何人かは逃げたが、ヴァルテルが他の誰よりも執拗なまでに追い求めた者がそこにいた。その男が踵を返した時、ヴァルテルは男の靴をつかんで引きずり寄せ、首に強烈な一撃を加えた。そのため敵は喉を押しつぶされて倒れ落ちた(18)。

悪人どもを残虐に片づけたことに満足してヴァルテルは取り戻した修道院の財産を持って帰り、再び祈りの生活に落ち着いた。このような血塗られたエピソードがありながら年代記作家はヴァルテルを模範的な改心者として絶賛することで物語を締めくくった。彼は服従という愛の心を持ち、『会則』の原則に情熱を持って献身したと記憶された(19)。

このノヴァレーザ物語は、モニアージュとコンウェルシオ両ジャンルの後の例に見られる多くの共通要素を含んでいる。作家は主人公の比類なき肉体的強さと軍事的な豪胆さを長々と力説している。戦士から修道士への生活の転換は *conversio militae*, つまりある種の軍務から別の務めへの移行〔改心〕と呼ばれた。この新しい改心者は新しい生活において自分の好戦的な衝動を抑えようともがいたが、時に抑えきれないこともあった。これらの特徴はすべて、一二世紀の、特に有名な二つの英雄改心譚の表現にも見られる。「ウィリアム・オヴ・ジェローヌ〔〔ジェローヌのギヨーム〕別名ギヨーム・ドランジュ〈Guillaume d'Orange〉〕、すなわちウィレルム・ゲロネンシス伝（*Vita Willelmi Gellonensis*）」と古フランス語による「モニアージュ・ギヨーム（*Moniage Guillaume*）」である(20)。一一二〇年代にジェローヌの修道院でこの伝記を書いた作家は、九世紀はじめにジェローヌを建設したカロリング朝の貴族ギヨームと、プロヴァンスからサラセン人を追い払ったことで信望のあった叙事的英雄ギヨーム・ドランジュを同一人物として表現する意図を持っていた。ジェローヌの初期からの伝統がこの家の建設者を単に、敬虔な守護者にして模範的改心者と見なしたのに対して、一二世紀の〔俗語による〕伝記（Life）はギヨームを、その改心は彼の多くの戦いの最後の、そして最も輝かしい戦いに過ぎないという従来の人物像以上の者にしているのだ(21)。

アキタニアのヴァルテルの修道院的伝記作家と同じく、ヴィレルム・ゲロネンシス伝の制作者は、ヴィレルムが後年の「精神的な行い（*spiritualia gesta*）」に移る前の、彼の英雄的な証拠を作り上げるために、叙事的資料を抜粋して利用した。精神的な戦争のレトリックは、修道院に入る前のヴィレルムにさえ適用されている。彼の幾多の世俗での勝利を、神に承認されたという雰囲気、つまり十字軍としての勝利の中に組み込んだのだ。ヴィレルムはキリストの戦士であり、「征服者にしてキリストの軍旗の旗手（*triumphator et signifier Christi*）」である。その神の手が彼の剣を導いているのだ(22)。しかしこの聖人伝作家は、異教徒に対する最も輝かしい勝利さえ天国でのヴィレルムの場所を確保できないと明言している。修道士になる――*vita* の言葉で言えば、自分を「神に捧げる（*holocausta Deo*）」――ことによってのみ彼は救済を勝ち得る確信を持てたのだ。

ヴィレルム・ゲロネンシス伝は戦士から修道士へのヴィレルムの転換を軍務の一形式から他の形式への幸運な移行と特徴づけている。長年にわたる戦いの後、文字通り、打倒すべき世俗の敵から自由になり、平和と平穏に囲まれている（彼にはやや不安もあった）ことを知ってヴィレルムは、彼がギロンに新たに建設した施設で、キリストの軍団における「新しい騎士」として一連の精神的闘いに着手する(23)。ヴィレルムが修道士になる意思を主人であるシャルルマーニュに知らせると、この皇帝はヴィレルムの申し立て書を、武勲詩に見る彼の風貌にもよく現われている敬虔さと寛大な気持ちで受け取った(24)。そして、数多くの聖遺物を忠実なる友に贈った。シャルルマーニュが言うには、それはこれ以降、ヴィレルムの「武器」になるだろうとのこと。

親愛なる友よ、君の新しい主への贈り物として、これを受け取るがよい。これは君が悪霊その他すべての敵に対抗するために身に着けるべき極めて強靭にして強力な武器となるであろう（『ベネディクト会則』序三節参照）。君の軍務に対するこれらの最新の報酬をもって、君の新しい王のために君の義務を果たすことを確約せよ(25)。

これらの精神的な武器を身に着け、ヴィレルムはもはや使い慣れた騎士的武具を必要としなくなった。ヴィレルムを、第三章で検証したローマの軍事的殉教者の伝統へ結びつける次なるシーンで、この改心者はブリウドのユリアヌス聖堂へ旅をし、修道士になる決意の徴として戦士聖人の祭壇に自分の武器を捧げてしまうのである(26)。ギロンで修道院に入った後ヴィレルムは、かつて死すべき敵と闘ったのと同じく懸命に自分自身の肉体との戦争を遂行する。最も厳しい苦行によって比喩的な殉教を達成するのである(27)。改心者のそれまでの生活の本質を想起してみれば、誇り高い戦士からつつましい修道士へのヴィレルムの転換はそれだけいっそう奇蹟的なものであると、聖人伝作家はコメントしている。

ヴィレルムは何と変わったことか、何とつつましくなったことか。かつては世にも珍しい馬に乗っていたあの男。その馬こそ、この世の隅々から探し求められ、入念に選択されたもの。その男の従者、そのまた従者たちも優れた馬、高価な馬車を乗り回していた。そのまごうかたなき同じ男がいまや、小さな樽くらいしか運べぬちっぽけなロバを乗り回して、恥ずる様子さえない。かつ、そうして身をやつすことでもまだ満足していない。兄弟の誰かが、誰もがやりたがらぬつまらない仕事につき、あるいは、危険な、または身分違いなことをさせられていたら、その重荷を軽減させる者、全てを何の功名も求めず支援する卑しき労働者として、兄弟ヴィレルムもその仕事に身を捧げるべき要員の一人に数えられている(28)。

この節が示すように、ヴィレルム・ゲロネンシス伝はヴィレルムの叙事的過去の視点を失ってはいない。過去の富と力を詳述することによってこの聖人伝作家は、ヴィレルムの自己否定の奇蹟をいっそう強調した。彼が十字軍士としての過去の人生で勝ち得た数々の偉大な勝利が、ラテン語の伝記においては、彼自身に対する最終戦争の前奏曲になっているのである。

エイミー・リーメンスナイダーが示したように、ギロンでのヴィレルムの聖人伝的な再構成は、ひるがえって、一一八〇年頃までに書かれた現存版の古フランス語によるモニアージュ・ギヨームにおける叙事的英雄の改心説明にも影響を与えた[29]。かつてのラテン語の伝記と同じく、これらの物語もヴィレルムの改心を暴力の生活に対する彼の自責の言葉で説明している。彼の十字軍的功績すらもその救済を保証することができない、との思いに駆られて、神に向かって罪の償いをする最善の方法として、彼は修道士になる決心をする[30]。しかしモニアージュでは、ギヨーム〔ヴィレルム〕が宗教的生活には適さないことが直ちに明らかになる。アニアーヌの修道士との最初の出会いは、何の成果ももたらさない。ギヨームが、あたかも戦に向かうかのように完全武装して、軍馬で門前に乗りつけるのを見て、修道士たちはパニックを起こして逃げ出し、自称兄弟から大音声の罵声を浴びることになる[31]。修道院に入って後もギヨームは習慣と違って自分の高価な服を着ることに固執し、食べ物とワインの消費に関しても『会則』にある制限を破りがちだった。彼にあえて訓戒を垂れる何人かの仲間の修道士を威嚇するために鉄拳さえ使った。「私は誰からも嫌がられる修道士になるつもりだ」（傍点引用者）という彼の宣言こそが、服従と謙遜を通してではなく、力で勝ち取られるべき褒美としての救済に向かう、ギヨームなりのアプローチを簡潔に示している[32]。

その横暴に絶望して大修道院長と修道士たちはギヨームを、山賊の横行する道筋へ使いに走らせた。それが死出の使いになると期待したのだ。しかしアキタニアのヴァルテルのコンウェルシオを二重写しにしたようなシーンでギヨームは山賊をあっさりと片づけてしまう。それから彼は修道院へ引き返すが、向かう先の門が閉ざされているのを見ると、それを突き破り、憤怒のあまり数人の修道士を殺してしまう。関係者全員にとって幸運だったことに、やがてギヨームの許へ一人の天使が現れ、彼にその家を去り、(ギロンの将来の施設で) 隠者になるよう命じた。修道院長がすでに同意していた計画であり、ギヨームに二度と戻らない約束のための賄賂として、大量の金の提供さえ申し出た(33)。ヴィレルム・ゲロネンシス伝やアキタニアのヴァルテルのコンウェルシオと違いモニアージュ・ギヨームは共同体生活の風刺的な見方をより一般的に提供し――アニアーヌの修道士は高慢で、欲張りで、執念深い(34)――ギヨームの改心を単に彼の多くの冒険の一つと表現している。物語の最後、ギヨームが修道士の誓いを放棄し、隠遁生活を捨てて闘いの生活を再開した時、彼は作家の――そして神の――祝福を受けてそうするのだ。

あるレベルでは、モニアージュは巨大で残虐な修道士たちを配役とする修道院喜劇として読まれるかもしれない。自分自身の強さを知らず、聖なる人になるという間の抜けた試みをずっと持ち続けるべく強制された不運な修道士たちの助けを得た修道士の喜劇である(35)。しかし、このテキストには喜劇的な動機にも事欠かないが――下着姿で盗賊の群れを撃退するギヨーム、家や施設から出た仲間の修道士を食べるギヨーム――これは純粋な風刺的作品にも分類できない。ラテン語による物語と俗語によるそれはともに、救済という極めて重大な問題を前面に押し出しているのだ。その叙事的英雄たちは(時には確かに叙事的な英雄のように振る舞うが) 間違いなく、過去の罪に対する痛悔と、贖罪をしたいという気持ちの両方において、実に真剣である。さらに両ジャンルとも、人生の後期に至ってキリストの戦士になろうとする人たちから突きつけられた挑戦に対して、本心からの理解と、時にはそれへのシンパシーさえ言い表している。叙事的英雄たちは、この時代の現実の騎士改心者の前に立ちふさがる多くの困難に直面させられるべく創造されているのだ。彼らは改心の条件を大君主と交渉せねばならないし、愛する親族や友とも別れ、その上、一つとて重要でないもののない修道院の典礼に参加することを困難にしている自分の学習不足とも戦わねばならない。

コンウェルシオはおそらく誰もが想像する通り、聖人伝的な慣習と修道士的な価値に深く根ざしている。しかしモニアージュも同様に、修道院生活の価値（たとえば、平和愛、服従、謙遜）と結びついている。モニアージュがそういう価値を風刺している時でさえそうである。モニアージュとラテン語による聖人伝テキストの最も重要な違いはおそらく、前者が俗人戦士と修道士の性格及び価値を両立できないものとして示し、一つのアイデンティティーから別のそれへの幸運な転換などあり得ない、とする点である。対称的にコンウェルシオは、騎士が宗教的な生活に入ることを極めてオプティミスティックな観点から見、軍務から他の務めへの転換は、改心者の動機が真剣なものであるなら、うまく達成できるものだとする、精神的な戦争に関する修道院的な価値観に浸りきっている。改心についての修道院の主流の見解によると、極めつきの訓練を受けた戦士でさえ助けられ得るし、自己否定と禁欲的な苦痛を通して、俗人に対してと同様、修道士にとっての精神的模範になり得た。彼らによる、叙事的英雄の宗教的生活への改心成功譚、そして、次のセクションで扱う平の騎士の伝記において、修道院の著者たちは、俗人の武器携帯者を悪魔の如き敵としてではなく、下位の兵士として、そして、キリストの戦士の潜在的な予備兵として表現した。

修道院的軍隊への戦士の移行・改心

騎士は中世盛期の聖人伝の至る所に存在する。そして彼らは、互いに容赦なく残酷な戦いをし、貧者や教会の財産を略奪し、聖人を貶める、そういう悪漢として、いかにも現実にありそうな現われ方をする。しかし俗人の戦士は、すでに見てきたように、修道院の聖人伝作家たちからいつも貶められているわけではない。戦士はパトロンとして、奇蹟を経験するに値する人物として、聖人伝（*vitae*）の辺縁に満ち溢れている。そして宗教的生活への転換・改心に際して、中心的な位置を占める(36)。中世ヨーロッパにはさまざまな形での改心モデルが存在したことに注目しつつ、カール・モリソンは一一、一二世紀の修道院文書では、改心を漸進的な過程とする、さらには、個々人の心がしだいしだいに神に引き寄せられる、まさに生涯に亘る過程とするのが主たる見方なのだとの見解に達した(37)。中世キリスト教世界における他のどの社会的グループよりも、宣誓した修道士たちこそが「改心のイデオロギーと技法の両方におけるスペシャリスト」である、とモリソンは書いている(38)。それは彼らが修道士生活の中での精神的発展の基礎となるもの、いや、そういう発展と同義語とさえ理解していた経験である。修道院の思想家たちが規定した流れによると、改心は三つの主たる段階を経て神に至る過程であった。まず過去の罪への痛悔、次が神への献身の増加、最後に天の事柄を常に黙想することである(39)。彼らはキリスト教徒を自称していたが、実際にそのすべての段階を達成していなければ、現世で全生涯を生きた多くの者は、三段階の最初のステップさえ超えていなかった。

聖人の伝記は、修道士と俗人兵士間の概念的境界を探求すること、そして現世での軍事的奉仕（*militia saecularis*）をキリストへの奉仕（*militia spiritualis*）と交換することで不可逆的にこの境界を超えてしまった人たちの経験、そういう事柄についてあれこれ瞑想してみることに関心を持った聖人伝作家にさまざまな証拠を提供している。改心の第一段階として修道士生活のために現世を放棄した悔悛武器携帯者のために、コンスタンス・ブリテン・ブシャードのこんな言葉がある。「単に、ある状態から別の状態へ移ることではない。ある状態からその正反対の状態へと根本的に、まさに瞬時にして変化することである

(40)」。しかし騎士から修道士へのこの転換は実際に、存在の截然と分かれた両対極間の動きだったのだろうか。修道院的な改心が結果として、戦士の世俗的立ち位置、富、さまざまな関係性からのラディカルな離脱を引き起こしたのなら、我々は肯定的に答えるべきであろう。しかし、改心は必ずしも結果として、俗世での兵士の成功を確保してきた本人のさまざまな特質を全面的に放棄することにはならなかったという意味で、世俗の戦士は単なる修道士の対極ではなかった。聖人伝による証拠を子細に読んでみると、修道士になった騎士の改心前と後でのアイデンティティー間に、ある重要な連続性が現れてくる。闘うことへの抗いがたい欲望である。聖人伝作家の目において、修道士共同体のメンバーになった戦士たちは、新しい種類の闘いをマスターせねばならなかったにもかかわらず、単純には戦士であることをやめなかった。聖人伝作家が強調したように、彼らの修道士としての新しい生活は、かつての騎士に、悪徳、デーモン、肉欲に対する精神的な戦いを遂行する軍事的な胆力を引き出すよう、そしてその際、彼らが俗世の闘いで獲得していた力と勇気をうまく使うよう要求した。

成人戦士の改心は結果として改心者自身の変化だけでなく、潜在的には、彼らを受け入れた共同体の変化も引き起こしたし、そうすることで、共同体を現世とその危険性へと開放してしまった(41)。騎士の改心それ自身の個人的な経験を再構築するいかなる試みも、彼らが資料の中で我々に直接に語っているのはまれである、という事実によって話が複雑化してしまっているが、武器携帯者として人生を始めていた聖人たちの *vitae*〔つまり、ラテン語による伝記〕に明かされているような改心を修道院の聖人伝作家がどう理解していたか、その理論的解釈を再構築するのは可能である。戦争についての考え方が大きく変化した時代に書かれたこれらのテキストを読めば、戦士たちの戦争に対する姿勢とその精神的状態には、心底からの非難（「悪意〈*malitia*〉としての軍務〈*militia*〉」についての伝統的な宗教的見解）から、状況によっては自ら武器携帯者であることを認めてしまうまで、大きな幅があったことが分かる。一つのグループとしてのこういう Lives〔つまり、俗語による伝記〕を検証してみると、聖人伝では、現実には、血塗られた過去は必ずしも、キリストの修道院的戦士として人生を成功に導くに当たって障害にはならなかったことが明らかになる。

修道院の著者の中には、彼らが取り上げたヒーローが修道院生活に入る前に軍事的訓練を受けていたこと、戦闘に関与していたことを言い繕おうとする者もいた。暴力や流血沙汰こそが当該の人物をそのもっと若年の頃から嫌って近づかなかった、と主張したのである。シャンパーニュの戦士の家の出であるプロヴァンスのティボー（一〇六六年没）は少年時代に軍隊での訓練に反感を持ち、騎士に列せられる直前に家を出た。まず隠遁者としての生活に入り、最終的にポレシーナでベネディクト会修道士として死んだ(42)。若き戦士として、後の修道院長ラ・シェーズ＝デュのアデーレルム（一〇九七年没）は不本意ながら騎士に列せられることに甘んじた。ただし、父方からの遺産のうち自分の取り分は相続するが、それを直ちに貧者のために喜捨するという条件つきだった(43)。クリュニーのフーゴ（一一〇九年没）はキリスト教世界最大の精神的軍隊を率いる運命にあったが、この高貴なブルゴーニュ一族の長子もやはり、息子に対する父の「馬に乗る、槍を振るう、盾を持つ、人から傷つけられるより人を傷つける、その他、その種の人たちが全力を尽くし、不幸な死に方をする、そういう騎士階級に関係するあらゆるナンセンスなこと」を身につけさせようとする努力に逆らった。彼の修道院的伝記作家としてジロは、世俗の戦争に対する彼の嫌悪感は（伝記〈*vita*〉は、彼にはそういう戦争に対する能力が欠如していたと暗示している）、彼がきらびやかな衣服を軽蔑し、また孤独な祈りを愛したことと同じく、彼の高潔さを証明するものだ、と明言した(44)。

その他の将来の改心者たちは、ドラマチックな精神的目覚めを体験する前に、邪な心の道をより長く進み、キリスト教徒仲間の血を流させたと記憶された。シャルトル伯ブルトイユのエヴェラルドゥス（一〇九五年以降没）は世俗の権力の頂点で「覚醒した」。自分が「この世で破壊（*dampnare*）以外に何もしてこなかった、揚句に破壊された、人を汚し（*foedare*）、汚された」と悟り、直ちに城を去り、数十年前に勇士プロヴァンスのティボーが辿ったのと同じ道を進んだ。しばらくの間、貧しい炭焼き夫として森で暮らした後、古代からのマルムティエ修道院で、兵士聖人の中でも最も偉大なマルティヌスの保護の下、修道士になった(45)。モレームのロベールの伝記（*vita*）にはもっとドラマチックな方向転換が見られる。ともに生まれながらに騎士で戦友二人の物語。ただし、互いに密かに殺意を持ち、相手の財産を掠め取ろうと狙っている。しかし彼らがある聖なる隠者の居所近くの森を通った時、突如として悔恨の念に襲われた。そして、告解によって貪欲、虚栄心、自惚れから癒され（虚栄心と自惚れの罪は「トーナメント・馬上武芸試合と呼ばれる呪われたショー」への嗜好依存症に罹っていることで表現される）、その心に「神のための内なる居所」を準備することができた。その後、「現世の華美を忌み嫌い、そのあらゆる見せ掛けを足蹴にし」、隠者と一緒になる許しを乞うた。隠者の祈りが彼らを改心させる助けとなったのだ。そして「隠者と共同で精神的な生活を送り始め、キリストの心地よい〔自分に合った〕軛《くびき》を負うべく謙虚に心を屈した(46)。

何人かの戦士は、戦争の世にもおぞましい行為に参加した、あるいはそれを目撃した後、邪悪の道から放たれた、と言われた。ノルマン征服〔一〇六六年〕後の数年間、ウィリアム一世の軍隊に仕えていたノルマンの戦士レインフリドは、一〇六九～七〇年にかけての冬、残虐な「北の略奪（Harrying of the North）」に加わった後、彼の招集令を無視する決心をした。レインフリドの心を同僚たちの罪業に対する悲しみで動かし、神の子として住処を変える誓いを立てさせたのは、一二世紀前のヴァイキング侵入の爪痕に残されたホイットビー修道院のうら寂れた廃墟の光景だった(47)。

場合によっては、聖人伝作家は戦士の改心前の残虐さ、無慈悲さを神の忠実な僕になる奇蹟的な転換への前奏曲として強調することさえした。レラのポンス（一一四〇年頃没）はシルヴァネ修道院を建設し、そこでそれまでの人生の罪を償うべく身を捧げた。そのことをシトー会伝記作家フーゴ・フランキゲーナが詳細に物語った。数年に亘ってポンスは、山の要塞近くを通る数知れぬキリスト教徒仲間を、隣人といわずよそ者といわず、攻撃し略奪しようとの強欲に駆られていた(48)。さらに同じ恥を経験した人物としてウェイヴァリーのヘンリー（一一八二年没）がいた。〔ブロワの〕スティーヴン一世統治下とはいえ無秩序状態の間、無法者というべきイングランド騎士であり、「戦争を愛し、森の野獣のように夜陰に紛れてねぐらを抜け出し、国中に広がって略奪の限りを尽くした」、そういう平和の敵（*pacis inimici*）の一人だった(49)。そんな男が大修道院長の執務室に参上し、シトー会士に合流したのだ。

これらの物語で、悔悛した戦士には、城に対する修道院の優位性を宣言すべく、よりよい評価が与えられる。一二世紀半ば、ボヌヴォーのシトー会修道院（この城主はボヌヴォーで修道士になった）で書かれたオートリーヴのアメデウスの伝記（*vita*）で、主人公は武装した軍隊仲間に、未悔悛の兵士を待っている運命について警告を発する即席の説教をした。

いま諸君に、向こうにいる若い騎士（*tirones*）が見えるだろうか。さらにその向こうの騎士たちも。彼らは、何と強く、何と逞しく、何と積極的、何と凛々しく、何と賢明、何と高潔であることか。そして、彼らは何と浮かれていることか。しかし、彼らの誰一人として死という最後の審判から逃れることはできない。ある者は完璧な身体をもって馬上武芸試合に駆けつけ、槍をもって走り回り、そして殺す……、またある者は矢傷がもとで死ぬ、さらにまたある者は馬から真っ逆さまに振り落とされ、地獄へ向かってまっしぐら……。ある者には罪ゆえに真っ当な墓もなく、またある者はワイン樽に詰め込まれ、身内の手でローヌの流れに放り込まれる。私は諸君に問う、あの向こうの男たちが永遠に捕らわれの身となるべく呪われているのなら、彼らのこの世での功績が彼らにどんないいことをしてくれたことになるのか(50)。

聖人伝作家はアマデウスの言葉が彼の意図した効果を発揮したとの報告を書き続けた。その騎士のうちの少なくとも一六人が主人に従って修道院に入ったのだ(51)。ベックのエルルイヌス〔エルワン〕の伝記作家ジルベール・クリスパンは、彼自身、エルルイヌスの大修道院長在任中にベックで修道会献身者に取り立てられたのだが、伝記の主人公がかつて教会に入るべく世俗の領主の許しを得ることになった情熱的な演説をここで詳細に繰り返したのだ。エルルイヌスがブリオンヌのジルベールに説明したところによると、王に仕えた数年間、彼は自分の騎士としての責務を神への義務より上に置いていた。そして、肉体的な強さは培っていたが、その魂は顧みなかった。彼はジルベールに願った。「ありのままの私に対する貴方の愛で、どうか残りの人生を修道院で過ごすことをお許し下さい。私とともに、私が所有するものを神に捧げて下さい(52)」。

このような配慮をした物語的なアプローチのすべてが、戦争を悪魔の業と同義語とみる伝統的な中世初期の観点を、はるかな遠くから反映している。このような考え方によると、騎士はその血塗られた仕事「によって」ではなく、そんな仕事「にもかかわらず」よきキリスト教徒になるのであろう(53)。しかし聖人伝作家のすべてが必ずしも、対象者の暴力的な過去を呪うのにヒステリックだったわけではない。修道士になる前に東方で戦った経験のある十字軍士の伝記は悪魔としてのそういう男の軍務を描写していない。むしろ、修道院生活というよりよき戦争のための一種の精神的準備としている。ミュレのステファヌスの初期の弟子の一人だったラチェルタのフーゴ（一一五〇年頃活躍）は、第一次十字軍の結果として聖地で神の戦士（*miles Dei*）になるべく、若年にして財産を放棄したことで称賛された。フーゴの宗教的転換は聖なる戦争に参加したその次の自然なステップとして描写された(54)。もう一人の十字軍士から転じた修道士ティロンのアドユートル（一一三一年没）は「二重の戦争（*duplex militia*）によって永遠の勝利を得た」と言われた。つまり、東方での軍務と、それに続く修道院での精神的な闘いである(55)。そういう改心者――そしてその伝記作家――は修道院での生活を救済に至る最も確かな道と同一視したが、しかしそうすることで彼らは単純に、悪魔として闘う生活を放棄したわけではなかった。一一世紀末からしだいに多く発せられるようになったこの聖人伝的傾向は、闘う者は教会の奉仕で力を発揮するという召命を通して善をなすことができる、という新生の観点を反映していると思われる(56)。

第二章で見たように、多くの戦士は、病気、年齢、負傷ゆえに世俗の責任を果たせなくなったことで宗教的生活に入ったのだが、修道士的な聖人伝に見る騎士からの改心者は、人生の頂点で修道院生活に入った元気はつらつな人たちだった。ジルベール・クリスパンが書いているように、戦士にとって、「武器に倦むほどに年齢を重ね、俗世の楽しみも味わい尽くした」高齢に達してから武器を捨て修道士になるのは、決して犠牲的行為ではなかった。しかし、ジルベールが書いた伝記の主人公エルルイヌスがしたように、武勇の頂点で神に身を捧げた騎士は、真に救済に値するものであることを証明した(57)。こういう考えに導かれて、一一世紀にヴァンドーム伯ブルカルドゥスの伝記を書いたサン＝モールのオドはブルカルドゥスが宗教的生活に入った時の歴史的な状況を書き代えたのであろう。改心者を、「救済の一助として（*ad succurrendum*）」サン＝モール＝デ＝フォセ共同体への入会を求める年配者ではなく、人生の頂点にある成人男性の中に入れてしまったのである[58]。

当時の著者は軍事的技能を欠く騎士を軽蔑し、俗人は聖職者をしばしば、軟弱者、臆病者、そして決して立派な戦士にはなれなかったであろう優男として嘲った[59]。いうまでもないが、修道院の著者は後者の見解に与しなかった。改心戦士の聖人伝はこの種の非難は想定内であり、先取り的に反論している。ほとんど間違いなく、伝記は、その対象者が、修道士の誓いを立てる前は、騎士の中でも最も強壮（*milites strenuissimi*）だったと主張している[60]。多くの将来の修道士が騎士の中の騎士と呼ばれたと説明された。乗馬と武器使用に関して目を見張るほどの技術を持ち、戦場において雄々しく、挙措も洗練されていたというのである。改心貴族クレピのシモン（一〇八一～八二年没）の聖人伝作家はこう書いた。「彼がまだほんの雛《ひよ》っこだった時、軍事的技術（*ars militaris*）と、この世のほとんど誰もが重視する事柄に関して、多くの人を超えていた[61]」。プレモントレ会に加わったカッペンバーグ伯ジェフリ（一一二九年没）はその伝記で、「弁舌さわやか、慎重な言動、騎士としての技能に長け」ていたが、逆に若い頃はずっと、キリスト教徒仲間に武器を向けるよりはむしろ、「至高の王〔神・キリスト〕のために戦う」ことに憧れていた[62]。臆病や軟弱からは程遠く、こういう男たちは改心前の世俗の兵士の中でも最善で至高の勇者だったし、当然のことながら、後の精神的戦士の中で最も偉大な者の中に位置づけられた。

俗世で生きる戦士ではあっても、謙遜、服従、不動心、憐みの心を持っていると言われた騎士改心者もいた。それはつまり、理想的なキリスト教徒戦士、あるいは逆に、模範的な修道士の雛型となり得べき個人的な特質だった。そういう人たちはこれから入る修道院の門口でそんな美徳を放棄はしなかった。

しかし新しい生活で自分を完成させようと努力はした。たとえば、改革派のコルビのゲラルドゥス（一〇九五年没）の伝記はこの聖なる男がラ・ソーヴ・マジュールの新施設に集めた非騎士の一団を、徳があり（*probus*）、分別があり（*discretus*）、好意的（*amabilis*）で、節度がある（*temperatus*）人たちとして賞賛した。同じ時、無名の聖人伝作家は、その人たちは例外なく、軍事的な豪胆さ、肉体的な強さ、恐れを知らぬ大胆さゆえにそれまでの職業で大成功を収めたのだと強調した(63)。そういう「騎士的」な素質は、改心者の、よりいっそう「修道院的」な美徳とは両立しないとして、表現されなかった。著者はこの人たちの肉体的な技能と忍耐力がジロンドの森深くで出来たての共同体に偉大な遺産を与えることになったのだと明示した。成人としての宗教的生活への転換は例外というよりむしろ通例になった。ますます多くの悔悛した戦士が一一、一二世紀に設立された新教団に蝟集した。聖人伝作家は、完全なパートナーとして改革に奉仕するかつての戦士の価値を強調した(64)。シトー会が騎士の改心譚を好んだことはよく知られているが、マーサ・ニューマンは、そういう物語が、「友人同士の交わりや冒険心が彼らを生き延びさせたことを認識していたが、一方で、そういう素質が救済のための精神的な闘いに用いられていたら、もっとはるかに有益だったろうとも指摘している」、と書いた(65)。言い換えれば、そういう例（*exempla*）は、よい戦士はよい修道士になり得ることを示したのだ。

騎士が修道院生活に入っても、それで改心が成就したわけではなく、それは極めて難しい場面の始まりを示す徴に過ぎなかった。神に身を捧げることで改心が経験した最初の喜びの後、厳しく、果てしない「誘惑の闘い（*certamina temptationis*）」がやって来た、とカンタベリーのアンセルムスが書いたように、その喜びは、彼が最後の段階（*perfectio*）にまで達し、神の愛の香しさを味わいたいと望んだ時にのみ勝ち得られるべきものなのだ(66)。かつての戦士はこういう精神的な闘いに特にうまく適合していたらしいとの注が書かれたのは、少なくとも九世紀にまでさかのぼる。つまり、パスカシウス・ラドベルトゥスが、「軍事的事柄での己の進歩が徳を培う始まりになったある種の人たちが、後にキリストの軍に加わり、かつて見せなかったほどの強靭さと鋭さを示した」のを観察した、あの時である(67)。数世紀後、聖なる戦士の修道院的改心を、世俗の軍事的職務を無視し、精神的な闘いに与した用語で記述するのが、彼らの伝記の常套手段になった。おそらく、そのような説明があまりにしばしば繰り返されるので、現代の読者はそこにほとんど注意を払ってこなかった。当時の修道院的説教や書簡に特徴的な軍事的レトリックをそのコンテキスト内で再検証すれば、これらの表現は騎士のアイデンティティーと修道士のそれとの関係を説明したもの、そして真のキリストの戦士としての修道士の立場を確認したものと読める。

軍事的な寓意は、聖人伝において聖なる戦士の改心前と後をつなぐ手段として機能しており、世俗の戦争に対する精神的な戦争の優位性を公言し、後者を修道士にこそふさわしい領域だと規定した。「現世で騎士の礼帯を着けることと修道院で修道士の軍事的な仕事に就くことのどちらかを選ぶよう迫られて修道院の設立者セルビのベネディクトゥスは、「名ばかりの軍務(*solo nomine militare*)に就いて身を貶め、俗世の軍隊で悪徳と怠惰に務める」騎士になることを潔しとしなかった。その代わり彼は、「美徳が報われないことのない精神的な城(*spiritualia castra*)へと身を引き、徳で修道士を力づけ、沈着冷静さで彼らを喜ばせ、彼らに栄光と名誉の冠を授ける主のために戦う」ことを誓った(68)。もしこの世の軍務が単なる職業であるなら、キリストの戦士は、兵士が身も心も精神的な戦争執行に捧げることを要求した。当時の教会改革のレトリックは執拗に修道士を平和の人と描写したが、聖人伝作家は、騎士の改心者が宗教的な誓いを立てた上でも、戦うことを辞めなかった、と強調した。その例は、一二世紀にファウンティンズのシトー会に加わり、後にそこの修道院長になった戦士ラルフ・ハゲットに当てはまると言われた。修道士カークストールのヒューはこう書いた。「かつてこの世の兵士だったラルフは軍務の剣帯を脱がず、それをよりよい剣帯に変えた。ヘブライ人の陣営に加わり、後に神の人々の間でプリンスになった(69)」。

伝記はまた、改心者の改心前の軍事的功績と、改心後の精神的な勝利を並立させている。改心前は「武器を使って強力かつ俊敏」だったレラのポンスは、シルヴァネス修道院が絶望的な食糧不足の危機にはじめて直面した時、以前と同じ不屈の精神を発揮した。仲間の修道士たちがポンスに新施設を放棄するよう提案した時、精神的な闘いに向けて彼らを勇ましく励まし、こう語った。

> 逃げることに急ぐ者は、自分たちが征服されたことを示している。屈辱が被征服者を待ち受けている。しかし栄光が征服者を待ち受けている。いま我々は逃げる（flight）ためではなく、闘う（fight〈*ad pugnam*〉）ために来たのだ。それゆえ我々のすべきことはここに留まることであり、逃げることではない。勇敢に抗戦する（*viriliter decertare*）、真っ当に戦わねば、誰も栄冠は得られぬからだ（「テモテへの手紙二」二章五節）(70)」。

ベックのエルルイヌスは俗世に生きていた間、戦場で力強さと勇敢さを発揮した功績で称賛されたが、修道士としての彼は精神的闘いの基礎を瞬く間に習得し、自分が悪魔の敵に値することを証明した。昼でも夜でも、邪なる者が近づいてみると、そこには僧坊を「見張る聖なる男」がいて、精神的な軍隊として身構えていた。「エルルイヌスは剣（*gladium*）を敵の急所にまっすぐ向け」、そして「忍耐と辛抱の強力な盾（*forte clypeum*）で守られていた」。彼の伝記作家はこう問うた。「征服王エルルイヌスの下、至る所に彼に屈服する敗者たる敵、これ以上に輝かしい光景が他にあり得るだろうか(71)」。改心前の評判がいかに素晴らしいものであったとしても、エルルイヌスが修道院のキリストの戦士として勝ち得た栄光に比べれば、それは色あせてしまった。

聖人伝の証言から明らかなのは、修道士自身が戦士が修道院生活に入ることを、新たなより良い戦争へのイニシエーションと理解していたことである。しかし聖人伝はまた、教会関係者は俗人武器携帯者の改心を軍事用語で紹介した、ともほのめかせている。たとえば、司教座聖堂参事会員トゥルランドのロベール(一〇四三年にラ・シェーズ＝デューを設立)は、「ある悔悛した騎士」に、数知れぬ罪を償う最善の方法を訊かれて、その男に「キリストの軍隊に移るために、君が持っているすべてを放棄することだ(72)」と助言した、とレンヌのマルボ〔マルボディウス〕が述べている。オートリーヴのアマデウスの伝記(Life)は、その城主が、ボヌヴォーのシトー会大修道院長ヨアネスから、修道院での彼の新しい生活は彼がかつて経験したものよりはるかに大きな忍耐を求められる旨、警告されたと書いている。

墨壁も、城壁も、鉄の門も、高い塔も修道士を悪魔の攻撃から守ってはくれない。なぜなら悪魔はどこからも排除されない、狙い定めた槍にも傷つけられない、いかなる軍事的な石器にも打倒されないから。疲れ果てることも、眠ることもない。空腹も何ら患いにならない、喉の渇きにもへこたれない。……私は無知で言っているのではない。この種の単独の闘い(*duellum*)を経験済みの一人として言っているのだ(73)。

修道士として大修道院長ヨアネスは改心志願者アマデウスに、平和の人になるために戦士としてのアイデンティティーを捨てるのは容易でない、と助言した。むしろ彼はキリストの戦士になるだろう、そして別の種類の軍務に身を捧げるだろう、つまり彼の力と勇気をほんの少し必要とする何かだ、というのである。

聖人伝に現われる騎士改心者はハイブリッドな〔混成された〕人物である。聖なる戦士になるか修道院的聖人になるか、はたまた、俗人戦士のための、あるいは職業としての修道士の精神的な模範になるか、そういう分類の試みに挫折しているのである。おそらく、説教や聖堂訪問の際にこういう伝記を聴くことのできた俗人武器携帯者は、ほとんどの聖職者聖人には共感できなかったが、そういう騎士出身者の伝記上の人物に共感したのであろう。軍事的な豪胆さやその他の「騎士的」な特質で称賛を勝ち得ていた人物として、戦士改心者という人物像は世俗の戦士という身分に固有の価値に対しても訴えるものがあったのであろう。修道士としてそういう聖人は、キリストの戦士に替わることで遅すぎはしなかったし、さらに最も重要な点だが、そういう人たち自身がある種、最高の修道士になった、として俗人戦士を元気づけたのであろう。このような聖人伝的ジャンルは、戦いに明け暮れた人々でも精神の戦士になり得るという希望を受けつけなかった当時のモニアージュとは正反対のものを提供しているように見えるかもしれない。しかし、当時のラテン語によるほとんどの伝記と同じように、これらの物語は主として修道院の聴衆のために作成されたものであり、その聴衆にはおそらく、改心戦士の他に、親族がまだ世俗の軍隊（*militia saecuralis*）に奉仕している多くの人が含まれていたのだ。精神的な戦争の生活への転換に成功した修道士はきっと、他の騎士的改心者の物語と関連があっただろう。そしてそういうテキストで、自分たちは価値ある犠牲になったのだと再確認したに違いない。修道院での聴衆に対するこれらの伝記の最も有意義な教えは、それぞれのバックグラウンドはさておいて、宗教的生活は軍隊のプロ以上に偉大な勇気と不屈の精神を要求した、そして、修道士こそが真のキリストの戦士だ、ということであった。

聖なる武器

ベネディクト会修道院のパトロンであったフルリーのハイモ(一〇一〇年頃没)は、聖ベネディクトゥスのさまざまな奇蹟の中に、ある戦士がランス大聖堂を訪問した際、聖遺物を前にして彼が剣の誤った使い方をした話を収めた(74)。ありとあらゆる最悪の資質、つまり聖職者たちが伝統的に戦士階級に固有のものとしてきた高慢、虚栄心、自制の欠如に後押しされて、その男は自分の武器をベネディクトゥスの聖遺物が収められている祭壇の上に置いたのだ。そして仲間の方を振り返り、この剣は中に入っている聖人の骨と同じくらい聖なるものだ、と冗談を言った。ほぼ瞬時にしてこの戦士は叩き殺された。神の復讐の犠牲であった。ハイモは、この男が正当に罰せられたことに何の疑問の余地も残さなかったが、この逸話の背後には典礼の祈り、儀式的な動作、この不運な戦士の冗談には普通の読者がイメージするより以上のものがあることを暗示する奇蹟的な転換、そういうものすべてが横たわっている。現代の読者は武器を単にこの世のものとして見ることに慣れているが、中世のキリスト教徒は、聖職者だけでなく武器携帯者もそういう武器を、世俗の領域と聖なる領域の間のどこかに存在するもの、そして、両者の間で前向きにも後ろ向きにも動く潜在力を天賦された存在として見るよう習慣づけられていた。武器は社会的なアイデンティティーを示す高価な徴であり、そして、その所有者が自由身分であり、かつ、流血沙汰に職業として関わることを示す階級(*ordo*)章であった。しかしそれはまた、強力な祈りの言葉を刻まれ得る、特別な典礼儀式で祝福され得る、そして携帯者の敬虔な行いによって聖別され得る、そういう潜在的に聖なるものでもあった。聖遺物が敵の四肢を切断できる、否、殺すことさえできる力を持った武器として機能できたように、武器は聖遺物としてのステイタスを獲得できた。おそらくその後、ハイモが話題にした騎士は、その剣は聖遺物に匹敵するものだったとの主張で、罪を許されるだろう。結局、彼はいかにもそういう大胆なことをしそうな人物、逆に絶対にそんなことをしそうにない人物、それらのどちらでもなかったのだ。

中世盛期、高度に専門化された軍事的技術、つまり完全武装で乗馬し、その状態で剣、槍、盾を使いこなす技能が、戦士エリートたち、つまり実際には貴族でなくても、騎士を定義づけるようになった。そういう技能は子供時代から青年期を通して培われたが、青年期の若者は、年齢や出自の似た仲間と一緒に武器の使い方の訓練を受けた(75)。その訓練を成し遂げた若者に武器が授けられる儀式は、その若者が成人としての責任と特権を持ったことの証明だった(76)。この儀式において最も意義深いのは、剣帯または〔肩から腰へ斜めに剣を吊る〕飾帯（*cingulum militae* あるいは *balteus militae*）に剣を着けることだった。それは戦士の装備を構成するものとして、他の物より疑問の余地はあるが、軍事的豪胆さ、誠実な奉仕、エリートとしての社会的地位と同義であり、本書が扱う時代の後期には、キリスト教徒的な騎士道、騎士的精神の価値と同義だった(77)。剣そのものに最も価値があり、剣はさらに神話化されて、騎士にとって必携パーツの一つになった。剣は家系を通して受け継がれ、権威を授与された重要な証として、あるいは授与者と受領者間に特別な絆を生み出すものとして高く賞賛された(78)。そのための費用は、戦士によっては、それを装備するのに自分の領主の恩恵に頼らねばならないほどのものだったが、武器携帯者が修道院生活に入るために武器を放棄した時は、領主や一族が、その返却された価値あるものを手に入れようとすることもあった(79)。

ステイタスシンボルとしての剣帯の伝統的な重要さは、剣帯を脱ぎ、数年間、時には生涯に亘って武器による職業を捨てるべきゆゆしい罪を犯した者に要求される悔悛の言葉に反映されている(80)。この習慣はすでにカロリング朝時代に流布していた。つまり、特に重罪(たとえば、親殺し、聖職者殺し)を犯したエリートは聖なる場所から締め出され、秘跡を拒否され、妻から遠ざけられ、市民としての地位を奪われ、それらすべてに加えて、公の権威と自由戦士としての地位を表す剣帯を剝奪されたのだ(81)。九九九年に教皇シルウェステル二世は、ヴェルチェッリ司教殺害に関係したイタリア皇太子イヴレアのアルドゥインにそのような悔悛の言葉を命じた。教皇はアルドゥインに、あらゆる肉体的な接触を断ち、肉を食べず、武器(*arma deponere*)を捨てて悔悛者として生きるか、それとも修道士になるかの選択を迫った(82)。ロサ・マリア・デッシが述べたように、前者の選択は詰まるところエリート俗人のための「修道士化」に等しかった(83)。重要な点だが、一〇世紀末から一一世紀の教会会議は非武装の戦士にも修道士や聖職者に対するのと同じ保護を与えていた(84)。世に住むべき人と定義づけられるための、身分を表す服装と振る舞いを禁じられると、アルドゥインのような悔悛者は社会的アイデンティティーの根を抜かれ、俗人と修道士身分の間をよるべなく浮動するしかなかった。

もし教会当局が罪人から武器を奪う権利を要求したのなら、教会関係者はまた武器の力を強める権力も持っていたのだ。本書が扱う時代の終わりころまで、戦士が武器を受け取る「騎士爵授与」の儀式に聖職者が直接に参加したという証拠はまったくないが(85)、俗人の戦士を守るためにデザインされた典礼の儀式は一〇世紀になって急増した。それが鎧を着けて武器携帯者の暴力をかわすという教会当局のかなり大きな事業の一部になったのだ(86)。その中には、軍旗、剣、槍、兜を含め、特化された武具を祝福するための式文もあった(87)。そういう儀式の言語が精神的戦争の伝統的な講話と同様、教会の組織改革のレトリックを喚起するのである。聖化された武器を再度受け取ると、戦士は式司祭によって、他のすべての義務に先んじてさまざまな敵に抗して教会組織の防衛に就くよう命じられ、戦士王ダヴィデの伝統における神の僕として、武器を持たない者を守るという武器携帯者の義務を再確認させられた(88)。そういう義務を果たす誓いを立てた戦士は、この世での勝利と同様、天上での報いを約束された。その武器は、物理的、精神的、両方の性格を帯びたものとして、解釈された(と同時に、光り輝いていた〈glossed〉)。

> 聖霊の言葉を思い出すがよい(ある一二世紀のテキストで司祭が戦士に語っている)、「勇士よ腰に剣を帯びよ(「詩篇」四四章四節)」。なぜなら、剣は聖霊、つまり神の言葉なのだから(「エフェソの信徒への手紙」六章一七節参照)。そうして真理を守れ。教会、孤児、未亡人、聖職者、働く人を守れ。聖なる教会の敵を蹴散らせ。君は真理の剣で武装するに値し、キリストの見ておられるところで正義の冠を受けるに値するのだから(89)。

一二世紀半ばまでには、剣の神聖化が武器授与の拡大になった。ソールズベリのヨアネスはこう書いた。「ある男が剣帯を着けた(*militari cingulo decoratur*)その日、厳かな気持ちで教会へ行った。犠牲を捧げるように祭壇に剣を置き(*gladioque super altare posito et oblato*——まさにランスの戦士の二重写し!)、公の信仰告白でもするかのように、祭壇への奉仕に身を捧げ、その剣の変らぬ服従を神に誓った(90)。そういう儀式は、俗世の武器と精神的な武器の区別が明確でないことを暗示している。つまり、一一、一二世紀に精神的と俗世の両方が混じった新しい戦士のグループが勃興してきたことと裏腹の関係にある（そしておそらく、その勃興から結果として生じた）曖昧さなのだ。

しかし、武器の聖化を、物理的な武器が聖職者の目に否定的な含意を与えていた徴と解釈すべきではない。当時の説教は高価で見栄えのある武器を明確に、俗人武器携帯者の高慢、虚栄心の象徴と定義づけていたし(91)、説教師は、灼熱の武器を携帯するか、またはデーモンによって鎧兜を自分の体に釘づけされるかという、恐ろしくも的確な永遠の責め苦に呪われて死んだ騎士の話をした(92)。教会の奉仕で武器を振るった兵士には救済に至る狭い道が開けていたが、死んだ騎士たちは、武器と世俗の戦争の両方を放棄した彼らの仲間とは比較にさえならなかった。

伝記や特許状などにある武器携帯者から修道士への改心についての評価は、武器の象徴的な価値を強調しており、武器類を手放して下に置くことを、世俗の戦士から精神的な戦士へ変わる改心の、まさに枢要な瞬間として、執拗なまでに重く定義づけた。修道士になろうとする人がその剣帯（時にはその他の武具を含めて）を自分にとって新しい共同体の教会の祭壇に置くこういう儀式は、修道院生活を生涯にわたる悔悛状態とする中世的理解を強調する点で、悔悛して武装を解く儀式と酷似していた(93)。

武器を置く儀式は、八世紀にはじめて記録されているが、中世盛期において、エリート改心者のための修道院的信仰告白儀式に不可欠の部分になった。カロリング朝時代、剣帯と、新たなトンスラ〔中世において、修道士の象徴として、頭頂部、側頭部などの髪を剃り、残った髪の毛でキリストの茨の冠のような髪型にすること〕でできた髪の房を修道院教会の祭壇に捧げた人は、自発的な改心者と同じく、いわば政治的亡命者だったろう(94)。後にこれはそんなに多いケースではなくなった。一〇世紀以降の特許状や聖人伝に見られる「剣帯を置く（*depositio cinguli*）」行為の急増は成人が宗教的生活へと改心する例がますます一般的になったことと関係があった(95)。一〇〇〇年までには「軍務の剣帯を置く(*deponere cingulum militiae*)」というフレーズはそういう改心に対する修道院的な簡略表現になった(96)。改心者のそういう儀式(かつ、それは間違いなくある種、彼らに対する修道院側からの目撃者による解釈であったろう)の経験はおそらく、「置く」という儀式の個人的な記憶によって二重に形成されたものであろう。つまり、伝統的に成人への移行の徴となった剣帯着装と、騎士としての明快なアイデンティティー創造の中心的な要素になった剣帯着装である(97)。

「置く(*depositio*)」という儀式にまつわる修道院側から見た魅力は、聖人伝作家たちが会話風の物語でそういう動機について長々と描写していることに現われている。影響力の大きかったラテン語による『聖アレクシス伝』(一〇〇〇年頃)、及びその古フランス語版は、この新婚の貴族がいかにして自分の飾帯(*balteus*)、あるいはさらに剣(*spede* または *espée*)を、その富と新妻とともに放棄したかを物語った(98)。当時の悔悛の習慣を反映しているこのアレクシス物語は一一、一二世紀において、使徒伝に匹敵するほどに多くの貴族を勇気づけたと信じられてきた(99)。後の聖人伝作品は貴族の改心者が入会した宗教的共同体に剣や飾帯を献呈する様を描写した。一一世紀半ば、サン゠モールのオドは『ヴァンドーム伯ブルカルドゥス伝』でそういう献呈の一つを描いた(100)。共同体の高貴なパトロンにふさわしく、ブルカルドゥスはサン゠モール゠デ゠フォセでの自分の仕事を、黄金の剣と黄金の剣帯(*aureus ensis cum cingulo aureo*)を含む豊かな贈り物で特徴づけた(101)。ミシェル・ローウェルスが記録したように、この聖人伝作家はブルカルドゥスの武器についての記述を、献呈された祭壇備品と秘蹟の器(sacramental vessel)の長大なリストの真ん中に置いた。そうすることで読者にそれらを、通常の武器というより、聖なる、准・典礼的なものとして提示したのである(102)。

ベネディクト会士サン＝メダールのハリウルフも一一一四年頃、同様に、貴族ソワソンのアルヌルフの改心と彼が剣帯を放棄したことを同一視した(103)。若い頃アルヌルフは不本意ながら世俗の騎士のベルト（*secularis militae cingulum*）を帯びることに甘んじていたが、彼は精神的な武器を振るうべく運命づけられており、俗世にあった時でさえ聖なる読書にいそしみ、いかなる修道士にも匹敵するほど足繁くミサに通った(104)。修道士の誓いを立てる決心をするとアルヌルフは二人の従者（*armigeri*）をひきつれてサン＝メダールに現われた。その二人に助けられて彼は、修道院長レイナルへの貢物として提示を希望した軍備品の膨大なコレクションを持参していた(105)。贈り物と入会願いが受け入れられると、修道院教会でのアルヌルフの信仰告白の証人となるべく兄弟たちが招集された。この貴族は剣帯と上等の服を脱ぎ、トンスラを受け、修道院の習慣に倣った服装になった(106)。世俗の戦士の武器と高価な服を奪われてアルルフはキリストの戦士として生まれ変わったのである(107)。そんなことをハリウルフが書いた一〇〇年後、シトー会修道院長ハイスターバッハのカエサリエスも騎士からキリストの戦士へのドラマチックな転換物語を描いた。その展開中に次のようなことが起きた。ヴァーレヴァンという名のあるドイツ人騎士が共同体への入会を求めてヒンメロート（エメンロード）修道院を訪れ、武器、鎧を着けた完全武装で教会に入り、自分の希望を伝えてもらった。聖母マリアの祭壇の前に来ると、「すべての改心者が見守る中、武器を下に置き、修道士の衣装を着た」。カエサリウスはさらに続けてこう書いた。ヴァーレヴァンは「キリストの戦士の衣服をまといたいと申し出る場では、世俗の軍服を下に置くのが的確で正しい」と考えたのだ(108)。本章の前半で述べた改心譚と同種の例がここでも連続しているのが見られるが——ヴァーレヴァンは世俗の軍務をキリストの兵士になることと交換しながらも、兵士であることはやめなかった——「置く」という儀式はここでもまた精神的な戦士としての改心者の再生と同一視されているのである。

戦士の改心に関するこの記述と特許状の証拠を比較してみると、これらの聖人伝作家がその物語の根拠を、彼ら自身が立ち会った、当時の儀式に置いていたことを強く暗示していることが分かる。一〇世紀のクリュニー会の特許状によると、頭上の髪を冠状にすること、そして髭を剃ることと並んで剣帯を解くことは、騎士というステイタスの外面的な徴を取り去り、改心者が修道院的習慣に基づく衣装を着る準備になった(109)。伝記やいろいろな特許状によると、剣または剣帯を祭壇上に供することに続いて、新しい修道士がかつて世俗の武器で守ってきた価値ある動産と土地財産の献呈が行われたらしい(110)。「剣帯を置く」が世俗の戦争生活から精神的な軍隊のメンバーになる転換の徴となった、という聖人伝作家たちの主張は当時の特許状でも並行して行われている。たとえば一一世紀はじめ、ギヨームという名の兵士が、彼と同じ階層のほとんどの人を待ち受けている永遠の呪いを避けて、より高い大義のために「戦い」たいと希望し、レランス修道院に加わった、と言われた。ある修道士書記がギヨームの信仰告白をその家の記録簿に次のように書き残した。

そこで私、ギヨームは神の指令に従い、私がこの世に所有するすべてのものを放棄します。そして、ただお一人、神のために戦い、聖ベネディクトゥスの「会則」に従って勝つために、剣帯をここに置き（*militae deponens cingulum*）、大修道院長ガルニエの下、レランス修道院で、神の許しを得て、修道会に入らんとするものであります(111)。

ギヨームは孤独ではなかったであろう。当時の多くの人が、神のために戦う意志の証として剣帯を献じたと言われた(112)。

慣例集は次のように記している。剣帯を解いて置くと、改心した戦士は修道院の習慣に従って、新たな上司によって服を着せられ、修道士の服装の一つひとつのアイテムと同じく、高度に象徴的なものと見なされる帯（*cingulum*）を締めてもらうことになっている(113)。一二世紀はじめ、オータンのステファヌスはこう書いた。「この帯は警戒を意味し、誠実なるものは主人が帰って来た時の準備として帯を締めるべし（「ルカによる福音書」一二章三七節）」という神の訓戒を、それを着けている者に思い起こさせるためのものと解された(114)。世俗の戦士がその武器を受け取った時から剣帯を解くことはめったにないように、修道士は人生の残りの間、寝る間も含めてほとんどいつもその帯を着け、時にはそれを着けたまま埋葬された(115)。第三章で見たように、カッシアヌスはかつては修道士の「ダブルベルト（*cingulum duplicis*）」を、禁欲の道具と精神的な武器の一部、その両方と同一視していた。修道士はつまり、肉欲を征服するために、そして悪魔との精神的な闘いをするため、両方の目的で腰に帯を締めたのだ(116)。『ベネディクト会則』は、兄弟は「修道会服を着、帯または紐を締めて（*cincti cingellis aut funibus*）」寝るべし、と明記した。後の規則も夜の務めのための準備を簡素化し、最も重要なこととして、着用者の質素さを守るその習慣を維持した(117)。つまり修道士の帯は、純潔、及び欲望に対する生涯にわたる闘いを約した精神的な兵士としてのステイタスに対する修道士の誓いを再認識させるものだった。この基礎の上に後の修道院の著者たちははっきりと、この帯を戦士の剣帯に譬えた。世俗の武器携帯者が飾帯を着けることで自分の立ち位置を示したのと全く同じに、フルリーのアッボーはこう説明した。「われわれ聖職者は、われわれの内なる純粋さをしっかり結んでおくべき、われわれ自身の軍務のための帯（*militiae nostrae cingulum*）を持っている(118)」。一世紀後、フォードのボードウィンがシトー会に加わった時、シトー会の軍務の帯（*cingulo militia Cisterciensis*）を締めたと言われた(119)。

精神的な戦争という論理は、修道士の帯と騎士の剣帯が驚くほど同義的な転換を蒙ることを可能にした。所有者が放棄することで神聖化され、武器は世俗のものと聖なるものの境界を超え、キリストの戦士の精神的な武器として物理的に具現化したのだ。放棄された武器の幾つかは、かつての所有者の犠牲を想起させるものとして保管された。時には、聖人として崇拝された戦士を連想させる徳によって、その武器が聖遺物の地位を獲得することさえあった。一〇世紀末、リュクスイユの修道士は、約三世紀前に自分たちの共同体に加わった貴族、ワルドベールの武器を「その精神的な戦争の証拠として」誇らしげに展示した(120)。一二世紀、ブリウドでサン＝ジュリアン修道院は、カロリング朝の貴族ジェローヌのギヨームの物だったと評判の「最も美しく、最も印象的な盾」を所有していた。この貴族は宗教的生活に入り、放棄すべき武器を、最もふさわしい方法として、その修道院の守護者であるローマの兵士殉教者ユリアヌスに献呈していたのだ(121)。そういうかつての所有者の精神的な兵士への変貌も流血沙汰の道具という過去の歴史を消しはしなかった。逆に、それら本来の機能の記憶は、これらの武器を聖遺物としてどんなに理解しても決定的な影響力を持っていた。それらはイデオロギー的な意味でさまざまに役立ったのだ。つまりそれらは、その所有者をキリストの戦士に転換する放棄という行為を惹起し、戦争の世俗的職業に対する修道院生活の精神的優位性（かつ、騎士の物理的武器に対する修道士の精神的武器の優位性）をいっそう一般的に宣言した(122)。そういう武器聖遺物の神聖な力を信ずることが、修道士的精神性と俗人的精神性、両方の特徴だった。そうなのだ、実際、さまざまな宗教的共同体が、俗人戦士に時にそれらを盗みたいとまで思わせるこれらの物の奇蹟を起こさせる能力を強調したのだ(123)。

武器携帯者が修道院生活に入る、あるいは戦場を修道院という祈りの砦に作り替える、そういう改心と同じく、殺人のために作られた武器が聖遺物に変貌する瞬間は、中世キリスト教における軍事的なものと聖なるものを隔てている細い細い線を明るく照らし出している。ふつうの環境では、携帯者の手を血で、その魂を罪で汚した破壊の道具であったものが、聖なる記憶をしまっておく容器にも、神々しい力を湧き出す泉にもなり得たのだ。フィリップ・ビュクが「改心」と名づけた過程を通して、所有者が世俗の戦士からキリストの戦士へ転換したことを示すべく祭壇に置かれた剣帯は、新たなアイデンティティーを獲得したのだが、そこに内在していたアイデンティティーは消えるどころかむしろ、それ本来の性質を獲得したのだ。本来の機能と新しい機能の格差が広がれば広がるほど、「改心の徴がその過去の道程を示す」ことがますます重要になった。その現在の意味の優位性を主張している時でさえそうだった(124)。武器聖遺物がそれ本来の形(その起源物語と言った方がいいかもしれない)を獲得したにもかかわらず、かつての所有者の改心はその武器にまで及んだ。それらに物理的意味と精神的意味の両方を与えたのだ。その歴史を教えられた人たちにとってそういう武器は、その携帯者のかつての罪と、携帯者の再生の証の両方を思い起こさせる物質的証明だった。かつては血を浴びた物理的な武器が今や、その所有者が戦争の物理的な道具を修道士の精神的な武器と交換したことを証言しているのだ。

軍事的な禁欲主義

一二世紀の隠者『ハズルベリのウルフリック伝』でシトー会士フォードのジョンは、その貴族が禁欲体験の真っ最中に直面した珍しい問題について語った。肉食衝動の克服にうまく成功した後、小枝で作った網代組みの上で寝る訓練をし、巨大な蛇に変装した悪魔の直接攻撃にも耐えていた際、有能な武具師がいなかったためにウルフリックの禁欲実践はほとんど狂わんばかりだった。伝記作家によるとウルフリックは鎖帷子（*lorica*）が長すぎていつも片膝をつくことができず、隠者はこのことを、その鎖帷子をプレゼントしてくれた地方貴族ウィリアム・フィッツウォルターに相談した。ウルフリックこそがプロに依頼してその武具の寸法を調整してもらうべきだというウィリアムの抗議に対して隠者は、プロたちも通常の大鋏でいくつかの鎖の列を切断しようとしているのだと主張した。神のお口添えを願うウルフリックの熱心な祈りのおかげで取りあえずの直しに成功した。取り外した鎖は近隣の人たちに配られたが、彼らはその後長年にわたってそれを聖遺物として敬った。最も重要なのは、ウルフリックがかつて「神のために戦うべく武装していたその鎖帷子」を再び着用できたことだった(125)。

ウルフリックに関する修道院の伝記作家が主人公の英雄的な精神的業績を記述するのに軍事用語を使ったのは驚くに当たらない。しかし、ウルフリックは精神的な闘いに加わっただけでなく、そうしている間も実際の鎖帷子を着ていたというジョンの主張には、さらなる説明が必要であろう。すでに見てきたように、ウルフリックの時代、鎧兜は武器携帯者と同義の高価なシンボルだった。その携帯者のアイデンティティーは、売買すれば高価で高度に専門化された道具を求めて必死だった。パワーのある軍馬、両刃の剣、それに鎖帷子、つまり小さくて連鎖された金属の輪で作られた長袖シャツであり、（ウルフリックが見たように）個々の着用者の習慣に理想的なほど合致していた(126)。しかし、聖なる人々の中の特別なグループの手に入ると、当時の騎士が着古した鎖帷子が、着用者の体を守るというよりむしろ、それを罰すべくデザインされた苦行の小道具になった(127)。勇者（*bellatores*）であると同時に雄弁家（*oratores*）として修道院の聖人伝作家たちから絶賛され、これらの聖なる人たち、または「鎧を着けた人（*loricati*）」たちは、精神的な戦争に関しても、物理的な武器で悪魔と闘ったことのある、天才的な実践家だった。彼らを最も称賛したのは修道士だったが、武具を着けた苦行者のうち、伝統的な修道院的設定の中で昇進した者はほとんどいなかった。多くは、世俗を放棄する前は兵士だったのであり（放棄後もむき出しの肉体に対しては錆のついた鎖帷子を着続けた）、ほとんどの者が、より構造化されていない孤独な生活の方を選んで、正式な宗教的誓いを避けた。彼らについての伝記はその聖なる人物像を「修道士的な教団」のメンバーと、「騎士的な教団」のいずれに分類するか、あまり厳格でないように思われる。ただしそれは、修道士（つまるところそれは精神的な戦士仲間だった）と俗人武器携帯者（熱心に「鎧を着けた人」たちの祈りを求め、彼らに鎧を贈呈することすらあった）の両方に対する精神的な模範として適格と主張する。もし、教会に奉仕して戦った俗人戦士が精神的な戦士の地位に上ることができ、修道士になった戦士の武器が有力な聖遺物になり得たなら、代わって苦行者が騎士の身支度を独占するであろう。そしてさらに、世俗のものと聖なるものとの境界線を曖昧にするだろう。

武器携帯者にとって鎧は軍事的観点から必須のものだっただけでなく、アイデンティティーのキーとなる徴だった。それが昂じて一一世紀までには、鎧（*lorica*）と鎧を着た云々（*loricatus*）という言葉が戦士の鎧という上着だけでなく、戦士自身を意味するようになった(128)。鎧という上着が戦士の呼称と密接に関連づけられたため、騎士の奉仕のお蔭を蒙っていた戦士は「鎧によって（*per loricam*）」自分の土地を維持している、と言われた(129)。ところで、鎧に対する聖職者的な観点は、聖書に示されている精神的な多様性と俗世的な多様性の間の明確な区別に縛られていた。旧約聖書でも新約聖書でも同様に、世俗の鎧は、神の民を試す、あるいは罰するために神によって派遣された恐るべき戦士たちの何人かと連想づけられている。「黙示録」の六番目の災禍は、「炎、紫、硫黄の色の胸当てを着けた」二万の戦士から成っている（「黙示録」九章一七節〔共同訳では「二万」が「二億」〕）。一方、ペリシテの巨人ゴリアテの恐ろしさは、頭からつま先までを覆う重装の鎧によって強調される（「サムエル記上」一七章五節）。神学者の中にはもっと進めた者もいた。鎧（*lorica*）を武器携帯者の諸々最悪の習性に対する隠喩として使ったのだ。セルのクリュニー会士ペトルスによる四旬節の説教は、「詩篇」一九章八節（「戦車を誇る者もあり、馬を誇る者もあるが、我らは、我らの神、主の御名を唱える」）について次のような解釈を提供した。

「親愛なる兄弟たちよ、鎖帷子と兜を着け、馬に乗り、戦車に乗り、さらなる武具を身に着けた闇の王子たちが風に向かって突進している。天のあらゆる部分からやってきて、キリスト教の民、特にその宗教的共同体を征服しようとしている(130)」。

ペトルスの説教を聴いていた聖職者はそういう恐ろしい「闇の王子たち」の存在そのものに関して何の疑いも持ち得なかったが、この説教師はさらに進めて、「彼は獰猛な馬に乗り、絶対に破れることのない鎖帷子を着……天罰には値しなくとも、彼こそ傲慢そのもの」とまで説明した(131)。世俗の鎧がネガティヴな連想を課されたのに対して、それと並行した伝統が精神的な鎧を正義と関連づけた。このシンボリズムは旧約聖書に見られる（「イザヤ書」五九章一七節、及び「知恵の書」五章一八～一九節）(132)。精神的な鎧の隠喩は「エフェソの信徒への手紙」六章一三～一七節で取り上げられるがそこでは、信者は、迫り来る裁きを予感して「神の鎧（*armatura Dei*）」で身を守るよう激励される。「テサロニケの信徒への手紙一」五章八節は、「信仰と愛の胸当て、そして救済の希望の兜」を身に着ける有徳のキリスト教徒を記述している。中世盛期、第四章で見たように、精神的な鎧を着装することが修道院的な瞑想の通常の形式になった。キリストの兵士としての修道士のアイデンティティーを再確認するための一つの方法だった。同様に、実質的な鎧である実質的な武具としての鎧を身に着けていること(*loricati*)、つまり「神の鎧」を身につけなさいという聖書の命令を文字通りに完遂するのは、それを称賛する聖人伝作家たちによって、そういう人たちの謙遜と、罪を償いたいという欲求の徴と解された。

中世の資料に見られた二八人の「鎧を着た人」のうち二一人までもが一〇五〇年から一二五〇年の間に生きていた(133)。すでに見てきたようにそれは、修道士と武器携帯者の概念的な関係が、教会改革運動の始動の中で完全に再調整された時代だった。一一、一二世紀の修道院の聖人伝作家たちも鎧を着けた聖なる人を以前よりはるかに多数、称賛し始めた。「鎧を着た人」は雑多なグループだった。彼らの伝記はイングランド、フランス、イタリア、神聖ローマ帝国の全域に及んでおり、個人的なバックグラウンドと所属の組織・団体の幅も同じく広範囲に及んでいる。貴族の出身で戦士として生き、後に宗教的生活に移った者もいれば、極めてつましいバックグラウンドから出た者もいた。教会組織のパノラマ的な全体がそういう伝記に表現されている。司祭、修道士、高位聖職者は禁欲的な営みとともに連想されたが、多くの「鎧を着た人」は組織的な教会の縁で、隠者として、特定の教団や共同体とは極めてゆるい結びつきで生きていた。どの聖人伝にも通貫していることだが、「鎧を着た人」は男性だった。ただし、聖なる女性は毛衣や鎖帷子さえ着た。鎧の着用はほとんど例外なく苦行的鍛錬の男性的（強調すれば「雄々しい」）形式だったと思われる(134)。彼らの精神的闘いの記録は、それを称賛する修道士によってラテン的西方（東方・正教のビザンツ帝国に対してカトリックが隆盛した西方）全体で書かれたが、軍事的、苦行的サブカルチャーが存在したことをほのめかしており、戦争と聖性の関係について修道士が抱いていた関心の確かな証拠を提供している。

悔悛としての鎧着用の起源について議論はあるが(135)、紀元一〇〇〇年以降、鎧を着けた苦行者の最古の例は、イタリアのドミニクス・ロリカトゥス（*Loricatus*）であったと一般に同意されている。フォント・アヴェッラーナの隠者であり、その伝記は熱烈な崇拝者にして自称の弟子だったペトルス・ダミアヌスが書いた(136)。ドミニクスは両親から司祭になるべく運命づけられていた。彼がまだ子供のころに両親は、彼の叙階を購入していたのだ。成人したこのドミニクスが家族を捨て、質素極まりない生活に臨んだのは、この聖職売買の行為を償うためだった。まず修道士として、後に、一〇世紀の偉大な禁欲主義者ラヴェンナのロムアルドゥスによって設立され、その鍛錬振りで名声を得た隠者の共同体フォント・アヴェッラーナで隠者として暮らした。一〇六〇年頃の死に至るまでドミニクスは、ほぼ不断の祈りと鞭打ち苦行の励行に固執した(137)。その名前から想像される通り、ドミニクスは二つの鎧しか身に着けないことで一五年にわたってその肉体を痛めつけた。伝記作家の言葉で言えば、「悪霊との崇高な闘いを開始し、常に戦いの準備をしていた」。つまり「心だけでなく肉体も強化され、この情熱的な戦士（*fervidus bellator*）は敵の戦列に向かって突き進んだ(138)」。伝記の中でペトルスはドミニクスを祈り（*orator*）と戦い（*bellator*）を兼ね備えた人、つまり、祈りという精神的な武器だけでなく世俗の鎧も身に着けていた聖なる人として称えた。

ドミニクスは精神的な闘士という新種の代表である。一一世紀に教会組織の辺縁に現われ、忍耐力という特性から「砂漠の父」たちの再来と認識された人たちの一人なのだ(139)。後の多くの「鎧を着た人」も鍛錬方式、及び極端なまでに精巧に組み立てられた自己否定の一端として鎧を着た、栄えある苦行者だった。ハズルベのウルウリックは毎晩、凍てつく池に身を浸しつつ詩篇を朗誦した。もう一人のイングランドの栄えある隠者にして「鎧を着た人」フィンチェールのゴドリックは灰を混ぜた大麦パンを食べて生をつなぎ、岩の上に寝、ほぼ終生の沈黙を守った(140)。ほとんどすべての「鎧を着た人」が鎧の上あるいは下に粗末な毛衣を着たが、一二世紀、フランスの隠者シャラールのジェフリのように、その上さらに、不自由感をより高めるために、思い鉄鎖あるいは鉄板を追加した(141)。一三世紀、イタリアの貴族から転じた隠者スビアコのローレンスはアクシデントによる人殺しの後、悔悛の生活へと身を引いていたのだが、自分自身を悔悛の道具立てとしての精巧なスーツにしてしまった。それはまるで騎士の鎧のパロディーとも解される。

素肌の上に彼は結び目をたくさんつけて織ったうね織り布を、その上に湾曲させた鉄製の胸当て(*lorica*)を着けた。その胸当てがかろうじて、ほつれ千切れた織り布を隠していた。両腕に二枚、両脚に四枚の鉄板を着け、さらに臀部にも着けていた。腹にも首にも別の鉄板を着けていた。腰周りには鉄鎖を使った。……頭上には重い鉄の冠を着け、その頂点に十字架状にクロスさせた二枚の薄い金属をつけた。そのうちの一枚は後頭部から額に達し、兵士の兜のように鼻の中央まで垂れていた。もう一片は両方の耳を繋ぎ、そこからさらに、もっと小さな金属片が二枚垂れ下がり、いずれも顎にまで達していた。そのそれぞれに五本の釘が内向けに付着されており、彼を両側からチクチクと刺した。そのため彼は、それを壊しでもしない限り、頭を前方へも後方へも曲げることができなかった(142)。

ここから分かるように、聖人伝作家たちは、悔悛の鎧から生ずる肉体的な痛みを読者に喚起するためなら、それこそ何でもしたたし、そういう苦しみの精神的なメリットを強調したのだ。当時のもう一つの伝記は、敬虔な妻ゴドリーヴの殺害を図ったことを悔い、修道院に身を潜めた騎士ギステルのベルトゥルフが、そこで密かに鎖帷子を「これ以上の苦行は考えられないほどに、からだ全体を圧縮してしまうまできつく締めて」着た様を描いている(143)。

夏の酷暑の中、服の下に鎧を着け、冬の寒さがグランモン修道院の設立者、ミュレのステファヌス(一一二四年没)のからだを「干からびさせ」てしまう、伝記作家はステファヌスがその忍耐において、「他の誰の能力をも超えているると思われる」ことを説明しようとした(144)。一二世紀のもう一人の聖なる人オバジーヌのステファヌスが着た悔悛の鎧の重さは、「その肉体を苦しめただけでなく、その多くの箇所を引き裂いてしまう」ほどであり、一方、イタリアの大修道院長ポリカストロのペトルスの鎧はその皮膚を朽ちさせ、剝けさせてしまった(145)。クリュニーのフーゴが肌に直接に鎖帷子を着つつ耐えた痛みは「その若さを破壊した」が、この聖なる男は希望をもってその苦しみに忍耐強く耐えた。つまり、そうすることで彼は、魂への罪の重みで壮絶な死を遂げた貴族である父ダルマティウスの罪を贖えると希望したのだ(146)。鎧を着たこれらの人の手の中で、中世文化における鎧の通常の機能は反転した。着用者を負傷から守る代わりに、苦行の道具になったのだ。言い換えれば、粗野なボロの毛衣の上で着古した鎖帷子のコートが騎士の誇りの象徴から着用者のうらびれた謙遜の徴へと転換されたのだ。

「鎧を着た人」はしばしば、悔悛の目的だけで鎧を着けたのではなく、肉欲を抑えるための手段として着たのだと言われた。似たような方法ははるかキリスト教最初期の数世紀にまで遡る記録がある。たとえばカッシアヌスは夢精の問題で苦しむ修道士に、断食をし、眠りを制限し、夜は性器を重い鉛板で覆うよう助言した。素肌に鎖帷子を着るのは、後に聖なる男たちが欲望を克服する助けとなると信じられた(147)。ミュレのステファヌスが「肉欲の襲来に抗する」防衛策として鎖帷子のコートを着た時、そのように武装して淫らな心をはねつけた時、または、フィンチェールのゴドリックが鎧を「肉欲」に対する効果的な防御法として使った時(148)、彼らは、聖アントニウス時代以来の修道院的精神性の中枢だった長年の「純潔のための闘い」を継続していたのだ(149)。

一時的な悔悛を意図して鎧を着る者もいた。フランスの隠者ギヨーム・フィルマ〔ヴィレルム・フィルマトゥス〕はエルサレム巡礼のために「鎧」を着た。一方、改革者アルブリッセルのロベールは鎖帷子の着用を二年後に放棄した(150)。他の聖なる男たちも多年にわたって鎧を着た後、肉欲を克服した。伝記でその成果は、彼らが「鎧」を自発的に破壊した〔不要になった〕ことで示された。ある日、オバジーヌのステファヌスが数人の仲間とともに道を歩いていた時、「その鎖帷子が突然、誰かが水平の円形に切ったように中央で裂け、下の部分が地面にひらりと落ちた」。ステファヌスと仲間の一人がそれを元に戻そうと努力したが、鎧が修理後であることが露見した。聖なる男はついに、「もはやそれを身に着けない、というのは神のご意志ではない」と認めた(151)。ハズルベリのウルフリックが多年にわたる「鎧」着用の後、熟年に達した時、ある日、「驚くべくことにそのリングが外れ、あっと言う間に肩から膝まで滑り落ちた」。彼はすぐに、「キリストの軍隊での奉仕が終わりに近づいたのだ」と結論した(152)。

「鎧」はこういう聖なる男たちの思想世界において、潜在的、複合的なシンボルだった。彼らの伝記を詳細に読むと、「鎧」の精神的な戦争との長年にわたる連想はその聖人伝作家たちの考え方とそんなに離れていなかったことがほの見えてくる。何人かの修道院の著者が、かつては騎士として世俗に生き、その後も苦行的な目的で戦闘にも耐える鎖帷子を着続けた「鎧を着た人」たちの人生における世俗の鎧と精神的な鎧の間に数世紀にわたって存在する緊張関係を解決しようと試みた。一二世紀のフラマン人貴族、ホウテムのゲルラックは自分の死後の世界を放棄し、最終的に、樫の木の空洞の中で暮らした。そこで大きな石の上で寝て、悔悛の徴として古びた鎧を着けていた。その「鎧」はデーモンの襲撃からよく彼を守ってくれた。「この防護服を着て、その最強の闘士は正体不明の軍勢に対して厳しい戦いをした。そして、イエスの名において、彼は輝かしい勝利を遂げた[153]」。高名の苦行者になったもう一人の「戦う人（*bellator*）」、ノルマンの騎士、ランソニーのウィリアム〔ギョーム〕は一一〇〇年頃、ウエールズにある、後にランソニー小修道院になるところで暮らしていた。隠者としてウィリアムは「敵の矢から身を守るのに使い慣れていた鎖帷子」を着続けた[154]。一三世紀はじめ、ケルンの救護院団員に加わっていた兵士ルルケのインゲブラントは「世俗の騎士（*miles saeculi*）として奉仕した時の軍務で使い慣れていた鉄の鎖帷子を、キリストの戦士という自分の新しい身分の徴として着ていた。そういう戦士は「昼も夜も同じ鎖帷子のシャツを身に着け、神への奉仕の中で肉体を痛めつけていたのだ[155]」。彼らの聖人伝作家はそういう男たちを模範的な改心者として予告し、その「生涯」を、かつて剣で生きた者でさえその強さ、忍耐力、着古した鎧までもより高い召命に利用できる証拠として示した。

俗人エリートが教会組織を支援するという通常のパターンからやや逸れて、聖なる男の中には俗世で生きた騎士の時代から悔悛の鎧を獲得していた者もいた。一二世紀、イタリアの隠者ヴェルチェッリのグリエルモが「鎧」を獲得すべく山頂での隠棲からサレルノへ特別な旅をした時、ある騎士に会って歓喜した。いくつかの鎧の中から好きなものを選ぶよう、差し出されたのだ。一揃いの中から慎重に最も重いものを選び、大喜びで帰郷した。地元の鍛冶師に命じて兜を作らせた。「神の戦士（*miles Domini*）」に必携とされる悔悛の甲冑一式を完成させるためだった[156]。ハズルベリのウルフリックがすでに着ていた毛衣に加えて、「鎖帷子を熱望」し始めると、地方騎士ウィリアム・フィッツウォルターがその望みを聞きつけた。「彼を武装させることで戦士の勝利を共有できるのではないかと期待」し、自分自身の丈長の鎖帷子を与えた。「まさに自分より強い騎士に対するやり方であり、天なる軍隊に入ってもらうために自分の軍装の一部を献呈したのだ」。それに応じてウルフリックは、それを世俗の闘いよりも精神的な闘いで用いることで「世俗の武器を正義の武器に変えた(157)」。

キリスト教世界全体の修道院で俗人支援者の魂のために戦った修道士兵士の祈りに似て、ウルフリックのような甲冑を着けた聖なる男たちの軍事的な尽力は本人だけでなく他人にも益すると信じられた。精神的な「正義の鎖帷子」に変えてもらうべく自分の鎧を提供した騎士は、そういう行為を確かに自分の救済のための投資と見たのだ。さらに、そういう変容の可能性を見越して、修道院の聖人伝作家たちは、改心修道士が放棄した剣について、通常は流血沙汰のために使われる道具が聖性の強力なシンボルになり得ると示唆した。そういう確信はさらに、「鎧を着た人」の鎧が聖遺物に格上げされることにも現われている。オスナブリュック大聖堂への巡礼者は一三世紀の隠者ライネリウスの着古した鎖帷子と鉄鎖が誇らしげに展示されているのを見ることになった。シャラールのジェフリの鎧も同様に保管されているのである(158)。一時的な鎧を着けた精神的な戦士として「鎧を着た人」は「戦う人」と「祈る人」の中間の位置を占めていた。中世の改革者たちが思い描いたきちんと秩序立てられた社会にはもはや存在するとは思われない中間地帯である。

第五章の結論

聖なる戦士に関する修道院の著者たちの親近感は一見、自分たちを否定した別種の生活への憧れに見えるかもしれない。冒険、危険、栄光、ロマンチックな愛にさえ満ちた生活である。この章で検証した聖人伝的な資料は確かに、戦士の血塗られた功績について読んだり書いたりする段になると、修道士も決して取り澄ました存在ではなかったことを示している。しかし一一、一二世紀、修道院の著者たちによって称賛された戦士聖人のほとんどは、すでに武器を手放し、自らを神にささげた人たちだった。当時、実際に、そういう聖なる戦士への崇拝を後押しすることは、世俗の軍隊での奉仕に対する修道士的（あるいは隠者的）な生活の優位さを再確認する手段だった。失敗した改心者の風刺的なモニアージュ〔俗語による改心譚〕さえ暗に、闘う生活（十字軍遠征を含む）より祈りの生活の方が精神的に上位にあることを認めていた。改心者の伝記（*vitae*）を編むことにより、彼らを守護者、建設者として誇らしげにアピールすることにより、彼らが放棄した武具甲冑を保存することによってさえ、修道士はそういう人たちの犠牲を祝し、その記憶の永続を確信した。しかし何よりもそれらは、世俗の軍務に対するキリストの戦士の優越性を再確認したのだ。

この時代の改心に集約される聖人伝物語の大いなる人気は一方で、数世紀来にわたって続く奉献の習慣が成人に宗教的生活に入る道を与えてきた、という現実を反映している。騎士改心者の伝記（*vitae*）、そしてモニアージュさえもが、修道士になることを選択した成人戦士と向き合うことの現実的な難しさ、共感しながらもそれに気づいたことを表現している。そういう共感は、修道士たちが特別な武器携帯者を疑念や恐怖の念さえ持って遇したであろう反面、俗人戦士に対しては普遍的で修道院的な敵意がまったくなかったことを示している。当時の改革運動は聖職者と武器携帯者の間に極めて厳格なイデオロギー的、行動的峻別を生み出したが、それでも、改心は両グループ間の強力な橋であり続けた。宗教的生活への転換に成功した世俗の戦士の物語の中に、修道院の聖人伝作家たち及びその読者は、修道士仲間、同類の者、おそらく自分自身をさえ見たことだろう。

宗教的生活に入った改心者は、修道院で『ベネディクト会則』の下で生きようが、「砂漠」で隠者になろうが、世俗の武器を放棄し、もう二度と他人に対して暴力の手を挙げることはないと誓った。しかしそうしながらも彼らは単に、兵士であることを辞めたのではなく、むしろ別の、より良い種類の兵士になったのだ。聖人伝では一貫して修道士も隠者もキリストの戦士と同一視されるが、このことは、修道院文化における瞑想実践としての精神的戦争という考え方と並行した事実であり、第四章で詳細に検討した主題である。当時の説教集や聖書解釈学的資料との関連でお読みいただきたい。かつ、修道院の信仰告白儀式の証拠、叙事的英雄、騎士改心者、武装した苦行者たちの伝記は、修道士のアイデンティティーとキリストの戦士の理想が一一、一二世紀以上に密接に絡み合っていた証拠を提供してくれる。キリスト教的騎士制度の進化が精神的な戦争の実践を俗人武器携帯者にまで広げた時でさえ、修道院の聖人伝作家たちは、誰もが俗世の戦場を放棄することによって真のキリストの兵士になれると主張し続けた。

（1） Erdmann, *Idea of Crusade* は基本的な書であり、今でも影響力が大きい。より最近の例として次がある。John Edward Damon, *Soldier Saints and Holy Warriors: Warfare and Sanctity in the Literature of Early England* (Aldershot, 2003); and MacGregor, 'Negotiating Knightly Piety'. しかし以下の注記が必要である。この解釈は、俗人エリート階層での受動性という均一性を想定しているが、それはますます議論されている。最近では Kaeuper, *Holy Warriors.*

（2） Orderic Vitalis, *Ecclesiastical History,* ed. Chibnall, 3: 216.

（3） この点を詳細に論じたものとして次を参照。B. MacGregor, 'The Ministry of Gerold d'Avranches: Warrior-Saints and Knightly Piety on the Eve of the First Crusade,' *Journal of Medieval History* 29(2003), 219-37.

（4） これらを含むその他の軍事的殉教者崇拝について次を参照。Erdmann, *Idea of Crusade,* 273-81; Flori, *Guerre sainte,* 127f. アゴーニュとザンクト・ガレンにおけるマウリキウス崇拝について次を参照。AASS Sept. 6: 152-64. サン＝メダールのセバスティアヌス崇拝については次を参照。*Translatio S. Sebastiani martyris,* AASS Jan. 2: 278-93. フルリーについては次を参照。*Miracles de saint Benoît,* 3.20, ed. Certain, 65; Julian's cult at Brioude, Passio S. Juliani martyris Brivatensis, AASS, Aug. 6: 169-88.

（5） *Translatione S. Sebastiani martyris,* c.9, AASS Jan. 2: 285: 'Sic gratanter viam legentes ad diu praeoptati ruris fines perueniunt, sexto ab urbe miliario stationem collocantes, donec in obuiam caelestis militis legio se praeparet omnis, gloriosissimo uictoria obsecutura, per quem et ipsa uirtutum loricis obtecta disceret contra hostem saeuissimum inexpugnabilia sumere certamina, et eius sancta digne excolendo uulnera, adquireret lauream et trophea perennia.' 聖職者を名目上の軍団兵とみるこの観点は、第五次十字軍の年代記を書いた無名の聖職者にも反映されている。彼の *Historia de expeditone Friderici imperatoris* (MGH SRG n.s. 5: 85) は遠征に従軍する司祭や司教を、「あらゆる点でテーベ軍団の殉教者に比肩されるべき選ばれし兵士による聖なる軍団」と特徴づけた。「誰もが自由なる意志で、強固な勇気で、キリストのためなら自らの血を流し続けることにさえ憧れる心構えであった」。次の物から引用した。Bachrach, *Religion and the Conduct of War,* 139.

（6） 多くの例示として次を参照。John Howe, 'Greek Influence on the Eleventh-Century Western Revival of Hermitism,' 2 vols（未刊 PhD thesis, UCLA, 1979), 1: 91-2.

（7） *Vita S. Avito eremita in Sarlatensi apud Petracoricos diocesi* [BHL 884], AASS Jun. 3: 360-5. アヴィートゥスの伝記は彼をアルプ

リッセルのロベールまたはティロンのベルナルドゥスの型に当てはめている。その他、かなり後の要素として聖人の聖母マリアへの献身、及び改心前の「騎士叙階」儀式が含まれる。

（8） アヴィートゥスの改心について次を参照。*De S. Avito eremita*, c.4-5, AASS Jun. 3: 361-2. これらのパッセージは精神的な戦争の修道院的レトリックに一貫している。神の闘士の一人アヴィートゥスは天なる軍隊の新参者になるべく運命づけられている。キリストは「彼の敵の矢」から彼を守る。彼は「誠実さという軍旗を掲げ持つ」など。

（9） Orderic Vitalis, *Ecclesiastical History*, ed. Chibnall, 3: 218-26.

（10） 「修道院的な告白」を意味するこの言葉は古フランス語の *monie*（現代の修道士〈*moine*〉に相当）に由来する。このジャンルに関して次を参照。Charles de Miramon, 'La guerre des récits: autour des *moniages* du XIIe siècle,' in *Guerriers et moines: Conversion et sainteté aristocratiques dans l'Occident médiéval*, ed. Michel Lauwers (Antibes, 2002), 589-636; D.A. Trotter, *Medieval French Literature and the Crusades (1100-1300)* (Geneva, 1988), 86-9.

（11） Joseph Bédier, *Les légendes épiques: Recherches sur la formation des chansons de geste*, 4 vols (Paris, 1908-13), 4: 403-33.

（12） Ferdinand Lot, *Études sur les légendes épiques françaises* (Paris, 1958), 17-22.

（13） 聖人としてのシャルルマーニュ（カール大帝）について次を参照。Remensnyder, *Kings Past*, 195-8; Jace Stuckey, 'Charlemagne as Crusader? Memory, Propaganda, and the Many Uses of Charlemagne's Legendary Expedition to Spain,' in *The Legend of Charlemagne in the Middle Ages: Power, Faith, Crusade*, ed. Matthew Gabriele and Jace Stuckey (New York, 2008), 137-52.

（14） 全リストは次を参照。Bédier, *Legendes épiques*, 4: 419-20. シャルルマーニュの軍事的功績に焦点を当てた、あるいはそれを組み込んださまざまな武勲詩にこれらすべての人物像が紹介されている。

（15） ヴァルテルの改心は次の物に見られる。*Chronicon Novaliciense*, 2.7-15（同書の 2.8-9 は *Waltherius* の要約、またはそこからの引用）, ed. George Pertz (Hanover, 1846), 13-33. *Waltherius* と *Chronicon* の関係について次を参照。John K. Bostock, Kenneth C. King and D.R. McLintock, *A Handbook on Old High German Literature* (Oxford, 1976), 265-7. ヴァルテルの叙事的経歴に関連した全資料を編集したものとして次を参照。Marion Dexter Learned, 'The Saga of Walther of Aquitaine,' *Proceedings of the Modern Language Association* 7 (1892), 1-129 and 207-8. これらの多くの翻訳は次を参照。*Walter of Aquitaine: Materials for the Study of His Legend*, ed. Francis Peabody Magoun and H.M. Smyser (New London, CT, 1950).

（16） *Chronicon Novaliciense*, 2.7, ed. Pertz, 13-14: 'Hic post multa prelia et bella, que viriliter in seculo gesserat, cum iam prope corpus eius senio conficeretur, recordans pondera suorum delictorum, qualiter ad rectam penitentiam pervenire mererentur.'

(17) *Chronicon Novaliciense,* 2.7, 2.10-11, ed. Pertz, 14, 27-9.

(18) *Chronicon Novaliciense,* 2. 11, ed. Pertz, 30: 'Cumque coepissent illi vehementissime vim facere, Waltharius clam abstrahens a sella retinaculum, in quo pes eius antea herebat, percussit uni eorum in capite, qui cadens in terram, velut mortuus factus est: arreptaque ipsius arma, percutiebat ad dexteram sive ad sinistram. Deinde aspiciens iuxta se vidit vitulum pascentem; quem arripiens, abstraxit ab eo humerum, de quo percutiebat hostes, persequens ac dibachans eos per campum. Volunt autem nonnulli, quod uni eorum, qui Waltario plus ceteris inportunius insistebat, cum se inclinasset, ut calciamenta Waltharii ab pedibus eius extraeret, hisdem Waltharius ilico ex pugno in collum eius percutiens, ita ut os ipsius fractum in gulam eius caderet.'

(19) *Chronicon Novaliciense,* 2. 12, ed. Pertz, 31. ヴァルテルは次のように回顧されている。'in predicto monasterio post militia conversionem amoris obedientiae et regularis discipline oppido fervidissimus fuisse cognoscitur.'

(20) これらのテキストについて次を参照。*Les deux rédactions en vers du 'Moniage Guillaume,'* 2 vols, ed. Wilhelm Cloetta (Paris, 1906-11); *Vita Willelmi Gellonensis* [BHL 8916], AASS May 6: 811-20. 注に関しては次を参照。Bédier, *Légendes épiques,* vol. 1; Saxer, 'Guillaume de Gellone'; Kaeuper, *Holy Warriors,* 151-2; Joan Ferrante, 'Introduction,' *Guillaume d'Orange: Four Twelfth-Century Epics* (New York, 1974), 8-12. The *Moniage Guillaume* は一二世紀の二つの版が現存する。古くて長い版と、後の短い版で、後者は不完全である。

(21) Saxer, 'Saint Guillaume de Gellone,' 580-1; Remensnyder, *Kings Past,* 55-60, 189-91.

(22) *Vita Willelmi,* 1.7, AASS May 6: 811-12.

(23) *Vita Willelmi,* 1.7, 2.24, AASS May 6: 812, 817. 'new monks' を 'new recruits' として、テンプル騎士団を新しい騎士階級のメンバーとして記述する言葉づかいについては、第四章で論じた。

(24) ピエール・シャスタンはギヨーム（及びジェローヌの彼の施設）とカロリング朝の間の強い結びつきを聖人伝作家が表現しようとしているのだと強調する。次を参照。'La fabrication d'un saint: La *Vita Guillelmi* dans la production textuelle de Gellone au début du XIIe siècle,' in *Guerriers et moines,* ed. Lauwers, 429-47. ジェローヌ所属の多くの聖職者の起源となるこのシーンは、修道院の儀式的な関心から発展しているように見える。そして *Moniage Guillaume* のどちらの版にも含まれていない。

(25) *Vita Willelmi,* 2.17, AASS May 6: 815: 'Suscipe nunc, dilectissime, haec Domini tui dona; contra malignos spiritus et contra adversa omnia, praeclara atque fortissima armae; suscipe Regis tui munera, novissima militiae tuae praemia.' ここで叙事的な王は精神的な戦争の修道院的な言語を話すように作られ、『ベネディクト会則』からの引用までしている。RB Prol. 3, p. 156 参照。'Ad te ergo nunc mihi sermo dirigitur, quisquis abrenuntians propriis voluntatibus, Domino Christo vero regi militaturus, oboedientiae fortissima atque praeclara arma sumis.'

(26) *Vita Willihemli,* 2.20, AASS May 6: 816: '[William says] Noi, sancte Juliane, novi et certum habeo, quam miles, quam armis strenuus fueris in seculo, numquam victus, numquam derelictus a Deo: ideoque coram altari tuo arma haec derelinquo, quae Deo omnipotente dimitto, tibique ea committo: insuper vero animam meam tibi instanter commendo, et viam istam, qua nunc ad Deum vado, ut tu serves me a malo, custodias a delicto, salves ab hoste maligno.' Bédier (*Légendes épiques,* 4: 411) はサン＝ジュリアン、すなわちブリウドが、主人公にして英雄ベルトランが武器を置いた場所、そしてギヨームの伝説上の仲間にして巨人レノアールが戦闘用の棍棒を差し出し、彼のモニアージュを作った場所として後の武勲詩で同定されたと指摘している。*Moniage Guillaume* (ed. Cloetta, 1: 54-5, lines 80-90) の短い方の版ではギヨームは自分の盾のみをジュリアンに差し出す。ただし、もし彼がサラセン人との戦いに召喚されることになったら、それを再び要求できる、という約束があった。

(27) *Vita Willihemli,* 3.30-2, AASS May 6: 819.

(28) *Vita Willihemli,* 3.26, AASS May 6: 818: 'Quantum mutatus, quantum humiliatus! Qui enim quondam decentissime utebatur equis mirabilibus, electis et exquisitis de multis mundi partibus; cujus etiam servi numerosi et servi servorum ejus equis ibant et curribus pretiosis et pluribus; hic modo non erubescebat vili asello gestari cum suis flasconibus! Necque vero his contentus, si quis fratrum in officio vili et quasi contemptibili detineretur, in quo etiam quasi locus injuriae vel contumeliae videretur; hujus nimirum Frater Willelmus mox aderat vicarius, sublevator oneris, humilis operarius, et omnibus indiscrete unus hebdomadarius.'

(29) Remensnyder, *Remembering Kings Past,* 192.

(30) *Moniage Guillaume II,* ed. Cloetta, 2: 43-4 (lines 45-8, 50-1): 'Dont s'apensa Guillaumes au cort nés / Que mout a mors Sarrasins et Esclers, / Maint gentil home a fait a fin aler; / Or se vaura envers Dieu amender. ... / Ne li plaist mais au siecle converser, / Ains sera moines, ce li vient en penser.'

(31) *Moniage Guillaume II,* ed. Cloetta, 2: 45-8 (lines 90-145).

（32） *Moniage Guillaume II*, ed. Cloetta, 2: 49 (line 166): 'Jou serai moines, qui qu'en doie anuier.'

（33） *Moniage Guillaume II*, ed. Cloetta, 2: 53-137 (lines 254-2034). 改心についての同じく悲惨な物語が一一九〇～一二〇〇年頃に編纂された *Moniage Rainouart* に見られる。そこにギヨームの仲間で巨人のレノアールが自分を宗教的な生活に適合させる苦労が描かれている。ギヨーム・ドランジュをめぐる人たちについて次を参照。*Le Moniage Rainouart I*, ed. Gérald A. Bertin (Paris, 1973).

（34） ヴィルヘルム・クレッタが指摘している（*Moniage Rainouart* の序章）ように、このテキストがジェローヌの究極のライヴァル、アリアーヌの修道士をネガティヴに表現していることは、ジェローヌの歴史的記述における同様の観点を反映している。この修道院は *moniage* の長い方の版でのみアリアーヌ呼ばれる。

（35） ノーマン・ダニエルは *moniages* は複数のレベルで機能していると論じている。コメディーとして、改心に関する深刻な解説として、ファンタジックな要素を持つ民衆譚として。ダニエルの次のものを参照。*Heroes and Saracens: An Interpretation of the Chansons de Geste* (Edinburgh, 1984), 227-36.

（36） この件を概説したものとして次を参照。Dominique Barthélemy, *Chevaliers et miracles: La violence et le sacré dans la société féodale* (Paris, 2004). 戦士が宗教的生活に入るに当たっての処遇について、聖人伝は次のような証拠を提出している。'Embracer l'état monastique,' Wollasch, 'Parenté noble'; Murray, *Reason and Society*, chapter 13; Grundmann, 'Adelsbekehrungen im Hochmittelalter.'

（37） Morrison, *Understanding Conversion*. 姉妹研究というべき次のものも参照。*Conversion and Text: The Cases of Augustine of Hippo, Herman-Judah, and Constantine Tsatsos* (Charlottesville, VA, 1992). 一一、一二世紀、アングロ・ノルマン系の修道院の著者たちについての仕事の中でミラモンのシャルル（'Embracer l'état monastique'）は神に至る段階的な道中の頂点として改心に重点を置き、供物の価値がしだいに増加することでその道筋を特徴づけた（すなわち、供物、自分の所有物、財産、窮極的には自分自身）。

（38） Morrison, *Understanding Conversion*, xix.

（39） Morrison, *Understanding Conversion*, 79.

（40） Bouchard, '*Every Valley Shall Be Exalted*,' 76-7.

（41） ミラモンのシャルルは次のように書いている（'Embracer l'état monastique,' 826）。'La conversion est l'un des moments où le monastère s'ouvre sur la société extérieure. L'histoire de la conversion a donc un cadre plus large: celui de la société. Le discours monastique est peu loquance à ce sujet car la rupture avec le monde forme l'une des pierres angulaires du monachisme.'

（42） *Vita S. Teobaldi* [BHL 8032], 1.3, AASS June 5: 592-5 (at col. 593).

（43） Ralph of La Chaise-Dieu, *Vita Adelelmi Casae Dei* [BHL 71], c.1, in *La España Sagrada,* 51 vols, ed. H. Florez (Madrid, 1743-1886), 27: 425-34 (at 426).

（44） Gilo of Cluny, *Vita S. Hugonis abbatis* [BHL 4007], 1.2, ed. H.E.J. Cowdrey in *Two Studies in Cluniac History, 1049-1126,* Studi Gregoriani per la storia della 'Libertas Ecclesiae' 11 (Rome, 1978), 49-50 (quoting 49).

（45） エヴェラルドゥスの物語について次を参照。 Guibert of Nogent, De vita sua, 1.9, ed. E.R. Labande as *Autobiographie* (Paris, 1981), 52-8 (quoting 52) ; trans. John F. Benton, *Self and Society in Medieval France* (Toronto, 1984), 54-6. ティボー崇拝の広がりと、ギベールによるティボーとエヴェラルドゥスの比較の反響について次を参照。 Dominique Iogna-Prat, 'Éverard de Breteuil et son double: morphologie de la conversion en milieu aristocratique (v.1070-v.1120),' in *Guerriers et moines,* ed. Lauwers, 537-55.

（46） *Vita S. Roberti abbatis Molesmensis* [BHL 7265], c. 2, in PL 157: 1272-3.

（47） レインフリドは当初イヴズハム修道院（北方での亡命者にとっての安全な避難所になっていた）に入り、後に隠者の経験を積み、修道院の創設者になった。彼の物語は次の記録集で語られている。 Whitby, *Cartularium abbathiae de Whiteby ordinis S. Benedicti,* c. 1, ed. J.C. Atkinson, 2 vols, Surtees Society Publications 69, 72 (Durham, 1879-81), 1: 1-2. 注に関しては次を参照。 Janet Burton, *Monastic and Religious Orders in Britain 1000-1300* (Cambridge, 1994), 32-3.

（48） Hugh Francigena, *Tractatus de conversione Pontii de Laracio et exordii Salveniensis monasterii vera narratio,* ed. Beverley Mayne Kienzle, *Sacris erudiri* 34 (1993), 273-311; trans. Kienzle 'The Tract of the Conversion of Pons of Léras and the True Account of the Beginning of the Monastery at Silvanès, in *Medieval Hagiography; An Anthology,* ed. Thomas Head (London, 2001), 495-513. シルヴァネス修道院が教団に編入された後、ポンスがシトー会の聖人にされたことについて次を参照。 Berman, *Cistercian Evolution,* 110f.

（49） ヘンリーの改心に関わる中心人物と称するものについて次を参照。 John of Ford, *Vita beati Wulfrici Haselbergiae* [BHL 8743], c. 50-1, ed. Maurice Bell, Somerset Record Society 47 (London, 1933), 68-73 (quoting 68), and xxxii-xxxvii (commentary).

（50） *Vita venerabilis Amedaei Altae Ripae,* c. 2, ed. Dimier, 276: 'Num vidistis tirones illos et illos? Quam fortes, quam strenui, quam alacres, quam decori, quam sapientes, quam probi, quam largi fuerunt convivae? Horum tamen omnium fatales mortis periculum nullus evasit. Ille ludis circensibus incolumis properavit ubi lancea perforatus interiit.... Ille sagitta transfixis obiit; suus alterum equus ad Tartara praecipitando transmisit.... Ille sepultura caruit pro suis sceleribus; propinqui sui alterum vasculo vinario conditum exposuerunt Rhodani fluctibus. Quid , rogo, temporalis illis profuit probitas, si nunc eos retinet aeterna captivistas?'

次のことも記しておくべきであろう。修道院の聖人伝作家たちは騎士としての対象に対して、新しい軍事的な教団、特にテンプル騎士団員の生活よりも伝統的な修道院生活が優れていると主張し（*ibid.*, c.4, p. 282）、騎士たちに対して、シトー会士の生活の方がはるかに要求が高い（それだけ、より偉大な精神的な報いを提供する）と語った。そしてさらにこう言った。「テンプル騎士団に入るのに贅沢を放棄する必要はない、服の色さえ変えればいいのだ」。

（51） 注として次を参照。Chrysogonus Waddell, 'Simplicity and Ordinariness: The Climate of Early Cistercian Hagiography,' in *Simplicity and Ordinariness,* Studies in Medieval Cistercian History 4, ed. John R. Sommerfeldt (Kalamazoo, MI, 1980), 14-25.

（52） Gilbert Crispin, *Vita Herluini,* ed. Robinson, 90; trans. Sally N. Vaughn in *The Abbey of Bec and the Anglo-Norman State, 1034-1136* (Woodbridge, 1981), 70-1. *vita* の注に関して次を参照。Christopher Harper-Bill, 'Herluin, Abbot of Bec, and His Biographer,' in *Religious Motivation,* Studies in Church History 15, ed. Derek Baker (Oxford, 1978), 15-25.

（53） 貴族プロヴァンスのボボ（九八六年没）の *vita* の無名の著者によるコメントがこの状況を要約している。'Puer autem bonae indolis crescendo, paternum morem quasi hereditario jure non morabatur amplecti, exercens se arcu et pharetra et equestri luctamine; ut si quando necessarium foret arcum cognosceret, et si equitandum equum non ignoraret; fide tamen Catholica eruditus, studebat ut Christianus in omnibus haberetur.' *Vita S. Bobonis* [BHL 1383], c. 1, AASS May 5: 184-91 (at col. 185).

（54） William Dandina of Saint-Savin, *Vita Hugonis de Lacerta* [BHL 4017], c. 9, in *Vetera scriptorum ... amplissima collectio,* ed. Edmond Martène and Ursin Durand (Paris, 1724-33), 6: 1143-86 (at 1146-7).

（55） Hugh of Amiens, *Vita S. Adjutoris* [BHL 81], PL 192: 1347.

（56） 議論とさらなる例として次を参照。Bernard Hamilton, 'Ideals of Holiness: Crusaders, Contemplatives, and Mendicants,' *International History Review* 17 (1995), 693-712; Constable, *Reformation of the Twelfth Century,* 75-6; and Erdmann, *Idea of Crusade,* chapters 2 and 9.

（57） Gilbert Crispin, *Vita Herluini,* ed. Robinson, 94-5; trans. Vaughn, *Abbey of Bec,* 74.

（58） 史的なブルカルドゥスについて次を参照。Dominique Barthélemy, 'Sur les traces du comte Bouchard: Dominations châtelaines a Vendôme et en *Francia* ver l'an Mil,' in *Le roi de France et son royaume autour de l'an Mil,* ed. Michel Parisse and Xavier Barral i Altet (Paris, 1992), 99-109. 伝記（c.11, ed. De la Roncière, 26-7）で、修道院に入るというブルカルドゥスの決断は 'cunci milites' を含む 'luctus ingens ab omnibus Francorum' に見合うものだった。

（59）戦ったことのない騎士への嘲笑について次を参照。一二世紀の風刺家 Nigel Longchamp, *Tractatus contra curiales et officiales clericos,* ed. André Boutemy (Paris, 1959), 204. 修道士を弱い、男らしくないとする俗人兵士の考え方について次を参照。Thomas, *Vassals, Heiresses, Crusaders, and Thugs,* 142.

（60）たとえば、Gilbert Crispin, *Vita Herluini,* ed. Robinson, 87; Hugh Francigena, *Tractatus de conversione Pontii de Laracio,* ed. Kienzle, 288; *Vita S. Geraldi abbatis* [BHL 3417], c.23, AASS Apr. 1: 414-23 (at col. 420); *Vita Godefridi* [BHL 3575], c.1, ed. Jaffé, 515; Hariulf of Saint-Médard, *Vita S. Arnulfi (vita longior)* [BHL 703], c.4, PL 174: 1380.

（61）*Vita B. Simonis comitis Crespeiensis auctore synchrono* [BHL 7757], c.1, PL 156: 1211-24 (at col. 1211). この *vita* の注について次を参照。H.E.J. Cowdrey, 'Count Simon of Crépy's Monastic Conversion,' in *The Crusades and Latin Monaticism, 11th-12th Centuries* (London, 1999), 253-66.

（62）*Vita Godefridi,* c.1, ed. Jaffè, 515: 'Fuit enim vir ... facundus eloquio, prudens in consilio, militiae quidem exercitio strenuus, sed regi supremo militare ... Christi ... inardescens quantocius.' trans. Antry and Neel, *Early Norbertine Spirituality,* 93-4.

（63）*Vita S. Geraldi abbatis,* c.22-3, 420. ゲラルドゥスの *vita* における *milites* の描写の注について次を参照。Bull, *Knightly Piety,* 128-33.

（64）ヨアヒム・ヴォラシュ（'Parenté noble,' 5-6）は、軍事的なバックグラウンドを持つ成人男性が新たに形成された教団に対して抱く魅力を強調している。

（65）Newman, *Boundaries of Charity,* 24-5.

（66）'Miscellanea Anselmiana,' c.10, in *Memorials of St. Anselm,* ed. Southern and Schmitt, 307.

（67）Paschasius Radbertus, *Epitaphium Arsenii (Vita Walae),* 1.7.8, ed. Ernst Dümmler, in *Philosophische und historische Abhandlungen der königlichen Akademie der Wissenschaften zu Berlin, phil-hist. Kl.* 2 (1900), 1-98 (quoting 31): 'At vero nonnulli, quos tirocinia virtutum enutrirunt in militaribus rebus, postmodum ad Christi militiam pueriores ac perspicatiores veniunt, quam si essent inexperti.' Trans. Allen Cabaniss, 'Life of Wala,' in *Charlemagne's Cousins: Contemporary Lives of Adalard and Wala* (Syracuse, NY, 1967), 102.

(68) *Selebiensis Monasterii Historia,* c.4, in *The Coucher Book of Selby,* 2 vols, ed. J.T. Fowler, Yorkshire Archaeological Association Record Series 10, 13 (Durham, 1891-3), 2: 6: 'Infinita est in saeculo militantium multitudo, verum quod pudor est dicere, uitiis potius quam uirtutibus seruientium: infamis est militia solo nomine militare, et dedecus indecens vitiis et inertiae seruire sub armis, ad haec spiritualia castra me confero, ubi nec virtus praemio, nec honestas reuerentiae carebit honore: Illi Domino militabo, qui suos milites virtute corroborat, quiete laetificat, Gloria et honore coronat.' 一一六四年、地理的に有利な観点から、一二世紀、セルビー修道院（ヨークシャー）の設立を記述した無名のテキストについて次を参照。E. Burton, *The Monastic Order in Yorkshire, 1069-1215* (Cambridge, 1999), 23-8.

(69) Hugh of Kirkstall, *Narratio de fundatione Fontanis monasterii, in Memorials of the Abbey of St. Mary of Fountains,* 3 vols, ed. John R. Walbran, Surtees Society Publications 42, 67, 130 (Durham, 1863-1918), 1: 117-20 (quoting 117); trans. A.W. Oxford, *The Ruins of Fountains Abbey* (London, 1910), 217. *Narratio*（一二〇四年頃から）の構成と成立時期について次を参照。Elizabeth Freeman, *Narratives of a New Order: Cistercian Historical Writing in England, 1150-1220,* Medieval Church Studies 2 (Turnhout, 2002), chapter 5.

(70) Hugh Francigena, *Tractatus de conversione Pontii,* ed. Kienzle, 296: 'Denique qui ad fugam properant, victos se esse demonstrant. Et victos ignominia, victores vero gloria manet. Nos autem non fugam venimus sed pugnam. Stare ergo nos oportet non fugere, et viriliter decertare quia non coronabitur nisi qui legitime certaverit (2 Tim. 2: 5).' trans. Kienzle, 'Conversion,' 501, 507.

(71) Gilbert Crispin, *Vita Herluini,* ed. Robinson, 87-8, 92-3. trans. Vaughn, *Abbey of Bec,* 68-9, 72.

(72) Marbod of Rennes, *Vita S. Roberti Casae Dei Abbatis* [BHL 7262], 1.8, PL 171: 1505-32 (at cols. 1508-9).

(73) *Vita Amedaei Altae Ripae,* c.6, ed. Dimier, 289: Non agger, non murus, non ferrea porta, nec altae turres ab ejus incursibus nos possunt defendere. Nam non arcetur loco, non telorum jactu confrigitur, nec cassatur percussus lapide materiali. Lassatur numquam, somno comprimitur numquam, fame non affligitur, ardore sitis non fatigatur.... Non loquor ignaro, sed duelli jam certamen experto ....' この修道院長の演説を、第四章で論じた「内なる城」というテーマに関する当時の修道院の文書と比較していただきたい。

(74) *Miracles de saint Benoît,* 2.6, ed. Certain, 106-7.

(75) Régine Le Jan, 'Apprentissages militaires, rites de passage, et remises d'armes au haut Moyen Âge,' in *Initiation apprentissage, éducation au Moyen Âge,* ed. P.-A. Sigal (Monpellier, 1993), 281-309; eadem, 'Frankish Giving of Arms and Rituals of Power: Continuity and Change

in the Carolingian Period,' in *Rituals of Power from Late Antiquity to the Early Middle Ages,* ed. F. Theuws and Janet L. Nelson (Leiden, 2000), 281-309 (esp. 283-4); Matthew Bennett, 'Military Masculinity in England and Northern France, c.1050-c.1225,' in *Masculinity in Medieval Europe,* ed. D.M. Hadley (London, 1999), 71-88 (esp. 73f.).

（76）　こういう儀式はカロリング朝時代の忠誠心と高貴さの間に起源があるように思われるが、それらは一二世紀までには身分の低い *milites* にも適用されるようになった。剣帯を装備した騎士の威厳を高めるために *miles accinctus*（*miles*〈戦士〉、*accinctus*〈帯びる〉）という言葉が生まれたことから見た通りである。この儀式には、単純な、純粋に世俗的なもの（特に一二〇〇年以前）から、高度に精妙なものまで幅がある。後者ではしばしば高位の成人一人から大隊メンバーに武器が与えられた。次を参照。Flori, *L'essor de la chevalerie,* chapter 1-5; Keen, *Chivalry,* 64-82; Barthélemy, *The Serf, the Knight and the Historian,* 208-13; David Crouch, *The Image of the Aristocracy in Britain, 1000-1300* (London, 1992), 103-5.

（77）　飾帯の重要性について次を参照。Le Jan, 'Apprentissages militaires,' 286-7; Karl Ferdinand Werner, *Naissance de la noblesse: l'essor des élites politiques en Europe* (Paris, 1998), 210-25; Jean Flori, 'Les origines de l'adoubement chevaleresque: étude des remises d'armes et du le vocabulaire qui les exprime dans les sources historiques latines jusqu'au début du XIIIe siècle,' *Traditio* 35 (1979), 209-72 (esp. 216-17); Johanna Maria van Winter, '*Cingulum militiae:* Schwertleite en miles-terminologie als Spiegel van veranderend menselijk gedrag,' *Tijdschrift voor rechtsgeschiedenis* 44 (1976), 1-92.

（78）　Olivier Bouzy, 'Les armes symboles d'un pouvoir politique: l'épée du sacre, la Sainte Lance, l'Oriflamme, aux VIIIe -XIIe siècles,' *Francia* 22 (1995), 45-57; Emma Mason, 'The Hero's Invincible Weapon: An Aspect of Angevin Propaganda,' in *The Ideals and Practice of Medieval Knighthood III: Proceedings of the Fourth Strawberry Hill Conference, 1998,* ed. Christopher Harper-Bill and Ruth Harvey (Woodbridge, 1990), 121-37 (esp. 122-3).

（79）　領主から与えられる武器について次を参照。the *Liber miraculorum sanctae Fidis,* 4.10, ed. A. Bouillet (Paris), 1897). 武器の返還を求める親族や領主について次を参照。*Recueil des actes des ducs de Normandie de 911 à 1066,* ed. Marie Fauroux (Caen, 1961), 275 (no. 113); *Cartulaire de l'abbaye de Noyers,* Mémoires de la Société archéologique de Touraine 22, ed. Casimir Chevalier (Tours, 1872), 68-9 (no. 59). シャルル・ド・ミラモンが示した（*Les 'donnés' au Moyen Âge,* 89）ように、戦士はまた、武器をテンプル騎士団、または彼らが生きた時代の騎士団が合体したものに代わるチュートン騎士団に遺贈した。

（80）　一一、一二世紀の教会法を集めたものは騎士階級を示す傑出した徴である剣帯（*cingulum militiae*）の放棄を重視した。次を参照。Burchard of Worms, *Decretum,* 19.57, PL 140: 997; Ivo Chartres, *Decretum,* 15.71, PL 161: 879; Robert of Flamborough, *Liber poenitentialis,* 5.10, ed. J.J. Francis Firth (Toronto, 1971), 271.

(81) Leyser, 'Beginnings of Knighthood,' 57-9. こういう結果をもたらしたカロリング朝の立法例について次を参照。The Council of Mainz (847), ed. W. Hartmann, MGH Conc. 3: 182 (no. 14, c. 24); Mansi, 17/2: 934 (c. 72). そういう悔悟が実行された最も有名な例としてルイ聖王がいる。八一三年と八三三年の悔悟の文で彼は武器を携帯する権利を奪われた（したがって軍を戦場へ導く権利も奪われた）。次を参照。Mayke de Jong, *The Penitential State: Authority and Atonement in the Age of Louis the Pious, 814-40* (Cambridge, 2009), chapter 6. 中世初期における一般的な権威の徴としての剣帯の重要性をヴェルナーが強調している。Werner, *Naissance de la noblesse,* 211-12.

(82) アルドゥインの審判をした九九九年のローマ教会会議について次を参照。MGH Leges 4, ed. L. Wieland (Hanover, 1893), 53.

(83) Rosa Maria Dessì, 'La double conversion d'Arduin d'Ivrée: pénitence et conversion autour de l'An Mil,' in *Guerriers et moines,* 317-48 (esp. 317-18, 324-6). この催しでアルドゥインは確かに修道士になった。しかしこれは、彼がフルットゥアリア修道院に入った一〇一四年に行われた決定だった（この修道院は一〇年前にアルドゥイン自身の物質的な援助で彼の親族ヴォルピアーノのグリエルモによって設立されたものである）。彼はちょうど一年後、ここの修道士として死んだ。先の決定が、彼の健康阻害を動機とした救済の一助としての改心だったことを暗示している。アルドゥインのような悔悟による武器放棄は少なくとも一〇〇〇年から一一〇〇年の間は続いた。一一一五年ボーヴェでの司教会議で教会の敵として欠席のまま（*in absentiae*）有罪とされ、武器放棄を命じられたマルルのトマスの例でも証明される。次を参照。Suger of Saint-Denis, *Vita Ludovici grossi regis,* c. 24, ed. and trans. Henri Waquet, Classiques de l'histoire de France au Moyen Age 11 (Paris, 1964), 174-6.

(84) Hans Werner-Goetz, 'La Paix de Dieu en France autour de l'An Mil: fondements et objectifs, diffusion et participants,' in *Le roi de France et son royaume,* ed. Parisse and Barral i Altet, 132-43 (at 133).

(85) このような儀式に聖職者が関わるようになる年代について次を参照。Jean Flori, 'Chevalerie et liturgie: remise des armes et vocabulaire 'chevaleresque' dans les sources liturgiques du IXe au XIVe siècle,' *Moyen âge* 84 (1978), 247-78 and 409-42; Keen, *Chivalry,* 64-6, 71-7.

（86） ジャン・フロリはこのような儀式を徹底的に調べた。支配者による儀式的な武器への中世初期的な祝福、及び教会による特別にデザインされた防衛者への祝福に見えたのだ。次を参照。Flori, ‘Chevalerie et liturgie,’ and *L’essor de la chevalerie,* chapter 4-5. 武器を祝福する最初期の例として知られているものについて次を参照。Janet L. Nelson, ‘Ninth-Century Knighthood: The Evidence of Nithard,’ in *Studies in Medieval History Presented to R. Allen Brown,* ed. Christopher Harper-Bill, Christopher Holdsworth, and Janet L. Nelson (Woodbridge, 1989), 255-66 (at 259 and n. 26).

（87） Keen, *Chivalry,* 46-7, 71-2,; Erdmann, *Idea of Crusade,* 83-7. オリジナルのテキストについて次を参照。Flori, ‘Chevalerie et liturgie,’ 434-42, and idem. *L’essor de la chevalerie,* 377-86. 軍旗（*vexilli*）はしばしば特定の聖人崇拝と結びついた聖なる対象物であり、使わない時は教会に保管された。資料もよく揃った一例の研究について次を参照。Claude Gaier, (Le rôle militaire des reliques et de l’entendard de saint Lambert dans la principauté de Liège,’ *Moyen âge* 72 (1966), 235-49 (esp. 240-9). 他方、教職者の意思に反した兵士の武器、さらにはその馬までが呪いの対象になった。一〇三一年、リモージュ教会会議の法規がそのように記している。次を参照。Mansi, 19: 530.

（88） Flori, *L’essor de la chevalerie,* 369-84 (texts S.24-9), and 84-96 (commentary).

（89） Flori, *L’essor de la chevalerie,* 382 (text S.27.4): ‘Tu, cum sis futurus miles, memor esto verbi spiritus sancti: Accingere gladio suo super femur tuum potentissime (Ps. 44: 4). Gladius enim spiritus sancti est, quod est verbum dei (「エフェソの信徒への手紙」六章一七節参照). In hac ergo forma veritatem tene, ecclesiam defende, pupillos et viduas et oratores et laboratores, contra impugnatores sancte ecclesie promptus perge, ut possis coram Christo gladio veritatis et iusticie armatus coronatus apparere.’

（90） John of Salisbury, *Policraticus sive nugis curialium et vestigiis philosophorum,* 6.10, in PL 199: 602; trans. John Dickinson, *The Statesman’s Book John of Salisbury* (New York, 1927), 202-3. 次による同様の儀式の、ほぼ同時代の記述と比較していただきたい。Peter of Blois, Letter 94, PL 207: 294: ‘Sed et hodie tirones enses suos recipiunt de altari, ut profiteantur se filios Ecclesiae, atque ad honorem sacerdotii, ad tuitionem pauperum, ad vindictam malefactorum et patriae liberationem gladium accepisse.’

（91） プライド誇示としてのきらびやかな剣について次を参照。Peter of Celle, Sermon 16, PL 202; 683-5. 特に On the sword-belt については次を参照。Baldric of Dol’s version of Urban II’s address to Frankish warriors at Clermont in 1095: ‘Vos accincti cingulo militiae magno superbitis supercilio....’ *Historia Hierosolimitana* 1.4, in RHC Occ. 4: 14.

（92） 次のものと同様。the *Visio Gunthelmi* (cited in Chapter 2, n. 76), 及びケウパーが引用した物語 *Holy Warriors,* 67-8.

(93) たとえば、八三三年のルイ聖王についての次の記述。'cingulum militiae deposuit et super altare collocavit' (MGH Capit. 2, ed. A. Boretius and V. Krause [Hanover, 1897], 55) は低く見られていた修道院的な改心に関わるものの多くに酷似している。

(94) 武器を置く（*depositio armarum*）の初期の例について次を参照。Le Jan, 'Frankish Giving of Arms,' 298-9; van Winter, *'Cingulum militiae,'* 50-1. マイケ・デ・ヨングは残された証拠を基にして政治犯と自由意思による改心を区別することの難しさを照らし出した。次を参照。'Monastic Prisoners or Opting Out: Political Coercion and Honour in the Frankish Kingdoms,' in *Topographies of Power in the Early Middle Ages,* ed. Frans Theuws, Mayke De Jong, and Carine van Rhijn (Leiden, 2001), 291-328.

(95) Miramon, 'Embracer l'état monastique,' 841-5.

(96) ベネディクト会士ミシーのレタルドはこのような当時の貴族たちの改心の波を記述しているが、彼の書いた聖マクシミヌスの奇蹟（*Liber miraculorum S, Maximini Micianensis abbatis,* 3.15, PL 137: 803）に次のようにある。'multi nobiles et saeculo expectabiles viri cingula deponentes militiae veteremque cum suis actibus hominem exuti, in eodem ipso loco Domino se mancipari gaudebant.'

(97) この議論について次を参照。Van Winter, *'Cingulum militiae.'* 武器を着ける儀式がいかに、キリスト教徒騎士階級の義務において新しい戦士を教育することと見なされたかに関する二つの記述として次を参照。*ibid.,* docs. 131 (Peter of Blois) and 176 (Alan of Lille).

(98) *Vita de S. Alexii* [BHL 286], c.2, AASS Jul. 4: 251-4 (at col. 252); *Vie de saint Alexis: poème du XIe siècle,* ed. Gaston Paris (Paris, 1885), 4 (stanza 15); *The Vie de Saint Alexis in the Twelfth and Thirteenth Centuries: An Edition and Commentary,* ed. Alison Goddard Elliot (Chapel Hill, 1983), 98 (stanza 17). これらのテキストの構成と流布について次を参照。Tony Hunt, 'The Life of St. Alexis, 475-1125,' in *Christina of Markyate,* ed. Henrietta Leyser and Samuel Fanous (London, 2005), 217-28. 剣帯と妻の放棄――エリート間で成人男性の地位を表す二つの最も重要な徴であったろう――は、メウルの弟子としてクリュニーに入会したイタリアの貴族ヘルデリックの改心を記述したものにも現われる。次を参照。Syrus, *Vita sancti Maioli,* 2.24, in *Agni immaculati,* ed. Iogna-Prat, 242.

(99) Brenda Bolton, 'Old Wealth and New Poverty in the Twelfth Century,' in *Renaissance and Renewal in Christian History,* Studies in Church History 14, ed. Derek Baker (Oxford, 1977), 95-103 (at 98); Charles de Miramon, 'Guerre des récits,' 612-15.

(100) Odo of Saint-Maur, *Vita domni Burcardi* [BHL 1482], ed. Charles Bourel de la Roncière as *Vie de Bouchard le Vénérable* (Paris, 1892).

オドの作品の注について次を参照。Flori, *L'essor de la chevalerie,* 152-8. 史実としてのブルカルドゥスについて次を参照。Barthélemy, 'Sur les traces du comte Bouchard.' サン＝モールのクリュニー会改革におけるブルカルドゥスの役割について次を参照。Dominique Iogna-Prat, *Order and Exclusion: Cluny and Christendom Face Heresy, Judaism, and Islam (1000-1150),* trans. Graham Robert Edwards (Ithaca, NY, 2002), 56-7.

(101) Odo of Saint-Maur, *Vita Burcardi,* c.11, ed. de la Roncière, 28. ブルカルドゥスの武器は忠誠心と高度な貴族意識着けた類の儀式的な武器の記述を想起させる。武勲詩の中の黄金や宝石を張りつけた武器の記述と同じである。

(102) Michel Lauwers, 'La 'vie du seigneur Bouchard, comte vénérable': Conflits d'avouerie, traditions carolingiennes et modèles de sainteté à l'abbaye des Fossés au XIe siècle,' in *Guerriers et moines,* ed. Lauwers, 371-418 (at 404-5).

(103) アルヌルフ崇拝と聖人伝について次を参照。Renée Nip, 'Life and Afterlife: Arnulf of Oudenbourg, Bishop of Soissons, and Godelieve of Ghistel: Their Function as Intercessors in Medieval Flanders,' in *The Invention of Saintliness,* ed. Anneke B. Mulder-Bakker (London, 2002), 58-76 (esp. 59-66).

(104) Hariulf, *Vita Arnulfi,* c.4, PL 174: 1378-9.

(105) Hariulf, *Vita Arnulfi,* c.5, PL 174: 1380.

(106) Hariulf, *Vita Arnulfi,* c.5, PL 174: 1381: 'excipiunt, atque militiae cingulum respuentem armaque cum vestibus cultissimus quas attulerat ad ecclesiam conferentem attondent, ac tonsoratum in habitu regulari crucis Christi mortificationem amiciunt.'

(107) ハリウルフはアルヌルフが現世にいた間に示した忠誠心、謙虚さ、正義愛を強調したが、彼はアルヌルフをその改心後のみ *miles Christi* と記述していることが重要である。次を参照。*Vita Arnulfi,* c.7, 24, PL 174: 1382, 1419.

(108) Caesarius of Heisterbach, *Dielogus miraculorum,* 1.37, ed. Strange, 1: 45-6; trans. Scott and Bland, *Dialogue on Miracles,* 1: 49. 注について次を参照。Murray, 'Masculinizing Religious Life,' 29.

(109) たとえば次を参照。The charter commemorating the entrance of the *miles* Leutbald into Cluny in 951; *Recueil des chartres de l'abbaye de Cluny,* 5 vols, ed. Auguste Bernard and Alexandre Bruel (Paris, 1876-1903), 1: 756 (no. 802). テキストは次のように読める。'Ego denique predictus Leotbaldus cingulum militiae solvens et comam capitis barbamque pro divino amore detundens, monasticum ... habitum in predicto monasterio recipere dispono.' Barthélemy の *The Serf, the Knight, and Historian,* 216n. による引用。

(110) 一例としてトマス・ミュシャンが一一三〇年頃ダーハムのベネディクト会共同体に入会した物語がある。その時この騎士は共同体の守護聖人クスバートの祭壇に自分の剣を置くことで、聖人に財産を差し出したのだ。テキストとして次を参照。Raine, *History and Antiquities of North Durham* (London, 1852), 141 (appendix). 注について次を参照。Clanchy, *Memory to Written Record,* 39-40.

(111) *Cartulaire de l'abbaye de Lérins,* ed. Henri Moris and Edmond Blanc (Paris, 1905), 2-3 (no. 3); cited in Dessì, 'Pénitence et conversion,' 342-3, n. 108: 'At superna medicina, nolens in eternum perire quod fecerat, misericorditer omnibus clamat .... Quam ego Guilelmus jussionis vocem adimplere cupiens, relictis omnibus que seculi sunt, Deo soli amodo militaturus ac secundum regulam sancti Benedicti jam victurus, apud Lirinense monasterium sub abbate Guarnerio militiae deponens cingulum, ordinem assummo, Deo favente, monasticum.'

(112) さらなる例として次を参照。Van Winter, *'Cingulum militiae';* Miramon, 'Embracer l'état monastique'; Dessì, 'Pénitence et conversion'; Le Jan, Frankish Giving of Arms.'

(113) 信仰告白儀式における衣服の重要性について次を参照。Constable, *'Ceremonies and Symbolism,'* 808-16; idem, 'Entrance into Cluny,' 337-8.

(114) Stephen of Autun, *Tractacus de sacramento altaris,* c.10: PL 172: 1282. ここでステファヌスは司祭によってアルバ〔白麻の長い祭服〕の上につけてもらった帯について語っている。フラバヌス・マウルスによって提供された帯の重要性についての同様の説明と比較していただきたい（*De institutione clericorum,* c.17, PL 107: 306); Sicard of Cremona (*Mitrale,* 2.5, PL 213: 74); Guillaume Durand (*Rationale divinorum officiorum I-IV,* 3.19.9, ed. A. Davril and T.M. Thibodeau, CCCM 140 [Turnholt, 1995], 188, 233)。

(115) 剣帯のほぼ常時着用について次を参照。Le Jan, 'Frankish Giving of Arms,' 286-7.

(116) Cassian, *Institutiones,* 1.1.1-5 and 1.11.1-3, ed. and trans. Guy, 36-8, 52-4.

(117) RB, c.22, p. 218. この決まりの議論について次を参照。*Die consuentudines des Augustiner- Chorherrenstiftes Marbach im Elsass (12. Jahrhundert),* c. 55.123, ed. Josef Siegwart (Frreiburg, 1965), 161.

(118) Abbo of Fleury, *Canones,* c.51-2. PL 139: 506: 'Non enim tantum de his militantibus Scriptura loquitur, qui armata militia detinentur, sed quisque militia suae cingulo utitur, dignitatis suae miles ascribitur....Haec sententia, quae ad milites loquitur, potest etiam ad clericos retorqueri, quia, etiamsi non militare videantur saeculo, tamen Deo militant.... Videmur, inquam, non militare remissis ac fluentibus tunicis: sed habemus militiae nostrae cingulum, quo castimoniae interiora constringamus.' Van Winter, 55-6 (doc. 27) による引用。

(119) Peter of Blois, Letter 10, in *The Later Letters of Peter of Blois,* Auctores Britannici Medii Aevi 13, ed. Elizabeth Revell (Oxford, 1993), 53.

(120) Adso of Montiérender, *Miracula SS. Waldeberti et Eustasii auctore Adsone abate dervensi* [BHL 8775], c.1, ed. O. Holder-Egger (Hanover, 1888), MGH SS 15/2; 1172: 'praediis, armisque depositis, quae usque hodie in testimonium sacrae miliciae eius in eo loco habentur, servorum Dei numero addicitur sociandus....'

(121) *Vita Willelmi Gellonensis,* 2.20, AASS May 6: 816.

(122) 改心した戦士の聖遺物武器はこの時代の聖堂に飾られる大きなグループの聖なる武器の一部をなしている。もっとよく知られた例の中に、ヴレンヌのガングルフ（妻の愛人によって殺害された〈martyred〔殉教した〕〉九世紀の貴族）の武器鎧がある。モン＝サン＝ミシェルに大天使ミカエルの剣と盾。ロカマドゥールに「ローランの剣」、デュランダル。ラムゼイ修道院に「カンタベリーのオドの剣」。こういう対象物についてそれぞれ次を参照。the *Vita Gangulf martyris Varennensis* [BHL 3328], c.3, ed. W. Levison, MGH SS RerMerov 7/1: 159; Baldric of Dol, *Relatio de scuto et gladio sancti Michaeli,* ed. Jean Huynes in *Histoire générale de l'abbaye du Mont-Saint-Michel au péril de la mer,* 2 vols, ed. Eugène de Rollibard de Beaurepaire (Rouen, 1872-3), 1: 137-46; Mason. 'The Hero's InvincibleWeapon,' 126-7; *Chronicon abbatiae Rameseiensis,* ed. W.D. Macray, Rolls Series 83 (London, 1886), 16.

(123) 「殉教者」ガングルフの武器鎧は一二世紀、二回の敬虔な窃盗の対象になった。次を参照。Michel Lauwers, 'À propos de l'usage seigneurial des reliques: Note sur le 'miracles de Saint Gengoul (1034 ou 1045),' in *Guerriers et moines,* ed. Lauwers, 285-8. ロカマドゥールでデュランダルとして展示されていたこの剣は何回か盗まれた。最も有名なのは一一八三年、ヘンリー二世の長男、ヘンリーによるものだった。次を参照。Mason, 'Hero's Invincible Weapon,' 126.

(124) Buc, 'Conversion of Objects,' 100, 104-7.

(125) John of Ford, Vita Wulfrici, c.9, ed. Bell, 22-3. ポーライン・マタラッソによるやや省略された翻訳が次のものの中に見られる。*The Cistercian World: Monastic Writings of Twelfth Century* (New York, 1993), 235-73（引用は 241-2).

(126) 一一八一年の巡回裁判でイングランドのヘンリー二世は全騎士に、王のために戦うために、鎖帷子、兜、盾、槍、軍馬を装備して来るよう要求した。次を参照。John France, *Western Warfare in the Age of the Crusades* (Ithca, NY, 1999), 32-3.

(127) 筆者は *lorica* を鎖帷子 (hauberk)、または金属製のシャツと定義した。それが一〇〇〇年以降の最も普通の意味である。古典ラテン語での普通の意味である胸当て（breastplate）ではない。ただし、テキストが明らかに胸当てを指している時をのぞく。筆者はまたこの判断を、明らかに武具を身に着けた状態の人物に限定した。鉄鎖またはその他の金属製の悔悛具ではない（ただしある種の *loricati* は鎖帷子のさらに上に着るものだった）。後者は精神的であれその他であれ、戦闘との明らかな結びつきを欠くからである。

(128) 次の書での '*lorica*' の項を参照。Du Cange, *Glossarium*, 4: 142; Niemeyer, *Mediae Latinitatis Lexcon minus*, 621; Albert Blaise, *Lexicon Latinitatis medii aevi* (Turnhout, 1975), 545. このような使い方の例として次を参照。Regino of Prüm, *Chronica*, PL 132: 64; Sigebert of Gembloux, *Chronica*, PL 160: 490; Thietmar of Merseburg, *Chronica*, PL 139: 1230, 1266, 1311, 1338. 聖戦のイデオロギーが発達するにつれて、十字軍士もまた彼らの武具と同一視されるようになった。シャルトルのフルシェ（*Historia Hierosolymitana* 1.4, ed. Hagenmeyer, 140）とティールのギヨーム（*Historia* 16.9, ed. Huygens, 2: 727）による第一次十字軍の記述にある通りである

(129) たとえば、ヘンリー一世が発した諸特権の特許状（一一〇〇年八月）は 'qui per loricas terras suas deserviunt' に言及している。次を参照。William Stubbs, *Select Chartres: From the Beginning to 1307*, 5th edn, ed. H.W.C. Davies (Oxford, 1921), 119 and 519 (glossary).

(130) Peter of Celle, Sermon 16, PL 202: 683: 'Attendite ergo, fratres charissimi, principes tenebrarum loricatos et galeatos, in equis et curribus gestatos; gestantes arma bellica, ab omni vento coeli venientes et concurrentes ad debellandum populum Christianorum; et praecipue congregationes religiosorum: Hi in curribus, et hi in equis; nos autem in nomine Domini Dei nostri invocabimus.'（「詩篇」一九章八節）この記述は、エルサレムの人々が見た騎馬武者間での幻の闘いのイメージを想起させる。それは都市住民の恐ろしい大虐殺の予兆に見えたのだ（「マカバイ記二」五章一～三節）。

(131) Peter of Celle, Sermon 16, PL 202: 685: 'Jam vero dictum est de illa, quae ambulat in equis, sed et equis vehementibus, superbia; cujus lorica impenetrabilis, cujus hasta penetrabilis; cujus sella variabilis; cujus equus valde mobilis; cujus scutum mirabiliter depictum; cujus totus apparatus satis appetibilis, si non esset damnabilis.'

(132) 〔この注には聖書からの引用が二つあるが、原文の英語のままとする〕「イザヤ書」五九章一七節 'He put on justice as a breastplate (*lorica*), and a helmet of salvation upon his head;'「知恵の書」五章一八～一九節 'And his zeal will take armor, and he will arm the creature for the revenge of his enemies. He will put on justice as a breastplate, and will take true judgment instead of a helmet.'

(133) 筆者が本書で特に取り上げたこの時代の二一人について巻末の「〈鎧を着た人〉一覧」参照。筆者はカロリング朝時代から、鎧を着けた苦行者、三例を発見できた。リエージュ司教フーベルトゥス (AASS Nov. 5: 834)、ノアルムティエの隠者ウィタリス (AASS Oct. 7: 1096)、ヴルテルノの聖ヴァンサン修道院長タト (AASS Oct. 5: 660) の三人である。その後の四人は悔悛の形式として *loricae* を着けたと言われた。チチェスターのリチャード（一二五三年没）、カンティループのトマス（一二八二年没）、ペトルス・マロネンシス（教皇ケレスティヌス五世、一二九六年没）、アルヴェルナのフランシスコ会托鉢修道士ジョヴァンニ（一三二二年没）の四人である。リチャードについて次を参照。*Saint Richard of Chichester: The Sources for His Life*, ed. David Jones, Sussex Record Society 79 (Lewes, 1995), 137, 155. この件についてジョー・クリーマーに感謝する。トマスについて次を参照。*Processus de vita et miraculis factus anno 1307*, c.5, in AASS, Oct. 1: 541-68 (at col. 556). ペトルスについて次を参照。Peter of Aliaco, *Vita et miracula S. Petri Caelestini*, c.1, AASS May 4: 484-97 (at col. 490). ジョヴァンニについて次を参照。*The Little Flowers of St. Francis*, c.49, trans. Raphael Brown (New York, 1991), 155. ジョヴァンニのラテン語版伝記について次を参照。*Actus beati Francisci et sociorum ejus*, c.54, ed. Paul Sabatier (Paris, 1902), 164-70. 筆者は可能な限り多くの例を発見すべく努めたが、必ずやさらなる *loricati* が見つかるであろう。

(134) *lorica* を使用したと言われた、筆者が認識した唯一の聖なる女性はマビリアつまりアビングドン大司教エドマンド（一二四〇年没）の母である。エドマンドの伝記でマシュー・パリスは、未来の聖人がまだ若かった頃、母は 'reliquerat ei loricam qua, dum viveret, utebatur.' と書いた。次を参照。*Vita B. Edmundi Cantuariensis archiepiscopi*, c.1, ed. C.H. Lawrence in *St. Edmund of Abington: A Study in Hagiography and History* (Oxford, 1960), 223. この件に筆者の注意を向けてくれたジョー・クリーマーに感謝する。

(135) 重罪、特に親・主人殺しの悔悛の形式として鉄鎖、拘束帯、拘束輪を着せる中世初期の処置と *loricati* を結びつける誘惑に駆られる。シャルルマーニュを含む教会改革者たちが繰り返し用いたこの処置について、次を参照。Henri Platelle, 'Practiques pénitentielles et mentalities religieuses au moyen âge: La pénitence des parricides et l'esprit de l'ordalie,' *Mélanges de science religieuse* 40 (1983), 129-55. この関連の情報についてサンディ・エヴァンズに感謝する。

(136) Peter Damian, *Vita S. Rodulphi episcopi Eugubini et S. Dominici Loricati* [BHL 7282], PL 144: 1007-24. *imitatio Christi* の一形式としてのドミニクスの禁欲主義について次を参照。Constable, *Three Studies*, 202-3.

(137) エドワード・ギボンはドミニクス及びその伝記作家を嘲笑し続けた。そのような自己を傷つける罰によって自分と他人のために煉獄の罰による赦免を得られたと信じたからである。次を参照。*The Decline and Fall of Roman Empire* 5.58, 12 vols (New York, 1845), 10: 204.

(138) *Vita S. Rodulphi* 8, PL 144: 1015: 'Longo jam annorum elabente curriculo, ferrea ad carnem lorica praecinctus, infoederabilem pugnam cum iniquis spiritibus conserit, semperque paratus ad praelium, non solum corde, sed et corpore praemunito adversus hostiles acies fervidus bellator incedit.'

(139) 一二世紀にヒロイックな苦行と隠遁が復活したことについて、次を参照。Jestice, *Wayward Monks; Leyser, Hermits and the New Monaticism.*

(140) Reginald of Durham, *Vita et miracula S. Godrici,* c. 27 and 33, ed. Joseph Stevenson, *Libellus de vita et miraculis S. Godrici heremitae de Finchale,* Surtees Society 20 (London, 1847), 76 and 85-6.

(141) *Vita Gaufridi Castaliensis,* c.8, ed. A. Bosieux, *Mémoires de la Société des sciences naturelles et archéologiques de la Creuse* 3 (1862), 75-119 (at 107).

(142) *Vita B. Laurentii eremitae Sublaci,* c.1, AASS Aug. 3: 304-5: 'Induebatur super nudam carnem retiaculo ex funiculis contexto et nodoso: et desuper lorica hamata ferrea, quam depilata laceraque cooperiebat vestis: duos ferreos circulos in quolibet habebat brachio; quatuor alios in cruribus, totidemque in coxis portabat: ad ventrem quoque alterum gestabat circulum, & similiter in collo: circa lumbos catena utebatur ferrea ... in capite gestabat coronam ferream crassam, habentem in superiori parte duas laminas transversas in modum crucis,quarum una protendebatur ab occipite usque ad frontem , ex qua nasile dependebat usque ad medium nasi, adinstar galeae militaris. Altera vero lamina ab altera usque ad alteram extendebatur aurem: ab iis duabus aliae duae dependebant laminae, minae, utramque tangentes maxillam. In earum qualibet quinque affigebantur clavi, interius aculeati, quibus pungebatur utrimque; ita quod nec ante nec retro caput declinare poterat, quin ab iis pungeretur.'

(143) *Vita S. Godelevae virginis et martyris Ghistellae,* c.16, AASS Jul. 2: 402: 'Præcipuum vero poenitudinis instrumentum fuit lorica ferrea, artus omnes ita constringens, ut ejus asperitas nonnisi post fata potuerit ab ascetis ipsis excogitari.'

(144) *Vita S. Stephani fundatori Ordinis Grandimontensis,* c. 3, AASS Feb. 1: 207: 'etiam lorica ferrea contra carnis insidias et mentis lasciuiam tamdiu incessit armatus, quosque toto exsiccato corpore, plenam de seipso obtinuit victriam? Ad cuius eximiæ perfectionis cumulum tanta parcitas vestium lectique accessit durities, quae cunctis humanae conditionis facultates cernentibus, vires hominum videatur excedere.'

(145) *Vita S. Stephani Obazinensis,* ed. and trans. Aubrun, *Vie de Saint Étienne,* 52: 'loricam sibi pater Stephanus coaptavit, quam multis annis occulte ad carnem gestavit, donec vetustate consumpta, paulatim scissa est.' *Vita S. Petri episcopi Policastrensis,* c.2, AASS Mar. 1: 331: 'Loricam subtus ad carnem occultam induit, quousque putresceret, et ab eius corpore rupta cecidisset.' イアン・ピアスは、この時代の鎖帷子は約二五ポンドの重さがあったと記している。次を参照。'The Knight, His Arms and Armour in the Eleventh and Twelfth Centuries,' in *The Ideals and Practice of Medieval Knighthood: Papers fom the First and Second Strawberry Hill Conferences,* ed. Christopher Harper-Bill and Ruth Harvey (Woodbridge, 1986), 152-64 (at 158).

(146) フーゴの二つの *vitae* は、彼が *lorica* を着用していたのは、父の罪の償いとしてであったと記している。Gilo, *Vita S. Hugonis,* c.51, ed. Cowdrey, *Two Studies,* 88; and Raynald of Vézelay, *Vita S. Hugonis,* c.6, *Vizeliacensia II: Textes relatifs à l'histoire de l'abbaye de Vézelay,* ed. R.B.C. Huygens, CCCM 42 Suppl. (Turnhout, 1980), 41.

(147) Conrad Leyser, 'Masculinity in Flux: Nocturnal Emission and the Limits of Celibacy in the Early Middle Ages,' in *Masculinity in Medieval Europe,* ed. Hadley, 103-20 (at 105).

(148) Stephen of Lissac, *Vita Stephani de Mureto* 17, PL 204: 1017: 'etiam lorica ferrea contra carnis insidias et mentis lasciviam tandiu incessit armatus.' 次も参照。 Reginald of Durham, *Vita et miracula S. Godrici,* c. 28, ed. Stevenson, 77-8.

(149) 「純潔のための闘い（battle for chastity）」というフレーズはマレーの 'Masculinizing Religious Life' に由来する。彼はそれをミシェル・フーコーの一九八二年の同名のエッセイから取った（第三章の注69参照）。

(150) Stephen Fulgerius (?), *Vita Guilielmi Firmati* 3, AASS Apr. 3: 339; Baldric of Dol, *Vita B. Roberti de Abrissello,* c.10 PL 162: 1049: 'Destinans itaque carnis illecebris austerius dominari, subtus ad carnem indutus est loricam: qua veste duobus usus est annis, antequam ad eremum processerit.'

(151) *Vita S. Stephani Obazinensis,* c.24, ed. Aubrun, 80: 'Gestabat etiam tunc loricam....Que dum quadam die solus et ultimus pergeret, repente per medium est abrupta, ac si ab aliquo esset in rotundum precisa, inferiori parte ad terram prontinus decidente. Unde mestus effectus, quemdam e sociis sibi conscium clam vocavit, ejusque auxilio quibusdam ligaminibus loricam ut potuit univit et sibi denuo coaptavit. Cumque paululum precessissent, iterum dirupta cecidit.... Sed cum jam tertio rumperetur, intellexit vir sanctus, admonente etiam fratre, non esse voluntatis Dei ut eam ulterius ferret.'

(152) *Vita beati Wulfrici Haselbergiae,* c. 99, ed. Bell, 124; trans. Matarasso, 268.

(153) *Vita Gerlaci ermitae in Belgio,* c.14, AASS Jan. 1: 308: ‘vir beatus loricam ferream, membra corporis castigans, et spiritui seruire cogens, assidue gestauit, qua deliciis et voluptatibus vitae huius insultauit; cuius munimine tectus, aduersus aereas cateruas athleta fortissimus certamine forti dimicauit, et in nomine Iesu gloriose triumphauit.’

(154) ウィリアムの物語は次の中で、ランソニーの設立伝説の一部として語られる。William Dugdale, *Monasticon Anglicanum,* 3vols (London, 1661-82), 2: 59-61 (at 59): ‘nam loricam qua corpus muniri contra inimicorum jacula solebat, sibi strictissimi circumdedit....’

(155) インゲブラントの苦行は聖ウルズラの伝説上の仲間、コルドゥラの伝記に記述されている。その聖人の聖遺物は、聖なる聖ヨハネ騎士団員が亡くなって久しい処女のヴィジョンを得て後、ケルンで発見された。*Vita S. Cordulae virginis et martyris, S. Ursulæ sodali,* c.2, AASS Oct. 9: 580: ‘sed lorica ferrea, qua olim cum miles esset saeculi, in armorum exercitio usus fuerat, nunc autem miles Christi, eadem super nudo indutus, nocte et die corpus castigans in Dei redegit servitutem.’

(156) *Vita Guilielmi abbatis fundatoris eremitarum Montis Virginis,* c.2, AASS Jun. 5: 117.

(157) *Vita beati Wulfrici Haselbergiae,* c. 5, ed. Bell, 18-19: ‘Proinde vestitu simplici cilicio interius inhaerere contentus erat. Ad cujus usum cum ex consuetudine duruisset intra paucos dies loricam coepit affectare. Cujus desiderii praefatus miles conscius effectus beati viri audacibus votis reverenter occurrit, sperans se tantae militiae futurum participem qui militanti arma ministrasset. Suam igitur loricam velut potiori militi cessit et vas bellicum caelesti tirocinio consecravit . Procedit itaque miles loricatus ad spirituale certamen terribilis nimirum futurus hostibus suis qui arma carnalia convertisset in arma justitiae; et haec armatura militiae diurnae.’ Trans. Matarasso, 239.

(158) *Vita B. Raynerii solitarii Osnaburgi in Westphalia,* c.2, AASS Apr. 2: 61; *Vita Gaufridi Castaliensis,* c.9, ed. Bosieux, 107.

結論

戦争とキリスト教の長くて複雑な関わり合いの中で、修道院共同体は、概念的にも実践においても、戦争とは何の関係もなかったと考えられてきた。修道院のアイデンティティーは戦争及び戦士との直接的、永続的な対峙を通して調整されてきたとする本研究の主たる論点は、プロの宗教家をこの歴史物語から排除してきた伝統への挑戦だった。そうすることで本書は、歴史家たちが中世的過去を再構築するに当たって強調してきた中心的枠組みの一つを、その基礎から揺るがすことを目指した。つまり、平和を愛する宗教的共同体を血に飢えた騎士階級からイデオロギー的に分割する、言い換えれば「祈った人」と「戦った人」を区別する伝統的手法への挑戦である。なるほど確かに、中世エリートたちの敬虔さと教会支援に焦点を当てた最近の研究はそういう第一のステレオタイプな研究方法の再考を強いたし、正義・不正義の戦争を定義し調停する際の教会関係者の役割についての研究は第二のステレオタイプに挑戦した。しかし、少なくともある程度まで、聖職者が戦士たちにキリスト教徒としての考え方と行動方法を教えた、ということが受け入れられたなら、逆に教会関係者が俗人の戦士から学んだ可能性も考慮されるべきであろう。罪、悔悛、救済に関する武器携帯者たちの考え方は彼らと宗教機関とのつき合いで仲介された。そして、そういう接触が修道院内で生活する人たちにも同様に記憶となって残ったのである。修道士のアイデンティティーは単に戦士との対立軸でなく、戦士との対話から構築されたのだ。特に、一一、一二世紀、修道院改革と初期十字軍運動を背景にしたものであった。

本書は主たる二種の資料群を用いて、戦争についての中世修道院の考え方の跡を辿った。まず、一連の宗教的文書、特に聖書、典礼文、そして戦争を歴史的、寓意的な言語で、そして、友好的にも敵対的にもなり得る俗人戦士たちとの相互作用の中で扱った聖人伝作品である。聖書とそれへの積み重なる注釈を広く概観してみて、中世修道院の平和と習慣的に連動していた多くの活動――たとえば個人的な講義（*lectio*）、聖書解釈、典礼的な祈り――が実際に戦争を修道院的経験の最前線に導いたことが分かった。紀元の最初の千年間以上、修道院の聖書解釈学者たちは精神的な（あるいは精神化された）戦争をキリスト教の歴史物語の中心に据えた。彼らはまた、精神的な戦争という概念が個々の修道士の日々の生活について教えてくれることを確認した。彼らはキリストの戦士（*milites Christi*）の服装で、詩篇をデーモンめがけて投げつける飛び道具に変え、悪魔から俗人支援者の魂を奪い返す、そういう生活をしていたのだ。

しかし、実際の武器携帯者たちとの接触が、戦争について知ろうとする中世修道士たちにとっても同じく重要な知識源であり得た。当時の精神的再生は、多くの宗教教団で新人募集活動を変更させるとともに、修道院に入るべく悔悛の意を示している戦士を勇気づけた。そういう戦士は一一世紀以降、空前の規模で増えていたのだ。しかし、宗教的生活に入るために軍事的なキャリアを放棄した人たちも、それほど多くは兵士であることを放棄せず、自分たちの軍人的なエネルギーを、古代の修道士の専門であった別種の、より良い戦いに向けることを学んだ。そういう人たちにとって修道士としての生き方を学ぶには、特殊化された技術の獲得と新しい徳の涵養が必須条件だった。しかしそれはまた、すべてに関して再び、新参者、訓練兵になることも含んでいた。精神の闘いの訓練に際して、改心者たちは当然のことながら、自分たちの新しい兄弟を求めた。そのうちのある者はかつては武器携帯者であったり、別の者は個人的な戦争経験のない根っからの修道士だったりした。

自分自身を古代イスラエルやローマの殉教者の伝統に繋がる精神的な戦士と定義しつつ、一一、一二世紀の修道院の著者たちは修道院生活のあらゆる側面に軍事的寓意を当てはめ、お互いに聖書や教父の聖人伝と共鳴した特有の軍事用語で話した。彼ら自身の時代の軍事的文化に基づくイメージや用語を借用した時でもそうだった。今日に至るまでこの軍事的レトリックはそのほとんどが見た目には隠れてしまっている。つまり、中世史研究者たちが、自分たちはそれを空虚なレトリックとして等閑視する傾向があったと気づいた時、多くの言葉の綾のコレクションが、その遍在によって無意味なものになってしまったのだ。しかし彼らの説教、書簡、伝記（*vitae*）を子細に検証すれば明らかなように、修道院の著者たちは一貫して、特殊な軍事的テーマ——単独の闘い、会戦、攻城戦——を、特殊な挑戦、さまざまな美徳、修道院経験にとって大切な精神的発展の各段階と関連づけていた。修道士が自分たちをキリストの戦士と呼んだ時、それは単なるレトリカルな見せびらかしではなく、基本的な真実の表現だった。悪魔の敵としての、キリスト教世界の精神的な安寧の守護者としての、自らに課した役割において、修道士はキリストの兵士であったのだ。

紀元一〇〇〇年の変わり目以降、精神的な戦争が聖なる戦争という新しい風潮と絡み合い、精神的な戦場で修道士が長いあいだ維持してきた支配権が、十字軍士、軍事的な教団のメンバー、敬虔な武器携帯者たちから一層広く挑戦を受けた時、キリストの戦士というコンセプトの幅は劇的に広がった。精神的闘いに対する修道士の伝統的な支配権が揺らぐこの現象は、一〇〇〇年ころ以降に作成された修道院文書の中に軍事的なレトリックが爆発的に増えたことを説明する手助けになるかもしれない。改革教会の煽動において、あるいはその煽動によって闘われた戦争への参加も含めて、キリストの戦士としての身分への注意を引きつつ、修道院の著者たちは、世俗の軍務に対する（集団的であれ、隠者的であれ、両者の中間のどこかであれ）宗教的生活の優越性を確信しようとしたのだ。こういう関心は修道士の書簡や説教に強く影響し、修道院の写字室で作成された聖なる戦士の聖人伝でも中心的な位置を占めた。俗世を放棄した伝説的、あるいは歴史的な武器携帯者の伝記において修道院の聖人伝作家たちは、精神的な闘いを賛美し、世俗の軍務からキリストの戦士への転換の包括的な意味を説明するための有り余るほどの機会を持っていた。彼らは、宗教的生活への改心者は武器を置き、二度と他人の血を流さないと誓ったと確信していたが、改心者はそうすることで、単に兵士であることをやめたのではなく、むしろより良い種類の軍人職に輝いたのだ。

主として、一〇〇〇年から一二〇〇年にかけての北ないし西ヨーロッパ、及び宗教的共同体の男性構成員に焦点を当てつつ、本書は否応なしにいくつかの歴史の小道の照明をダウンさせ、その他の小道をほとんど闇にしてしまった。将来の研究者がここで問い残した問題に十分な関心を寄せ、それを取り上げてくれるのが著者の希望である。将来の研究にとって有望な並木道は、中世の宗教的女性にとっての戦争の概念的重要性と関係がある。女性修道士、女性聖堂参事会員、女性隠者たちは、精神的な戦争という概念を、キリストの花嫁（*sponsae Christi*）としての彼らの地位が全体的にほの見えたその精神性にいかにして合致させたのか。宗教的女性の「キリストの兵士」としての自己認識は、世俗の武器携帯者との、一般的にいっそう限られた接触をどう反映していたか。さらに言えば、読者も間違いなく認識して下さったであろう通り、この研究は、教団や宗教的生活のヴィジョンの多様性を巡る幅広いカテゴリーとしての「修道院の著者」たちを提示したものである。特定の教団のメンバー、共同体の中の小集団、個々の著者さえもがいかに軍事的な寓意を用いたかを探求すれば、ここで認識した一般的な傾向がいっそう的確に明らかになるだろう。最後に、精神的な戦争の歴史をたどっていけばいつかは間違いなく、キリスト教徒の精神性におけるより広い発展を反映したこの流れの中での魅力ある変化、そして修道院生活の変り行くモデル、十字軍運動の衰退、さらには、かつての修道院の思想家たちを魅惑した技術と戦略のうち多くの時代遅れのものしか残さなかった中世末期の軍事的革命さえもが見えてくるだろう。

ところで、本研究は中世盛期の修道士の精神性にアプローチする一つの新しいルートを提示した。平和の推進や揉め事の解決に関する中世の宗教的共同体の役割は早くから認識されてきた。しかし、研究者たちは、修道院文化の形成において戦争が平和と同じくらいに強力な動因だったという証拠を軽視してきた。中世の修道士にとって戦争は単なる現世の悪魔であるだけでなく自己認識に至る道だった。「キリストに倣いて」の一形式でさえあった。修道院での生活を形作ったさまざまな文書や典礼書を紐解いてみると、そのたびに遭遇するのだが、戦争は修道士が瞑想するための道具を収めた武器庫の中でも最も有益なものの一つだった。その言語とシンボリズムは修道士のアイデンティティーの基本構造の中にごく身近な感じで織り込まれていた。本書が試みたように、彼ら自身の言語で戦争のイメージを時間をかけて厳密に見ていると、その著者たちが見ていたのに近い方法で中世世界が見えてくる。しかし、一見しただけでは、中世の修道士たちが自分たち自身をどう見ていたかについて、ほんのかりそめのことしか分からない。総合的に見て、これらのイメージはまた、現代の歴史家たちがプレモダンの世界における聖なるものと世俗のものの間に設けた区別はそういうイメージの実体というよりその外見を反映したものに過ぎないという事実、そして、過去についての研究を「軍事史」と「宗教史」のようないくつかのカテゴリーにあまりに手際よく区分してしまうと、昔の世界観の複雑さを正しく認識できなくなる、という事実を我々に正しく再認識させてくれる。

付録　鎧を着た人　一〇五〇～一二五〇年頃（1）

一人に対して複数の「伝記」が存在する場合、対象を「鎧を着た人（*loricatus*）」と定義しているテキストのみここに取り上げた。BHL（ボランディスト）番号は次による。Bollandists' *Bibliotheca hagiographica Latina antiquae et mediae aetatis,* Subsida Hagiographica 6, 2 vols (Brussels, 1898-1901), with supplement, Subsida Hagiographica 70 (Brussels, 1986)

1. Dominic *Loricatus* (d. 1060), Italy. *Vita:* Peter Damian, *Vita S. Rodulphi episcopi Eugubini et S. Dominici Loricati,* PL 144 : 1007-24. BHL 2239.
2. Bertulf of Ghistelle (d. After 1070), Flanders. *Vita:* Anonymous, *Vita S. Godelevae virginis et martyrae Ghistellae,* AASS Jul. 2: 401-36. BHL 3593.
3. Simon of Crépy (d. 1081/82), France. *Vita:* Anonymous, *Vita B. Simonis comitis Crespeiensis auctore synchro,* PL 156: 1211-24. BHL 7757.
4. William *Firmatus* (d. 1103), France. *Vita:* Stephen Fulgerius (?), *Vita Guilielmi Firmati,* AASS April 3:334-41. BHL 8914.
5. William of Llanthony (d. after 1108), Wales. *Vita:* Anonymous, 'Foundation Legend of Llanthony Priory,' in *Monasticon*

Anglicanum, ed. William Dugdale, 3 vols (London, 1661-82), 2:59-61. No BHL entry.

6. Hugh of Cluny (d. 1109), France. *Vita:* Gilo of Cluny, *Vita S. Hugonis abbatis,* ed. H.E.J. Cowdrey in *Two Studies in Cluanic History, 1049-1126,* Studi Gregoriani per la storia della 'Libertas Ecclesiae' 11 (Rome, 1978), 45-109. BHL 4007. Raynald of Vézelay, *Vita S. Hugonis, Vileziacensia II: Textes relatifs à l'histoire de l'abbaye de Vézelay,* ed. R.B.C. Huygens, CCCM 42 Suppl. (Turnhout, 1980), 39-60. BHL 4008.
7. Robert of Arbrissel (d. 1116), France. *Vita:* Baldric of Dol, *Vita B. Roberti di Arbrisselo,* PL 162: 1043-59. BHL 7259.
8. Peter of Policastro (d. 1123), Italy. *Vita:* Anonymous monk of Venusino, *Vita S. Petri episcopi Policastrensis,* AASS Mar. 1:330-5. BHL 6767.
9. Stephen of Nuret (d. 1124), France. *Vita:* Stephen of Lissac, *Vita et miracula S. Stephani de Mureto.* PL 204: 1071-86. BHL 7907.
10. Geoffrey of Chalard (d. 1125), France, *Vita:* Anonymous, *Vita Gaufridi Castaliensis,* ed. A. Bosieux, *Mémoires de la Société des sciences naturelles et archéologiques de la Creuse* 3 (1862): 75-119. BHL 3283.
11. William of Vercelli (d. 1142), Italy. *Vita:* John of Nusco, *Vita Guilielmi abbatis, fundatoris eremitarum Montis Virginis,* AASS Jun. 5: 114-31. BHL 8924.
12. Wulfric of Haselbury (d. 1154), England. *Vita:* John of Ford, *Vita Wulfrici Haselbergiae,* ed. Maurice Bell, *Wulfric of Haselbery by John, Abbot of Ford,* Somerset Record Society 47 (London, 1933) BHL 8743.
13. Stephen of Obazine (d. 1159), France. *Vita:* Anonymous, *Vita S. Stephani Obazinensis,* ed. Michel Aubrun, *Vie de Saint Étienne d'Obazine,* Publications de l'Institut d'études du Massif Central 6 (Clermont-Ferrand, 1970), BHL 7916.
14. Godric of Finchale (d. 1170), England, *Vita:* Reginald of Durham, *Libellus de vita et miraculis S. Godrici heremitae de Finchale,*

ed. Joseph Stevenson, Publications of the Surtees Society 20 (London, 1847). BHL 3596.

15. Gerlach of Houthem (d. 1177), Flanders. *Vita:* Anonymous, *Vita Gerlaci eremitae in Belgio,* AASS Jan. 1: 306-20. BHL 3449.

16. Arnulf of Braband (d. 1228), Flanders. *Vita:* Goswin of Bussuto, *Vita Arnulfi monachi Villariensis in Belgio,* AASS Jun. 5: 608-31. BHL 713.

17. Dodo of Hascha (d. 1231), Germany. *Vita:* Anonymous, *Vita B. Dodonis de Hascha Ordinis Praemonstratensis in Frisia,* AASS Mar. 3: 851-8. BHL 2206.

18. Raynerius of Osnabrück (d. 1233), Germany. *Vita:* Anonymous, *Vita B. Raynerii solitarii Osnaburgi in Westphalia,* AASS Apr. 2: 61-2. BHL 7083.

19. Ingebrand of Rurke (d.after 1238), Germany. *Vita:* mentioned in *Vita S. Cordulae virginis et martyris, S. Ursulæ sodali.* AASS Oct. 9: 580-6. BHL 1951.

20. Edmund of Abington (d. 1240), England. *Vita:* Matthew Paris, *Vita beati Edmundi Contuariensis archiepiscopi,* ed. C.H. Lawrence, *St. Edmund of Abingdon: A Study in Hagiography and History* (Oxford, 1960), 222-89. BHL 2405.

21. Lawrence of Subiaco (d. 243), Italy. *Vita:* Anonymous, *Vita B. Laurentii eremitae confessoris Sublaci in Latio,* AASS Aug. 3: 304-7. BHL 4793.

原注（付録）

（1） ここにリストアップした人物の他に、もう二人、「鎧を着た人」の可能性がある。まず、リンカーン司教アヴァロンの聖ヒューの父（一二〇〇年没）で、男やもめとしてヴィラルブノアのアウグスティノ会に入った。彼は、*The Metrical Life of Saint of Lincoln* (ed. and trans. Charles Garton [Lincoln, 1986], 15. lines 109-13) に、「肉体に直接に鎧を着た（*induit arma / adversus carnem*）と記述されている。第二が、隠者ギルバートで、フランス人の伝記、隠者クドーのアレペード（一二一一年没）（*Vita B. Alpaide*, AASS Nov. 2, pt. 1: 196）の中で、毛衣の上に昼も夜も鉄製の鎖帷子（*lorica ferrea*）を着ていたと言われている。

訳者あとがき

本書は左記の全訳である。

War and the Making of the Medieval Monastic Culture, by Katherine Allen Smith, The Boydell Press, Woodbridge, 2011, Studies in the History of Medieval Religion, Volume XXXVII.

著者キャサリン・アレン・スミスは一九七七年生まれ。現在、ピュージェット・サウンド大学（アメリカ、ワシントン州）史学科准教授である。中世、近代初期の特に宗教、教会、修道院、女性とジェンダー、十字軍関連の研究、著作活動をし、中世史、教会史で著名な *Speculum, Church History, The Journal of History* などに寄稿している。最近のテーマは特に中世盛期の十字軍運動における修道院の内と外の聖職者の関係、及び、修道院での様々な様式が後世に残した死の観念、埋葬方法などである。ニューヨーク大学でヨーロッパ中世史を学んだなどの他、キャリアについては本書「献辞」の項をご覧いただきたい。

本訳書には、文中に括弧つきの、ほとんどがラテン語の「注」がかなり多く挿入されている。あるいは、煩わしく感じられるかもしれない。原著には、これにおそらく一〇倍は下らないであろう挿入がある（本訳書では原則として各章での初出のみとした）。著者が古代・中世ラテン語だけでなく古フランス語や古英語の資料も厳密に読み、引用した証《あかし》である。各章末にラテン語などの原文を転記しているので、それとの対応を容易にするための注でもあろう。ただし、原著にある英訳は、すでに多数の既出版からの引用（もちろんその旨、明記されている）だけでなく、著者自身によるものもある。そのせいであろうが、ごくまれに、同じラテン語の単語が異なる英単語になっている場合がある。著者なりに、前後関係や文脈を考慮してのことであろう。それを指摘した書評もあるが、評者自身が、それは著者の論述の欠点にはならないとしている。時代が千年以上の幅を持っているので、言葉の意味する対象が、時に変化することも考慮せねばならない。本書、日本語訳としては、当然とはいえ、英語の原著に従ったことをお断りしたい。著者の引用資料が、使用言語も含めて実に多岐にわたっており、かつ、厳密であることは多くの書評が一致して認めているところである。

ヨーロッパ中世、庶民に対する「合言葉」として、「祈れ、そして、働け」があった。そして、知識層、支配層は「祈る人と戦う人」に分けられた。ある意味で、厳密に分けられていた、と考えられてきた。もちろん、相互に移行はあっても、例外とするか、あるいは他方への単なる変化とされてきた。

著者は、ヨーロッパ、十字軍時代に修道院ないしは修道士に大きな変化が生じたことを指摘し、修道院制度の成熟と騎士階級の発展の中にその変化を位置づける。つまり、修道院ないし教会は、修道院制度の発展とともに、修道士を「戦う人」とみなすようになった。「キリストの戦士」であり、「精神的な戦士」である。かつ、そういう戦士は、「世俗の戦士」よりもキリストに近い、より高度の戦士と考えた。そういう考え方の嚆矢は三から四世紀、すでに教父の時代に芽生えていた。

旧約聖書で描写される、特に史実としての戦争も、精神的な戦争の原型に位置づけられた。新約聖書の世界はもちろんのこと、ローマに伝えられてからのキリスト教の歴史は殉教の歴史であり、「ローマの戦士」の死も、その多くが殉教、キリストの戦士の死として潤色された。そして、修道院側はさらにその後、ヨーロッパ全体へのキリスト教拡大時代の、つまり修道士の活動を、そういう世俗の戦士の活動と同等、否、もちろんそれ以上として位置づけ、表現し、主張したのだ。そのために修道士の活動や組織を世俗の戦争用語、軍事用語で説明した。多くの比喩、寓意が用いられた。「精神的な戦い」を初めとして、心という戦場、さらには服従、謙虚という武器、修道院の上司という司令官、キリストという最高司令官、聖人の庇護という要塞などなど。それらは決して単なる「比喩」、「何々のようなもの」ではなかった。世俗の軍事用語を用いながら、その意味するところは、精神的な戦争でのそれの方が、常に上位にあった。

著者はそういう言葉、表現の歴史を実に広範な資料に基づいて跡づけている。それによって、「祈る人と戦う人」という二項対立的発想が持つ皮相さを指弾した。両者のアンビバレントな関係が、古代から中世盛期まで、歴史の中で右に揺れ、左に揺れた様をたどることで、遠く現代まで続くその関係に新たな視点を提供したと言えよう。

キリスト教と軍隊という関連で一般の日本人がまず思い浮かべるのは「救世軍」であろう。クリスマスが近づくと街頭に現われ、軍服のようなものを着て、ラッパを吹く。英語でも間違いなく The Salvation Army である。しかしこれは一八六〇年代、イギリスの、しかもプロテスタント系による設立で、もちろんヨーロッパ中世とは無縁である。ただし、組織としての宗教が時に軍隊の形式を取ることがあるのは、ある面、古今東西の通例でもあろう。布教を前面に押し出した宗教だけでなく、個人的な修行を中心にした宗教でも起きる現象である。フランス、スタンダールの作品に、日本でもよく知られた『赤と黒』（原作は一八三〇年刊行）がある。「赤」は軍服で「黒」は僧服を象徴している。つまり主人公が初め「軍人」として出世しようとして果たせず、次に「聖職者」として出世の道を求める物語である。ある意味で、軍隊での活動と聖職者としてのそれが、どこかで通暁しているとの前提が、ヨーロッパ人の心の深層にあるのであろう。「赤」で挫折した主人公が、無意味に、まったく異なった「黒」の世界に新たな出世の道を求めたのではないはずである。特に宗教という心の深層に関わる問題の場合、社会と歴史、文化の違いが対象へのアプローチに大きく影響する。そんな意味で、宗教や文化の内からと外からという、両方の観点が時に有益と考える次第である。

本書の訳語について、付記しておきたい。convert は「改宗」、「改心」であるが、古代末期を除いて中世が舞台の場合は、「修道院に入る」、「修道院の傘下に入る」という意味ですべて「改心」とした。同じ関係から、secular は「世俗の」であるが、中世の場合、たとえば「修道院外の」聖職者とした箇所もある。

翻訳出版に当たり、元・法政大学出版局編集部の秋田公士さんに大変お世話になった。記してお礼申し上げたい。

二〇一三年一二月

井本晌二

索　引

カ　行

サ　行

タ 行

ナ　行

ハ　行

マ　行

ヤ　行

ラ　行

ワ　行

文　献

一次文献

Abbo of Fleury. *Canones*. PL 139: 473–508.

The Acts of the Christian Martyrs. Ed. and trans. Herbert Musurillo. Oxford, 1972.

Actus beati Francisci et sociorum ejus. Ed. Paul Sabatier. Paris, 1902.

Adalbéron of Laon. *Carmen ad Rotbertum francorum regem*. Ed. and trans. Claude Carozzi as *Poème au roi Robert*. Paris, 1979.

Adam of Eynsham. *The Life of St Hugh of Lincoln*. 2 vols. Ed. and trans. Decima Douie and Hugh Farmer. London, 1961.

Additamentum de reliquiis S. Austremonii. AASS Nov. 1: 80–82.

Adso of Montiérender. *Miracula SS. Waldeberti et Eustasii auctore Adsone abbate dervensi* [BHL 8775]. Ed. O. Holder-Egger in MGH SS 15/2: 1171–6. Hanover, 1888.

Aelred of Rievaulx. *De institutione inclusarum*. Ed. C.H. Talbot in *Aelredi Rievallensis Opera omnia, Vol. 1: Opera ascetica*, ed. Anselm Hoste et al., 635–82. CCCM 1. Turnhout, 1971.

——. *Relatio de Standardo*. In *Chronicles of the reigns of Stephen, Henry II, and Richard I*, 4 vols, ed. R. Howlett, 2: 181–99. London, 1884–92. Trans. Jane Patricia Freeland and ed. Marsha L. Dutton as *The Battle of the Standard*, in *Aelred of Rievaulx: The Historical Works*. CF 56. Kalamazoo, MI, 2005.

——. *Sermones de tempore et de sanctis*. PL 195: 209–360.

Aimo of Fleury. *Vita et martyrio S. Abbonis abbatis Floriaci*. PL 139: 387–414.

Amalarius of Metz. *De ecclesiasticis officiis libri quatuor*. PL 105: 985–1242.

Ambrose Autpert. *Expositio in Apocalypsin Libri IX*. 2 vols. Ed. Robert Weber. CCCM 27–27A. Turnhout, 1975.

Ambrose of Milan. *De officiis*. 2 vols. Ed. and trans. Ivor J. Davidson. Oxford, 2001.

Analecta hymnica medii aevi. 55 vols. Ed. Clemens Blume and Guido Maria Dreves. Leipzig, 1886–1922.

Andreas of Strumi. *Vita S. Arialdi*. Ed. F. Baethgen. MGH SS 30/2: 1047–75.

Anselm of Canterbury. *Epistolae*. PL 158: 1059–208; 159: 9–272. Trans. Walter Fröhlich as *The Letters of St. Anselm*. 3 vols. CS 96, 97, 142. Kalamazoo, MI, 1990–94.

Anselm. *Homiliae*. PL 158: 585–674.

The Apostolic Fathers. 2 vols. Ed. and trans. Bart Ehrman. Loeb Classical Library 24–5. Cambridge, MA, 2003.

Ardon Smaragdus. *Vita Benedicti Abbatis Anianensis et Indensis auctore Ardone*. Ed. George Waitz. MGH SS 15/1: 200–220.

Athanasius. *Vita Antonii* (Latin trans. by Evagrius of Antioch) [BHL 609]. PL 73: 125–70. Trans. Caroline White in *Early Christian Lives*. London, 1998.

Atto of Vercelii. *Expositio Epistolarum Beati Pauli*. PL 134: 125–834.

Augustine of Hippo. *De agone christiano*. PL 40: 284–310. Trans. Robert P. Russell in *Saint Augustine: Christian Instruction...*, FC 2. Washington D.C., 1947.

——. *De opere monachorum*. PL 40: 57–82.

——. *Enarrationes in Psalmos*. Ed. E. Dekkers, CCSL 38–40. Turnholt, 1956. Trans. Maria Boulding as *Expositions of the Psalms*. 6 vols. Park, NY, 2000–2004.

——. *Praeceptum*. Trans. George Lawless as 'Rule for Monks', in *Augustine of Hippo and His Monastic Rule*. Oxford, 1987.
——. *Sermones*. PL 38–39.
Baldric of Dol. *Historia Hierosolimitana*. RHC Occ. 4: 1–111.
——. *Relatio de scuto et gladio S. Michaeli*. Ed. Jean Huynes, in *Histoire générale de l'abbaye du Mont-Saint-Michel au péril de la mer*. 2 vols. Ed. Eugène de Robillard de Beaurepaire, 1: 137–46. Rouen, 1872.
——. *Vita B. Roberti de Abrissello* [BHL 7259]. PL 162: 1043–58.
Bede. *The Ecclesiastical History of the English People*. Trans. Leo Sherley-Price and R.E. Latham. Harmondsworth, 1990.
——. *Excerpts from the Works of Saint Augustine on the Letters of the Blessed Apostle Paul*. Trans. David Hurst. CS 183. Kalamazoo, MI, 1999.
Benedict of Aniane. *Codex regularum monasticarum et canonicarum*. PL 103: 423–700.
——. *Benedicti Anianensis Concordia regularum*. Ed. Pierre Bonnerue. CCCM 168. Turnhout: Brepols, 1999.
Bernard of Clairvaux. *In Praise of the New Knighthood*. Trans. M. Conrad Greenia. Kalamazoo, MI, 2000.
——. *On the Song of Songs*. 4 vols. Trans. Kilian J. Walsh and Irene M. Edmonds. CF 2, 4, 31, 40. Kalamazoo, MI, 1971–80.
Bruno of Asti. *Commentarium in Lucam, pars 1*. PL 165: 333–452.
——. *Expositio in Job commentarius*. PL 164: 551–696.
——. *Expositio in Pentateuchum*. PL 164: 551–696.
——. *Expositio in Psalmos*. PL 164: 695–1228.
Bruno of Chartreuse. *Expositio in Epistolas S. Pauli*. PL 153: 11–568.
——. *Expositio in Psalmos*. PL 152: 637–1419.
Burchard of Worms. *Decretum*. PL 140: 537–1057.
Caesarius of Heisterbach. *Dialogus miraculorum*. 2 vols. Ed. Joseph Strange. Cologne, 1851. Trans. H. von E. Scott and C.C. Swinton Bland as *The Dialogue on Miracles*. 2 vols. New York, 1929.
Cartulaire de l'abbaye cardinale de la Trinité de Vendôme. 5 vols. Ed. Charles Métais. Paris, 1893–1904.
Cartulaire de l'abbaye de Lérins. Ed. Henri Moris and Edmond Blanc. Paris, 1905.
Cartulaire de l'abbaye de Notre-Dame de Beaugency. Ed. G. Vignat. Mémoires de la Société archéologique et historique de l'Orléanais 16. Orléans, 1887.
Cartulaire de l'abbaye de Noyers. Ed. Casimir Chevalier. Mémoires de la Société archéologique de Touraine 22. Tours, 1872.
Cartulaire de l'abbaye de Redon en Bretagne. Ed. Aurélien de Courson. Paris, 1863.
Cartulaire de l'abbaye de Saint-Martin de Pontoise. 5 vols. Ed. J. Depoin. Pontoise, 1895–1909.
Cartularium abbathiae de Whiteby ordinis S. Benedicti. 2 vols. Ed. J.C. Atkinson. Surtees Society Publications 69, 72. Durham, 1879–81.
Cassian. *Collationes*, 3 vols. Ed. Eugène Pichery as *Conférences*. Paris, 1955–9. Trans. Colm Luibheid as *Conferences*. New York, 1985.
——. *Institutiones*. Ed. Jean-Claude Guy as *Institutions cénobitiques*. SC 109. Paris, 1965. Trans. Boniface Ramsey. Ancient Christian Writers 58. New York, 2000.
Cassiodorus. *Expositio Psalmorum*. Ed. M. Adriaen. CCSL 97–8. Turnholt, 1958. Trans. P.G. Walsh as *Explanation of the Psalms*. 3 vols. New York, 1990–91.
The Chronicle of the Abbey of Morigny, France, c. 1100–1150. Trans. Richard Cusimano. Lewiston, NY, 2003.
The Chronicle of Battle Abbey. Ed. and trans. Eleanor Searle. Oxford, 1980.

Chronicon abbatiae Rameseiensis. Ed. W.D. Macray. London, 1886.
Chronicon Novaliciense. Ed. George Pertz. Hanover, 1846.
Chroniques des églises d'Anjou. Ed. P. Marchegay and E. Mabille. Paris, 1869.
Collection des principaux cartulaires du diocèse de Troyes, t. IV. Ed. Charles Lalore. Paris, 1878.
The Commentaries of Origen and Jerome on St Paul's Epistle to the Ephesians. Ed. and trans. Ronald E. Heine. Oxford, 2002.
Commodian. *Instructiones adversus gentium deos pro christiana disciplina*. PL 5: 201–62.
Conciliorum Oecumenicorum Decreta. 3rd ed. Ed. Giuseppe Alberigo. Bologna, 1973.
Die consuetudines des Augustiner-Chorherrenstiftes Marbach im Elsass (12 Jahrhundert). Ed. Josef Siegwart. Freiburg, 1965.
Consuetudines Floriacenses antiquiores. Ed. Anselm Davril and Lin Donnat. Sources d'histoire médiévale 32. Paris, 2004.
The Coucher Book of Selby. 2 vols. Ed. J.T. Fowler. Yorkshire Archaeological Association Record Series 10, 12. Durham, 1891–3.
The Councils of Urban II, Vol. 1: Decreta Claromontensia. Ed. Robert Somerville. Amsterdam, 1972.
Cyprian. *De lapsis*. Ed. and trans. M. Bévenot. Oxford, 1971.
——. *Letters 1–81*. Trans. Rose Bernard Donna. FC 52. Washington D.C., 1965.
——. *Liber de zelo et livore*. PL 4: 637–52.
——. *De mortalitate*. PL 4: 603–24. Trans. Roy J. Deferrari as 'Mortality', in *Saint Cyprian: Treatises*. FC 36. Washington D.C., 1958.
De novitiis instruendis: Text und Kontext eines anonymen Traktates vom Ende des 12. Jahrhunderts. Ed. Mirko Breitenstein. Münster, 2004.
Les deux rédactions en vers du 'Moniage Guillaume.' 2 vols. Ed. Wilhelm Cloetta. Paris, 1906–11. Partial trans. Joan Ferrante in *Guillaume d'Orange: Four Twelfth-Century Epics*. New York, 1974.
De vera ac falsa poenitentia ad Christum devotam. PL 40: 113–30.
'Un document sur les débuts des Templiers.' Ed. Jean Leclercq in *Revue de l'histoire ecclesiastique* 52 (1957), 81–91.
Eigil of Fulda. *Die Vita Sturmi des Eigil von Fulda*, ed. Pius Engelbert. Marburg, 1968.
The Epistolae Vagantes of Pope Gregory VII. Ed. and trans. H.E.J. Cowdrey. Oxford, 1972.
Eucherius of Lyons, *Passio Acaunensium martyrum*. Ed. C.B. Krusch. MGH SS RerMerov 3: 20–41.
Eusebius of Caesarea. *The History of the Church*. 2nd edn. Trans. G.A. Williamson and A. Louth. London, 1989.
Expositiones Pauli Epistolarum ad Romanos, Galathas et Ephesios e codice S. Michaelis in periculo Maris (Avranches, Bibl. mun. 79). Ed. Gérard de Martel. Turnholt, 1995.
Fulbert of Chartres. *The Letters and Poems of Fulbert of Chartres*. Ed. and trans. Frederick Behrends. Oxford, 1976.
Fulcher of Chartres. *Fulcherius Carnotensis Historia Hierosolymitana*. Ed. Heinrich Hagenmeyer. Heidelberg, 1913. Trans. Edward Peters in *The First Crusade: The Chronicle of Fulcher of Chartres and Other Source Materials*. 2nd edn. Philadelphia, PA, 1998.
Galand of Regny. *Parabolaire*. Ed. and trans. Colette Friedlander, Jean Leclercq and Gaetano Raciti. SC 378. Paris, 1992.
——. *Petit livre de proverbes*. Ed. and trans. Jean Châtillon, Maurice Dumontier and Alexis Grelois. SC 436. Paris, 1998.
Geoffrey of Admont. *Homiliae festivales*. PL 174: 633–1060.
Geoffrey of Auxerre. *Sermo in anniversario obitus S. Bernardi*. PL 185: 575–88.
Geoffrey of Breteuil. *Epistolae*. PL 205: 827–88.

Geoffrey Grossus. *Vita b. Bernardi fundatoris congregationis de Tironio*. PL 172: 1363–446.
Gerhoh of Reichersberg. *Commentarius Aureus in Psalmos et Cantica Ferialia*. PL 193: 619–1814.
——. *Expositionis in Psalmos continuatio*. PL 194: 9–998.
Gerald of Wales. *Gemma animae*. Ed. and trans. John Hagen as *The Jewel of the Church*. Leiden, 1979.
Gesta Marcuardi abbatis Fuldensis. Ed. J.F. Böhmer. Stuttgart, 1853.
Gilbert Crispin. *Vita domni Herluini abbatis Beccensis*. In *Gilbert Crispin, Abbot of Westminster*, ed. J. Armitage Robinson, 87–110. Cambridge, 1911. Trans. Sally Vaughn as 'The Life of Lord Herluin, Abbot of Bec.' In *The Abbey of Bec and the Anglo-Norman State, 1034–1136*. Woodbridge, 1981.
Gilbert Foliot. *The Charters and Letters of Gilbert Foliot*. Ed. A. Morey and C.N.L. Brooke. Cambridge, 1967.
Gilbert of Hoyland. *Sermones in Cantica Canticorum*. PL 184: 11–252.
Gilo of Cluny. *Vita S. Hugonis abbatis* [BHL 4007]. Ed. H.E.J. Cowdrey in *Two Studies in Cluniac History, 1049–1126*. Studi Gregoriani per la storia della 'Libertas Ecclesiae' 11. Rome, 1978.
Gilo of Paris. *Historia vie Hierosolimitane*. Ed. and trans. C.W. Grocock and J.E. Siberry. Oxford, 1997.
Goscelin of Saint-Bertin. *Historia translationis Sancti Augustini* [BHL 777]. PL 80:13–46.
Goscelin of Saint-Bertin. *Liber Confortatorius*. Ed. C.H. Talbot as 'The *Liber Confortatorius* of Goscelin of Saint Bertin, *Studia Anselmiana* 37, Analecta Monastica, 3rd ser. (1955), 2–117. Trans. Monika Otter as *Goscelin of St Bertin, The Book of Encouragement and Consolation*. Cambridge, 2004.
Gregory the Great. *Dialogues*. 2 vols. Ed. Adalbert de Vogüé and trans. Paul Antin. SC 251, 260 and 265. Paris, 1978–9. Trans. Odo J. Zimmerman as *Gregory the Great: Dialogues*. FC 39. Washington D.C., 1959.
——. *Homiliarum in Evangelia libri duo*. PL 76: 1075–312.
——. *Homiliarum in Ezechielem prophetam libri duo*. PL 76: 785–1072.
——. *Moralia in Job*. 3 vols. Ed. Marcus Adriaen. CCSL 143–143B. Turnhout, 1979–85.
——. *Regula pastoralis*. 2 vols. Ed. Floribert Rommel and trans. Charles Morel as *Règle pastorale*. CS 381–2. Paris, 1992.
Grimlaicus. *Regula solitariorum*. PL 103: 573–664.
Guerric of Igny. *Sermones*. 2 vols. Ed. John Morson and Hilary Costello. SC 166, 202. Paris, 1970–73. Trans. Monks of Mount Saint Bernard Abbey as *Guerric of Igny: Liturgical Sermons*. CF 8. Spencer, MA, 1970–72.
Guibert of Gembloux. *Guiberti Gemblacensis epistolae*. 2 vols. Ed. Albert Derolez. CCCM 66–66A. Turnhout, 1989.
Guibert of Nogent. *De vita sua*. Ed. and trans. E.R. Labande as *Autobiographie*. Paris, 1981. Trans. John F. Benton as *Self and Society in Medieval France*. Toronto, 1984.
——. *Gesta Dei per Francos*. CCCM 127A. Ed. R.B.C. Huygens. Turnhout, 1996. Trans. Robert Levine as *The Deeds of God through the Franks*. Woodbridge, 1997.
Guillaume Durand. *Rationale divinorum officiorum*. 3 vols. Ed. Anselme Davril, T.M. Thibodeau, and Bertrand G. Guyot. CCCM 140, 140A, 140B. Turnhout, 1995–2000.
Guillaume le Clerc. *Le Besant de Dieu*. Ed. Pierre Ruelle. Brussels, 1973.
Guy of Amiens. *Carmen de Hastingae Proelio*. 2nd edn. Ed. and trans. Frank Barlow. Oxford, 1999.
Haimo of Auxerre. *Expositio in Apocalypsin*. PL 117: 937–1220.
Hariulf of Saint-Médard. *Vita S. Arnulfi* [BHL 703]. PL 174: 1367–438.

Herbert of Losinga. *Epistolae Herberti de Losinga, primi episcopi norwicensis*. Ed. Robert Anstruther. London, 1846.
Hervé of Déols. *Commentaria In Epistolas Divi Pauli*. PL 181: 591–1692.
Hildebert of Lavardin. *Sermones de diversis*. PL 171: 339–964.
Hildemar of Corbie. *Commentarium in regulam S. Benedicti*. Ed. Rupert Mittermüller. Regensburg, 1880.
Historia de expeditione Friderici imperatoris. Ed. A. Chroust. MGH SRG n.s. 5. Berlin, 1928.
Honorius Augustodunensis. *Gemma animae*. PL 172: 541–738.
——. *Speculum ecclesiae*. PL 172: 807–1107.
Honorius Augustodunensis. *Summa gloria*. PL 172: 1257–70.
Hortus Deliciarum of Herrad of Hohenbourg. 2 vols. Ed. Rosalie Green, Michael Evans, Christine Bischoff, and Michael Curschmann. Landsberg, 1979.
Hrabanus Maurus. *De rerum naturis*. PL 111: 9–614.
——. *Enarrationum in Epistolas Beati Pauli*. PL 112: 9–834.
Hugh of Amiens. *Vita S. Adjutoris monachi Tironensis*. PL 192: 1345–52.
Hugh Francigena. *Tractatus de conversione Pontii de Laracio et exordii Salvaniensis monasterii vera narratio*. Ed. Beverley Mayne Kienzle. *Sacris erudiri* 34 (1993), 273–311. Trans. Kienzle as 'The Tract of the Conversion of Pons of Léras and the True Account of the Beginning of the Monastery at Silvanes', in *Medieval Hagiography: An Anthology*, ed. Thomas Head, 495–513. New York and London, 2001.
Hugh of Saint-Victor. *De sacramentis christianae fidei*. PL 176: 172–618. Trans. Roy J. Deferrari as *On the Sacraments of the Christian Faith*. Cambridge, MA, 1951.
Ivo of Chartres. *Decretum*. PL 161: 59–1022.
——. *Epistolae*. Ed. Jean Leclercq as *Yves de Chartres: Corréspondance*. Paris, 1949.
Jerome. *Select Letters of St. Jerome*. Loeb Classical Library 262. Ed. and trans. F.A. Wright. London, 1933.
——. *Vita S. Hilarionis*. PL 23: 29–54.
——. *Vita S. Pauli eremitae*. PL 23: 17–28.
John Beleth. *Summa de ecclesiasticis officiis*. 2 vols. Ed. Herbert Douteil. CCCM 41–41A. Turnholt, 1976.
John of Fécamp. *Epistolae*. PL 147: 463–76.
John of Ford. *Super extremam partem Cantici Canticorum sermones CXX*. Ed. Edmund Mikkers and Hilary Costello. CCCM 17–18. Turnhout, 1970. Trans. Wendy Beckett as *John of Ford: Sermons on the Final Verses of the Song of Songs*. 6 vols. CF 29, 39, 43–47. Kalamazoo, MI, 1977–84.
——. *Vita beati Wulfrici Haselbergiae* [BHL 8743]. Ed. Maurice Bell. Somerset Record Society 47. London, 1933. Partial trans. Pauline Matarasso in *The Cistercian World: Monastic Writings of the Twelfth Century*. New York, 1993.
John of Fruttuaria. *Liber de ordine vitae et morum institutione*. PL 184: 559–84.
John of Salerno. *Vita S. Odonis*. PL 133: 43–86. Trans. Gerard Sitwell in *St. Odo of Cluny: Being the Life of St. Odo of Cluny by John of Salerno and Life of St. Gerald of Aurillac by St. Odo*. London, 1958.
John of Salisbury. *Policraticus sive nugis curialium et vestigiis philosophorum*. PL 199: 379–822. Trans. John Dickinson as *The Statesman's Book of John of Salisbury*. New York, 1927.
Julian of Vézelay. *Sermones*. 2 vols. Ed. and trans. Damian Vorreux. CS 192–3. Paris, 1972.
Lambert of Ardres. *The History of the Counts of Guines and Lords of Ardres*. Ed. and trans. Leah Shopkow. Philadelphia, PA, 2001.

Letald of Micy. *Liber miraculorum S. Maximini Micianensis abbatis*. PL 137: 795–824.
The Letters of Saint Bernard of Clairvaux. Trans. Bruno Scott James. New York, 1980.
Lettres des premiers chartreux. 2 vols. Ed. and trans. 'a Carthusian.' SC 88, 274. Paris, 1980–88.
Liber miraculorum Sanctae Fides. Ed. A. Bouillet. Paris, 1897. Trans. Pamela Sheingorn as *The Book of Sainte Foy*. Philadelphia, PA, 1995.
Liber de poenitentia et tentationibus religiosorum. PL 213: 863–904.
The Little Flowers of St. Francis. Trans. Raphael Brown. New York, 1991.
Marbod of Rennes. *Vita S. Roberti Casae Dei Abbatis* [BHL 7262]. PL 171: 1505–32.
Matthew Paris. *Vita B. Edmundi Cantuariensis archiepiscopi*. Ed. C.H. Lawrence in *St. Edmund of Abington: A Study in Hagiography and History*. Oxford, 1960.
Memorials of St. Anselm. Ed. R.W. Southern and F.S. Schmitt. London, 1969.
Memorials of the Abbey of St. Mary of Fountains. 3 vols. Ed. John R. Walbran, James Raine and J.T. Fowler. Surtees Society Publications 42, 67, 130. Durham, 1863–1918.
Les miracles de Saint Benoît écrits par les Adrevald, Aimon, André, Raoul Tortaire et Hugues de Sainte Marie, moines de Fleury. Ed. Eugène de Certain. Paris, 1958.
Nicholas of Clairvaux. *Epistolae*. PL 196: 1593–1654.
Nigel Longchamp. *Tractatus contra curiales et officiales clericos*. Ed. André Boutemy. Paris, 1959.
Odo of Cluny. *Collationum libri tres*. PL 133: 517–638.
——. *Epitome moralium in Job libri XXXV*. PL 133: 107–512.
——. *Sermones quinque*. PL 133: 709–52.
——. *Vita sancti Geraldi Auriliacensis (vita prolixior)*. Ed. Anne-Marie Bultot-Verleysen. Subsidia hagiographica 89. Brussels, 2009. Trans. Gerard Sitwell in *St. Odo of Cluny: Being the Life of St. Odo of Cluny by John of Salerno and Life of St. Gerald of Aurillac by St. Odo*. London, 1958.
Odo of Saint-Maur. *Vita domni Burcardi* [BHL 1482]. Ed. Charles Bourel de la Roncière as *Vie de Bouchard le Vénérable*. Paris, 1892.
Orderic Vitalis. *The Ecclesiastical History*. 6 vols. Ed. and trans. Marjorie Chibnall. Oxford, 1969–80.
Origen. *Homélies sur les Nombres*. 3 vols. Ed. W.A. Baehrens et al. SC 415, 442, 461. Paris, 1996–2001.
Origen. *Opera omnia*. 25 vols. Ed. C.H.E. Lommatzsch. Berlin, 1831–48.
'Papsturkunden in Florenz.' In *Nachrichten von der Gesellschaft der Wissenschaften zu Gottingen*, ed. W. Wiederhold, 306–25. Gottingen, 1901.
The Papal Reform of the Eleventh Century: Lives of Pope Leo IX and Gregory VII. Ed. and trans. Ian S. Robinson. Manchester, 2004.
Paschasius Radbertus. *Epitaphium Arsenii (Vita Walae)*. Ed. Ernst Dümmler, in *Philosophische und historische Abhandlungen der königlichen. Akademie der Wissenschaften zu Berlin*, phil.-hist. Kl., 2 (1900): 1–98. Trans. Allen Cabaniss as 'The Life of Wala,' in *Charlemagne's Cousins: Contemporary Lives of Adalard and Wala*. Syracuse, NY, 1967.
——. *Expositio in evangelium Matthaei libri XII*. CCCM 56. Ed. Beda Paulus. Turnhout, 1984.
Paul the Deacon. *Historia Langobardorum*. Ed. L. Bethmann and G. Waitz. MGH SSRerLang 1: 12–187.
Peter of Aliaco. *Vita et miracula S. Petri Caelestini*. AASS May 4: 484–97.
Peter of Blois. *The Later Letters of Peter of Blois*. Auctores Britannici Medii Aevi 13. Ed. Elizabeth Revell. Oxford, 1993.
Peter of Celle. *Adhortatio ad claustrales*. PL 202: 1097–146.
——. *De afflictione et lectione*. In *La spiritualité de Pierre de Celle*, ed. J. Leclercq, 231–9.

Paris: J. Vrin, 1946. Trans. Hugh Feiss as 'On Affliction and Reading' in *Peter of Celle: Selected Works*. CS 100. Kalamazoo, MI, 1987.
Peter Damian. *Die Briefe des Petrus Damiani*, 4 vols. Ed. Kurt Reindel. Munich, 1983–93. Trans. Owen J. Blum, Irven Resnick and Thomas Halton as *The Letters of Peter Damian*, 6 vols. Washington D.C., 1989–2005.
——. *Sermones*. Ed. Giovanni Lucchesi. CCCM 57. Turnhout, 1983.
——. *Vita S. Rodulphi episcopi Eugubini et S. Dominici Loricati* [BHL 7282]. PL 144: 1007–24.
——. *Vita S. Romualdis abbatis*. PL 144: 953–1008.
Peter of Dives. *Gesta septem abbatum Beccensium*. PL 181: 1709–18.
Peter Tudebode. *Historia de Hierosolymitano Itinere*. RHC Occ. 3: 9–117. Trans. John Hugh Hill and Laurita L. Hill. Philadelphia, PA, 1974.
Peter the Venerable. *The Letters of Peter the Venerable*. 2 vols. Ed. Giles Constable. Cambridge, MA, 1967.
——. *De miraculis*. Ed. Denise Bouthillier. CCCM 83. Turnholt, 1988.
Philip of Harvengt. *De institutione clericorum*. PL 203: 665–1206.
Philip of Navarre. *Les quatres ages de l'homme*. Ed. Marcel de Fréville. Paris, 1888.
Planctus de transitu Odilonis abbatis. PL 142: 1043–6.
A Pre-Conquest English Prayer Book. Ed. B.J. Muir. Henry Bradshaw Society 103. Woodbridge, 1988.
Processus de vita et miraculis factus anno 1307 (Canonization proceedings of Thomas de Cantilupe). AASS Oct. 1: 585–696.
Prudentius. *Works*. 2 vols. Ed. and trans. H.J. Thomson. Loeb Classical Library 387, 398. Cambridge, MA, 1949–53.
Pseudo-Basil of Caesarea. *Admonitio ad filium spiritualium*. PL 103: 685–6.
Ralph Glaber. *Opera*. Ed. Neithard Bulst, trans. John France and Paul Reynolds. Oxford, 1989.
Ralph of La Chaise-Dieu. *Vita Adelelmi Casae Dei* [BHL 71]. In *La España Sagrada*, 51 vols, ed. H. Florez, 27: 425–34. Madrid, 1743–1886.
Ranger of Lucca. *Vita Anselmi Lucensis*. Ed. Ernest Sackur, Gerhard Schwartz and Bernhard Schmeidler. MGH SS 30/2: 1152–307.
Raymond of Aguilers. *Historia Francorum qui ceperunt Iherusalem*. RHC Occ. 3: 235–309. Trans. John Hugh Hill and Laurita L. Hill. Philadelphia, PA, 1968.
Recueil des actes des ducs de Normandie de 911 à 1066. Ed. Marie Fauroux. Caen, 1961.
Recueil des chartres de l'abbaye de Cluny. 5 vols. Ed. Auguste Bernard and Alexandre Bruel. Paris, 1876–1903.
Reginald of Durham. *Vita et miracula S. Godrici*. Ed. Joseph Stevenson in *Libellus de vita et miraculis S. Godrici heremitae de Finchale*, Publications of the Surtees Society 20. London, 1847.
Regino of Prüm. *Chronica*. PL 132: 13–1332.
Das Register Gregors VII. 2 vols. Ed. Erich Caspar. MGH Epistolae selectae 2. Berlin, 1920–23.
Regula Magistri. Ed. and trans. Adalbert de Vogüé as *La Règle du maître*. 3 vols. SC 105–7. Paris, 1964–5.
Remigius of Auxerre. *Enarrationum in psalmos liber unus*. PL 131: 133–844.
Robert of Flamborough. *Liber poenitentialis*. Ed. J. Firth. Toronto, 1971.
Robert of Reims. *Historia Iherosolimitana*. RHC Occ. 3: 717–882. Trans. Carole Sweetenham as *Robert the Monk's History of the First Crusade: Historia Iherosolimitana*. Aldershot, 2005.
Rouleaux des morts du IXe au XVe siècle. Ed. Léopold Delisle. Paris, 1866.

Rupert of Deutz. *Commentaria in Apocalypsim*. PL 169: 825–1214.
Saint Richard of Chichester: The Sources for his Life. Ed. David Jones. Sussex Record Society 79. Lewes, 1995.
Sermo in Assumptione B. Mariae Virginis. PL 184: 1001–10.
Sicard of Cremona. *Mitrale, seu de officiis ecclesiasticis summa*. PL 213: 13–436.
Sigebert of Gembloux. *Chronica*. PL 160: 57–546.
Smaragdus of Saint-Mihiel. *Diadema monachorum*. PL 102: 593–690.
——. *Expositio in Regulam S. Benedicti*. Ed. A Spannagel and P. Engelbert. Corpus Consuetudinem Monasticarum. Siegburg, 1974. Trans. David Barry as *Smaragdus of Saint-Mihiel: Commentary on the Rule of Saint Benedict*. CS 212. Kalamazoo, MI, 2007.
S. Petri episcopi Policastrensis [BHL 6767]. AASS March 1: 330–5.
Stephen of Autun. *Tractatus de sacramento altaris*. PL 172: 1273–308.
Stephen Fulgerius (?). *Vita Guilielmi Firmati* [BHL 8914]. AASS Apr. 3: 334–41.
Stephen Harding. *Sermo in obitu praedecessoris sui*. PL 166: 1375–6.
Stephen of Lissac. *Vita Stephani de Mureto* … [BHL 7907]. PL 204: 1071–86.
Stephen of Sawley. *Treatises*. Ed. Bede K. Lackner and trans. Jeremiah F. O'Sullivan. CF 36. Kalamazoo, MI, 1984.
Suger of Saint-Denis. *Vita Ludovici grossi regis*. Ed. and trans. Henri Waquet. Classiques de l'histoire de France au Moyen Age 11. Paris, 1964.
Sulpicius Severus. *Vita S. Martini*. Ed. Jacques Fontaine as *Vie de saint Martin: Introduction, texte, traduction, et commentaire*, 3 vols. SC 133–5. Paris, 1967–9. Trans. F.R. Hoare as 'The Life of Saint Martin of Tours', in *Soldiers of Christ: Saints and Saints' Lives from Late Antiquity and the Early Middle Ages*, ed. Thomas F.X. Noble and Thomas Head, 1–29. University Park, PA, 1995.
Tertullian. *Ad martyras*. In *Quinti Septimi Florentis Tertulliani Opera*. 2 vols. Ed. E. Dekkers, 1: 1–18. CCSL 1–2. Turnhout, 1954. Trans. Rudolph Arbesmann, Emily Joseph Daly and Edwin A. Quain as *To the Martyrs*, in *Tertullian: Disciplinary, Moral, and Ascetical Works*. FC 40. Washington D.C., 1959.
Thietmar of Merseburg. *Chronica*. PL 139: 1183–954.
Thomas of Perseigne. *Cantica Canticorum*. PL 206: 15–861.
Translatio S. Germani Parisiensis anno 846. Ed. Carolus de Smedt. *Analecta Bollandiana* 2 (1883), 69–98.
Translatio S. Sebastiani martyris. AASS Jan. 2: 278–93.
Vie de saint Alexis: poème du XIe siècle. Ed. Gaston Paris. Paris, 1885.
The Vie de Saint Alexis in the Twelfth and Thirteenth Centuries: An Edition and Commentary. Ed. Alison Goddard Elliott. Chapel Hill, NC, 1983.
'La vie de S. Gaucher, fondateur des chanoines réguliers d'Aureil en Limousin.' Ed. Jean Becquet. *Revue Mabillon* 54 (1964), 25–55.
Visio Gunthelmi. Ed. Giles Constable, in 'The Vision of Gunthelm and Other Visions Attributed to Peter the Venerable.' *Revue Bénédictine* 66 (1956), 92–114.
Vita altera (Petri Venerabilis abbatis). PL 189: 27–42.
Vita B. Johannis de Monte-Mirabili [BHL 4415]. AASS Sept 8: 218–35.
Vita B. Laurentii eremitae Sublaci [BHL 4793]. AASS Aug. 3: 304–7.
Vita B. Raynerii solitarii Osnaburgi in Westphalia [BHL 7083]. AASS Apr. 2: 61–2.
Vita S. Roberti abbatis Molesmensis [BHL 7265]. PL 157: 1269–94.
Vita B. Simonis comitis Crespeiensis auctore synchrono [BHL 7757]. PL 156: 1211–24.
Vita Gangulfi martyris Varennensis [BHL 3328]. Ed. W. Levinson. MGH SS RerMerov 7: 142–74.
Vita Gaucherii Aurelii. Ed. Jean Becquet as 'La vie de saint Gaucher, fondateur des chanoines réguliers d'Aureil en Limousin.' *Revue Mabillon* 54 (1964): 25–55.

Vita Gaufridi Castaliensis [BHL 3283]. Ed. A. Bosieux in *Mémoires de la Société des sciences naturelles et archéologiques de la Creuse* 3 (1862), 75–119.
Vita Gerlaci eremitae in Belgio [BHL 3449]. AASS Jan. 1: 306–20.
Vita Godefridi comitis Cappenbergensis [BHL 3578]. Ed. Philippe Jaffé. MGH SS 12: 513–30. Trans. Theodore J. Antry and Carol Neel in *Norbert and Early Norbertine Spirituality*. New York, 2007.
Vita Guilielmi abbatis fundatoris eremitarum Montis Virginis [BHL 8924]. AASS Jun. 5: 114–31.
Vita Leonis IX. In *Pontificum romanorum vitae*. 2 vols. Ed. I. M. Watterich, 1:127–70. Leipzig, 1862.
Vita de S. Alexii [BHL 286]. AASS Jul. 4: 251–4.
Vita S. Ansegisi abbatis Fontanellensis et Luxoviensis. PL 105: 735–50.
Vita S. Avito eremita in Sarlatensi apud Petracoricos diocesi [BHL 884]. AASS Jun. 3: 360–65.
Vita S. Bobonis [BHL 1383]. AASS May 5: 184–91.
Vita S. Cordulae virginis et martyris, S. Ursulæ sodali [BHL 1951]. AASS Oct. 9: 580–86.
Vita S. Geraldi abbatis [BHL 3417]. AASS Apr. 1: 414–23.
Vita S. Godelevae virginis et martyris Ghistellae [BHL 3593]. AASS Jul. 2: 401–36.
Vita S. Stephani Obazinensis [BHL 7916]. Ed. and trans. Michel Aubrun as *Vie de Saint Étienne d'Obazine*. Publications de L'Institut du Massif Centrale 6. Clermont-Ferrand, 1970.
Vita S. Teobaldi [BHL 8032]. AASS June 5: 592–5.
Vita venerabilis Amedaei Altae Ripae († c.1150). Ed. Anselme Dimier in *Studia monastica* 5 (1963), 265–304.
Vita Willelmi Gellonensis [BHL 8916]. AASS May 6: 811–20.
Vizeliacensia II: Textes relatifs à l'histoire de l'abbaye de Vézelay. Ed. R.B.C. Huygens. CCCM 42 Suppl. Turnhout, 1980.
Walafrid Strabo. *Expositio in viginti primos psalmos*. PL 114: 751–94.
Walter of Aquitaine: Materials for the Study of His Legend. Ed. Francis Peabody Magoun and H.M. Smyser. New London, CT, 1950.
Walter Daniel. *Vita Ailredi abbatis Rievall'* [BHL 2644]. Ed. and trans. F.M. Powicke. Oxford, 1950.
William Dandina of Saint-Savin. *Vita Hugonis de Lacerta* [BHL 4017]. In *Vetera scriptorum … amplissima collectio*, 9 vols, ed. Edmond Martène and Ursin Durand, 6: 1143–86. Paris, 1724–33.
William of Poitiers. *Gesta Guillelmi*. Ed. R.H.C. Davis and Marjorie Chibnall. Oxford, 1998.
William of Saint-Thierry. *Expositio in epistolam ad Romanos*. PL 180: 547–694. Ed. John D. Anderson and trans. John Baptist Hasbrouck as *Exposition on the Epistle to the Romans*. CF 27. Kalamazoo, MI, 1980.
William of Saint-Thierry et al. *Vita prima S. Bernardi*. PL 185: 225–368.
William of Tocco. *Ystoria sancti Tome de Aquino*. Ed. Claire Le Brun-Gouanvic. Toronto, 1996.
William of Tyre. *Historia rerum in partibus transmarinis gestarum*. Ed. R.B.C. Huygens. 2 vols. CCCM 63–63A. Turnhout, 1986. Trans. Emily Atwater Babcok and Augustus C. Krey as *History of Deeds Done Beyond the Sea*. 2 vols. New York, 1943.

二次文献

Airlie, Stuart. 'The Anxiety of Sanctity: St. Gerald of Aurillac and His Maker.' *Journal of Ecclesiastical History* 43 (1992), 372–95.

Alberi, Mary. '"The Sword Which You Hold in Your Hand": Alcuin's Exegesis of the Two Swords and the Lay *Miles Christi*.' In *The Study of the Bible in the Carolingian Era*, ed. Celia Chazelle and Burton Van Name Edwards, 117–31. Medieval Church Studies 3. Turnholt, 2003.

Alexander, J.J.G. 'Ideological Representation of Military Combat in Anglo-Norman Art.' *Anglo-Norman Studies* 15 (1992), 1–24.

Alphandéry, P. *La chrétienté et l'idée de croisade*. Paris, 1954.

Ambrose, Kirk. *The Nave Sculpture of Vézelay: The Art of Monastic Viewing*. Toronto, 2006.

Ashley, Kathleen and Pamela Sheingorn. *Writing Faith: Text, Sign, and History in the Miracles of Sainte Foy*. Chicago, MI, 1999.

Auer, Johann. '*Militia Christi*.' In *Dictionnaire de spiritualité ascétique et mystique*, 17 vols, ed. Marcel Villers et al., 10: 1210–23. Paris, 1937–94.

Bachrach, Bernard S. 'The Combat Sculptures at Fulk Nerra's "Battle Abbey" (c. 1005–1012).' *Haskins Society Journal* 3 (1991), 63–80.

——. 'The Feigned Retreat at Hastings.' *Mediaeval Studies* 33 (1971): 344–7.

Bachrach, David S. *Religion and the Conduct of War, c.300–1215*. Woodbridge, 2003.

Bainton, Roland H. *Christian Attitudes Toward War and Peace: A Historical Survey and Critical Re-evaluation*. New York, 1960.

Barber, Richard. 'When is a Knight not a Knight?' In *The Ideals and Practice of Medieval Knighthood V: Papers from the Sixth Strawberry Hill Conference*, ed. Stephen Church and Ruth Harvey, 1–17. Woodbridge, 1995.

Barber, Malcolm. *The New Knighthood: A History of the Order of the Temple*. Cambridge, 1994.

Barratt, Alexandra. 'The *De institutione inclusarum* of Aelred of Rievaulx and the Carthusian Order.' *The Journal of Theological Studies* 28 (1977): 528–36.

Barthélemy, Dominique. *Chevaliers et miracles: la violence et le sacré dans la société féodale*. Paris, 2004.

——. *The Serf, the Knight, and the Historian*. Trans. Graham Robert Edwards. Ithaca, NY, 2009.

——. 'Qu'est-ce que la chevalerie en France aux Xe et XIe siècles?' *Revue Historique* 290 (1993), 15–74.

——. 'Sur les traces du comte Bouchard: Dominations châtelaines a Vendôme et en *Francia* vers l'an Mil.' In *Le roi de France et son royaume autour de l'an Mil*, ed. Michel Parisse and Xavier Barral i Altet, 99–109. Paris, 1992.

Bédier, Joseph. *Les légendes épiques: Recherches sur la formation des chansons de geste*. 4 vols. Paris, 1908–13.

Bennett, Matthew. 'Military Masculinity in England and Northern France, c.1050-c.1225.' In *Masculinity in Medieval Europe*, ed. D.M. Hadley, 71–88. London, 1999.

Berman, Constance H. *The Cistercian Evolution: The Invention of a Religious Order in Twelfth-Century Europe*. Philadelphia, PA, 2000.

Bernards, Matthäus. *Speculum virginum: Geistigkeit und Seelenleben der Frau in Hochmittelalter*. Cologne, 1982.

The Bishop Reformed: Studies of Episcopal Power and Culture in the Central Middle Ages. Ed. John Ott and Anna Trumbore Jones. Burlington, VT, 2007.

Blaise, Albert. *Lexicon Latinitatis medii aevi*. Turnhout, 1975.
Blowers, Paul M. 'Interpreting Scripture.' In *The Cambridge History of Christianity, Vol. 2: Constantine to c.600*, ed. Augustine Casiday and Frederick W. Norris, 618–36. Cambridge, 2007.
Bolton, Brenda. 'Old Wealth and New Poverty in the Twelfth Century.' In *Renaissance and Renewal in Christian History*, Studies in Church History 14, ed. Derek Baker, 95–103. Oxford, 1977.
Bostock, John K., Kenneth C. King and D.R. McLintock. *A Handbook of Old High German Literature*. Oxford, 1976.
Boswell, John. *The Kindness of Strangers: The Abandonment of Children in Western Europe from Late Antiquity to the Renaissance*. Chicago, MI, 1988.
Bouchard, Constance Brittain. *'Every Valley Shall Be Exalted': The Discourse of Opposites in Twelfth-Century Thought*. Ithaca, NY, 2003.
——. *Strong of Body, Brave and Noble: Chivalry and Society in Medieval France*. Ithaca, NY, 1998.
——. *Sword, Miter, and Cloister: Nobility and the Church in Burgundy, 980–1198*. Ithaca, NY, 1987.
——. 'Noble Piety and Reformed Monasticism: The Dukes of Burgundy in the Twelfth Century.' In *Noble Piety and Reformed Monasticism: Sudies in Medieval Cistercian History VII*, ed. E. Rozanne Elder, 1–9. Kalamazoo, MI, 1981.
Bouzy, Olivier. 'Les armes symboles d'un pouvoir politique: l'épée du sacre, la Sainte Lance, l'Oriflamme, aux VIIIe–XIIe siècles.' *Francia* 22 (1995), 45–57.
Bowman, Jeffrey Alan. *Shifting Landmarks: Property, Proof, and Dispute in Catalonia Around the Year 1000*. Ithaca, NY, 2004.
Boynton, Susan. *Shaping a Monastic Identity: Liturgy and History at the Imperial Abbey of Farfa, 1000–1125*. Ithaca, NY, 2006.
——. 'Performative Exegesis in the Fleury *Interfectio puerorum*.' *Viator* 29 (1998), 39–64.
Brakke, David. *Demons and the Making of the Monk: Spiritual Combat in Early Christianity*. Cambridge, MA, 2006.
Bredero, Adriaan H. *Bernard of Clairvaux: Between Cult and History*. Grand Rapids, MI, 1996.
Brennan, Peter. 'Military Images in Hagiography.' In *Reading the Past in Late Antiquity*, ed. Graeme Clark et al., 323–45. Rushcutters Bay, 1990.
Brooke, Christopher. *Age of the Cloister*. Mahwah, NJ, 2003.
Brown, Elizabeth A.R. 'George Duby and the Three Orders.' *Viator* 17 (1986), 51–64.
Brown, Elizabeth A.R. and Michael W. Cothren. 'The Twelfth-Century Crusading Window of the Abbey of Saint-Denis: *praeteritorum enim recordatio futurorum est exhibitio*.' *Journal of the Warburg and Courtauld Institutes* 49 (1986), 1–40.
Brundage, James A. 'Adhemar of Puy: The Bishop and His Critics.' *Speculum* 34 (1959), 201–12.
——. 'Crusades, Clerics, and Violence: Reflections on a Canonical Theme.' In *The Experience of Crusading, 1: Western Approaches*, ed. Marcus Bull and Norman Housley, 147–56. Cambridge, 2003.
——. 'Holy War and the Medieval Lawyers.' In *The Holy War*, ed. Thomas Patrick Murphy, 99–140. Columbus, OH, 1976.
——. 'The Limits of War-Making Power: The Contributions of Medieval Canonists.' In *Peace in a Nuclear Age: The Bishops' Pastoral Letter in Perspective*, ed. Charles J. Reid, 69–86. Washington D.C., 1986. Repr. in *The Crusades, Holy War, and Canon Law*, 69–86. Aldershot, 1991.
——. 'St. Anselm, Ivo of Chartres, and the Ideology of the First Crusade.' In *Les muta-*

tions socio-culturelles au tournant des XI–XII siècles, ed. Raymond Foreville, 175–87. Paris, 1984. Repr. in *The Crusades, Holy War, and Canon Law*.
——. 'A Transformed Angel (X 3.31.18): The Problem of the Crusading Monk. In *Studies in Medieval Cistercian History Presented to Jeremiah F. O'Sullivan*, CS 13, ed. J.F. O'Callaghan and J.S. Donnelly, 55–62. Shannon, 1971.
Buc, Philippe. 'Conversion of Objects.' *Viator* 28 (1997), 99–143.
Bugge, John. *Monastic and Religious Orders in Britain*. Cambridge, 1994.
——. *Virginitas: An Essay in the History of a Medieval Ideal*. The Hague, 1975.
Bull, Marcus. *Knightly Piety and the Lay Response to the First Crusade: The Limousin and Gascony, c. 970–1130*. Oxford, 1993.
——. 'The Pilgrimage Origins of the First Crusade.' *History Today* 47 (1997), 10–15.
——. 'The Roots of Lay Enthusiasm for the First Crusade.' *History* 78 (1992), 353–72.
Bulst-Thiele, M.L. 'The Influence of St. Bernard of Clairvaux on the Formation of the Order of the Knights Templar.' In *The Second Crusade and the Cistercians*, ed. Michael Gervers, 57–65. New York, 1992.
Burrow, J.A. *The Ages of Man: A Study in Medieval Writing and Thought*. Princeton, 1986.
Burrus, Virginia. 'Hybrid Desire: Empire, Sadism, and the Soldier Saint.' In *The Sex Lives of Saints: An Erotics of Ancient Hagiography*, 91–127. Philadelphia, PA, 2004.
——. 'Queer Lives of Saints: Jerome's Hagiography.' *Journal of the History of Sexuality* 10 (2001), 442–79.
Burton, Janet E. *Monastic and Religious Orders in England, 1000–1300*. Cambridge, 1994.
——. *The Monastic Order in Yorkshire, 1069–1215*. Cambridge, 1999.
Bynum, Caroline Walker. *Docere verbo et exemplo: An Aspect of Twelfth-Century Spirituality*. Missoula, MT, 1979.
——. *Jesus as Mother: Studies in the Spirituality of the High Middle Ages*. Berkeley, 1982.
Cain, Andrew. '*Vox clamantis in deserto*: Rhetoric, Reproach, and the Forging of Ascetic Authority in Jerome's Letters from the Syrian Desert.' *Journal of Theological Studies* 57 (2006), 500–525.
Callahan, Daniel F. 'William the Great and the Monasteries of Aquitaine.' *Studia Monastica* 19 (1977), 321–42.
Carruthers, Mary. *The Craft of Thought: Meditation, Rhetoric, and the Making of Images, 400–1200*. New York, 1998.
Caspary, Gerard E. *Politics and Exegesis: Origen and the Two Swords*. Berkeley, 1979.
Chastang, Pierre. 'Fabrication d'un saint: la *Vita Guillelmi* dans la production textuelle de l'abbaye de Gellone au début du XIIe siècle.' In *Guerriers et moines*, ed. Lauwers, 429–47.
Chenu, M.-D. *Nature, Man and Society in the Twelfth Century: Essays on New Theological Perspectives in the Latin West*. Ed. and trans. Jerome Taylor and Lester Little. Chicago, MI, 1968.
Cherf, John Frank. 'The Latin Manuscript Tradition of the *Vita Sancti Pauli*.' In *Studies in the Text Tradition of St. Jerome's* Vitae Patrum, ed. William Abbott Oldfather, 65–142. Urbana, IL, 1943.
Chibnall, Marjorie. *The World of Orderic Vitalis: Norman Monks and Norman Knights*. Oxford, 1984.
The Church and War: Papers Read at the 21st Summer Meeting and the 22nd Winter Meeting of the Ecclesiastical History Society. Ed. W.J. Sheils. Oxford, 1983.
Clanchy, Michael T. *From Memory to Written Record: England, 1066–1307*. 2nd edn. Oxford, 1993.
Cochelin, Isabelle. 'Peut-on parler de novitiat à Cluny pour les Xe-XIe siècles?' *Revue Mabillon* n.s. 9 (1998): 17–52.

Cole, Penny J. *The Preaching of Crusades to the Holy Land, 1095–1270*. Cambridge, MA, 1991.
Colish, Marcia L. 'Cicero, Ambrose, and Stoic Ethics: Transmission or Transformation?' In *The Classics in the Middle Ages, Papers of the 20th Annual Conference of the Center for Medieval and Early Renaissance Studies*, ed. Aldo S. Bernardo and Saul Levin, 95–112. Binghamton, NY, 1990.
Constable, Giles. *Crusaders and Crusading in the Twelfth Century*. Burlington, VT, 2008.
——. *Letters and Letter Collections*. Typologie des sources du Moyen Âge occidental 17. Turnhout, 1976.
——. *Three Studies in Medieval Religious and Social Thought*. Cambridge, 1998.
——. 'The Ceremonies and Symbolism of Entering the Religious Life and Taking the Monastic Habit from the Fourth to the Twelfth Century.' In *Segni e riti nella chiesa altomedievale occidentale*, 2 vols, 2: 771–834. Spoleto, 1987.
——. 'Entrance into Cluny in the Eleventh and Twelfth Centuries According to the Cluniac Customaries and Statutes.' In *Mediaevalia Christiana, XIe-XIIIe siècle: Hommage à Raymond Foreville*, ed. Coloman Étienne Viola, 334–54. Paris, 1989.
——. '"*Famuli*" and "*Conversi*" at Cluny: A Note on Statute 24 of Peter the Venerable.' *Revue Bénédictine* 83 (1973), 326–50.
——. 'Medieval Charters as a Source for the History of the Crusades.' In *Crusade and Settlement*, ed. Peter W. Edbury, 73–89. Cardiff, 1985.
——. 'Medieval Latin Metaphors.' *Viator* 38 (2007), 1–20.
——. 'Metaphors for Religious Life in the Middle Ages.' *Revue Mabillon* 19 (2008), 231–42.
——. 'Moderation and Restraint in Ascetic Practices in the Middle Ages.' In *From Athens to Chartres: Neoplatonism and Medieval Thought*, ed. Haijo Jan Westra, 315–27. Leiden, 1992.
——. 'The Place of the Crusader in Medieval Society.' *Viator* 29 (1998), 377–403.
——. *The Reformation of the Twelfth Century*. Cambridge, 1996.
——. 'The Three Lives of Odo Arpinus: Viscount of Bourges, Crusader, Monk of Cluny.' In *Religion, Text, and Society in Medieval Spain and Northern Europe: Essays in Honor of J.N. Hillgarth*, ed. Thomas E. Burman, Mark D. Meyerson and Leah Shopkow, 183–99. Toronto, 2002.
Contamine, Philippe. *War in the Middle Ages*. Trans. Michael Jones. Oxford, 1984.
Cornelius, Roberta D. 'The Figurative Castle: A Study in the Mediaeval Allegory of the Edifice with Especial Reference to Religious Writings.' Unpub. PhD thesis, Bryn Mawr, 1930.
Cousin, P. 'Les débuts de l'Ordre des Templiers et Saint Bernard.' In *Mélanges S. Bernard*, 41–52. Dijon, 1953.
Cowdrey, H.E.J. *Pope Gregory VII, 1073–1085*. Oxford, 1998.
——. 'Bishop Ermenfried of Sion and the Penitential Ordinance Following the Battle of Hastings.' *Journal of Ecclesiastical History* 20 (1969), 225–42.
——. 'Cluny and the First Crusade.' *Revue Bénédictine* 83 (1975), 285–311.
——. 'Count Simon of Crépy's Monastic Conversion.' In his *The Crusades and Latin Monasticism, 11th–12th Centuries*, 253–66. London, 1999.
——. *The Crusades and Latin Monasticism, 11th–12th Centuries*. Aldershot, 1999.
——. 'The Genesis of the Crusades: The Springs of Western Ideas of Holy War.' In *The Holy War*, ed. Patrick T. Murphy, 9–32. Columbus, OH, 1976.
——. 'The Gregorian Papacy, Byzantium, and the First Crusade.' In *Byzantium and the West, c.850–1200*, ed. J. Howard-Johnston, 145–69. Amsterdam, 1988.
——. 'Gregory VII and the Bearing of Arms.' In *Montjoie: Studies in Crusade History in*

Honor of Hans Eberhard Mayer, ed. Benjamin Z. Kedar, Jonathan Riley-Smith and Rudolf Hiestand, 23–35. Aldershot, 1997.
——. 'The Mahdia Campaign of 1087.' *English Historical Review* 92 (1977), 1–29.
——. 'Martyrdom and the First Crusade.' In *Crusade and Settlement*, ed. Edbury, 46–56.
——. 'Pope Urban's Preaching of the First Crusade.' *History* 55 (1970), 177–88.
Crouch, David. *The Image of the Aristocracy in Britain, 1000–1300*. London, 1992.
——. *William Marshal: Knighthood, War and Chivalry, 1147–1219*. 2nd edn. London, 2002.
Cullum, Patricia H. 'Clergy, Masculinity and Transgression in Late Medieval England.' In *Masculinity in Medieval Europe*, ed. D.M. Hadley, 178–96. New York, 1999.
Cushing, Kathleen G. *Reform and the Papacy in the Eleventh Century: Spirituality and Social Change*. Manchester, 2005.
Dagens, Claude. *Saint Grégoire le Grand: culture et expérience chrétienne*. Paris, 1977.
Dahan, Gilbert. *L'Exégèse chrétienne de la Bible en Occident médiéval, XIIe-XIVe siècle*. Paris, 1999.
Damon, John Edward. *Soldier Saints and Holy Warriors: Warfare and Sanctity in the Literature of Early England*. Aldershot, 2003.
Daniel, Norman. *Heroes and Saracens: An Interpretation of the chansons de geste*. Edinburgh, 1984.
Daniélou, Jean. *The Bible and the Liturgy*. Notre Dame, IN, 1956.
Delaruelle, Étienne. *L'Idée de la croisade au moyen âge*. Turin, 1980.
——. 'L'Idée de croisade chez Saint Bernard.' In *Mélanges S. Bernard*, 53–67.
Delehaye, Hippolyte. *Les Légendes grecques des saints militaires*. Paris, 1909.
Deschamps, Paul. 'Combats de cavalerie et épisodes des Croisades dans les peintures murales du XIIe et du XIIIe siècle.' *Orientalia Christiana periodica* 13 (1947), 454–74.
Dessì, Rosa Maria. 'La double conversion d'Arduin d'Ivrée: pénitence et conversion autour de l'an Mil .' In *Guerriers et moines*, ed. Lauwers, 317–48.
de Vogüé, Adalbert. *Community and Abbot in the Rule of St Benedict*. Trans. Charles Philippi. CS 5/1. Kalamazoo, MI, 1979.
——. 'The Master and St Benedict: A Reply to Marilyn Dunn.' *English Historical Review* 107 (1992): 95–103.
Dimier, Anselm. 'Saint Bernard et le recrutement de Clairvaux.' *Revue Mabillon* 42 (1952), 17–30, 56–68 and 69–78.
Dolle, Réné. '"*Fraterna ex acie*": À propos du chapitre 1 (5) de la Règle Bénédictine.' *Studia Anselmiana* fasc. 44 (1959), 126–8.
Doubleday, J.F. 'The Allegory of the Soul as Fortress in Old English Poetry.' *Anglia* 88 (1970), 503–8.
Dubois, Jacques. 'Comment les moines du Moyen Âge chantaient et goutaient les Saintes Écritures.' In *Le Moyen Âge et la Bible*, ed. Pierre Riché and Guy Lobrichon, 261–98. Paris, 1984.
Duby, Georges. *The Chivalrous Society*. Trans. Cynthia Postan. Berkeley, 1977.
——. *The Three Orders: Feudal Society Imagined*. Trans. Arthur Goldhammer. Chicago, MI, 1980.
Du Cange, Charles et al. *Glossarium mediae et infimae Latinitatis*. 2nd edn. 10 vols. Niort, 1883–7.
Dugdale, William. *Monasticon Anglicanum*. 3 vols. London, 1661–82.
Dunbabin, Jean. 'From Clerk to Knight: Changing Orders.' In *The Ideals and Practice of Medieval Knighthood II: Papers from the Third Strawberry Hill Conference*. Ed. Christopher Harper-Bill and Ruth Harvey, 26–39. Woodbridge, 1987.
——. 'The Maccabees as Exemplars in the Tenth and Eleventh Centuries.' In *The Bible*

in the Medieval World: Essays in Memory of Beryl Smalley, ed. Katherine Walsh and Diana Wood, 31–41. Oxford, 1985.
Dunn, Marilyn. 'Mastering Benedict: Monastic Rules and their Authors in the Early Medieval West.' *English Historical Review* 105 (1990), 567–94.
Dyer, Joseph. 'The Psalms in Monastic Prayer.' In *The Place of the Psalms in the Intellectual Culture of the Middle Ages*, ed. Nancy van Deusen, 59–89. Albany, NY, 1999.
Eliade, Mircea. *The Sacred and the Profane*. Trans. Willard Trask. New York, 1968.
Elliott, Dyan. 'The Priest's Wife: Female Erasure and the Gregorian Reform.' In *Medieval Religion: New Approaches*, ed. Constance Hoffman Berman, 123–55. New York, 2005.
Erdmann, Carl. *The Origins of the Idea of Crusade*, Trans. Marshall W. Baldwin and Walter Goffart. Princeton, 1977.
Evans, Gillian R. *The Language and Logic of the Bible: The Earlier Middle Ages*. Cambridge, 1984.
——. *The Thought of Gregory the Great*. Cambridge, 1986.
Evans, Michael. 'An Illustrated Fragment of Peraldus' *Summa* of Vice: Harleian MS 3244', *Journal of the Warburg and Courtauld Institutes* 45 (1982), 14–68.
Evergates, Theodore. 'Historiography and Sociology in Early Feudal Society: The Case of Hariulf and the "*Milites*" of Saint-Riquier.' *Viator* 6 (1975), 35–49.
Fichtenau, Heinrich. *Living in the Tenth Century: Mentalities and Social Orders*. Trans. Patrick J. Geary. Chicago, 1993.
Flahiff, G.B. 'Deus non vult: A Critic of the Third Crusade.' *Mediaeval Studies* 9 (1947), 162–88.
Flanigan, C. Clifford, Kathleen Ashley and Pamela Sheingorn. 'Liturgy as Social Performance: Expanding the Definitions.' In *The Liturgy of the Medieval Church*, ed. Thomas J. Heffernan and E. Ann Matter, 674–714. Kalamazoo, MI, 2001.
Flori, Jean. *La Guerre sainte: La formation de l'idée de croisade dans l'Occident chrétien*. Paris, 2001.
——. *L'essor de la chevalerie: Xᵉ et XIᵉ siècles*. Geneva, 1986.
——. 'Chevalerie et liturgie: remise des armes et vocabulaire "chevaleresque" dans les sources liturgiques du IXᵉ au XIVᵉ siècle.' *Moyen âge* 84 (1978), 247–78 and 409–42.
——. 'Mort et martyre des guerriers vers 1100: L'exemple de la Première Croisade.' *Cahiers de civilisation médiévale* 34 (1991), 121–39.
——. 'Les origines de l'adoubement chevaleresque: étude des remises d'armes et du le vocabulaire qui les exprime dans les sources historiques latines jusqu'au debut du XIIIᵉ siècle.' *Traditio* 35 (1979), 209–72.
Fontaine, Jacques. 'Le culte des martyrs militaires et son expression poétique au IVᵉ siècle: l'idéal évangélique de la non-violence dans le christianisme théodosien.' *Augustinianum* 20 (1980), 141–71.
——. 'Sulpice Sévère a-t-il travesti Saint Martin de Tours en martyr militaire?' *Analecta Bollandiana* 81 (1963), 31–58.
Foucault, Michel. 'La combat de la chasteté.' *Communications* 35 (1982): 15–25.
France, John. *Western Warfare in the Age of the Crusades*. Ithaca, NY, 1999.
Fransen, P.-I. 'D'Eugippius à Bède le Venerable: à propos de leurs florilèges Augustiniens.' *Revue Bénédictine* 97 (1987), 187–94.
Frassetto, Michael, ed. *Medieval Purity and Piety: Essays on Medieval Clerical Celibacy and Religious Reform*. Garland Medieval Casebooks 19. New York, 1998.
Freeman, Elizabeth. *Narratives of a New Order: Cistercian Historical Writing in England, 1150–1220*. Medieval Church Studies 2. Turnhout, 2002.
Fulton, Rachel. *From Judgment to Passion: Devotion to Christ and the Virgin Mary, 800–1200*. New York, 2002.

Gaborit-Chopin, Danielle. 'Les dessins d'Adémar de Chabannes.' *Bulletin du comité des travaux historiques et scientifiques*, n.s. 3 (1967): 163–225.

Gaier, Claude. 'Le rôle militaire des reliques et de l'étendard de saint Lambert dans la principauté de Liège.' *Moyen âge* 72 (1966), 235–49.

Gamble, Harry Y. 'Marcion and the "Canon".' In *The Cambridge History of Christianity, Vol. 1: Origins to Constantine*, ed. Margaret M. Mitchell and Frances M. Young, 487–528. Cambridge, 2006.

Geary, Patrick J. *Living with the Dead in the Middle Ages*. Ithaca, NY, 1994.

——. 'Vivre en conflit dans une France sans état: Typologie des méchanismes de règlement des conflits, 1050–1200.' *Annales ESC* 41 (1986), 1107–33.

Gehl, Paul. 'Mystic Language Models in Monastic Educational Psychology.' *Journal of Medieval and Renaissance Studies* 14 (1982), 219–43.

Gibbon, Edward. *The Decline and Fall of the Roman Empire*. 12 vols. New York, 1845.

Gibson, Margaret T. 'Carolingian Glossed Psalters.' In *The Early Medieval Bible: Its Production, Decoration, and Use*, ed. Richard Gameson, 78–100. Cambridge, 1994.

Green, D.H. *The Millstätter Exodus: A Crusading Epic*. Cambridge, 1966.

Grégoire, Réginald. 'Esegesi biblica e "militia christi"' In *Militia christi e crociata*, 21–48.

Griffiths, Fiona J. *The Garden of Delights: Reform and Renaissance for Women in the Twelfth Century*. Philadelphia, PA, 2007.

——. 'Siblings and the Sexes within the Medieval Religious Life.' *Church History* 77 (2008), 26–53.

Grundmann, Herbert. 'Adelsbekehrungen im Hochmittelalter: *Conversi* und *Nutriti* im Kloster.' In *Adel und Kirche: Gerd Tellenbach zum 65. Geburtstag dargebracht von Freunden un Schulern*, ed. Joseph Fleckenstein and Karl Schmid, 325–44. Frieburg, 1968.

Guevin, Benedict. 'Benedict's "Military" Vocabulary Reconsidered.' *American Benedictine Review* 49 (1998), 138–47.

Hallam, Elizabeth M. 'Monasteries as "War Memorials": Battle Abbey and La Victoire.' In *The Church and War*, ed. Sheils, 47–57.

Hamel, Christopher de. *The Book: A History of the Bible*. London, 2001.

Hamilton, Bernard. 'Ideals of Holiness: Crusaders, Contemplatives, and Mendicants.' *International History Review* 17 (1995), 693–712.

Hamilton, Sarah. *The Practice of Penance, 900–1050*. Woodbridge, 2001.

Hanley, Catherine. *War and Combat, 1150–1270: The Evidence from Old French Literature*. Woodbridge, 2003.

Hare, Kent G. 'Clerics, War, and Weapons in Anglo-Saxon England.' In *The Final Argument: The Imprint of Violence on Society in Medieval and Early Modern Europe*, ed. Donald J. Kagay and L.J. Andrew Villalon, 3–12. Woodbridge, 1998.

Harnack, Adolf. *Marcion: The Gospel of the Alien God*. Trans. John E. Steely and Lyle D. Bierma. Durham, NC, 1990.

——. *Militia Christi: Die christliche Religion und der Soldatenstand in den ersten drei Jahrhunderten*. Tübingen, 1905. Trans. David McInnes Grace as *Militia Christi: The Christian Religion and the Military in the First Three Centuries*. Philadelphia, PA, 1981.

Harper-Bill, Christopher. 'Herluin, Abbot of Bec and His Biographer.' In *Religious Motivation: Biographical and Sociological Problems for the Church Historian. Papers Read at the 16th Summer Meeting and the 17th Winter Meeting of the Ecclesiastical History Society*, ed. Derek Baker, 15–25. Oxford, 1978.

——. 'The Piety of the Anglo-Norman Knightly Class.' In *Proceedings of the Battle Conference on Anglo-Norman Studies* 2, ed. R. Allen Brown, 63–77. Woodbridge, 1979.

Harper, John. *Forms and Orders of the Western Liturgy from the Tenth to the Eighteenth Century*. Oxford, 1991.
Harpham, Geoffrey Galt. *The Ascetic Imperative in Culture and Criticism*. Chicago, 1987.
Head, Thomas F. *Hagiography and the Cult of Saints: The Diocese of Orléans, 800–1200*. Cambridge Studies in Medieval Life and Thought, 4th ser., 14. Cambridge, 1991.
——. 'The Development of the Peace of God in Aquitaine (970–1005).' *Speculum* 74 (1999), 656–86.
——. 'The Judgment of God: Andrew of Fleury on the Peace League of Bourges.' In *The Peace of God*, ed. Head and Landes, 219–38.
—— and Richard Landes, ed. *The Peace of God: Social Violence and Religious Response in France Around the Year 1000*. Ithaca, NY, 1992.
Hebron, Malcolm. *The Medieval Siege: Theme and Image in Middle English Romance*. Oxford, 1997.
Hehl, Ernst-Dieter. 'War, Peace, and the Christian Order.' In *The New Cambridge Medieval History, Vol. IV/1: c.1024–1198*, ed. David Luscombe and Jonathan Riley-Smith, 185–228. Cambridge, 1995.
Helgeland, John. *Christians and the Military: The Early Experience*. Philadelphia, PA, 1985.
Helsinger, Howard. 'Images on the 'Beatus' Page of Some Medieval Psalters.' *Art Bulletin* 53 (1971): 161–76.
Hobbs, Raymond. 'The Language of Warfare in the New Testament.' In *Modelling Early Christianity: Social–Scientific Studies of the New Testament in its Context*, ed. Philip F. Esler, 259–62. London, 1995.
Holdsworth, Christopher J. 'An Airier Aristocracy: The Saints at War.' *Transactions of the Royal Historical Society* 6th ser., 6 (1996), 103–22.
——. 'Ideas and Reality: Some Attempts to Control and Defuse War in the Twelfth Century.' In *The Church and War*, ed. Sheils, 59–78.
——. 'Were the Sermons of St Bernard on the Song of Songs Ever Preached?' In *Medieval Monastic Preaching*, ed. Carolyn Muessig, 295–318. Leiden, 1998.
Hollis, Stephanie and W.R. Barnes. *Writing the Wilton Women: Goscelin's Legend of Edith and Liber confortatorius*. Medieval Women 9. Turnhout, 2004.
Holmes, Robert L. 'St. Augustine and the Just War Theory.' In *The Augustinian Tradition*, ed. Gareth B. Matthews, 323–44. Berkeley, CA, 1999.
Hornus, Jean-Michel. *It is not lawful for me to fight: Early Christian Attitudes toward War, Violence, and the State*. Trans. Alan Kreider. Scottdale, PA, 1980.
Howe, John. *Church Reform and Social Change in Eleventh-Century Italy: Dominic of Sora and His Patrons*. Philadelphia, PA, 1997.
——. 'Greek Influence on the Eleventh-Century Revival of Hermitism.' 2 vols. Unpub. PhD thesis, UCLA, 1979.
——. 'The Nobility's Reform of the Medieval Church.' *American Historical Review* 93 (1988), 317–39.
——. 'St Benedict the Hermit as a Model for Italian Sanctity: Some Hagiographical Examples.' *American Benedictine Review* 55 (2004), 42–54.
Hunt, Tony. 'The Life of St. Alexis, 475–1125.' In *Christina of Markyate*, ed. Henrietta Leyser and Samuel Fanous, 217–28. London, 2005.
Iogna-Prat, Dominique. *Agni immaculati: Recherches sur les sources hagiographiques relatives à saint Maieul de Cluny (954–99)*. Paris, 1988.
——. 'Éverard de Breteuil et son double: Morphologie de la conversion en conversion en milieu aristocratique (v.1070–v.1120).' In *Guerriers et moines*, ed. Lauwers, 537–57.

——. *Order and Exclusion: Cluny and Christendom Face Heresy, Judaism, and Islam (1000–1150)*. Trans. Graham Robert Edwards. Ithaca, NY, 2002.
Jackson, Peter. 'The Vitas Patrum in Eleventh-Century Worcester.' In *England in the Eleventh Century: Proceedings of the 1990 Harlaxton Symposium*, ed. Carola Hicks, 119–34. Stamford, 1992.
Jean-Nesmy, Claude. *La Tradition médite le psautier chrétien*, 2 vols. Paris 1973–74.
Jestice, Phyllis. *Wayward Monks and the Religious Revolution of the Eleventh Century*. Leiden, 1997.
Johnson, Penelope D. *Equal in Monastic Profession: Religious Women in Medieval France*. Chicago, MI, 1990.
——. *Prayer, Patronage, and Power: The Abbey of la Trinité, Vendôme*. New York, 1981.
Jong, Mayke de. *The Penitential State: Authority and Atonement in the Age of Louis the Pious, 814–40*. Cambridge, 2009.
——. *In Samuel's Image: Child Oblation in the Early Medieval West*. Leiden, 1996.
——. 'Monastic Prisoners or Opting Out: Political Coercion and Honour in the Frankish Kingdoms.' In *Topographies of Power in the Early Middle Ages*, ed. Frans Theuws, Mayke De Jong and Carine van Rhijn, 291–328. Leiden, 2001.
——. 'Power and Humility in Carolingian Society: The Public Penance of Louis the Pious.' *Early Medieval Europe* 1 (1992), 29–52.
Jordan, William C. 'The Representation of the Crusades in the Songs Attributed to Thibaud, Count Palatine of Champagne.' *The Journal of Medieval History* 25 (1999), 27–34.
Kaeuper, Richard W. *Chivalry and Violence*. Oxford, 1999.
——. *Holy Warriors: The Religious Ideology of Chivalry*. Philadelphia, PA, 2009.
Karkov, Catherine E. 'Broken Bodies and Singing Tongues: Gender and Voice in the Cambridge, Corpus Christi College 23 Psychomachia.' *Anglo-Saxon England* 30 (2002): 115–36.
Karras, Ruth Mazo. 'Thomas Aquinas's Chastity Belt: Clerical Masculinity in Medieval Europe.' In *Gender and Christianity in Medieval Europe*, ed. Lisa M. Bitel and Felice Lifshitz, 52–67. Philadelphia, PA, 2008.
Katzenellenbogen, Adolf. 'The Central Tympanum at Vézelay: Its Encyclopedic Meaning and Its Relation to the First Crusade.' *Art Bulletin* 26 (1944), 141–51.
Keen, Maurice. *Chivalry*. New Haven, CT, 1984.
Kelly, Joseph F. *The World of the Early Christians: Message of the Fathers of the Church*. Collegeville, MN, 1997.
Kerr, Bernice. *Religious Life for Women, c.1100–1350: Fontevraud in England*. Oxford, 1999.
Kienzle, Beverly Mayne, ed. *The Sermon*. Typologie des sources du Moyen Âge occidental 81–83. Turnhout, 2000.
Kitchen, John. *Saints' Lives and the Rhetoric of Gender: Male and Female in Merovingian Hagiography*. Oxford, 1998.
Krey, Augustus C. 'Urban's Crusade: Success or Failure?' *American Historical Review* 53 (1948), 235–50.
Kuefler, Mathew. *The Manly Eunuch: Masculinity, Gender Ambiguity, and Christian Ideology in Late Antiquity*. Chicago, MI, 2001.
——. 'Dating and Authorship of the *Vitae* of Saint Gerald of Aurillac' (forthcoming).
Lackner, Bede K. *Eleventh-Century Background of Cîteaux*. CS 8. Washington D.C., 1972.
La Corte, Daniel Marcel. 'Abbot as *Magister* and *Pater* in the Thought of Bernard of Clairvaux and Aelred of Rievaulx.' In *Truth as Gift: Studies in Cistercian History in*

Honor of John R. Sommerfeldt, ed. Marsha Dutton, 389–406. CS 204. Kalamazoo, MI, 2004.
——. 'Smaragdus of Saint-Mihiel: Ninth-Century Sources for Twelfth-Century Reformers.' *Cistercian Studies Quarterly* 41 (2006), 273–90.
Lakoff, George. 'The Contemporary Theory of Metaphor.' In *Metaphor and Thought*, 2nd edn, ed. Andrew Ortony, 202–52. Cambridge, 1993.
Lampe, G. 'The Exposition and Exegesis of Scripture, I: To Gregory the Great.' In *Cambridge History of the Bible*, 3 vols, ed. Peter Ackroyd et al., 2: 155–83. Cambridge, 1963.
Landes, Richard A. *Relics, Apocalypse, and the Deceits of History: Ademar of Chabannes, 989–1034*. Cambridge, MA, 1995.
——. 'Popular Participation in the Peace of God.' In *The Peace of God*, ed. Head and Landes, 184–218.
Lauwers, Michel, ed. 'La 'vie du seigneur Bouchard, comte vénérable:' Conflits d'avouerie, traditions carolingiennes et modèles de sainteté à l'abbaye des Fossés au XIe siècle.' In *Guerriers et moines*, ed. Lauwers, 371–418.
——. *Guerriers et moines. Conversion et sainteté aristocratiques dans l'Occident médiéval*. CNRS Collection d'études médiévales 4. Antibes, 2002.
Lawrence, Clifford. *Medieval Monasticism: Forms of Religious Life in Western Europe in the Middle Ages*. New York, 1984.
Learned, Marion Dexter. 'The Saga of Walther of Aquitaine.' *Proceedings of the Modern Language Association* 7 (1892), 1–129 and 207–8.
Leclercq, Jean. *The Love of Learning and Desire for God: A Study of Monastic Culture*. Trans. Catharine Misrahi. New York, 1982.
——. *Monks and Love in Twelfth-Century France*. Oxford, 1979.
——. 'Écrits monastiques sur la Bible aux XIe-XIIIe siècles.' *Mediaeval Studies* 15 (1953), 95–106.
——. 'The Exposition and Exegesis of Scripture: From Gregory the Great to Saint Bernard.' In *The Cambridge History of the Bible, Vol. 2: The West from the Fathers to the Reformation*. Ed. Peter R. Ackroyd, Geoffrey W.H. Lampe and Stanley L. Greenslade, 183–97. Cambridge, 1969.
——. 'Lettres de vocation à la vie monastique.' *Studia Anselmiana* 37, Analecta monastica, 3rd ser., fasc. 27 (1955), 169–97.
——. 'Origène au XIIe siècle.' *Irénikon* 24 (1951), 425–39.
——. 'S. Antoine dans la tradition monastique médiévale.' In *Antonius Magnus Eremita, 356–1956*, ed. Basilius Steidle, 229–47. Studia Anselmiana 38. Rome, 1956.
——. 'Le thème de la jonglerie chez S. Bernard et ses contemporains.' *Revue d'histoire de la spiritualité* 48 (1972), 385–99.
——. 'La vêture ad succurrendum.' *Studia Anselmiana* 3rd ser., 37 (1955), 158–68.
Le Jan, Régine. 'Apprentissages militaires, rites de passage, et remises d'armes au haut Moyen Âge.' In *Initiation, apprentissages, éducation au Moyen Âge*, ed. P.-A. Sigal, 213–32. Montpellier, 1993.
——. 'Frankish Giving of Arms and Rituals of Power: Continuity and Change in the Carolingian Period.' In *Rituals of Power: From Late Antiquity to the Early Middle Ages*, ed. Frans Theuws and Janet L. Nelson, 281–309. Leiden, 2000.
Le Maître, Philippe. 'Les méthodes exégétiques de Raban Maur.' In *Haut Moyen-Age: culture, éducation et societé*, ed. Michel Sot, 343–52. La Garenne Colombes, 1990.
LePree, James. 'Two recently discovered passages of the Pseudo-Basil's *Admonition to a Spiritual Son* (*De admonitio ad filium spiritualem*) in Smaragdus' *Commentary on the Rule of St. Benedict* (*Expositio in regulam s. Benedicti*) and the *Letters* (*Epistolae*) of Alcuin.'

The Heroic Age 11 (2008), online at http://www.mun.ca/mst/heroicage/issues/11/lepree.php.

Leyser, Conrad. 'Masculinity in Flux: Nocturnal Emission and the Limits of Celibacy in the Early Middle Ages.' In *Masculinity in Medieval Europe*, ed. D.M. Hadley, 103–20. New York, 1999.

Leyser, Henrietta. *Hermits and the New Monasticism: A Study of Religious Community in Western Europe, 1000–1150*. New York, 1984.

Leyser, Karl. 'Early Medieval Canon Law and the Beginnings of Knighthood.' In *Communications and Power in Medieval Europe: The Carolingian and Ottonian Centuries*, ed. Timothy Reuter, 51–71. London, 1994.

——. 'Warfare in the Western European Middle Ages: The Moral Debate.' In *Communications and Power in Medieval Europe: The Gregorian Revolution and Beyond*, ed. Timothy Reuter, 189–203. London, 1994.

Little, Lester K. *Benedictine Maledictions: Monastic Cursing in Romanesque France*. Ithaca, NY, 1993.

——. 'Pride Goes before Avarice: Social Change and the Vices in Latin Christendom.' *American Historical Review* 76 (1971), 16–49.

Livingstone, Amy. 'Brother Monk: Monks and Their Family in the Chartrain, 1000–1200AD.' In *Medieval Monks and Their World: Ideas and Realities*, ed. David Blanks, Michael Frassetto and Amy Livingstone, 93–115. Leiden, 2006.

Longère, Jean. 'La prédication sur saint Benoît du Xe au XIIIe siècle.' In *Sous la Règle de saint Benoît: Structures monastique et sociétés en France au Moyen Âge à l'époque moderne*, 433–60. Geneva, 1982.

Lot, Ferdinand. *Études sur les légendes épiques françaises*. Paris, 1958.

Lubac, Henri de. *Histoire et esprit: l'intelligence de l'Écriture d'après Origène*. Paris, 1950.

——. *Medieval Exegesis: The Four Senses of Scripture*. Trans. Mark Sebanc. Grand Rapids, MI, 1998.

Lumsden, Douglas W. *And Then the End Will Come: Early Latin Christian Interpretations of the Opening of the Seven Seals*. London, 2001.

Lynch, Joseph H. *Simoniacal Entry into Religious Life from 1000 to 1260*. Columbus, OH, 1976.

——. 'The Cistercians and Underage Novices.' *Cîteaux* 24 (1973), 283–97.

McCormick, Michael. *Eternal Victory: Triumphal Rulership in Late Antiquity, Byzantium, and the Early Medieval West*. Cambridge, 1986.

——. 'The Liturgy of War from Antiquity to the Crusades.' In *The Sword of the Lord: Military Chaplains from the First to the Twenty-First Century*, ed. Doris L. Bergen, 45–67. Notre Dame, IN, 2004.

——. 'The Liturgy of War in the Early Middle Ages: Crisis, Litanies, and the Carolingian Monarchy.' *Viator* 15 (1984), 1–23.

McGinn, Bernard. '*Iter Sancti Sepulchri*: The Piety of the First Crusaders.' In *Essays on Medieval Civilization: The Walter Prescott Webb Memorial Lectures*, ed. Bede Karl Lackner and Kenneth Roy Philip, 33–70. Austin, 1978.

MacGregor, James B. 'The Ministry of Gerold d'Avranches: Warrior-Saints and Knightly Piety on the Eve of the First Crusade.' *Journal of Medieval History* 29 (2003), 219–37.

——. 'Negotiating Knightly Piety: The Cult of the Warrior-Saints in the West, ca.1070–ca.1200.' *Church History* 73 (2004), 317–45.

McHugh, M.P. 'Satan and St. Ambrose.' *Classical Folia* 26 (1972), 94–106.

McLaughlin, Megan. *Consorting with Saints: Prayer for the Dead in Early Medieval France*. Ithaca, NY, 1994.

McNally, Robert E. *The Bible in the Early Middle Ages*. Westminster, MD, 1986.

McNamara, Jo Ann. 'The *Herrenfrage*: The Restructuring of the Gender System, 1050–1150.' In *Medieval Masculinities*, ed. Clare A. Lees, 3–29. Minneapolis, 1994.
Maier, Christoph T. 'Crisis, Liturgy, and the Crusade in the Twelfth and Thirteenth Centuries.' *Journal of Ecclesiastical History* 48 (1997), 628–57.
Malone, Edward E. *The Monk and the Martyr: The Monk as Successor of the Martyr*. Washington D.C., 1950.
——. 'Monk and the Martyr.' In *Antonius Magnus Eremita*, ed. Steidle, 201–28.
Mann, C. Griffith. 'Picturing the Bible in the Thirteenth Century.' In *The Book of Kings: Art, War, and the Morgan Library's Medieval Picture Bible*, ed. William Noel and Daniel Weiss, 39–59. London, 2002.
Mann, Jill. 'Allegorical Buildings in Medieval Literature.' *Medium Ævum* 63 (1994), 191–210.
Manning, Eugène. 'La signification de *militare-militia-miles* dans la Règle de S. Benoît.' *Revue Bénédictine* 72 (1962), 135–8.
Martindale, Jane. 'Monasteries and Castles: The Priories of St-Florent de Saumur in England after 1066.' In *England in the Eleventh Century: Proceedings of the 1990 Harlaxton Symposium*, ed. Carola Hicks, 135–56. Stamford, 1992.
Mason, Emma. 'The Hero's Invincible Weapon: An Aspect of Angevin Propaganda.' In *The Ideals and Practice of Medieval Knighthood III: Proceedings of the Fourth Strawberry Hill Conference, 1988*, ed. Christopher Harper-Bill and Ruth Harvey, 121–37. Woodbridge, 1990.
Matthew, Donald. 'The Incongruities of the St Albans Psalter.' *Journal of Medieval History* 34 (2008): 396–416.
McCormick, Michael. 'Liturgie et guerre des Carolingiens à la Première Croisade.' In *Militia christi e crociata*, 209–40.
Militia Christi et crociata nei secoli XI–XIII. Atti della undecima settimana internazionale di studio. Miscellanea del Centre di studi medioevali. Milan, 1974.
Miller, Maureen C. *Power and the Holy in the Age of the Investiture Conflict: A Brief History with Documents*. Boston, 2005.
——. 'Masculinity, Reform, and Clerical Culture: Narratives of Episcopal Holiness in the Gregorian Era.' *Church History* 72 (2003), 25–52.
——. 'Why the Bishop of Florence Had to Get Married.' *Speculum* 81 (2006), 1055–91.
Miramon, Charles de. *Les 'Donnés' au moyen âge: Une forme de vie religieuse laïque (v.1180–v.1500)*. Paris, 1999.
——. 'Embracer l'état monastique à l'âge adulte (1050–1200): Étude sur la conversion tardive.' *Annales HSS* 56 (1999), 825–49.
——. 'Guerre de récits: autour des moniages du XIIe siècle.' In *Guerriers et moines*, ed. Lauwers, 589–636.
Mohrmann, Christine. 'Encore une fois "paganus".' *Vigiliae Christianae* 6 (1952), 109–21.
——. 'La langue de Saint Benoît.' In *Sancti Benedicti Regula Monachorum*, ed. Philibert Schmitz, 9–39. Maredsous, 1955.
——. '*Sacramentum* dans les plus anciens textes chrétiens.' *Harvard Theological Review* 47 (1954), 141–52.
——. 'Statio.' *Vigiliae Christianae* 7 (1953), 221–45.
Moore, R.I. *The First European Revolution, c. 975–1215*. London, 2000.
Morris, Colin. 'Martyrs on the Field of Battle Before and During the First Crusade.' In *Martyrs and Martyrologies*, Studies in Church History 30, ed. Diana Wood, 93–104. London, 1993.
Morrison, Karl F. *Conversion and Text: The Cases of Augustine of Hippo, Herman-Judah, and Constantine Tsatsos*. Charlottesville, VA, 1992.

——. *Understanding Conversion*. Charlottesville, VA, 1992.

Mostert, Marco. *The Political Theory of Abbo of Fleury*. Hilversum, 1987.

Le Moyen Âge et la Bible. Ed. Pierre Riché and Guy Lobrichon. Paris, 1995.

Murray, Alexander. *Reason and Society in the Middle Ages*. Oxford, 1978.

Murray, Jacqueline. 'Masculinizing Religious Life: Sexual Prowess, the Battle for Chastity and Monastic Identity.' In *Holiness and Masculinity in the Middle Ages*, ed. P.H. Cullum and Katherine J. Lewis, 24–42. Toronto, 2004.

Nelson, Janet L. *Kirkham Priory from Foundation to Dissolution*. Borthwick Papers 86. York, 1995.

——. 'Ninth-Century Knighthood: The Evidence of Nithard.' In *Studies in Medieval History Presented to R. Allen Brown*, ed. Christopher Harper-Bill, Christopher Holdsworth and Janet L. Nelson, 255–66. Woodbridge, 1989.

——. 'Violence in the Carolingian World and the Ritualization of Ninth-Century Warfare.' In *Violence and Society in the Early Medieval West*, ed. Guy Halsall, 90–107. Woodbridge, 1998.

Newman, Martha G. *The Boundaries of Charity: Cistercian Culture and Ecclesiastical Reform, 1098–1180*. Stanford, CA, 1996.

Nicholson, Helen. *Templars, Hospitallers and Teutonic Knights: Images of the Military Orders, 1128–1291*. Leicester, 1993.

Niditch, Susan. *War in the Hebrew Bible: A Study in the Ethics of Violence*. New York, 1993.

Niemeyer, Gerlinde. 'Die Vita Godefridi Cappenbergensis.' *Deutsches Archiv für Erforschung des Mittelalters* 23 (1967), 405–67.

Niermeyer, J.F. *Mediae Latinitatis lexicon minus*. Leiden, 1976.

Nip, Renée. 'Life and Afterlife: Arnulf of Oudenbourg, Bishop of Soissons, and Godelieve of Ghistel: Their Function as Intercessors in Medieval Flanders.' In *The Invention of Saintliness*, ed. Anneke B. Mulder-Bakker, 58–76. London, 2002.

Openshaw, Kathleen. 'Weapons in the Daily Battle: Images of the Conquest of Evil in the Early Medieval Psalter.' *Art Bulletin* 75 (1993), 17–38.

Ortigues, E. 'Haymon d'Auxerre, théoricien des trois ordres.' In *L'Ecole carolingienne d'Auxerre de Murethach à Rémi*, 830–908, ed. Dominique Iogna-Prat, C. Jeudy, and Guy Lobrichon, 181–227. Paris, 1991.

Ortony, Anthony. *Metaphor and Thought*. 2nd edn. Cambridge, 1993.

Osborn, Eric. *Tertullian: First Theologian of the West*. Cambridge, 1997.

O'Sullivan, Sinéad. *Early Medieval Glosses on Prudentius'* Psychomachia*: The Weitz Tradition*. Leiden, 2004.

Oxford, A.W. *The Ruins of Fountains Abbey*. London, 1910.

Pächt, Otto, C.R. Dodwell and Francis Wormald. *The St. Albans Psalter*. London, 1960.

Palazzo, Éric. *Liturgie et société au Moyen Âge*. Paris, 2002.

Parisse, Michel. 'La conscience chrétienne des nobles aux XIe et XIIIe siècles.' In *La cristianità dei secoli XI e XII in occidente, coscienza e strutturre di una società. Atti della ottava settimana internazionale di studi, Mendola, 30 giugno-5 iuglio 1980*. Miscellanea del Centro di studi medievali 10, 259–280. Milan, 1983.

Peirce, Ian. 'The Knight, His Arms and Armour in the Eleventh and Twelfth Centuries.' In *The Ideals and Practice of Medieval Knighthood: Papers from the First and Second Strawberry Hill Conferences*, ed. Christopher Harper-Bill and Ruth Harvey, 152–64. Woodbridge, 1986.

Penco, Gregorio. 'Il concetto di monaco e di vita monastica in occidente nel secolo VI.' *Studia monastica* 1 (1959), 7–50.

Petersen, Joan M. *The Dialogues of Gregory the Great in their Late Antique Cultural Context*. Toronto, 1984.

Pfitzner, Victor C. *Paul and the Agon Motif: Traditional Athletic Imagery in the Pauline Literature*. Leiden, 1967.
Philips, Jonathan. *The Second Crusade: Extending the Frontiers of Christendom*. New Haven, CT, 2007.
Platelle, Henri. 'Pratiques pénitentielles et mentalités religieuses au moyen âge: La pénitence des parricides et l'esprit de l'ordalie.' *Mélanges de science religieuse* 40 (1983), 129–55.
Poggiaspalla, Ferminio. 'La chiesa e la partecipazione dei chierici alla guerra nella legislazione conciliare fino allo Decretali di Gregorio IX.' *Ephemerides iuris canonici* 15 (1959), 140–53.
Prinz, Friedrich. *Klerus und Krieg im früheren Mittelalter. Untersuchgen zur Rolle der Kirche beim Aufbau der Königsherrschaft*. Monographien zur Geschichte des Mittelalters 2. Stuttgart, 1971.
Purkis, William J. *Crusading Spirituality in the Holy Land and Iberia, c.1095–c.1187*. Woodbridge, 2008.
Raine, James. *The History and Antiquities of North Durham*. London, 1852.
Rebenich, Stefan. *Jerome*. New York, 2002.
——. 'Der Kirchenvater. Hieronymus als Hagiograph: Die *Vita S. Pauli primae eremitae*.' In *Beiträge zur Geschichte des Paulinerordens*, ed. Kaspar Elm, 23–40. Berlin, 2000.
Reid, Charles J. 'Clerical Participation in Warfare: A Canonical Survey from Pseudo-Isidore to Joannes Teutonicus.' Unpub. JCL thesis, Catholic University of America, 1985.
Remensnyder, Amy G. *Remembering Kings Past: Monastic Foundation Legends in Medieval Southern France*. Ithaca, NY, 1995.
——. 'Pollution, Purity, and Peace: An Aspect of Social Reform between the Late Tenth Century and 1076.' In *The Peace of God*, ed. Head and Landes, 280–307.
Reuter, Timothy. 'Episcopi cum sua militia: The Prelate as Warrior in the Early Staufer Era.' In *Warriors and Churchmen in the High Middle Ages: Essays Presented to Karl Leyser*, ed. Timothy Reuter, 79–93. London, 1992.
Riché, Pierre. 'Les Représentations du palais dans les textes littéraires du haut moyen âge.' *Francia* 4 (1976): 161–71.
Richter, Horst. '*Militia Dei*: A Central Concept for the Religious Ideas of the Early Crusades and the German *Rolandslied*.' In *Journeys Toward God: Pilgrimage and Crusade*, ed. Barbara N. Sargent-Baur, 107–26. Kalamazoo, MI, 1992.
Riley-Smith, Jonathan. *The First Crusade and the Idea of Crusading*. Philadelphia, PA, 1986.
——. 'Crusading as an Act of Love.' *History* 65 (1980), 177–92. Repr. in *The Crusades: The Essential Readings*, ed. Thomas F. Madden, 32–50. London, 2002.
——. 'Death on the First Crusade.' In *The End of Strife*, ed. D.M. Loades, 13–41. Edinburgh, 1984.
——. 'The First Crusade and St. Peter.' In *Outremer: Studies in the History of the Crusading Kingdom of Jerusalem*, ed. B.Z. Kedar, H.E. Mayer and R.C. Smail, 41–63. Jerusalem, 1982.
——. 'The State of Mind of Crusaders to the East, 1095–1300.' In *The Oxford History of the Crusades*, ed. Jonathan Riley-Smith, 68–89. Oxford, 2002.
Robinson, Ian S. *The Papacy, 1073–1198: Continuity and Innovation*. Cambridge, 1990.
——. 'Gregory VII and the Soldiers of Christ.' *History* 58 (1973), 169–92.
Le roi de France et son royaume autour de l'an Mil. Ed. Michel Parisse and Xavier Barral i Altet. Paris, 1992.

Rondeau, Marie-Josèphe. *Les Commentaires patristiques du Psautier (IIIᵉ-Vᵉ siècles)*. Orientalia Christiana Analecta 219. Rome, 1982.
Rosenwein, Barbara H. *To Be the Neighbor of Saint Peter: The Social Meaning of Cluny's Property, 909–1049*. Ithaca, NY, 1989.
——. 'Feudal War and Monastic Peace: Cluniac Liturgy as Ritual Aggression.' *Viator* 2 (1971), 127–57.
——. 'Perennial Prayer at Agaune.' In *Monks and Nuns, Saints and Outcasts*, ed. Sharon Farmer and Barbara H. Rosenwein, 37–56. Ithaca, NY, 2000.
——. 'St. Odo's St Martin: The Uses of a Model.' *Journal of Medieval History* 4 (1978), 317–31.
——, Thomas Head and Sharon Farmer. 'Monks and Their Enemies: A Comparative Approach.' *Speculum* 66 (1991), 764–96.
Rubenstein, Jay. *Guibert of Nogent: Portrait of a Medieval Mind*. London, 2003.
——. 'What is the *Gesta Francorum*, and Who was Peter Tudebode?' *Revue Mabillon* 16 (2005), 179–204.
Rudolph, Conrad. *Violence and Daily Life: Reading, Art, and Polemics in the Cîteaux Moralia in Job*. Princeton, 1997.
Russell, Frederick H. *The Just War in the Middle Ages*. Cambridge, 1975.
Salisbury, Joyce E. *The Blood of the Martyrs: Unintended Consequences of Ancient Violence*. New York, 2004.
Saxer, Victor. 'Le culte et la légende hagiographique de Saint Guillaume de Gellone.' In *La chanson de geste et le mythe carolingien: Mélanges Réné Louis*, 2 vols, 2: 565–89. Saint-Père-sous-Vézelay, 1982.
Sayers, Jane. 'Violence in the Medieval Cloister.' *Journal of Ecclesiastical History* 41 (1990), 533–42.
Schatkin, M.A. 'The Influence of Origen Upon St. Jerome's Commentary on Galatians.' *Vigiliae Christianae* 24 (1970): 49–58.
Schein, Sylvia. *Gateway to the Heavenly City: Crusader Jerusalem and the Catholic West (1099–1187)*. Burlington, VT, 2005.
Scourfield, J.H.D. *Consoling Heliodorus: A Commentary on Jerome, Letter 60*. Oxford, 1993.
Sears, Elizabeth. 'Louis the Pious as *Miles Christi*: The Dedicatory Image in Hrabanus Maurus's *De laudibus sanctae crucis*.' In *Charlemagne's Heir: New Perspectives on the Reign of Louis the Pious (814–40)*, ed. Peter Goodman and Roger Collin, 605–28. Oxford, 1990.
Seidel, Linda. *Songs of Glory: The Romanesque Façades of Aquitaine*. Chicago, MI, 1981.
Siberry, Elizabeth. *Criticism of Crusading, 1095–1274*. Oxford, 1985.
Smalley, Beryl. *The Study of the Bible in the Middle Ages*. Notre Dame, IN, 1964.
Smith, Gregory A. '*Sine rege, sine principe*: Peter the Venerable on Violence in Twelfth-Century Burgundy.' *Speculum* 77 (2002), 1–33.
Smith, Katherine Allen. 'Saints in Shining Armor: Martial Asceticism and Masculine Models of Sanctity, ca. 1050–1250.' *Speculum* 83 (2008), 572–602.
——. 'Spiritual Warriors in Citadels of Faith: Martial Rhetoric and Monastic Masculinity in the Long Twelfth Century.' In *Negotiating Clerical Identities: Priests, Monks, and Masculinity in the Middle Ages*, ed. Jennifer D. Thibodeaux, 86–110. London, 2010.
Souter, Alexander. *The Earliest Latin Commentaries on the Epistles of St. Paul*. Oxford, 1927.
Southern, R.W. *Western Society and the Church in the Middle Ages*. Harmondsworth, 1970.
Stancliffe, Claire. *Gregory the Great: Perfection in Imperfection*. Berkeley, 1988.

——. *St. Martin and his Hagiographer: History and Miracle in Sulpicius Severus*. Oxford, 1983.
Stewart, Columba. *Cassian the Monk*. Oxford, 1999.
Straw, Carole. 'Gregory, Cassian, and the Cardinal Vices.' In *In the Garden of Evil: The Vices and Culture in the Middle Ages*, ed. Richard Newhauser, 35–58. Toronto, 2005.
——. *Gregory the Great: Perfection in Imperfection*. Berkeley, 1988.
Strickland, Matthew. *War and Chivalry: The Conduct and Perception of War in England and Normandy, 1066–1217*. Cambridge, 1996.
Stubbs, William. *Select Charters: From the Beginning to 1307*. 5th edn. Ed. H.W.C. Davies. Oxford, 1921.
Stuckey, Jace. 'Charlemagne as Crusader? Memory, Propaganda, and the Many Uses of Charlemagne's Legendary Expedition to Spain.' In *The Legend of Charlemage in the Middle Ages: Power, Faith, Crusade*, ed. Matthew Gabriele and Jace Stuckey, 137–52. New York, 2008.
Swift, Louis J. *The Early Fathers on War and Military Service*. Wilmington, 1983.
Taylor, Andrew. 'A Second Ajax: Peter Abelard and the Violence of Dialectic.' In *The Tongue of the Fathers: Gender and Ideology in Medieval Latin*, ed. David Townsend and Andrew Taylor, 14–34. Philadelphia, PA, 1998.
Tellenbach, Gerd. *Church, State, and Christian Society at the Time of the Investiture Contest*. Trans. R.F. Bennett. Oxford, 1940; repr. ed. Toronto, 1991.
Thibodeaux, Jennifer D. *The English and the Normans: Ethnic Hostility, Assimilation, and Identity, 1066-c.1220*. Oxford, 2005.
——. 'Man of the Church, or Man of the Village? Gender and the Parish Clergy in Medieval Normandy.' *Gender and History* 18 (2006), 380–99.
Thomas, Hugh M. *Vassals, Heiresses, Crusaders, and Thugs: The Gentry of Angevin Yorkshire, 1154–1216*. Philadelphia, PA, 1993.
Thouzellier, Christine. '*Ecclesia militans*.' In *Études d'histoire du droit canonique dédiées à Gabriel Le Bras*, 2 vols, 2: 1407–23. Paris, 1965.
Torchia, Joseph. 'De Agone Christiano.' In *Augustine through the Ages: An Encyclopedia*, ed. Joseph C. Cavadini, 15–16. Grand Rapids, MI, 1999.
Trotter, D.A. *Medieval French Literature and the Crusades (1100–1300)*. Geneva, 1988.
Van Dam, Raymond. *Leadership and Community in Late Antique Gaul*. Berkeley, 1992.
——. 'Images of Saint Martin in Late Roman and Early Merovingian Gaul.' *Viator* 19 (1988), 1–27.
van der Horst, Koert. 'The Utrecht Bible: Picturing the Psalms of David.' In *The Utrecht Psalter in Medieval Art*, ed. Koert van der Horst, William Noel and Wilhelmina C.M. Wüstefeld, 22–84. Tuurdijk, 1996.
Van Engen, John. 'The Crisis of Coenobitism Reconsidered: Benedictine Monasticism in the Years 1050–1150.' *Speculum* 61 (1986): 269–304.
Van Loveren, A.E.D. 'Once Again: "The Monk and the Martyr" – Saint Anthony and Saint Macrina.' *Studia Patristica* 17 (1982), 528–38.
van Winter, Johanna Maria. '*Cingulum militiae*: Schwertleite en miles-terminologie als Spiegel van veranderend menselijk gedrag.' *Tijdschrift voor rechtsgeschiedenis* 44 (1976), 1–92.
Vergnolle, Eliane. 'La collégiale Notre-Dame de Beaugency: les campagnes romanes.' *Bulletin monumental* 165 (2007), 71–90, 131–3
Waddell, Chrysogonus. 'The Liturgical Dimensions of Twelfth-Century Cistercian Preaching.' In *Medieval Monastic Preaching*, ed. Muessig, 335–50.
——. 'Simplicity and Ordinariness: The Climate of Early Cistercian Hagiography.' In

Simplicity and Ordinariness, Studies in Medieval Cistercian History 4, ed. John R. Sommerfeldt, 14–25. Kalamazoo, MI, 1980.

Ward, Benedicta. 'The Desert Myth: Reflections on the Desert Ideal in Early Cistercian Monasticism.' In *One Yet Two: Monastic Tradition East and West*, ed. M. Basil Pennington, 183–99. Kalamazoo, MI, 1976.

Werner, Karl Ferdinand. *Naissance de la noblesse: l'essor des élites politiques en Europe*. Paris, 1998.

Werner-Goetz, Hans. 'La Paix de Dieu en France autour de l'An Mil: fondements et objectifs, diffusion et participants.' In *Le roi de France*, ed. Parisse and Barral i Altet, 132–43.

Wheatley, Abigail. *The Idea of the Castle in Medieval England*. York, 2004.

Whitby, Michael. 'Deus Nobiscum: Christianity, Warfare, and Morale in Late Antiquity.' In *Modus Operandi: Essays in Honour of Geoffrey Rickman*, ed. Michel Austin, Jill Harries, and Christopher John Smith, 191–208. London, 1998.

White, Stephen D. 'The Politics of Anger in Medieval France', in *Anger's Past: The Social Uses of an Emotion in the Middle Ages*, ed. Barbara H. Rosenwein, 127–52. Ithaca, NY, 1998.

Whitehead, Christiania. *Castles of the Mind: A Study of Medieval Architectural Allegory*. Cardiff, 2003.

——. 'Making a Cloister of the Soul in Medieval Religious Treatises.' *Medium Ævum* 67 (1998), 1–29.

Wiles, Maurice. *The Divine Apostle: The Interpretation of St Paul's Epistles in the Early Church*. Cambridge, 1967.

Wilken, Robert Louis. *The Spirit of Early Christian Thought*. New Haven, CT, 2003.

Williams, Michael Stuart. *Authorised Lives in Early Christian Biography: Between Eusebius and Augustine*. Cambridge, 2008.

Witters, Willibrord. 'Smaragde au Moyen Âge: la diffusion de ses écrits d'après la tradition manuscrite.' In *Études ligériennes d'histoire et d'archéologie médiévales*, 361–76. Auxerre, 1975.

Wolf, Kenneth Baxter. 'Crusade and Narrative: Bohemond and the *Gesta Francorum*.' *Journal of Medieval History* 17 (1991), 207–16.

Wollasch, Joachim. 'Das Schisma des Abtes Pontius von Cluny.' *Francia* 23 (1996), 31–52.

——. 'Parenté noble et monachisme réformateur: Observations sur les 'conversions' à la vie monastique aux XIe et XIIe siècles.' *Revue historique* 264 (1980), 3–24.

Woods, David. 'The Origin of the Legend of Maurice and the Theban Legion.' *Journal of Ecclesiastical History* 45 (1994), 385–95.

Zaluska, Yolande. *L'Enluminure et le scriptorium de Cîteaux*. Cîteaux, 1989.

《叢書・ウニベルシタス 1009》
中世の戦争と修道院文化の形成

2014 年 4 月15日　初版第 1 刷発行

キャサリン・アレン・スミス
井本晌二／山下陽子訳
発行所　財団法人　法政大学出版局
〒102-0071 東京都千代田区富士見 2-17-1
電話 03(5214)5540 振替 00160-6-95814
組版：秋田印刷工房　印刷：平文社　製本：誠製本

Printed in Japan

ISBN 978-4-588-01009-5

著　者

キャサリン・アレン・スミス（Katherine Allen Smith）

1977年に生まれる．ニューヨーク大学でヨーロッパ中世史を学んだ．現在，ピュージェット・サウンド大学（アメリカ，ワシントン州）史学科准教授である．中世，近代初期の特に宗教，教会，修道院，女性とジェンダー，十字軍関連の研究，著作活動をし，中世史，教会史で著名な *Speculum, Church History, The Journal of History* などに寄稿している．最近のテーマは特に中世盛期の十字軍運動における修道院の内と外の聖職者の関係，及び，修道院での様々な様式が後世に残した死の観念，埋葬方法などである．

訳　者

井本晌二（いもと しょうじ）

1943年に生まれる．東京大学文学部独文学科卒業．東京都立大学大学院修士課程（独文学専攻）修了．元・横浜国立大学教育人間科学部教授．訳書に，B. モールバッハ『中世の音楽世界』（法政大学出版局），H. C. シャーパー『西洋音楽史・上下』，O. E. ドイッチュ他編『モーツァルトの生涯』（以上，シンフォニア社），共訳に，キンツィンガー『中世の知識と権力』，W. ハルトゥング『中世の旅芸人』，F. ライヒェルト『世界の体験』，N. オーラー『巡礼の文化史』，N. エリアス『時間について』，N. ビショッフ『エディプスの謎・下』（以上，法政大学出版局），O. ボルスト『中世ヨーロッパ生活誌・上下』（白水社），A. ボルスト『中世の巷にて』（平凡社）などがある．

山下陽子（やました ようこ）

1983年，佐賀県唐津市に生まれる．2005-06年，イギリス，シェフィールド大学に留学．2006年，横浜国立大学教育人間科学部国際共生社会課程卒業．現在，株式会社紀伊國屋書店勤務．